ORÇAMENTO PÚBLICO

O GEN | Grupo Editorial Nacional – maior plataforma editorial brasileira no segmento científico, técnico e profissional – publica conteúdos nas áreas de ciências sociais aplicadas, exatas, humanas, jurídicas e da saúde, além de prover serviços direcionados à educação continuada e à preparação para concursos.

As editoras que integram o GEN, das mais respeitadas no mercado editorial, construíram catálogos inigualáveis, com obras decisivas para a formação acadêmica e o aperfeiçoamento de várias gerações de profissionais e estudantes, tendo se tornado sinônimo de qualidade e seriedade.

A missão do GEN e dos núcleos de conteúdo que o compõem é prover a melhor informação científica e distribuí-la de maneira flexível e conveniente, a preços justos, gerando benefícios e servindo a autores, docentes, livreiros, funcionários, colaboradores e acionistas.

Nosso comportamento ético incondicional e nossa responsabilidade social e ambiental são reforçados pela natureza educacional de nossa atividade e dão sustentabilidade ao crescimento contínuo e à rentabilidade do grupo.

JAMES GIACOMONI

ORÇAMENTO PÚBLICO

19ª edição

Inclui apêndice sobre o **"Orçamento Secreto"**

- O autor deste livro e a editora empenharam seus melhores esforços para assegurar que as informações e os procedimentos apresentados no texto estejam em acordo com os padrões aceitos à época da publicação, *e todos os dados foram atualizados pelo autor até a data de fechamento do livro*. Entretanto, tendo em conta a evolução das ciências, as atualizações legislativas, as mudanças regulamentares governamentais e o constante fluxo de novas informações sobre os temas que constam do livro, recomendamos enfaticamente que os leitores consultem sempre outras fontes fidedignas, de modo a se certificarem de que as informações contidas no texto estão corretas e de que não houve alterações nas recomendações ou na legislação regulamentadora.

- Data do fechamento do livro: 05/06/2023

- O autor e a editora se empenharam para citar adequadamente e dar o devido crédito a todos os detentores de direitos autorais de qualquer material utilizado neste livro, dispondo-se a possíveis acertos posteriores caso, inadvertida e involuntariamente, a identificação de algum deles tenha sido omitida.

- **Atendimento ao cliente: (11) 5080-0751 | faleconosco@grupogen.com.br**

- Direitos exclusivos para a língua portuguesa
  Copyright © 2023, 2025 (2ª impressão) by
  Editora Atlas Ltda.
  Uma editora integrante do GEN | Grupo Editorial Nacional
  Travessa do Ouvidor, 11
  Rio de Janeiro – RJ – 20040-040
  www.grupogen.com.br

- Reservados todos os direitos. É proibida a duplicação ou reprodução deste volume, no todo ou em parte, em quaisquer formas ou por quaisquer meios (eletrônico, mecânico, gravação, fotocópia, distribuição pela Internet ou outros), sem permissão, por escrito, da Editora Atlas Ltda.

- Designer de capa: Manu | OFÁ Design
- Editoração eletrônica: LBA Design

- Ficha catalográfica

CIP-BRASIL. CATALOGAÇÃO NA PUBLICAÇÃO
SINDICATO NACIONAL DOS EDITORES DE LIVROS, RJ

G356o
19. ed.

Giacomoni, James
  Orçamento público / James Giacomoni. – 19. ed. [2ª Reimp.] - Barueri [SP] : Atlas, 2025.

  Inclui bibliografia e índice
  "Inclui apêndice sobre o orçamento secreto"
  ISBN 978-65-5977-513-2

  1. Finanças públicas – Brasil. 2. Administração financeira – Brasil. 3. Orçamento – Brasil. I. Título.

23-83446

CDD: 336.0981
CDU: 336.13(81)

Meri Gleice Rodrigues de Souza – Bibliotecária – CRB-7/6439

Para

meus pais (*in memoriam*) FIRMO e AMÉLIA, minha esposa MARIA EUNICE e meus filhos CLÁUDIA, ELISE, MÁRCIO e BRUNO.

Sumário

Parte I – O Estado na Economia

1 O Crescimento das Despesas Públicas, 3

A. Introdução, 3

B. Razões do crescimento das despesas públicas, 6

Interpretações neoclássicas e keynesianas, 6

Interpretações neoinstitucionalistas e importância da burocracia, 14

Apêndice 1.1: Crescimento do Setor Público em Países Selecionados, 16

2 Atribuições Econômicas do Estado, 19

A. Introdução, 19

B. Função alocativa, 20

C. Função distributiva, 22

D. Função estabilizadora, 23

Parte II – Fundamentos do Estudo dos Orçamentos Públicos

3 Breve Nota Histórica, 27

A. Inglaterra, 27

B. França, 29

C. Estados Unidos, 30

D. Brasil, 34

O orçamento nas constituições brasileiras, 34

A padronização dos orçamentos, 40

A modernização orçamentária, 43

4 Evolução Conceitual do Orçamento Público, 49

A. Orçamento tradicional, 50

Função principal: controle político, 50

B. Orçamento moderno, 52

Função principal: instrumento de administração, 52

Importância do aspecto econômico, 53

Integração entre orçamento e planejamento, 54

5 Princípios Orçamentários e sua Validade, 57

A. Introdução, 57

B. Princípio da unidade, 58

C. Princípio da universalidade, 60

D. Princípio do orçamento bruto, 64

E. Princípio da anualidade ou periodicidade, 66

F. Princípio da não afetação das receitas, 67

G. Princípio da discriminação ou especialização, 70

H. Princípio da exclusividade, 71

I. Princípio do equilíbrio, 72

J. Outros princípios tradicionais, 74

K. Programação: um moderno princípio orçamentário, 75

L. Orçamento impositivo. Um novo princípio?, 75

Parte III – Classificações Orçamentárias

6 Classificação da Despesa, 81

I – Norma geral, 83

A. Classificação institucional, 83

Finalidade, 83

Categorias, 84

B. Classificação funcional, 87

Antecedentes, 87

Finalidade, 88

Categorias, 88

C. Classificação por programas, 89

Antecedentes – Classificação funcional-programática, 89

Finalidade, 92

Categorias, 92

Classificação por programas no plano plurianual, 93

Antecedentes, 93

Plano Plurianual para o período 2020-2023, 96

D. Classificação segundo a natureza, 98

Categorias econômicas, 98

Grupos, 101

Modalidades de aplicação, 102

Elementos, 103

II – Norma federal, 104

A. Identificadores, 104

Identificador de uso, 104

Identificador de resultado primário, 105

B. Subtítulos, 106

C. Plano orçamentário (PO), 107

D. Apresentação das classificações na lei orçamentária, 109

Apêndice 6.1: Anexo nº 5 da Lei nº 4.320/64, 114

Apêndice 6.2: Classificador da Despesa Segundo a Natureza, 119

7 Classificação da Receita, 127

A. Classificação segundo a natureza, 129

Categorias econômicas, 129

Origens da receita, 130

B. Classificação institucional, 134

C. Classificação segundo as fontes de recursos, 136

Apêndice 7.1: Anexo nº 3 da Lei nº 4.320/64, 138

Apêndice 7.2: Fontes de Recursos, 144

Parte IV – Do Orçamento-Programa ao Orçamento por Resultados

8 Fundamentos do Orçamento-Programa, 153

A. Introdução, 153

B. Conceito de Orçamento-programa, 155

C. Orçamento tradicional × Orçamento-programa, 159

D. Limitações e críticas ao Orçamento-programa, 160

9 Técnica do Orçamento-Programa, 163

A. Definição dos objetivos e análise de alternativas, 163

B. Estrutura programática, 166

C. A mensuração e os custos, 168

Objetivos da mensuração, 168

Níveis de mensuração, 169

Unidades de mensuração, 170

Custos, 171

10 O Novo Orçamento de Desempenho e o Orçamento por Resultados, 175

A. Antecedentes, 175

Orçamento base-zero (OBZ), 175

Outras reformas, 176

B. O novo orçamento de desempenho, 177

O GPRA e o PART, 178

Estrutura de programa, 183

Mensuração do desempenho, 186

Sistema de custos, 189

C. Orçamento por resultados, 191

Parte V – Processo Orçamentário

11 Sistema e Processo Orçamentário, 197

A. Introdução, 197

B. Sistema orçamentário, 198

C. Processo orçamentário, 202

D. Processo de planejamento e orçamento, 203

E. Crítica ao modelo de planejamento e de integração entre planejamento e orçamento, 203

12 Elaboração da Proposta Orçamentária, 207

I – Norma geral, 207

A. Antecedentes, 207

B. Lei do Plano Plurianual (PPA), 209

Conteúdo, 209

Prazos e vigência, 211

C. Lei de Diretrizes Orçamentárias (LDO), 212

Conteúdo, 212

Prazos, 215

D. Lei Orçamentária Anual (LOA), 215

Conteúdo, 215

Universalidade da lei orçamentária, 216

Incentivos, benefícios e subsídios, 217

Regionalização dos orçamentos, 217

Forma da proposta orçamentária, 218

Exclusividade da lei orçamentária, 220

Competência da elaboração do projeto de lei, 220

Prazos, 221

II – Norma federal, 221

A. Antecedentes, 221

B. Planejamento na Constituição de 1988, 222

C. Lei do Plano Plurianual (PPA), 223

D. Lei de Diretrizes Orçamentárias (LDO), 229

E. Lei Orçamentária Anual (LOA), 233

Conteúdo e forma da proposta orçamentária, 233

Competência da elaboração, 233

Etapas do processo de elaboração, 234

Proposta orçamentária dos poderes, 235

Calendário da elaboração, 235

Apêndice 12.1: A Experiência Brasileira de Planejamento, 239

13 Discussão, Votação e Aprovação da Lei do Orçamento, 243

I – Norma geral, 243

A. Iniciativa e prazo de apresentação do projeto de lei, 244

B. Emendas, 244

C. Aprovação e publicação da lei do orçamento, 246

Aprovação, 246

Publicação, 247

D. Vetos e rejeição do projeto de lei orçamentária, 247

Vetos, 247

Rejeição, 248

II – Norma federal, 250

A. Principais eventos, 251

B. Comissão Mista, 252

C. Emendas, 255

D. Relatórios e pareceres, 257

E. Recursos para atendimento de emendas, 258

F. Destaques, 260

G. Devolução do projeto de lei para sanção, 260

H. Execução obrigatória das emendas parlamentares, 262

Apêndice 13.1: Emendas de Relator-Geral e "Orçamento Secreto", 266

A CPMI do Orçamento de 1993-94 (CPMI dos "anões" do orçamento), 266

Emendas de relator-geral do orçamento, 266

Emendas de relator-geral e o "orçamento secreto", 267

Tamanho e a composição do "orçamento secreto" , 268

"Orçamento secreto" de 2020, 269

"Orçamento secreto" de 2021, 270

xii Orçamento Público • Giacomoni

"Orçamento secreto" de 2022, 271

O Tribunal de Contas da União e as emendas de relator-geral – RP-9, 271

O Supremo Tribunal Federal e o "orçamento secreto", 272

14 Execução Orçamentária e Financeira, 277

I – Norma geral, 278

A. Exercício financeiro, 278

B. Execução da despesa, 279

Detalhamento do orçamento ou orçamento analítico, 279

Registro dos créditos e dotações, 280

Programação de desembolso, 281

Licitação, 283

Estágios da despesa, 288

Mecanismos retificadores do orçamento, 290

C. Execução da receita, 294

Execução da receita tributária, 295

Execução da receita não tributária, 297

Dívida ativa, 297

D. Regime da contabilidade, 298

Regime da despesa, 298

Regime da receita, 300

II – Norma federal, 300

A. Detalhamento do orçamento, 300

B. Programação dos desembolsos, 303

C. Descentralização de créditos, 303

D. Liberação de recursos financeiros, 305

E. Retificação e alteração da lei orçamentária, 307

F. Inscrição em restos a pagar, 309

15 Controle e Avaliação da Execução Orçamentária, 315

I – Norma geral, 317

A. Controle externo, 318

Finalidades e competência, 318

Tribunais de contas, 319

B. Controle interno, 321

Finalidades, 321

Competência, 322

C. Lei de acesso à informação, 324

II – Norma federal, 326
A. Tribunal de Contas da União (TCU), 326
    Jurisdição, 326
    Organização, 326
    Atribuições, 328
    Auditoria operacional, 330
B. Controladoria-Geral da União (CGU), 332
    Organização, 332
    Atribuições, 333
    Auditoria interna, 334

Bibliografia, 335

Índice Alfabético, 343

Lista de Ilustrações

LISTA DE DIAGRAMAS

6.1 Plano Orçamentário (PO): vínculos entre ações, subtítulos e POs, 108

8.1 Principais componentes do Orçamento-programa, 156

8.2 Fluxo das informações geradas pelo orçamento por objeto, orçamento de desempenho e PPBS, 159

10.1 O conceito de desempenho em diferentes sistemas orçamentários, 186

10.2 Passos básicos de sistema de custos baseados em programas, 189

11.1 Sistema integrado de planejamento e orçamento, 199

11.2 Processo orçamentário, 202

11.3 Processo integrado de planejamento e orçamento, 204

13.1 Marcha e calendário da discussão, votação e aprovação do projeto de Lei Orçamentária Anual da União, 252

14.1 Integração entre a execução orçamentária e financeira da despesa, 301

14.2 Descentralização de créditos orçamentários e adicionais, 304

14.3 Programação e liberação de recursos financeiros, 305

15.1 Dimensões da auditoria operacional, 331

LISTA DE QUADROS

6.1 Plano Plurianual da União para 2020-2023: exemplo selecionado, 97

6.2 Categorias econômicas e grupos, 101

6.3 Detalhe da lei orçamentária da União para 2020, 110

8.1 Estágios da reforma orçamentária nos Estados Unidos, 153

8.2 Principais diferenças entre o orçamento tradicional e o Orçamento-programa, 160

9.1 Definições das categorias programáticas segundo o manual da ONU, 168

9.2 Características principais dos níveis de mensuração, 169

10.1   Estados Unidos: número e avaliação de programas de acordo com o PART, 181

10.2   Diferenças entre o orçamento tradicional e o orçamento por resultados, 192

11.1   Etapas do processo de planejamento, 205

12.1   Etapas, responsáveis e produtos do processo de elaboração do PLOA, 234

12.2   Cronograma de elaboração da proposta orçamentária da União para o exercício de 2023, 236

LISTA DE TABELAS

1.1   Dispêndio global do governo federal – 1979-1982, 5

1.2   Participação do governo na economia – 1980 – % sobre o PIB, 5

1.3   Dispêndios públicos nos Estados Unidos em anos de guerra (como percentagem do PNB, todos os níveis de governo), 9

1.4   Brasil: recursos do setor público – 1954-1994 (como percentagem do PIB), 10

1.5   Despesas governamentais em países selecionados da OCDE, 16

1.6   Brasil: carga tributária global – 1952-2021, 16

1.7   Países da OCDE: receita governamental total – 2021, 17

7.1   Lei Orçamentária da União para 2022: demonstrativo da receita e da despesa segundo as categorias econômicas, origens da receita e grupos de despesa, 131

12.1   Anexo de metas fiscais: metas e projeções para o governo federal, 232

13.1   Emendas de relator-geral em 2020, 2021 e 2022: número de emendas, valor total aprovado e empenhos pagos, 268

14.1   União: histórico da composição dos estoques de restos a pagar 2008-2022, 310

LISTA DE GRÁFICOS

1.1   Dispêndios públicos como percentagem do PNB, 4

Parte I
O Estado na Economia

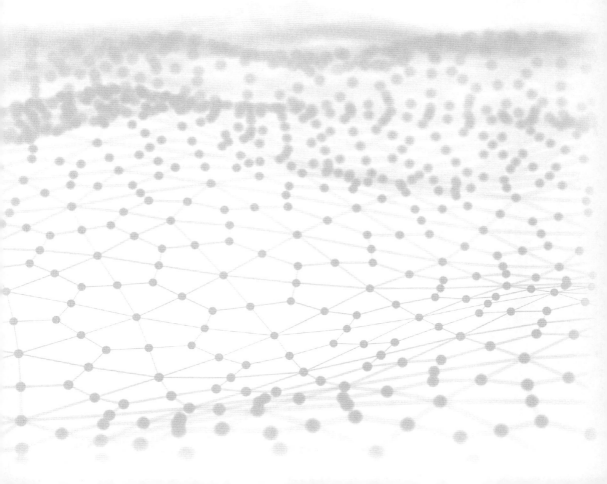

1

O Crescimento das Despesas Públicas

A. Introdução

Uma das características mais marcantes da economia do século XX foi o crescente aumento das despesas públicas. Tal situação ocorreu não apenas nos países de economia coletivizada, nos quais o Estado, por definição, é o grande agente econômico, mas também nas nações capitalistas avançadas, praticantes da livre iniciativa e da economia de mercado.

Nos Estados Unidos, por exemplo, os gastos dos três níveis de governo, que em 1890 corresponderam a 6,5% do Produto Nacional Bruto (PNB), cresceram de forma contínua até 1970, quando esse percentual superou a marca de 30%, estabilizando-se em valores próximos a 40% nas décadas seguintes.[1] Tal tendência histórica ao crescimento dos dispêndios públicos é encontrada também em outros países capitalistas, como Alemanha e Reino Unido (ver Gráfico 1.1).[2]

No Brasil, o crescimento acelerado das despesas públicas teve início mais tarde, especialmente a partir do término da Segunda Guerra Mundial. Segundo Rezende da Silva, as despesas governamentais apenas dobraram entre 1907 e 1943 e, considerando que nesse mesmo período a população cresceu em 100%, em termos *per capita* não houve acréscimo nos gastos públicos.[3] Na segunda metade do século XX, as despesas governamentais, excluídas as empresas estatais, cresceram oito vezes em termos reais. Em relação ao Produto

---

[1] Em anos selecionados, esse mesmo parâmetro teve o seguinte comportamento: 1902 (7,3%), 1913 (7,8%), 1922 (12,6%), 1929 (10,4%), 1940 (17,6%), 1950 (23,1%), 1960 (27%) e 1970 (32,2%). Ver MUSGRAVE, Richard; MUSGRAVE, Peggy. *Finanças públicas*: teoria e prática. Rio de Janeiro: Campus, 1980. p. 110.

[2] Ver no Apêndice 1.1, no final do capítulo, os dados da Tabela 1.5 relativos à despesa total do governo em países selecionados da Organização para a Cooperação e Desenvolvimento Econômico (OCDE). Na amostra de 10 países, no período de 40 anos (1980-2019), a média anual dos gastos governamentais como proporção do PIB ficou entre 40 e 50%.

[3] REZENDE DA SILVA, Fernando A. *Avaliação do setor público na economia brasileira*: estrutura funcional da despesa. Rio de Janeiro: IPEA/INPES, 1974. p. 25.

Interno Bruto (PIB), os gastos totais corresponderam a 19% em 1950, a 22% em 1967 e a 26% em 1970. Após proporções maiores na década de 1980, as despesas caíram para 32% em 1990 e para 26% em 1994.[4]

Aparentemente, esses indicadores mostram que o Brasil não alcançou os mesmos níveis dos gastos públicos dos países desenvolvidos, especialmente dos europeus. Com a criação da Secretaria de Controle de Empresas Estatais (Sest), da Secretaria de Planejamento da Presidência da República (Seplan/PR), em 1979, é que começou a ser conhecido o universo da administração descentralizada, segmento do setor público federal grandemente expandido, especialmente após 1964.

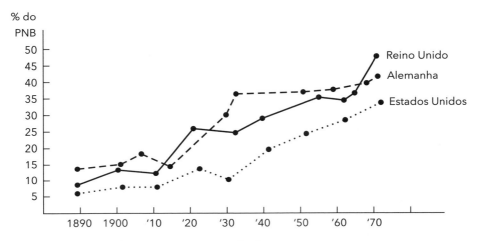

Nota: Inclui todos os níveis de governo. PNB a custo dos fatores.
Fonte: MUSGRAVE, R.; MUSGRAVE, P. Op. cit. p. 111.
Gráfico 1.1 *Dispêndios públicos como percentagem do PNB.*

Relativamente à década de 1970, Carlos Longo chama a atenção para a redução sofrida pela carga tributária (bruta e líquida):[5] os percentuais da carga bruta em relação ao **PIB** corresponderam a 24% (1970), 23,9% (1975) e 21,9% (1980), e os da carga líquida, a 15%, 14,9% e 12,8%, naqueles mesmos anos. Tal situação traduziria a tendência à diminuição de tamanho do setor público tradicional, isto é, daquele fornecedor de serviços e bens públicos clássicos: segurança, justiça, educação, saúde etc. Paralelamente, entretanto, teria crescido o outro lado do setor público: o Estado-empresário.[6] A Tabela 1.1 mostra a consolidação dos três orçamentos do governo federal (fiscal, monetário e das estatais), evidenciando o grande peso dos gastos das empresas estatais no conjunto dos dispêndios.

---

[4] REZENDE, Fernando A. *Finanças públicas*. 2. ed. São Paulo: Atlas, 2001. p. 23.

[5] A carga tributária bruta compreende o total dos impostos arrecadados (diretos e indiretos). Retirando-se desse total as transferências às pessoas (Previdência Social, FGTS etc.) e às empresas (subsídios), tem-se a carga tributária líquida.

[6] LONGO, Carlos Alberto. Uma quantificação do setor público. *In*: CASTRO, Paulo Rabello de (org). *A crise do "bom patrão"*. [S. l.]: Cedes/Apec, 1982. p. 122.

Capítulo 1 • O Crescimento das Despesas Públicas **5**

Tabela 1.1   *Dispêndio global do governo federal – 1979-1982.*

Discriminação	1979		1980		1981		1982[d]	
	Cr$ bilhões	% do PIB	Cr$ bilhões	% do PIB	Cr$ bilhões	% do PIB	Cr$ bilhões	% do PIB
Dispêndio Líquido da União[a]	317,1	5,08	534,7	4,08	1.053,6	3,98	2.709,2	5,26
Dispêndio das Estatais[b]	1.481,2	23,74	3.636,0	27,75	7.586,5	28,69	14.559,1	28,25
Despesas no Orçamento Monetário[c]	287,8	4,61	858,5	6,55	1.300,4	4,92	1.780,6	3,46
Dispêndio Total	2.086,1	33,43	5.029,2	38,38	9.940,5	37,59	19.048,9	36,97

a   Líquido das transferências aos demais orçamentos.
b   Dispêndios totais (inclui despesas operacionais, custeio e endividamentos).
c   Subsídios ao crédito, ao abastecimento, conta-petróleo etc.
d   Estimativas preliminares com base nos orçamentos revistos.

Fonte: Extraída da Consolidação Plurianual de Programas do Governo/CPPG, IPEA/Seplan, maio 1982, apud VON DOELLINGER, Carlos. Estatização, déficit público e suas implicações. *In*: CASTRO, Paulo Rabello de (org). *A crise do "bom patrão"*. *[S. l.]*: Cedes/Apec, 1982. p. 111.

Com base em dados de 1980, Carlos Longo procurou medir o tamanho do setor público brasileiro, estimando em 47,5% a participação governamental no PIB (ver Tabela 1.2).[7] Segundo o autor, "essa medida subestima ainda o grau de participação do governo na economia na medida em que deixa de considerar as intervenções do tipo regulamentação governamental sobre preços e quantidades".[8]

Tabela 1.2   *Participação do governo na economia – 1980 – % sobre o PIB.*

Discriminação	%	% acumulada	% sobre o total
Setor público tradicional – carga tributária líquida (administração direta e indireta, três níveis)	12,8	12,8	26,9
Setor público tradicional – transferências	9,1	21,9	19,2
Empresas e autarquias – receita própria	18,3	40,2	38,5
Imposto inflacionário	4,3	44,5	9,1
Operação de crédito – giro da dívida (administração direta e indireta, dois níveis)	3,0	47,5	6,3

Fonte: LONGO, C. A. Op. cit. p. 134.

---

7   Segundo Longo, a inflação pode ser entendida como um imposto aplicado sobre os meios de pagamento (papel-moeda em poder do público e depósitos à vista no sistema bancário). À medida que os meios de pagamento crescem além do crescimento da renda do país, como decorrência das emissões feitas pelo governo para reforçar sua receita, tem-se aí o *imposto inflacionário* pago por todos os proprietários de moeda. Ver LONGO, C. A. Op. cit. p. 130-132.

8   LONGO, C. A. Op. cit. p. 134.

No decorrer da década de 1980 e nos primeiros anos da década seguinte, a carga tributária global no Brasil girou em torno de 24% a 26% do PIB, com exceção dos anos de 1987 e 1988, em que esse percentual foi um pouco menor, e de 1990, quando as medidas do Plano Collor aumentaram a carga para 28,8%. Após várias tentativas de enfrentamento do processo inflacionário crônico, em meados da década de 1990, o Plano Real finalmente conseguiu estabilizar os preços. A estabilidade trouxe, entre seus efeitos, a extinção do imposto inflacionário, importante mecanismo de financiamento das despesas públicas. O reconhecimento de dívidas e de outros passivos provocou o crescimento expressivo da dívida pública nos anos seguintes. Várias crises internacionais atingiram fortemente o país, que foi forçado a aumentar a taxa básica de juros, resultando em aumento do endividamento. Ainda que expressivos, os superávits primários praticados nos últimos anos não foram suficientes para atender aos encargos de refinanciamento da dívida. Os déficits nominais sistemáticos, o grande volume de vinculações de receita e de despesas obrigatórias – especialmente pessoal, previdência e transferências legais a Estados e Municípios – determinaram o acentuado crescimento da carga tributária durante a primeira década do novo século. Indicadores da evolução da carga tributária no Brasil nos últimos 60 anos, assim como dados sobre a carga tributária de outros países, constam das Tabelas 1.6 e 1.7, apresentadas, ao final deste capítulo, como parte do Apêndice 1.1.

B. Razões do crescimento das despesas públicas

As mais diversas correntes doutrinárias no campo da economia têm procurado explicar as causas que determinam o crescimento das despesas públicas e, assim, o próprio aumento da participação do Estado na economia. Nas seções a seguir, aparecem rapidamente sumarizadas, de um lado, orientações ligadas às correntes neoclássicas e keynesianas e, de outro, certas posições neoinstitucionais, inclusive as que chamam a atenção para a importância da burocracia como indutora do crescimento do aparelho estatal.

Interpretações neoclássicas e keynesianas

A mais antiga contribuição ao estudo do tema é geralmente atribuída ao economista alemão Adolf Wagner. Ainda nos anos de 1880, Wagner formulou a chamada "Lei do Crescimento Incessante das Atividades Estatais", com o seguinte enunciado básico:

> À medida que cresce o nível de renda em países industrializados, o setor público cresce sempre a taxas mais elevadas, de tal forma que a participação relativa do governo na economia cresce com o próprio ritmo de crescimento econômico do país.[9]

A Lei de Wagner foi comprovada empiricamente por Richard Bird ao verificar que a elasticidade das despesas públicas em relação à Renda Nacional foi sempre superior à unidade em países como Reino Unido, Alemanha e Suécia, nos períodos compreendidos entre

---

[9] REZENDE DA SILVA, Fernando A. *Finanças públicas*. p. 30.

Capítulo 1 • O Crescimento das Despesas Públicas **7**

1910 e 1960. Em diversas funções, os coeficientes de elasticidade-renda foram especialmente elevados, como o caso das despesas com serviços sociais e conservação do meio ambiente que na Alemanha chegaram a atingir, respectivamente, 5,10 e 3,40.[10]

Bird aponta três causas determinantes da evidência formulada por Wagner:

1. o crescimento das funções administrativas e de segurança;
2. as crescentes demandas por maior bem-estar social, especialmente educação e saúde;
3. a maior intervenção direta e indireta do governo no processo produtivo.[11]

As duas primeiras seriam consequências naturais da complexidade que a urbanização e a industrialização trouxeram à vida moderna; as cidades favoreceram a difusão de novos padrões de comportamento e a articulação de interesses por parte de grupos sociais de atuante presença reivindicatória junto ao governo. A terceira decorreria do papel dinamizador do desenvolvimento econômico por parte do setor público, especialmente no fornecimento de infraestrutura econômica, bem como da ação intervencionista do Estado, concebida para neutralizar certos excessos monopolizadores de parcelas do setor privado.

Jesse Burkhead cita estudo de Gerhard Colm sobre o comportamento das despesas dos governos estaduais e locais nos Estados Unidos, realizado na década de 1930. Colm concluiu que as causas do crescimento dos gastos públicos nesses dois níveis seriam de quatro tipos, todas inter-relacionadas:

1. a necessidade de serviços públicos;
2. o desejo de melhores serviços públicos;
3. os recursos disponíveis para utilização pelo governo;
4. o custo dos serviços públicos.[12]

As duas primeiras razões são do tipo clássico: o governo aumenta seu raio de ação, já que existe demanda por seus serviços. A terceira é derivada das facilidades que o governo tem na geração de recursos, os quais, por seu turno, estimulam a oferta de serviços e bens públicos. A quarta causa traz uma questão hoje bastante conhecida: os serviços públicos são pouco suscetíveis ao emprego de fórmulas racionalizadoras que visam à redução de seus custos.

Outra investigação empírica que obteve notoriedade foi a de Alan T. Peacock & Jack Wiseman[13] sobre o comportamento das despesas públicas no Reino Unido. A hipótese aqui

---

[10] Idem. *Avaliação do setor.* p. 35.

[11] Idem. *Finanças públicas.* p. 30.

[12] BURKHEAD, Jesse. *Orçamento público.* Rio de Janeiro: Fundação Getulio Vargas, 1971. p. 51.

[13] PEACOCK, Alan T.; WISEMAN, Jack. *The growth of public expenditure in the United Kingdom.* Princeton: Princeton University Press, 1970. Os aspectos principais da contribuição de Peacock & Wiseman podem ser encontrados em REZENDE DA SILVA, Fernando A. *Finanças públicas.* p. 30-32 e em MUSGRAVE, R.; MUSGRAVE, P. Op. cit. p. 122.

é bastante diversa daquelas em que o crescimento do governo é visto como decorrência de uma progressiva demanda da sociedade por serviços públicos. O enunciado básico da formulação de Peacock & Wiseman é o seguinte:

> O crescimento dos gastos totais do governo em determinado país é muito mais uma função das possibilidades de obtenção de recursos do que da expansão dos fatores que explicam o crescimento da demanda de serviços produzidos pelo governo.[14]

Essa hipótese, vinculada a uma espécie de "teoria da oferta de bens públicos", ensejou aos autores engenhosa explicação sobre o mecanismo de geração de recursos, condição indispensável para a expansão da oferta. A demanda de bens e serviços públicos por parte dos indivíduos é anulada pela não disposição dos mesmos indivíduos em contribuir, via sistema tributário, para o financiamento dos encargos decorrentes desses bens e serviços. Tal equilíbrio é encontrado em época de normalidade e de estabilidade econômica. Em situações de excepcional gravidade – guerras, por exemplo –, o equilíbrio é rompido, pois os indivíduos, reconhecendo a importância da ação pública nesse momento, não opõem maior resistência ao aumento da carga tributária; posteriormente, ao cessar a anormalidade, continuam aceitando os novos níveis tributários. Tal situação, denominada *efeito translação*, foi invocada pelos autores para explicar o crescimento dos gastos públicos na Grã-Bretanha.

Musgrave & Musgrave testaram essa teoria para o caso americano, utilizando os dados da Tabela 1.3. A razão entre os gastos totais e o PNB cresceu bastante nos períodos dos dois conflitos mundiais, como decorrência dos encargos com a defesa. Esses níveis caem de forma significativa após os conflitos, ficando, porém, num patamar acima daquele anterior ao evento. Tal situação torna consistente a hipótese de Peacock & Wiseman, rotulada agora por Musgrave & Musgrave de *efeito limite*. Esses dois últimos autores, entretanto, levantam interrogações, já que os gastos civis, mesmo nos períodos das duas guerras mundiais, comportam-se de forma que explicam o próprio crescimento da razão entre os gastos públicos totais e o PNB. Além disso, durante a Guerra do Vietnã não houve significativo aumento da razão entre gastos com a defesa e o PNB. Tais questões levam Musgrave & Musgrave a admitirem que a teoria do *efeito translação* ou *efeito do limite tributário* não é uma explicação definitiva para o crescimento das despesas governamentais, pelo menos para o caso americano.[15]

---

[14] REZENDE DA SILVA, Fernando A. *Finanças públicas*.

[15] MUSGRAVE, R.; MUSGRAVE, P. Op. cit. p. 122.

Tabela 1.3 *Dispêndios públicos nos Estados Unidos em anos de guerra (como percentagem do PNB, todos os níveis de governo).*

Especificação	Ano fiscal	Total	Relacionados com a despesa	Civis
	1913	8,0	1,1	6,9
I Guerra Mundial	1919	29,4	17,7	11,7
	1922	12,1	1,9	10,2
	1938	19,1	1,8	17,3
II Guerra Mundial	1945	46,1	39,2	6,9
	1948	22,3	7,4	14,9
Guerra da Coreia	1953	30,9	15,4	15,5
	1955	29,1	11,9	17,2
	1965	27,6	8,5	19,1
Guerra do Vietnã	1969	34,3	9,9	24,4
	1971	33,1	8,1	25,0
	1973	31,5	6,2	25,3

Fonte: MUSGRAVE, R.; MUSGRAVE, P. *Finanças públicas.* Op. cit. p. 123.

O *efeito translação* pode ser consequência também das fortes depressões econômicas e dos surtos inflacionários agudos. Rezende da Silva, lembrando que esses últimos estão bastante próximos da experiência brasileira, explica assim seu funcionamento:

> À medida que os indivíduos sofram de ilusão monetária, o limite à expansão dos gastos imposto pela resistência a aumentos na carga tributária pode ser superado utilizando a inflação como um substituto para aumento dos tributos. Neste caso a expansão dos gastos é financiada com a emissão de papel-moeda através do mecanismo normalmente chamado de "poupança forçada". Como o processo só funciona enquanto persistir a ilusão monetária e como esta tende a desaparecer à medida que perdura a inflação, o efeito sobre o nível relativo das despesas do governo no produto é transitório, assumindo, assim, as características do "efeito translação".[16]

Na história brasileira recente, Rezende da Silva chama a atenção para os períodos 1947/1950, 1955/1960 e 1965/1969, oportunidades em que teria ocorrido o *efeito translação*.[17] No primeiro período citado, o crescimento da despesa pública foi reflexo da participação do país na Segunda Guerra Mundial. No período 1955/1960, o programa desenvolvimentista foi só parcialmente financiado pelo aumento da carga tributária, ficando a cobertura do déficit do setor público por conta de fórmulas inflacionárias, o que pode ser observado na Tabela 1.4.

---

[16] REZENDE, Fernando A. *Finanças públicas.* p. 31.

[17] Idem, ibidem. p. 34-35.

Tabela 1.4 *Brasil: recursos do setor público – 1954-1994 (como percentagem do PIB).*

Ano	Receita Tributária (a)	Déficit (b)	Total de Recursos (a + b)
1954	16,9	0,6	17,5
1956	17,0	1,9	18,9
1958	20,0	2,0	22,0
1960	20,1	2,8	22,9
1962	17,8	4,3	22,1
1964	19,4	3,2	22,6
1966	24,1	1,1	25,2
1968	26,5	1,2	27,7
1970	24,3	0,4	24,7
1972	26,0	0,1	26,1
1974	22,9	-0,4	22,5
1976	24,9	-0,3	24,6
1978	24,2	0,8	25,0
1980	23,4	1,5	24,9
1982	24,9	2,8	27,7
1984	23,4	5,2	28,6
1986	24,8	10,7	35,5
1988	26,3	16,8	43,1
1990	33,0	-0,9	32,1
1992	28,9	16,3	45,2
1994	30,5	-4,8	25,7

Fonte: **FGV (até 1973) e IBGE, Departamento de Contas Nacionais (1974 em diante)**. REZENDE, Fernando A. *Finanças públicas*. 2. ed. São Paulo: Atlas, 2001. p. 26.

O período 1965/1969 foi marcado por políticas econômicas que visaram, simultaneamente, ao combate à inflação e ao crescimento econômico. Como consequência, o mecanismo de financiamento das despesas públicas sofreu substancial alteração a partir do forte aumento da carga tributária e da progressiva diminuição do déficit do governo. A Tabela 1.4 mostra isso: entre 1963 e 1969, a carga tributária passou de 18% para 27,9% do PIB, enquanto o déficit diminuiu de 4,2% para 0,6%. Os recursos totais disponíveis do setor público elevaram-se no período – de 22,2% para 27,7% do PIB –, mas em proporção menor que o crescimento da receita tributária. O *efeito translação* no período 1965/1969 fica evidenciado, portanto, a partir da análise das alterações na estrutura de financiamento do gasto público e não apenas na relação encontrada entre este e o PIB.

Rezende da Silva – assim como Musgrave & Musgrave, que interpretaram o caso americano – não vê na formulação teórica de Peacock & Wiseman a explicação definitiva para o crescimento da participação dos gastos governamentais na economia brasileira. A teoria em análise seria consistente ao atribuir ao governo certo oportunismo, quando aproveita a ocorrência de perturbações sociais e econômicas importantes para expandir seus gastos, anteriormente já eleitos como necessários, mas que aguardavam os recursos adicionais para sua efetivação. Por ser globalizante, o modelo de Peacock & Wiseman passaria por cima de uma questão-chave: que atribuições econômicas do governo têm crescido nos períodos caracterizados pelo *efeito translação*? A análise dessas funções seria indispensável para "situar devidamente o problema de avaliação relativa do tamanho do setor público".[18]

Nessa linha de orientação, inserem-se dois trabalhos: o de Baer, Kerstenetzky & Villela[19] e o de Baer, Newfarmer & Trebat.[20]

O primeiro estudo faz uma reconstituição histórica do intervencionismo do Estado na economia brasileira, desde o Império e a República Velha – caracterizados por um governo com poucas atribuições econômicas – até a década de 1960, marcada por forte expansão do Estado, por meio da criação de inúmeras grandes empresas públicas (BNH, Eletrobras, Embratel etc.) e da expansão de outras, como a Companhia Vale do Rio Doce e a própria Petrobras, com suas novas atividades e inúmeras subsidiárias.

O atual grau de controle exercido pelo governo sobre a economia, segundo os autores, é realizado

> [...] através de diferentes, porém inter-relacionados, canais institucionais. Esses canais incluem: o sistema fiscal, o banco central, os bancos comerciais e de desenvolvimento (federais e estaduais), as autarquias, as empresas produtoras de bens e serviços (federais e estaduais) e o sistema de controle de preços.[21]

Mesmo considerando essa forte presença estatal, os autores negam que ela se tenha dado de forma planejada, ou mesmo estimulada por razões ideológicas.

> A atual preponderância do Estado na economia brasileira não é o resultado de um esquema cuidadosamente concebido. Decorre, em grande parte, de numerosas circunstâncias que, em sua maioria, forçaram o Governo a intervir de maneira crescente no sistema econômico do País. Essas circunstâncias vão desde reações a crises econômicas internacionais e o desejo de controlar as atividades do capital estrangeiro, principalmente no setor de serviços de utilidade pública e na exploração de recursos naturais, até a ambição de industrializar rapidamente um País atrasado.[22]

O estudo de Baer, Newfarmer & Trebat chama a atenção para a vitalidade do capitalismo estatal brasileiro que divide com a empresa multinacional e com o capital privado nacional as responsabilidades pelo processo de alocação de recursos na economia. Essa

---

[18] Idem, ibidem. p. 36.

[19] BAER, Werner et al. As modificações no papel do Estado na economia brasileira. *Pesquisa e planejamento econômico*. Rio de Janeiro, v. 3, n. 4, p. 883-912, dez. 1973.

[20] Idem. Capitalismo estatal no Brasil: algumas questões e problemas novos. *Pesquisa e planejamento econômico*. Rio de Janeiro, v. 6, n. 3, p. 727-753, dez. 1976. Também publicado na *Revista de Finanças Públicas*. Rio de Janeiro, n. 332, p. 34-43, out./dez. 1977.

[21] Idem. As modificações... p. 898.

[22] Idem, ibidem. p. 883.

composição precisaria ser mais bem conhecida, especialmente vista pelo lado do governo, principal dinamizador do processo.

Na tentativa de analisar o funcionamento real desse sistema, os autores identificam três hipóteses alternativas, rotuladas de "polares", sobre como se dá o controle do processo de alocação de recursos.

De conformidade com a primeira hipótese, o forte aparato econômico do governo é um coadjuvante do mercado, cujas forças orientam o crescimento econômico. As empresas estatais surgem e se expandem em função de uma demanda não atendida pelo setor privado, e o planejamento governamental tem como objetivo básico facilitar o aporte de poupanças para os setores privados produtivos mais importantes.

A segunda alternativa coloca a ação governamental a serviço dos setores privados nacionais e estrangeiros. O setor público seria controlado pelo grande capital privado, que necessita do planejamento público e de investimentos de infraestrutura para viabilizar a expansão e a acumulação.

A terceira alternativa considera a existência de um novo e importante agente dominando o processo de alocação: a tecnocracia. Os tecnocratas e os militares-empresários, atrás de uma retórica defesa da livre iniciativa, criaram condições para a expansão do Estado por meio da multiplicação de unidades descentralizadas: as chamadas estatais. Uma nova classe – a tecnoburocracia – comandaria uma espécie de "Estado dentro do Estado".[23]

Antes da análise mais detalhada de modelos próximos ao da última hipótese apresentada (ver seção a seguir), cumpre uma rápida verificação das explicações listadas por Musgrave & Musgrave para o crescimento das funções do Estado, enfoque que é uma espécie de resumo do que tem sido gerado pela análise econômica convencional:

a) **O crescimento da renda *per capita* e o aumento da demanda por bens e serviços públicos.** Para tornar mais clara a hipótese, os autores distinguem os bens e serviços de consumo daqueles de capital. No primeiro caso – o crescimento da renda *per capita* geraria aumento da demanda de bens públicos de consumo –, a relação não seria bastante clara, apesar da existência de alguns exemplos, tais como reivindicações por programas culturais, de lazer, educação superior, medicina sofisticada etc. No caso de bens de capital, haveria nitidamente a relação entre maiores níveis de renda *per capita* e a maior ação estatal no setor de investimentos. Exemplificando: os investimentos corretivos aos problemas de "deseconomias" urbanas e especialmente os gastos dirigidos ao "capital humano".

b) **Mudanças tecnológicas.** Alguns saltos tecnológicos são geradores de grande aumento dos gastos públicos. A invenção do motor de combustão interna, por exemplo, significou total revolução nos métodos de viagens e, consequentemente, nas rodovias, infraestrutura quase sempre de competência do Estado. Os autores citam, também, os gastos militares e o programa espacial como exemplos

---

[23] Idem. *Capitalismo...* p. 40.

marcantes do efeito que o avanço tecnológico tem sobre a participação da despesa pública na economia.

c) **Mudanças populacionais.** Alterações na taxa de crescimento populacional refletem-se no gasto público: se a taxa é alta, o Estado aumentará suas despesas com educação; mas se o crescimento tende a estabilizar e a declinar, haverá necessidade de maiores gastos com as pessoas situadas na terceira idade. Se as mudanças da população se derem no plano espacial, crescerão os encargos com serviços municipais, e mesmo de infraestrutura, no caso de novas cidades.

d) **Os custos relativos dos serviços públicos.** Aqui. Musgrave & Musgrave chamam a atenção para a grande sensibilidade que os custos públicos têm relativamente à inflação. Além disso, boa parte das atividades estatais é do tipo "trabalho intensivo" – educação, por exemplo –, característica que as torna pouco suscetíveis ao emprego de técnicas de racionalização e de novas tecnologias que visam à diminuição de custos.

e) **Mudanças no alcance das transferências.** O grande crescimento dos encargos com transferências sociais pode ser explicado pela progressiva mudança sofrida pelo princípio da contribuição previdenciária, originalmente concebido como um programa em que o contribuinte autofinanciava sua aposentadoria. Em função de transformações sociais e políticas, as transferências passaram a se constituir em mecanismos de redistribuição de renda, talvez por ser mais eficaz que a sistemática orçamentária (impostos e bens e serviços públicos). A argumentação dos autores, construída sobre a experiência americana, pode ser transferida para o caso brasileiro, haja vista as atuais dificuldades financeiras da previdência social. Ao longo do tempo, os benefícios foram sendo ampliados – atendimento médico-hospitalar sem limites, diminuição do tempo de serviço e de contribuição para certas categorias, incorporação às aposentadorias de vantagens concedidas aos empregados em atividade etc. – sem o correspondente aumento nas fontes de financiamento.

f) **Disponibilidades de alternativas para a tributação.** A hipótese aqui se relaciona mais de perto com a experiência dos países desenvolvidos, nos quais a economia tem maior vitalidade e suporta melhor os efeitos da tributação sobre a renda, lucros e vendas. Além disso, o próprio setor empresarial, por uma necessidade de organização, é menos propenso à sonegação, enquanto a máquina tributária do Estado é grandemente eficiente em sua ação fiscalizadora.

g) **Efeito limite e finanças de guerra.** Musgrave & Musgrave citam aqui a hipótese de Peacock & Wiseman já analisada nesta seção. *Efeito translação* (P & W) e *efeito limite* (M & M) resultam das interpretações dos tradutores para a expressão original *threshold effect.*

h) **Fatores políticos e sociais.** Por último, os autores consideram que as grandes mudanças havidas na filosofia social geraram novas composições no equilíbrio das forças políticas. Novos grupos sociais, especialmente ao longo deste século,

14 Orçamento Público • Giacomoni

passaram a ter representatividade e força política, gerando novas demandas por empreendimentos públicos.[24]

Interpretações neoinstitucionalistas e importância da burocracia

São relativamente recentes os estudos sobre as influências institucionais, organizacionais e do comportamento da burocracia no crescimento do aparato do Estado. Como decorrência das concepções neoclássica e keynesiana, o pensamento econômico nos países capitalistas, neste século, geralmente tem visto a alocação de recursos pelo setor público como um processo cumpridor da racionalidade intrínseca do sistema de mercado.

Para J. V. Monteiro, a teoria econômica convencional considera a instituição pública como um dado invariável na lógica do processo decisório governamental. Nesse quadro, movimenta-se o "formulador de políticas" (ou "tomador de decisões"), agente que domina a cena política econômica e que, ao possuir um modelo desejável de desempenho para a economia, trata de otimizar suas decisões.[25]

Essa concepção tem recebido críticas das correntes herdeiras do movimento institucionalista,[26] importante escola do pensamento econômico, que obteve destaque nos Estados Unidos, no período 1920/50. Para dois autores neoinstitucionalistas, Buchanan e Wagner, "a teoria de política keynesiana é estabelecida como se emanasse de déspotas benevolentes e oniscientes".[27] Uma das correntes neoinstitucionalistas de maior notoriedade presentemente é a da *public choice*, que considera como causa principal do crescimento das despesas públicas a diversidade existente entre o processo político e o processo de mercado. Já que este último distribui renda de forma desigual, o processo político é mais procurado por distribuir votos indistintamente a todas as pessoas. O político é estimulado a valorizar, no processo de decisão, aquelas questões que tendem a atrair a maior quantidade de votos. As classes de menor renda – as principais marginalizadas do sistema de mercado – utilizarão mais o processo político na busca de um incremento, mesmo indireto, de suas rendas.[28]

Por proporem uma visão endógena do aparelho do Estado, são igualmente neoinstitucionalistas as teorias que analisam o comportamento do burocrata. William Niskanen é responsável por uma das principais contribuições ao estudo da burocracia dentro da teoria econômica.[29] Segundo esse modelo, os burocratas configuram a *organização produtora* encarregada da provisão de bens e serviços a certa clientela, recebendo do setor *patrocinador*

---

[24] MUSGRAVE, R.; MUSGRAVE, P. Op. cit. p. 117-123.

[25] MONTEIRO, Jorge Vianna. Sobre economia institucional e economia do setor público. *Revista de Administração Pública*. Rio de Janeiro, v. 14, n. 1, p. 107-108, jan./mar. 1980.

[26] Uma excelente análise sobre o movimento institucionalista pode ser encontrada em VON DOELLINGER, Carlos. O desenvolvimento econômico segundo uma interpretação institucionalista. *Revista de Administração Pública*. Rio de Janeiro, v. 14, n. 1, p. 62-77, jan./mar. 1980.

[27] MONTEIRO, Jorge Vianna. Op. cit. p. 105.

[28] Idem, ibidem. p. 106.

[29] NISKANEN, William. *Bureaucracy and representative government*. Chicago: Aldine-Atherton, 1971.

(os níveis políticos do governo, inclusive o Legislativo) determinado volume de recursos programados (o orçamento). Na concepção do modelo, o burocrata é um maximizador do orçamento,[30] isto é, a "burocracia terá seu nível de oferta situado significativamente além do nível de oferta que vigoraria na solução competitiva, para idênticas condições de demanda e de custos".[31] O que possibilita essa maximização do orçamento é o fato de o burocrata não ter a propriedade do resíduo fiscal de sua repartição, o qual será sempre aplicado na expansão das atividades.[32]

A eficiência (no sentido econômico) do burocrata poderia constituir-se num recurso estratégico na consecução de certos objetivos de classe: progressão na carreira, maiores mordomias, maior poder e influência junto ao governo etc.[33]

Na bibliografia brasileira não existem estudos na linha da teoria econômica da burocracia. Num plano mais geral estão os trabalhos de Bresser Pereira, especialmente os mais recentes, em que o autor constrói sua argumentação: o *modo de produção capitalista* (MPC), encontrado na sua forma mais pura na Inglaterra do século passado, está sendo progressivamente substituído pelo *modo de produção tecnoburocrático* (MPT), sistema dominante hoje nas sociedades soviéticas e chinesa. Nas situações intermediárias – países capitalistas em desenvolvimento e, mesmo, desenvolvidos –, atualmente se encontram traços dos dois modos de produção. Diversos componentes desse sistema híbrido seriam claramente visíveis, especialmente num país como o Brasil:

a) o capital privado é dominante, mas é evidente a progressiva ocupação de espaços econômicos pelo capital estatal (p. ex., a proliferação de empresas estatais);

b) o mercado responsabiliza-se pela formação de alguns preços, mas boa parte deles é fixada, seja por meio dos controles e da ação monopolista do Estado, seja pelos oligopólios privados;

c) ao lado das classes burguesa e trabalhadora começa a surgir, de forma bem delineada, a classe tecnoburocrática, isto é, os técnicos das mais diversas áreas que, baseados no conhecimento (competência), ascendem ao comando das organizações privadas e públicas.[34]

---

[30] Veja essa descrição do modelo de Niskanen mais detalhadamente em MONTEIRO, Jorge Vianna. Economia de crescimento do setor público. *Revista de Administração Pública*. Rio de Janeiro, v. 15, n. 2, p. 81-82, abr./jun. 1981.

[31] MONTEIRO, Jorge Vianna. Economia... p. 82.

[32] ORZECHOWSKI, William. Economic models of bureaucracy: survey, extensions, and evidence. *In*: BORCHERDING, Thomas E. (ed.). *Budgets and bureaucrats*: the sources of government growth. Durham: University Press, 1977. p. 231. O trabalho de Orzechowski analisa diversas teorias recentes sobre o comportamento econômico dos *bureaus*.

[33] Essa possível relação é lembrada por MONTEIRO, Jorge Vianna. Economia... p. 81. Nota 23.

[34] PEREIRA, Luiz Carlos Bresser. *Estado e subdesenvolvimento industrializado*. São Paulo: Brasiliense, 1977. Primeira parte; *A sociedade estatal e a tecnoburocracia*. São Paulo: Brasiliense, 1981. Segunda parte.

Apêndice 1.1
Crescimento do Setor Público em Países Selecionados

Tabela 1.5 *Despesas governamentais em países selecionados da OCDE.*

(Em % do PIB)

Países	1937	1960	1980	1990	2000	2005	2010	2015	2020
Estados Unidos	19,7	27,0	31,4	32,8	34,3	36,9	43,0	37,9	47,3
Japão	25,4	17,5	32,0	31,3	39,2	35,0	39,2	39,0	47,2
Alemanha	34,1	32,4	47,9	45,1	47,8	46,8	48,1	44,1	50,3
França	29,0	34,6	46,1	49,8	51,6	53,3	56,9	56,8	61,4
Itália	31,1	30,1	42,1	53,4	46,5	47,2	49,9	50,3	56,9
Reino Unido	30,0	32,2	43,0	39,9	35,3	41,1	47,1	42,2	52,4
Austrália	14,8	21,2	34,1	34,9	37,3	36,0	37,9	39,6	46,3
Noruega	11,8	29,9	43,8	54,9	42,4	42,5	45,4	49,3	58,2
Suécia	16,5	31,0	60,1	59,1	53,0	52,3	50,4	49,3	52,1
Áustria	20,6	35,7	48,1	38,6	51,0	51,2	52,8	51,1	56,8
Média	23,3	29,2	42,9	44,0	43,8	44,2	47,0	45,9	52,9

Fonte: 1937-1990 TANZI, Vito; SCHUKNECHT, Ludger. Public spending in the 20th century: a global perspective. Cambridge: Cambridge University Press, 2000. p. 6-7. *2000-2020 OECD National Accounts at a Glance.* Disponível em: https://stats.oecd.org/index.aspx?DataSetCode=NAAG#.

Tabela 1.6 *Brasil: carga tributária global – 1952-2021.*

(Em % do PIB)

Ano	Carga	Ano	Carga	Ano	Carga	Ano	Carga
1952	15,41	1970	25,98	1988	22,43	2006	33,29
1954	15,82	1972	26,01	1990	28,78	2008	33,50
1956	16,42	1974	25,05	1992	25,01	2010	32,29
1958	18,70	1976	25,14	1994	29,46	2012	32,74
1960	17,41	1978	25,70	1996	29,75	2014	31,78
1962	15,76	1980	24,52	1998	29,90	2016	32,15
1964	17,02	1982	26,34	2000	32,49	2018	32,58
1966	20,95	1984	24,34	2002	32,09	2020	31,77
1968	23,29	1986	26,19	2004	32,38	2021	33,90

Fonte: 1952-1994 VARSANO, Ricardo et al. A carga tributária brasileira: nota técnica. *Boletim Conjuntural do IPEA.* Brasília, n. 40, jan. 1998; 1995-2021 BRASIL. Ministério da Economia. Secretaria da Receita Federal. *Carga Tributária no Brasil.* Brasília: Centro de Estudos Tributários e Aduaneiros. Disponível em: https://sisweb.tesouro.gov.br/apex/f?p= 2501:9::::9:P9_ID_PUBLICACAO_ANEXO:15836.

Nota: De acordo com a Secretaria da Receita do Brasil, as alterações na série histórica, a partir de 2002, decorrem de alterações metodológicas determinadas por ajustes na apuração do PIB pelo Instituto Brasileiro de Geografia e Estatística (IBGE), pelas exclusões das restituições pagas aos contribuintes e pela inclusão de parcela de atualização monetária.

Capítulo 1 • O Crescimento das Despesas Públicas **17**

Tabela 1.7   *Países da OCDE: receita governamental total – 2021.*

(Em % do PIB)

País	Receita total	País	Receita total	País	Receita total
Dinamarca	54,4	Luxemburgo	43,7	Israel	36,9
França	52,5	Eslovênia	44,6	Japão	37,1 *
Bélgica	49,9	Islândia	41,3	Letônia	37,0
Finlândia	52,8	Estônia	39,0	Austrália	35,4
Suécia	49,4	Portugal	44,9	Suíça	35,9
Itália	48,1	República Checa	41,4	Coreia	37,2
Áustria	50,0	Polônia	42,4	Estados Unidos	32,9
Hungria	41,3	Espanha	43,7	Turquia	31,2 *
Holanda	44,0	Reino Unido	40,1	Irlanda	23,2
Grécia	50,0	República Eslovaca	40,9	Chile	23,0 *
Noruega	59,0	Nova Zelândia	38,8 *	México	23,1
Alemanha	47,5	Canadá	42,0		

Fonte: OECD. *National Accounts at a Glance*: General Government. Disponível em: https://stats.oecd.org/Index.aspx?DataSetCode=NAAG#.

Nota: * Dados de 2020.

2

Atribuições Econômicas do Estado

A. Introdução

Que atribuições são essas do Estado, geradoras de crescentes despesas e que exigem cada vez maiores recursos para seu financiamento? Antes da análise dessas competências do setor público, vale a pena uma rápida digressão sobre as concepções doutrinárias justificadoras da ação intervencionista do Estado nas economias capitalistas.

O liberalismo econômico, especialmente em sua primeira fase – Inglaterra, final do século XVIII e início do século XIX –, foi o laboratório das teorias econômicas clássicas, as quais previam poucas funções ao Estado. Para Adam Smith, por exemplo, o soberano deveria tratar dos seguintes assuntos: justiça, segurança, estradas, pontes, portos e canais e educação da juventude, além de cuidar da imagem e da respeitabilidade de seu cargo.[1] Outro expoente do pensamento clássico, Jean Baptista Say, cunhou a expressão – rotulada de "princípio de ouro" por David Ricardo, igualmente célebre economista clássico: "o melhor de todos os planos financeiros é gastar pouco, e o melhor de todos os impostos é o que for o menor possível".[2]

Na maior parte do século XIX, a concepção capitalista centrada no mercado revitaliza-se com as sucessivas revoluções industriais que fortaleciam o capitalismo concorrencial, tudo dentro de um cenário de grande estabilidade monetária e de extraordinários progressos científicos. Tal quadro econômico logicamente dispensava a ação estatal.

No final do século XIX e no início do século XX, começaram a manifestar-se sintomas das crises periódicas intrínsecas do sistema capitalista. As grandes empresas, os monopólios, o protecionismo e os sindicatos iniciaram a destruição inapelável do mercado como mecanismo regulador do sistema econômico. Quando a essa multiplicidade de fatores

---

[1]   SMITH, Adam. *Riqueza de las naciones.* Barcelona: Bosh, 1954. v. 3, Livro V. Cap. 1.

[2]   RICARDO, David. *Princípios de economia política e tributação.* São Paulo: Abril, 1982. p. 166 e 169.

extramercado se somaram as consequências da Primeira Guerra Mundial, a economia mundial passou a viver o clima de desequilíbrio que desembocaria na gravíssima depressão dos anos 1930.

O economista inglês John Maynard Keynes foi o principal doutrinador na busca de uma fórmula salvadora do capitalismo, ameaçado, de um lado, pela depressão e, de outro lado, não só pela ideologia marxista, como também pela forte simpatia ainda dedicada à Revolução Russa. Para Keynes, antes da perda total da liberdade individual num regime coletivista, era preferível a perda de parte da liberdade econômica. Para quem? Para o Estado.

O tripé microeconômico dos clássicos – oferta, demanda e preço – no modelo keynesiano cedeu lugar a outro tipo de sustentação, de cunho macroeconômico: a demanda global mais o investimento global determinam a renda global, e essas três variáveis responsabilizam-se pelo nível do emprego. O controle dessas variáveis, compreensivelmente, só poderia ser atribuído ao Estado. O sistema de Keynes deu respaldo doutrinário aos esforços governamentais visando tirar as respectivas economias da crise depressiva dos anos 1930. A partir daí, a intervenção estatal passou a ser naturalmente aceita, em especial na dinamização da demanda agregada e na utilização dos instrumentos de política de estabilização econômica.

Richard Musgrave propôs uma classificação das funções econômicas do Estado, que se tornaram clássicas no gênero.[3] Denominadas as "funções fiscais", o autor as considera também como as próprias "funções do orçamento", principal instrumento de ação estatal na economia. São três as funções:

a) promover ajustamentos na alocação de recursos (função alocativa);
b) promover ajustamentos na distribuição de renda (função distributiva); e
c) manter a estabilidade econômica (função estabilizadora).

B. Função alocativa

A atividade estatal na alocação de recursos justifica-se naqueles casos em que não houver a necessária eficiência por parte do mecanismo de ação privada (sistema de mercado). Musgrave & Musgrave chamam a atenção para duas situações bem exemplificativas: os investimentos na infraestrutura econômica e a provisão de bens públicos e bens meritórios.

a) Os investimentos na infraestrutura econômica – transportes, energia, comunicações, armazenamento etc. – são indutores do desenvolvimento regional e nacional, sendo compreensível que se transformem em áreas de competência estatal. Os altos investimentos necessários e o longo período de carência entre as aplicações e o retorno desestimulam igualmente o envolvimento privado nesses setores.

---

[3] MUSGRAVE, Richard A. *Teoria das finanças públicas*. São Paulo: Atlas, 1974. Cap. 1. Para o desenvolvimento desta seção foram colhidos subsídios na obra seguinte do autor: MUSGRAVE, R.; MUSGRAVE, P. Op. cit. p. 3-17.

b) Na outra situação, a demanda por certos bens assume características especiais que inviabilizam o fornecimento desses pelo sistema de mercado. Para explicar, os autores trazem exemplos de bens privados e públicos típicos.[4]

Um bem privado típico – "par de sapatos", por exemplo – tem as seguintes características:

i) seus benefícios *estão limitados a um* consumidor qualquer;
ii) *há rivalidade* no consumo desse bem;
iii) o consumidor *é excluído* no caso de não pagamento.

No caso de um bem público igualmente típico – "medidas do governo contra a poluição", por exemplo –, as características são as seguintes:

i) os benefícios *não estão limitados a um* consumidor qualquer;
ii) *não há rivalidade* no consumo desse bem;
iii) o consumidor *não é excluído* no caso de não pagamento.

O bem privado é oferecido por meio dos mecanismos próprios do sistema de mercado. Há uma troca entre vendedor e comprador e uma transferência da propriedade do bem. O não pagamento por parte do comprador impede a operação e, logicamente, o benefício. A operação toda é, portanto, eficiente.

No caso do bem público, o sistema de mercado não teria a mesma eficiência. Os benefícios geralmente não podem ser individualizados nem recusados pelos consumidores. Não há rivalidade no consumo de iluminação pública, por exemplo, e como tal não há como excluir o consumidor pelo não pagamento. Aqui, o processo político substitui o sistema de mercado. Ao eleger seus representantes (legisladores e administradores), o eleitor-consumidor aprova determinada plataforma (programa de trabalho) para cujo financiamento irá contribuir mediante tributos. Em função de regra constitucional básica, o programa de bens públicos aprovado pela maioria será coberto também com as contribuições tributárias das minorias.

Há situações em que o Estado utiliza recursos orçamentários na provisão de bens com todas as características de bens privados. É o caso dos *bens mistos*, em que a educação é um bom exemplo: ela é um bem privado que pode ser comercializado no mercado, podendo seus benefícios ser individualizados. Porém, ela é também um bem público, já que o nível cultural da comunidade cresce quando seus membros se educam. O envolvimento do Estado na educação certamente tem outras importantes justificativas, por exemplo, a necessidade de investimento no "capital humano", a educação gratuita no contexto da distribuição de renda etc.

Bom exemplo de bens mistos são os *bens meritórios*, cuja natureza como bem privado tem menor importância do que sua utilidade social. Justificam-se, assim, as despesas públicas com subsídios ao trigo e ao leite, com programas de merenda escolar, com cupons de alimentação para desempregados etc.

---

[4] MUSGRAVE, R.; MUSGRAVE, P. Op. cit. p. 41-48.

Cabe ainda chamar a atenção para a diferença existente entre "produção" e "provisão" de bens. Bens privados, além de serem produzidos e comercializados por empresas privadas, são igualmente produzidos e comercializados por empresas estatais. A experiência brasileira é farta nesse sentido: energia, petroquímica, mineração, informática, siderurgia etc. Por seu turno, os bens públicos são, em sua maior parte, produzidos pelas repartições públicas (justiça, segurança etc.), mas também são produzidos por empresas privadas que, mediante contrato ou acordo, os vendem para o Estado (p. ex., armamentos, obras públicas etc.).

Nota-se, portanto, que a análise sobre quem produz os bens não possibilita nenhuma conclusão relevante: tanto as empresas privadas como as públicas *produzem* bens privados e públicos indistintamente. O estudo da alocação de recursos pelo Estado deve utilizar então o conceito de "provisão" de bens e serviços, isto é, não são necessariamente *produzidos* pelo governo, mas *financiados* (pagos) pelo orçamento público.

C. Função distributiva

As doutrinas de bem-estar integradas na análise econômica convencional derivam da formulação consagrada pelo nome de "Ideal de Pareto".[5] Segundo ela, há eficiência na economia quando a posição de alguém sofre uma melhoria sem que nenhum outro tenha sua situação deteriorada. A respeitar-se exclusivamente as regras econômicas, a distribuição da riqueza mantém estreita vinculação com a maneira como estão distribuídos os fatores de produção e com os preços obtidos por seus detentores no mercado. Há, ainda, a questão das habilidades individuais bastante diversas e a transmissão de bens via herança, ambas contribuindo também para a distribuição não uniforme da riqueza.

A função pública de promover ajustamentos na distribuição de renda justifica-se, pois, como correção às falhas do mercado. Para tanto, deve-se fugir da idealização de Pareto: a melhoria da posição de certas pessoas é feita às expensas de outras. O problema é fundamentalmente de política e de filosofia social, cabendo à sociedade definir o que considera como níveis justos na distribuição da renda e da riqueza.

Musgrave & Musgrave lembram os dois problemas que dificultam a transformação de

> [...] uma regra considerada justa em uma política real de distribuição de renda. Primeiro, é difícil ou mesmo impossível comparar os diferentes níveis de utilidade, que indivíduos diversos derivam de suas rendas [...] A outra dificuldade surge do fato de que o tamanho do 'bolo' disponível para distribuição está relacionado com a forma através da qual é realizada a distribuição.[6]

Essas questões de difícil equacionamento estão sendo substituídas pela discussão de medidas que solucionem os problemas graves de miséria e de melhoria progressiva da qualidade de vida nas camadas mais pobres da população.

---

[5] Vilfredo Pareto apresentou essa formulação no livro *Manuel d'économie politique,* publicado na França em 1927. Ver MALANOS, George. *Teoria econômica.* Rio de Janeiro: Fórum Editora, 1969. p. 138.

[6] MUSGRAVE, R.; MUSGRAVE, P. Op. cit. p. 10.

O orçamento público, assim como na função alocativa, é o principal instrumento para a viabilização das políticas públicas de distribuição de renda. Considerando que o problema distributivo tem por base tirar de uns para melhorar a situação de outros, o mecanismo fiscal mais eficaz é o que combina tributos progressivos sobre as classes de renda mais elevada com transferências para aquelas classes de renda mais baixa. Exemplo clássico seria a utilização do imposto de renda progressivo[7] para cobrir subsídios aos programas de alimentação, transporte e moradia populares.

Afora o imposto de renda, geralmente apontado como o tributo mais adequado às políticas distributivas, outro exemplo de medida seria a concessão de subsídios aos bens de consumo popular financiados por impostos incidentes sobre os bens consumidos pelas classes de mais alta renda.

Em sentido amplo, uma série de outras medidas públicas enquadra-se nos esquemas distributivos, por exemplo, a educação gratuita, a capacitação profissional e os programas de desenvolvimento comunitário. Mesmo reconhecendo a influência dessas medidas no contexto da distribuição de renda, Musgrave & Musgrave deixam de analisá-las por não as considerar como instrumentos de política fiscal.

D. Função estabilizadora

Além dos ajustamentos na alocação de recursos e na distribuição de renda, a política fiscal tem quatro objetivos macroeconômicos: manutenção de elevado nível de emprego, estabilidade nos níveis de preços, equilíbrio no balanço de pagamentos e razoável taxa de crescimento econômico. Esses quatro objetivos, especialmente os dois primeiros, configuram o campo de ação da função estabilizadora.

A mais moderna das três, a função estabilizadora, adquiriu especial importância como instrumento de combate aos efeitos da depressão dos anos 1930, e a partir daí, esteve sempre em cena, lutando contra as pressões inflacionárias e contra o desemprego, fenômenos recorrentes nas economias capitalistas do pós-guerra.

Em qualquer economia, os níveis de emprego e de preços resultam dos níveis da demanda agregada, isto é, da disposição de gastar dos consumidores, das famílias, dos capitalistas, enfim, de qualquer tipo de comprador. Se a demanda for superior à capacidade nominal (potencial) da produção, os preços tenderão a subir; se for inferior, haverá desemprego. O mecanismo básico da política de estabilização é, portanto, a ação estatal sobre a demanda agregada, aumentando-a e reduzindo-a conforme as necessidades.

O quadro pode sofrer complicações adicionais, pois as economias nacionais são abertas ao exterior por meio dos fluxos de comércio e de capitais. Como as taxas de câmbio são fixadas, cada país trata de usá-las de forma que proteja seus interesses, transferindo dificuldades para os parceiros mais frágeis. Além disso, a situação desses é agravada pela dependência ao capital externo, em grande parte integrado no circuito especulativo.

---

[7]   O imposto de renda é progressivo quando a alíquota aumenta com o crescimento da renda.

O orçamento público é um importante instrumento da política de estabilização. No plano da despesa, o impacto das compras do governo sobre a demanda agregada é expressivo, assim como o poder de gastos dos funcionários públicos. No lado da receita, não só chama a atenção o volume, em termos absolutos, dos ingressos públicos, como também a variação na razão existente entre a receita orçamentária e a renda nacional, como consequência das mudanças existentes nos componentes da renda (lucros, transações comerciais etc.). Segundo Musgrave & Musgrave:

> Assim, o sistema fiscal possui uma flexibilidade própria, que responde às mudanças na economia, mesmo que não ocorram variações na política fiscal (mudanças nas alíquotas ou na legislação dos gastos governamentais). [...] Esta flexibilidade embutida no sistema fiscal é responsável por reações automáticas que, em algumas circunstâncias, auxiliam o alcance das metas visadas pela política do setor público, enquanto que em outros casos atrapalham o alcance dos objetivos governamentais.[8]

Mudanças orçamentárias tanto na receita como na despesa podem ser acionadas pela política de estabilização. Exemplos são as mudanças nas alíquotas tributárias com reflexos na quantidade de recursos disponíveis junto ao setor privado, assim como a implantação de programas de obras públicas que visam absorver parcelas desempregadas de mão de obra.

Além dos instrumentos fiscais, a política de estabilização utiliza outros de cunho monetário com vistas ao controle da oferta monetária, variável de grande importância na consecução dos objetivos estabilizadores. Partindo da evidência de que o mercado é mau regulador da oferta de moeda, os governos criaram seus bancos centrais com a finalidade primeira de realizar esses controles, ajustando a oferta monetária às necessidades da economia. Entre as principais medidas do arsenal monetário, podem ser citadas: manutenção de determinados níveis de recursos disponíveis para aplicação pelos bancos, controle da taxa de juros e lançamento de títulos públicos e funcionamento do *open market*.

---

[8] MUSGRAVE, R.; MUSGRAVE, P. Op. cit. p. 13.

Parte II

Fundamentos do Estudo dos Orçamentos Públicos

3

Breve Nota Histórica

A. Inglaterra[1]

Assim rezava o art. 12 da famosa Magna Carta, outorgada em 1217 pelo Rei João Sem Terra:

> Nenhum tributo ou auxílio será instituído no Reino, senão pelo seu conselho comum, exceto com o fim de resgatar a pessoa do Rei, fazer seu primogênito cavaleiro e casar sua filha mais velha uma vez, e os auxílios para esse fim serão razoáveis em seu montante.[2]

Tal dispositivo foi conseguido mediante pressões dos barões feudais, que integravam o *Common Counsel*: o órgão de representação da época. Aos nobres interessava basicamente escapar do até então ilimitado poder discricionário do rei em matéria tributária.

A aceitação dessa forma de controle representativo por parte do Parlamento nem sempre foi tranquila, pois os monarcas tendiam a reagir estimulados pelo absolutismo que dominava a coroa britânica. As consequências mais graves das divergências entre a monarquia e o Parlamento ocorreram no século XVII. Os problemas surgidos no reinado de Jacques I agravaram-se no período de seu sucessor, Carlos I. Protestando contra o lançamento de um empréstimo compulsório, o Parlamento baixou um ato – *Petition of Rights* – que confirmou o princípio da Magna Carta que considerava o tributo legítimo, quando consentido pelo órgão de representação. Sempre de forma intolerante, Carlos I prosseguiu na sua cruzada de independência em relação ao Parlamento, até que se instalou luta armada no reino. Derrotado, o rei foi julgado, condenado e decapitado.

---

[1] O conteúdo desta seção está amparado na seguinte fonte principal: BURKHEAD, Jesse. *Orçamento público*. Rio de Janeiro: Fundação Getulio Vargas, 1971. p. 3-9.

[2] BURKHEAD, J. Op. cit. p. 4. Geralmente, os textos de revisão histórica consideram que a Magna Carta foi aprovada em 1215, e não em 1217, como apontado por Burkhead.

Nesse episódio, fica claro que as divergências eram especialmente fortes em face do volume de recursos de que a Coroa tentava se apropriar por intermédio do mecanismo tributário. Se estivesse em jogo apenas o disciplinamento das atividades do rei, isto é, o controle de suas despesas, certamente os conflitos com Carlos I não teriam tido tal desfecho.

Mesmo não envolvendo o lado da "despesa pública", o art. 12 da Magna Carta é geralmente considerado pelos tratadistas como uma espécie de embrião[3] do orçamento público.

A passagem do tempo ensinou que não bastava autorizar a cobrança das rendas públicas. Era necessário verificar se a sua aplicação correspondia às finalidades para as quais foram autorizadas.[4]

"Revolução Gloriosa" foi o nome dado ao novo conflito, ocorrido em 1688, entre o rei Carlos II e o Parlamento. Este aproveitou os acontecimentos e baixou, em 1689, a *Bill of Rights*,[5] tornando mais claro o disposto no art. 12 da Magna Carta. Nessa mesma oportunidade, estabeleceu-se a separação entre as finanças do reino (Estado) e as finanças da Coroa. Essas passaram a ser anualmente organizadas na chamada "Lista Civil" e aprovadas pelo Parlamento.

A Lei do Fundo Consolidado, aprovada em 1787, representou um avanço bastante significativo na organização das finanças públicas inglesas. Arizio de Viana explica assim esse sistema:

> Consiste o sistema do fundo consolidado no seguinte: certo número de impostos existe na Inglaterra para atender a certos serviços de caráter permanente; anualmente o Parlamento inglês não discute a legitimidade desses impostos nem dessas despesas; aprova o pedido do Governo, em globo; quando há excedente, isto é, quando a receita do fundo excede as despesas, torna-se possível discutir esse excedente, para ver se há impostos desnecessários e que devam ser abandonados; mas essa discussão nunca se verifica, porque os serviços administrativos crescem e o Governo é sempre obrigado a pedir maiores verbas e, daí, a aprovação dos recursos solicitados, ainda que, para obtê-los, seja preciso criar novos impostos ou agravar os existentes.[6]

O Fundo Consolidado possibilitou a contabilização dos fundos públicos e, a partir de 1802, a publicação anual do relatório detalhado das finanças. Mas foi a partir de 1822 que o chanceler do Erário passou a apresentar ao Parlamento uma exposição que fixava a receita e a despesa de cada exercício. Burkhead considera "essa data como a que marca o início do orçamento, plenamente desenvolvido, na Grã-Bretanha".[7]

---

[3] VIANA, Arizio de. *Orçamento brasileiro*. 2. ed. Rio de Janeiro: Edições Financeiras, 1950. p. 43.

[4] Segundo Burkhead, o Parlamento autorizou os impostos pretendidos por Carlos II para prosseguimento da guerra contra os holandeses, estabelecendo claramente as finalidades a que se destinava a arrecadação. Ver BURKHEAD, J. Op. cit. p. 4.

[5] "A partir desta data nenhum homem será compelido a fazer qualquer doação, empréstimo ou caridade, ou a pagar imposto, sem consentimento comum através da Lei do Parlamento." *In*: BURKHEAD, J. Op. cit. p. 4.

[6] VIANA, A. Op. cit. p. 46.

[7] BURKHEAD, J. Op. cit. p. 5.

Mesmo antes da implantação do orçamento formal, a Câmara dos Comuns adotou o princípio de só aprovar propostas de despesas oriundas da Coroa. Tal regra visava respeitar as prerrogativas do Executivo, como o responsável pelas finanças do Estado. Ao Legislativo competia aprovar, reduzir ou rejeitar a despesa proposta, bem como o controle da execução do orçamento. Tal modelo ainda hoje é seguido, não tendo sofrido modificações sensíveis quando da transferência das atribuições executivas da Coroa para o Gabinete.

Atualmente, o Gabinete caracteriza-se como uma espécie de comissão da Câmara dos Comuns. O programa do Executivo é apresentado e defendido perante os Comuns, que podem aprovar reduções nas despesas ou solicitar fórmulas alternativas sem que isso signifique moção de desconfiança em relação ao Gabinete. Se, porém, a Câmara dos Comuns propuser aumento de despesas, isso significará a queda do Gabinete e a necessidade da formação de um novo governo. "A determinação do teto das despesas é considerada a mais grave responsabilidade do Gabinete em relação ao orçamento."[8]

Em todo o decorrer do século XIX, o orçamento público inglês foi sendo aperfeiçoado e valorizado como instrumento básico da política econômica e financeira do Estado. A trajetória histórica do orçamento inglês é especialmente importante em dois aspectos: primeiro, por delinear a natureza técnica e jurídica desse instrumento e, segundo, por difundir a instituição orçamentária para outros países.

B. França[9]

Assim como no caso inglês, na França a instituição orçamentária surgiu posteriormente à adoção do princípio do consentimento popular do imposto outorgado pela Revolução de 1789. No período napoleônico, claramente autoritário, o controle representativo sobre a criação de impostos não foi respeitado, sendo essa uma das poucas oportunidades em que o princípio foi infringido.

Com a Restauração, a Assembleia Nacional começou a participar do processo orçamentário. Inicialmente, em 1815, decretando a lei financeira anual sem, no entanto, controlar o detalhamento das dotações. A partir de 1831, o controle parlamentar sobre o orçamento passou a ser complexo.

Burkhead nota que o sistema orçamentário francês em sua fase inicial ajudou a consolidar algumas regras, hoje aceitas como básicas na concepção doutrinária do orçamento público:

a) a anualidade do orçamento;
b) a votação do orçamento antes do início do exercício;
c) o orçamento deve conter *todas* as previsões financeiras para o exercício (princípio da universalidade); e
d) a não vinculação de itens da receita a despesas específicas (princípio da não afetação das receitas).

---

[8] Idem, ibidem. p. 7.

[9] Aqui, subsídios foram colhidos em BURKHEAD, J. Op. cit. p. 9-11 e em VIANA, A. Op. cit. p. 48-49.

C. Estados Unidos[10]

Alguns autores consideram que a revolução pela independência americana decorreu da contrariedade dos colonos em face dos tributos cobrados pelo governo inglês.[11] Mesmo que se considere que a maturidade política reinante nas colônias levaria de qualquer forma à independência, o início dos conflitos foi estimulado pelo lançamento de impostos pelo Parlamento inglês à revelia de qualquer consulta aos interessados. A busca da legitimação popular do tributo é, pois, também encontrada quando do lançamento das bases da nação americana.

Nos primeiros anos da República havia uma proximidade muito grande entre os congressistas e os membros do Gabinete. As poucas formalidades existentes não eram suficientes para tornar nítidas as separações das funções legislativas e executivas em matéria financeira.

A partir de 1802, a Câmara dos Representantes designou uma Comissão de Meios e Recursos que passou a assumir forte controle sobre as finanças do governo. Até 1865, essa comissão manteve autoridade máxima sobre as questões relativas à receita e sobre as apropriações da despesa. O secretário do Tesouro, ao lado da apresentação de seu relatório anual, submetia ao Congresso o levantamento estimativo das necessidades de despesas das diversas unidades que compunham o governo. A Comissão de Meios e Recursos fazia o papel de órgão de planejamento, consolidava os programas setoriais e possibilitava uma visão de conjunto das finanças do Estado.

A Comissão de Meios e Recursos, por volta de 1865, perdeu sua função centralizadora e começou a dividir com outras comissões a autoridade sobre os créditos de despesas. Em 1885, havia oito comissões na Câmara dos Representantes e oito no Senado que opinavam sobre a autorização de gastos. Iniciou-se, então, um período de grande desorganização nas finanças americanas. Os grandes saldos provenientes das taxas aduaneiras favoreciam as aplicações irresponsáveis e a ausência de controles executivos e legislativos. Em 1882, um cronista assim se expressava:

> Sob o sistema financeiro congressional aqui descrito, os Estados Unidos desperdiçam milhões anualmente. Mas sua riqueza é tão grande, sua receita tão elástica, que o país não se dá conta do prejuízo. Os Estados Unidos têm glorioso privilégio da juventude, o privilégio de cometer erros sem sofrer as suas consequências.[12]

Na virada do século, os superávits passaram a não ser tão frequentes, alternando-se com os déficits. Essa nova situação, associada à tomada de posição em face dos níveis assustadores de corrupção e negociatas, levou o presidente Taft a designar, em 1910, a Comissão de Economia e Eficiência, que objetivava a realização de amplo estudo do funcionamento da administração federal e visava à sua modernização.

---

[10] Igualmente para efeito do preparo desta seção, a fonte básica de pesquisa foi BURKHEAD, J. Op. cit. p. 12-39 e 175-182.

[11] VIANA, A. Op. cit. p. 11.

[12] BURKHEAD, J. Op. cit. p. 15.

A comissão trabalhou durante dois anos e realizou estudos nas áreas do orçamento, pessoal, organização, contabilidade e aplicação de métodos empresariais no governo. Em 1912, o presidente encaminhou ao Congresso relatório da comissão e recomendou a adoção de um verdadeiro e novo orçamento nacional. Apresentando o relatório, o presidente assim se expressou:

> O objetivo do relatório ora apresentado é sugerir [...] um plano em que o Presidente e o Congresso possam cooperar – o primeiro, apresentando ao Congresso e ao país um programa administrativo de trabalho claramente expresso, para ser cumprido; o segundo, dando ao Presidente uma lei que lhe caberá cumprir.[13]

Burkhead observa que a comissão concebia o orçamento como cumpridor de uma série de objetivos: "um documento para ação por parte do Congresso, um instrumento de controle e de administração para o Chefe do Executivo e uma base para fazer funcionar os departamentos e os órgãos".[14]

Relativamente a essa última finalidade, a comissão recomendou:

> A fim de que possa pensar com clareza sobre o problema de sua responsabilidade, o administrador precisa ter diante de si dados que reflitam resultados, em termos de qualidade e quantidade; precisa estar habilitado a medir a qualidade e a quantidade dos resultados por unidades de custo e de eficiência.[15]

Os argumentos da comissão e o respaldo político do presidente não foram suficientes para vencer a resistência da maioria dos congressistas, politicamente interessados em manter ascendência sobre o Executivo na questão da aplicação dos recursos públicos.

O debate sobre a reforma orçamentária, no entanto, dava-se também em outros níveis. Os empresários viam no orçamento elaborado pelo Executivo um instrumento que tornaria o governo mais eficiente e mais barato com reflexos na diminuição da carga tributária. Havia também os que desconfiavam da reforma em função da ênfase depositada na economia (redução de receitas e despesas), não havendo garantias de que seria alcançada maior eficácia na consecução das funções do Estado. Além disso, o sistema orçamentário proposto fortaleceria em muito o Executivo, configurando um risco segundo os padrões liberais americanos.

O veloz crescimento dos encargos governamentais e sua progressiva complexidade exigiam da máquina administrativa do Estado a adoção de métodos e processos administrativos cada vez mais sofisticados. Esse aspecto passou a ser valorizado nas discussões sobre a reforma orçamentária dentro da própria Câmara dos Representantes que, em 1919, designou comissão para estudar o assunto. As conclusões foram no sentido da adoção do orçamento elaborado pelo Executivo, proposta aprovada ainda nesse mesmo ano pela Câmara e transformada em lei, em 1921, sob a denominação de Lei de Orçamento e Contabilidade

---

[13] Idem, ibidem. p. 26.

[14] Idem, ibidem.

[15] Idem, ibidem.

(*Budget and Accounting Act*). Ao encaminhar a primeira proposta orçamentária amparada na nova legislação, o presidente Harding a ela se referiu como "[...] a maior reforma nos processos governamentais desde o advento da República".[16]

A autonomia municipal, traço marcante do federalismo americano, possibilitou o surgimento de reformas orçamentárias em âmbito dos municípios antes mesmo da adoção do orçamento nacional. As motivações reformistas foram praticamente as mesmas: aumento das funções do governo municipal, pressão das classes empresariais em face do aumento da carga tributária e combate ao "caciquismo" político e à corrupção. Em 1899, a Liga Municipal Nacional sugeriu um modelo de lei orgânica para os municípios, que atribuía ao Prefeito o comando direto sobre o sistema orçamentário. As recomendações da Comissão Taft, amplamente divulgadas, também serviram para estimular experiências modernizadoras no âmbito dos orçamentos municipais. Dessas experiências pioneiras ficaram famosos os orçamentos com base em custos elaborados no período 1913-15 no Burgo de Richmond (uma das cinco partes em que se divide a cidade de New York).[17] Esses orçamentos marcaram o início de uma nova concepção técnica – o Orçamento de Desempenho (*performance budget*) – que viria a dominar a reforma orçamentária que se seguiu após o término da Segunda Guerra Mundial.

Assim como a maioria das grandes cidades americanas, que já na década de 1920 haviam adotado reformas orçamentárias, os Estados igualmente sentiram a necessidade de aperfeiçoar seus processos financeiros. Em 1910, o Estado de Ohio passou a competência da elaboração orçamentária ao governador. Até 1920, cerca de 44 Estados já haviam elaborado reformas orçamentárias, dos quais 23 com orçamentos elaborados pelos Executivos.

Na sua quase totalidade, as reformas orçamentárias realizadas até a década de 1920 buscavam melhor distribuir as competências do Legislativo e do Executivo nas diversas fases do processo orçamentário: elaboração, aprovação, execução e controle. As recomendações da Comissão Taft, no sentido de mudanças na linguagem técnica do orçamento de forma que fossem enfatizadas mais realizações do que os gastos por itens, foram praticamente esquecidas. Em meados da década de 1930, o Departamento de Agricultura e a Administração do Vale do Tennessee (TVA) adotaram classificações orçamentárias por projetos e programas. Esse modelo revolucionário representava assim a fórmula capaz de aproximar a técnica orçamentária do planejamento, instrumento gerencial que começava a ter ampla aceitação. Nos anos da Segunda Guerra Mundial, os orçamentos por programas foram utilizados especialmente pelos departamentos militares. Essas experiências, somadas à do Departamento da Marinha, que apresentou, para o ano fiscal de 1948, o orçamento organizado por programas, levaram a Comissão Hoover (Comissão de Organização do Setor Executivo do Governo) a propor, em 1949:

---

[16] Idem, ibidem. p. 37.

[17] Idem, ibidem. p. 175-176.

Recomendamos que o conceito de orçamento do Governo Federal seja inteiramente reformulado pela adoção de um orçamento baseado em funções, atividades e projetos: a isto denominamos orçamento de desempenho.[18]

Em 1950, o Congresso aprovou a Lei de Processo do Orçamento e da Contabilidade, que não mencionava especificamente a expressão *orçamento de desempenho*, mas autorizava o presidente a apresentar, no orçamento, as funções e atividades do governo a partir das classificações que julgasse mais apropriadas. Em 1955, a 2ª Comissão Hoover teve a oportunidade de analisar os resultados alcançados até então com a nova técnica e fez novas recomendações no sentido de seu aperfeiçoamento.

A tendência à aproximação entre o planejamento e o orçamento era cada vez mais evidente. Em entrevista realizada em 25-8-1965, o presidente Johnson assim se manifestou:

> [...] em reunião com os membros do Gabinete e com as chefias das agências federais determinei a cada um que passassem a introduzir o novo e revolucionário sistema de planejamento e programação do orçamento em todo o vasto Governo Federal, de tal forma que, através das ferramentas da moderna administração, se possa cumprir integralmente as promessas de uma vida melhor a cada americano, ao menor custo possível.[19]

A nova técnica ficou conhecida pelo rótulo PPBS (*Planning, Programming and Budgeting System*) – Sistema de Planejamento, Programação e Orçamento –, constituindo-se no coroamento de uma série de estudos e aplicações práticas realizadas nos órgãos militares pela empresa de consultoria Rand Corporation.

O PPBS foi adotado, então, numa fase em que a economia americana apresentava grande vitalidade e estimulava programas públicos especialmente ambiciosos.[20] O envolvimento total dos Estados Unidos na Guerra do Vietnã, a inflação decorrente, os distúrbios urbanos etc. diminuíram os recursos, trazendo a dura realidade: planejar e programar para quê?

Já em 1970, por recomendação do presidente Nixon, foi formalmente dispensado o cumprimento do PPBS pelos órgãos federais. Muitos Estados e cidades importantes tentaram, igualmente, adotar o novo sistema, com resultados pouco encorajadores.[21]

Na área acadêmica, o PPBS mereceu grande atenção, sendo amplamente discutida sua concepção, assim como as dificuldades de sua implementação. Esses debates serviram também para difundir o sistema, que passou a ser experimentado em outros países com algumas variações.

---

[18] Idem, ibidem. p. 177.

[19] NOVICK, David. The origin and history of program budgeting. NOVICK, David (ed.). *Program budgeting.* 2nd ed. New York: Holt, Rinehart and Winston, 1969. p. XIX.

[20] Sintomaticamente, o plano de governo do presidente Johnson era denominado "A Grande Sociedade".

[21] É bastante conhecido o caso do Estado de New York, que tentou durante cinco anos implantar o PPBS. Ver a esse respeito QUEIROZ, Dilson Santana de. O PPBS no processo orçamentário. *Revista de Administração Municipal.* Rio de Janeiro, v. 20, n. 117, p. 14-15, mar./abr. 1973.

A proposta seguinte da linha de inovações tecnológicas do orçamento foi o Orçamento Base-Zero. Concebido originalmente em termos de organização privada – *Texas Instruments* – como um método de controle e avaliação dos custos indiretos, o OBZ interessou ao então governador da Geórgia, Jimmy Carter, que patrocinou sua utilização nos procedimentos orçamentários estaduais, a partir de 1973. Na presidência, Carter continuou a ser um entusiasmado divulgador do OBZ, esforçando-se para sua aplicação em âmbito federal. No final da década de 1970, grande número de empresas privadas e de organizações públicas já adotava o sistema, bastante valorizado em função de sua utilidade na fase de recessão em que a economia americana começava a mergulhar.

As relações entre a Presidência e o Congresso dentro do processo orçamentário foram significativamente alteradas em 1974 com a aprovação da Lei de Orçamento e Retenção de Recurso do Congresso (*Congressional Budget and Impoundment Control Act*). A nova norma significou um aperfeiçoamento na participação dos congressistas no processo global do orçamento, aí compreendidas não apenas as autorizações de despesas, mas também questões sobre impostos, prioridades, financiamento do déficit etc. Com a nova lei, o Congresso retomou forte ascendência sobre o orçamento, retirando parte do poder que o Presidente vinha concentrando desde a Lei de 1921.

Duas décadas após, em 1993, o Congresso reafirmou seu crescente interesse e envolvimento com os temas orçamentários e o aperfeiçoamento da administração federal ao aprovar a Lei de Desempenho e Resultados do Governo (*Government Performance and Results Act* – GPRA). Os principais requisitos das novas normas são: (i) estabelecer metas estratégicas; (ii) medir o desempenho; (iii) ligar medidas de desempenho com o orçamento; e (iv) monitorar e reportar os progressos no alcance das metas. As agências governamentais passam a ter as seguintes responsabilidades: (i) executar planos estratégicos; (ii) preparar planos anuais de desempenho com metas; e (iii) reportar anualmente sobre o desempenho. O GPRA é inovador também na estratégia de implantação das medidas ao estabelecer, inicialmente, períodos experimentais com a execução de planos-piloto em três áreas: (i) de desempenho; (ii) de flexibilidade gerencial; e (iii) de orçamento de desempenho. O orçamento de desempenho, cujas dificuldades de implantação eram bastante reconhecidas, teria sua adoção recomendada em 2001 a depender dos resultados dos orçamentos-pilotos executados, em 1998 e 1999, em cinco agências. Ao estabelecer, para a implantação das inúmeras novidades do GPRA, um longo cronograma compreendido entre 1993 e 2001, o Congresso tratou de fugir do tradicional equívoco legislativo de pretender grandes mudanças na realidade e nas práticas administrativas de uma hora para outra.

D. Brasil

O orçamento nas constituições brasileiras

Ainda no período colonial, a Inconfidência Mineira tentou conquistar a soberania para o País, usando como motivação o descontentamento em face das disposições tributárias emanadas de Portugal. Ao suspender a "derrama" – cobrança dos impostos atrasados –, as autoridades fizeram abortar o movimento, comprovando que havia mais disposição em fugir do fisco português e menos consciência política em prol da independência da Colônia.

Com a vinda do rei D. João VI, o Brasil iniciou um processo de organização de suas finanças. A abertura dos portos trouxe a necessidade de maior disciplinamento na cobrança dos tributos aduaneiros. Em 1808, foram criados o Erário Público (Tesouro) e o regime de contabilidade.

É na Constituição Imperial de 1824 que surgem as primeiras exigências no sentido da elaboração de orçamentos formais por parte das instituições imperiais. Em seu art. 172, assim estabelecia aquela Lei Magna:

> O ministro de Estado da Fazenda, havendo recebido dos outros ministros os orçamentos relativos às despesas das suas repartições, apresentará na Câmara dos Deputados anualmente, logo que esta estiver reunida, um balanço geral da receita e despesa do Tesouro Nacional do ano antecedente, e igualmente o orçamento geral de todas as despesas públicas do ano futuro e da importância de todas as contribuições e rendas públicas.

Esse dispositivo, avançado para a época, teve dificuldade de ser implementado nos primeiros anos. Alguns autores consideram a Lei de 14-12-1827 como a primeira lei de orçamento do Brasil. Porém, os deficientes mecanismos arrecadadores em relação às províncias, as dificuldades nas comunicações e certos conflitos com normas legais, oriundas do período colonial, foram considerados, por outros tratadistas, como fatores que frustraram aquela lei orçamentária. O primeiro orçamento brasileiro teria sido, então, aquele aprovado pelo Decreto Legislativo de 15-12-1830 que fixava a despesa e orçava a receita das antigas províncias para o exercício de 1º-7-1831 a 30-6-1832.[22]

A Constituição de 1824 assim distribuía as competências dos poderes imperiais em matéria tributária e orçamentária:

a) ao Executivo competia a elaboração da proposta orçamentária;
b) à Assembleia Geral (Câmara dos Deputados e Senado), a aprovação da lei orçamentária;[23] e
c) à Câmara dos Deputados, a iniciativa das leis sobre impostos.[24]

A questão da fiscalização da execução orçamentária é definida de forma vaga no art. 37: "Também principiarão na Câmara dos Deputados: 1º) O exame da administração passada, e reforma dos abusos nela introduzidos."

A Lei de 12-8-1834 emendou a Constituição e regulou o funcionamento das assembleias legislativas provinciais, definindo entre suas competências:

---

[22] VEIGA FILHO apud MOOJEN. Guilherme. *Orçamento público*. Rio de Janeiro: Edições Financeiras, 1959. p. 22-23.

[23] Constituição de 25-3-1824: art. 15, 10.

[24] Idem, ibidem. art. 36, § 1º.

a) a fixação das despesas municipais e provinciais, bem como os impostos necessários para atender a tais encargos;[25] e

b) a repartição das rendas entre os municípios e a fiscalização do emprego delas.[26]

Com a Constituição de 1891, que se seguiu à Proclamação da República, houve importante alteração na distribuição das competências em relação ao orçamento. A elaboração desse passou a ser função privativa do Congresso Nacional, assim como a tomada de contas do Executivo.[27] Visando auxiliar o Congresso no controle, a Constituição instituiu um Tribunal de Contas.[28] Para o cumprimento do dispositivo constitucional, os parlamentares tiveram de decidir qual das duas casas do Congresso passaria a elaborar o orçamento. A Câmara dos Deputados assumiu a iniciativa, mas como observa Arizio de Viana, ela (a iniciativa) "sempre partiu do gabinete do ministro da Fazenda que, mediante entendimentos reservados e extraoficiais, orientava a comissão parlamentar de finanças na confecção da lei orçamentária".[29]

Com a República, as antigas províncias transformaram-se em Estados regidos por constituições próprias, o que lhes assegurou grande autonomia. Igualmente, a primeira constituição republicana tratou de estender essa autonomia aos Municípios.

O País entrou no século XX e ultrapassou suas duas primeiras décadas sem maiores novidades na questão da organização das finanças públicas. O clima reformista e questionador que marcou a mesma época nos Estados Unidos não foi sentido aqui. A economia brasileira era caracterizadamente agroexportadora e a industrialização e a urbanização eram fenômenos tímidos, a ponto de não exigirem grande atuação do setor público.

Em 1922, por ato do Congresso Nacional, foi aprovado o Código de Contabilidade da União.[30] Tal norma e seu regulamento[31] logo baixados constituíram importante conquista técnica, pois possibilitou ordenar toda a gama imensa de procedimentos orçamentários, financeiros, contábeis, patrimoniais etc., que já caracterizavam a gestão em âmbito federal.

O referido código surgiu sob a vigência da Constituição de 1891, que, como foi visto, atribuía à Câmara dos Deputados a *iniciativa* da lei orçamentária. O código acabou tendo de formalizar o que informalmente já acontecia: o Executivo fornecia ao Legislativo todos os elementos para que este exercitasse sua atribuição de *iniciar* a feitura da lei orçamentária. Diz o art. 13 do código:

---

[25] Lei de 12-8-1834: art. 10, § 5º.

[26] Idem, ibidem. art. 10, § 6º.

[27] Constituição de 24-2-1891: art. 34, § 1º.

[28] Idem, ibidem. art. 89.

[29] VIANA, A. Op. cit. p. 76.

[30] Decreto nº 4.536, de 28-1-1922.

[31] Decreto nº 15.783, de 8-11-1922.

> O governo enviará à Câmara dos Deputados até 31 de maio de cada ano, a proposta de fixação da despesa, como o cálculo da receita geral da República, para servir de base à *iniciativa* da Lei de Orçamento. (O grifo é nosso)

O art. 15 deixara claro que a proposta do governo deveria ter a forma de um projeto de lei acabado, não se assemelhando ao caso americano em que, no período anterior a 1921, o Congresso recebia e analisava as solicitações de dotações por parte dos órgãos do Executivo.

A Revolução de 1930 representou o rompimento com o passado e a proposta de nova ordem em inúmeros aspectos, inclusive na modernização do aparelho do Estado. Em discurso de maio de 1931, Getúlio Vargas assim se expressou:

> A época é das assembleias especializadas, dos conselhos técnicos integrados à administração. O Estado puramente político, no sentido antigo do termo, podemos considerá-lo atualmente entidade amorfa, que aos poucos vai perdendo o valor e a significação.[32]

A autonomia dos Estados e o federalismo da Constituição de 1891 cederam lugar à centralização da maior parte das funções públicas na área federal. Essa nova realidade tomou corpo na Constituição outorgada a 16 de julho de 1934. Nela, o orçamento é tratado com certo destaque, sendo classificado em uma seção própria. A competência da elaboração da proposta orçamentária é atribuída ao presidente da República.[33] O Legislativo encarregavase da votação do orçamento[34] e do julgamento das contas do presidente,[35] contando para tal com o auxílio do Tribunal de Contas. A Constituição não colocou limitações ao poder de emendas ao orçamento por parte dos legisladores, caracterizando assim a coparticipação dos dois poderes na elaboração de importante lei.

Crises políticas jogaram o País num regime fortemente autoritário, o Estado Novo, gerador de nova Constituição, decretada a 10-11-1937. A elaboração orçamentária foi tratada com destaque, merecendo um capítulo especial com seis artigos. Segundo essas disposições, a proposta orçamentária seria elaborada por um departamento administrativo a ser criado junto à Presidência da República e votada pela Câmara dos Deputados e pelo Conselho Federal (uma espécie de Senado que contaria também com dez membros nomeados pelo presidente da República). A verdade é que essas duas câmaras legislativas nunca foram instaladas e o orçamento federal foi sempre elaborado e decretado pelo chefe do Executivo. Arizio de Viana classifica os orçamentos federais do Estado Novo como sendo do "tipo administrativo" (modalidade entre os do "tipo executivo"); já os da Constituição de 1891 seriam do "tipo legislativo" e os da Constituição de 1934, do "tipo misto".[36]

---

[32] PAIM, Antônio apud HORTA, Luiz Paulo. A tradição modernizadora. *Jornal do Brasil*. Rio de Janeiro, 12-5-1979, p. 3 (Suplemento do Livro).

[33] Constituição de 16-7-1934: art. 50, § 1º.

[34] Idem, ibidem. art. 39, § 2º.

[35] Idem, ibidem. art. 40, *c*.

[36] VIANA, A. Op. cit. p. 75-83.

Já em 1939, o regime estado-novista liquidou com o que restava de autonomia dos Estados e Municípios ao transferir ao presidente da República a prerrogativa de nomear os governadores estaduais (Interventores) e a esses a nomeação dos prefeitos.[37] A mesma lei determinou a criação, em cada Estado, de um Departamento Administrativo, integrado por membros nomeados pelo presidente da República. Entre outras atribuições, o Departamento Administrativo (transformado, em 1943, em Conselho Administrativo)[38] aprovava os projetos de orçamento do Estado e dos Municípios, bem como fiscalizava a sua execução.

A redemocratização do País veio com a Constituição de 18 de setembro de 1946. O orçamento voltou a ser do "tipo misto" (na classificação de Arizio de Viana): o Executivo elaborava o projeto de lei de orçamento e o encaminhava para discussão e votação nas casas legislativas. Com o instituto da emenda, os legisladores coparticipavam da elaboração orçamentária. Os dispositivos constitucionais sobre o orçamento consagravam certos princípios básicos (unidade, universalidade, exclusividade e especialização), além de evidenciar, de forma mais clara, o papel do Tribunal de Contas.[39]

O regime que derivou do Movimento de 1964 assumiu características marcadamente autoritárias, com reflexos no equilíbrio de poder entre o Executivo e o Legislativo, em especial na questão das competências no processo orçamentário.

A Constituição outorgada a 24 de janeiro de 1967 encerrou a primeira fase do regime. Deu especial relevância ao orçamento, disciplinando-o por meio de oito artigos e inúmeros parágrafos.[40] Novas regras e princípios foram incorporados aos processos de elaboração e fiscalização orçamentárias, o primeiro sendo estendido aos Estados.[41]

A grande novidade, porém, residiu na retirada de prerrogativas do Legislativo quanto à iniciativa de leis ou emendas que criassem ou aumentassem despesas, inclusive emendas ao projeto de lei do orçamento. Assim rezava o art. 67:

> É da competência do Poder Executivo a iniciativa das leis orçamentárias e das que abram créditos, fixem vencimentos e vantagens dos servidores públicos, concedam subvenção ou auxílio ou de qualquer modo autorizem, criem ou aumentem a despesa pública.

No § 1º desse artigo estava a grande limitação ao exercício de emendas ao projeto de lei do orçamento por parte dos legisladores:

> Não serão objeto de deliberação emendas de que decorra aumento da despesa global ou de cada órgão, projeto ou programa, ou as que visem a modificar o seu montante, natureza e objetivo.

---

37 Decreto-lei nº 1.202, de 8-4-1939.

38 Decreto-lei nº 5.511, de 21-5-1943.

39 Constituição de 18-9-1946: arts. 73 a 77.

40 Constituição de 24-1-1967: arts. 63 a 70.

41 Idem, ibidem. art. 13, IV.

Capítulo 3 • Breve Nota Histórica **39**

Percebe-se claramente que, com essa redação exaustiva, o § 1º acabou, praticamente, com qualquer possibilidade de que emendas importantes fossem propostas em âmbito legislativo. O papel desse Poder passou a ser o de aprovar o projeto de lei oriundo do Executivo, já que a hipótese de rejeição era impossível de ser considerada, pois o governo não teria como iniciar seu exercício financeiro sem um orçamento como guia.

Nova crise política determinou o início da segunda etapa do regime, originando a Emenda Constitucional nº 1, de 17 de outubro de 1969. Outorgada pela Junta Militar, a emenda alterou em muitos aspectos a Constituição de 1967, mantendo, no entanto, os dispositivos sobre o orçamento, inclusive o que limita a capacidade de iniciativa do Legislativo em leis que gerem despesas e em emendas ao orçamento quando de sua discussão.[42]

Os anos 1980 iniciaram com muitas pressões no campo político com vistas à distensão do regime autoritário e à abertura institucional. O agravamento da crise econômica no período 1982-83 evidenciou a fragilidade da base política do governo e abriu espaço para campanhas de forte conteúdo popular, como a das eleições diretas para presidente da República, e a da convocação de uma Assembleia Nacional Constituinte.

Em 5 de outubro de 1988, o país recebeu, então, sua sétima Constituição. Desde as primeiras discussões, o tema orçamentário mereceu grande atenção dos constituintes, pois era visto como símbolo das prerrogativas parlamentares perdidas durante o período autoritário. A seção Dos orçamentos, integrante do capítulo II – Das finanças públicas, compreende apenas cinco artigos, mas todos com inúmeros incisos e parágrafos, trazendo novos conceitos e regras, além de consagrar e confirmar princípios e normas já tradicionais.[43]

No tema orçamentário, o texto constitucional trouxe três novidades principais. Primeiro, consolidou o conceito da universalidade, ao estabelecer que todas as receitas e todas as despesas públicas se submetem ao processo orçamentário comum. O princípio, defendido na Lei nº 4.320/64 e na Emenda Constitucional nº 1, de 1969, como ver-se-á no capítulo seguinte, era tradicionalmente descumprido.[44] Em segundo lugar, novos instrumentos foram criados e ampliado o ciclo orçamentário: (a) com a Lei de Diretrizes Orçamentárias (LDO), possibilitou-se o estabelecimento de regras de elaboração e de execução orçamentária, o que sempre esteve limitado pelo conteúdo exclusivo da lei de orçamento; e (b) com o novo plano plurianual, o ciclo orçamentário estendeu no tempo da programação e, concretamente, criaram-se condições para a integração entre o orçamento e o planejamento.[45]

A terceira inovação foi a devolução aos Legislativos da prerrogativa de propor emendas de despesa ao projeto de lei orçamentária. A norma vigente no período autoritário não vedava formalmente as emendas, mas estabelecia tantas restrições que a participação legislativa na formulação do orçamento ficava praticamente inviabilizada. Apenas a aprovação de emendas passou a não atender os interesses dos parlamentares que reclamavam das

---

[42] Emenda Constitucional nº 1, de 17-10-1969: art. 65, § 1º.

[43] Constituição Federal de 1988, arts. 165 a 169.

[44] Idem, ibidem. art. 165, § 5º.

[45] Idem, ibidem. art. 165, §§ 1º, 2º e 4º.

dificuldades e das limitações na execução das despesas correspondentes. Ao final de um longo processo, por meio de emendas constitucionais, inicialmente, foram tornadas de execução obrigatória as emendas aprovadas de iniciativa de cada parlamentar e, mais tarde, as emendas aprovadas propostas pelas bancadas estaduais.[46]

A padronização dos orçamentos

Existe, no Brasil, uma longa tradição na aceitação de orçamentos públicos padronizados para os diversos níveis de governo. Os primeiros movimentos nesse sentido foram consequência natural da centralização político-administrativa que resultou da Revolução de 1930. Já em 1932, ao tentar consolidar a dívida externa brasileira, o governo federal encontrou grandes dificuldades devido às diferenças de nomenclaturas e títulos, além de sérias falhas nos procedimentos contábeis em uso. Partindo para a verificação local, uma espécie de levantamento de caso a caso, as autoridades federais constataram:

> O quadro que acabava de ser visto não podia ser mais impressionante, nem podia haver para o governo mais chocante revelação: as finanças públicas sem contabilidade, sem estatísticas; os balanços, fictícios; e os orçamentos elaborados arbitrariamente sobre cálculos, que eram simples conjeturas. Daí o arbítrio tributário; a confusão fiscal; a injustiça na arrecadação e até o crime no emprego dos dinheiros públicos. O Código dos Interventores, refletindo este ambiente, determinou a padronização dos orçamentos dos Estados e Municípios. A lei, entretanto, não pôde ser cumprida. Faltava o conhecimento técnico generalizado para que se enfrentasse um problema tão sério.[47]

Reunidos em conferência, em 1938, os secretários estaduais de Fazenda aprovaram resolução que atribuía ao então Conselho Técnico de Economia e Finanças do Ministério da Fazenda a elaboração de estudo que conduzisse à padronização das normas e à classificação dos orçamentos dos três níveis, já para 1939.[48]

O Conselho Técnico, ao levantar as classificações em uso nos Estados e Municípios, chegou a minúcias, tais como: a classificação das receitas estaduais compreendia 789 rubricas, das quais 595 eram diferentes entre si; no âmbito municipal, foram identificados 1.396 títulos, dos quais 788 difeririam entre si.[49] Na parte da despesa, a situação não era melhor, em função da liberdade na seleção das consignações e verbas e, principalmente, na interpretação de suas ementas.

Em outubro de 1939 realizou-se a 1ª Conferência de Técnicos em Contabilidade Pública e Assuntos Fazendários, convocada pelo governo federal com o objetivo de divulgar e

---

[46]   Idem, ibidem. art. 166, §§ 9º, 11 e 12. Emendas Constitucionais nº 86, de 2015, e nº 100, de 2019.

[47]   Trecho do documento elaborado pela Secretaria do Conselho Técnico de Economia e Finanças como subsídio às discussões da 1ª Conferência de Técnicos em Contabilidade Pública e Assuntos Fazendários. Ver anais da 1ª Conferência... Rio de Janeiro, Secretaria do Conselho Técnico de Economia e Finanças do Ministério da Fazenda, 1940. p. 42.

[48]   *Anais...* p. 29-30.

[49]   Idem, ibidem. p. 7.

discutir o projeto do padrão orçamentário elaborado pelo Conselho Técnico de Economia e Finanças. Já na convocação dirigida aos interventores estaduais, ficava claro que o padrão atingiria apenas os Estados e os Municípios.[50]

Falando numa das sessões introdutórias da Conferência, o presidente do Departamento Administrativo do Serviço Público (Dasp), na época também presidente da comissão encarregada da elaboração da proposta orçamentária da União para 1940, manifestou grande interesse nas conclusões do conclave e se dispunha a *adaptá-las* ao orçamento federal.[51]

Comprovando a disposição de não enquadrar formalmente o orçamento da União no padrão orçamentário, o governo federal baixou o Decreto-lei nº 1.804, de 24-11-1939, aprovando o projeto oriundo da 1ª Conferência e que padronizava os orçamentos dos Estados e dos Municípios.

Em 1940, realizou-se a 2ª Conferência da Contabilidade Pública e Assuntos Fazendários, convocada pelo próprio Decreto-lei nº 1.804, objetivando analisar os resultados da aplicação do padrão orçamentário. Do encontro saiu nova consolidação de normas, que foram baixadas pelo Decreto-lei nº 2.416, de 17-7-1940, com abrangência ainda circunscrita aos Estados e aos Municípios.

O envolvimento do País na Segunda Guerra Mundial e a redemocratização fizeram com que a 3ª Conferência, inicialmente convocada para maio de 1941, fosse realizada apenas em agosto de 1949. O conclave contou com a colaboração de técnicos da área federal e gerou um anteprojeto de revisão do Decreto-lei nº 2.416/40 com modificações necessárias à sua aplicação também pela União. Essas novas normas acabaram sendo apresentadas como projeto da Câmara dos Deputados, sendo aí aprovado e encaminhado, em fevereiro de 1952, ao Senado Federal.

A década de 1950 assistiu a diversas tentativas que visavam revisar as normas financeiras (orçamento e contabilidade) cumpridas pela União. Por solicitação da Câmara dos Deputados, a Fundação Getulio Vargas elaborou anteprojeto que dispunha sobre a elaboração, votação, execução e controle do orçamento geral da União. No ano seguinte, 1957, o mesmo grupo da Fundação Getulio Vargas, em articulação com o Dasp, chegou a uma nova versão, a qual se fundiu com outro estudo que, paralelamente, vinha sendo elaborado pelo Conselho Técnico de Economia e Finanças na forma de substitutivo ao projeto proposto pela 3ª Conferência de Contabilidade Pública e Assuntos Fazendários. O produto final resultante foi adotado, com pequenas alterações, pela Comissão de Estudos e Projetos Administrativos – Cepa, que o apresentou, em 31-10-1961, em forma de anteprojeto de lei que dispunha sobre elaboração, execução e controle do orçamento da União, exclusivamente. O projeto da Cepa, extremamente tímido por não apresentar nenhum tipo de classificação funcional, acabou sendo abandonado.[52]

---

[50] Idem, ibidem. p. 13.

[51] Idem, ibidem. p. 86-87.

[52] BRASIL. Comissão de Estudos e Projetos Administrativos. *A reforma administrativa brasileira*. v. 3. Normas para elaboração, execução e controles orçamentários. Departamento de Imprensa Nacional, 1961. p. 13-19.

42 Orçamento Público • Giacomoni

Como decorrência das muitas solicitações e apelos, originários das mais diversas áreas, o Congresso Nacional aprovou a Lei que tomou o nº 4.320, de 17-3-1964, produto híbrido resultante de inúmeras colaborações, desde o projeto da 3ª Conferência, passando pelo substitutivo elaborado pelo Conselho Técnico de Economia e Finanças, pela colaboração de inúmeros especialistas de diversos Estados e incorporando disposições dos manuais das Nações Unidas, particularmente a classificação econômica das transações governamentais.

Com a Lei nº 4.320/64 foi, finalmente, adotado o modelo orçamentário-padrão para os três níveis de governo. Indo além da instituição de "normas gerais, de direito financeiro" como reza sua ementa, a lei desce a particularidades, especialmente na adoção de plano de contas único para as três esferas. De lá para cá, a prática padronizadora consagrou-se, inclusive com a atualização dos anexos da lei mediante atos administrativos. O principal deles, a Portaria nº 9, de 28-1-1974, do então Ministério do Planejamento e Coordenação Geral, introduziu a classificação funcional-programática da despesa orçamentária.

A padronização foi rompida em 1981 pelo Decreto-lei nº 1.875 (15/7), que facultou aos Municípios com população residente inferior a 50 mil habitantes elaborarem seus orçamentos de forma simplificada, isto é, sem a utilização do critério funcional-programático. Em 1988, a padronização foi restabelecida pela revogação do Decreto-lei nº 1.875, pela Lei nº 7.675 (4/10), que atribui, ao Tribunal de Contas da União (TCU), a fiscalização da aplicação, pelos Estados e Municípios, dos recursos transferidos pela área federal. Aparentemente, o TCU considerou necessária a classificação funcional-programática para o desempenho de sua tarefa fiscalizadora.

A Constituição de 1988 determina que questões como: exercício financeiro, prazos, vigência, elaboração e organização dos orçamentos, normas de gestão financeira e patrimonial sejam objeto de disciplinamento por parte de lei complementar,[53] o que determina a necessidade de reformulação da Lei nº 4.320/64. A combinação dessa exigência com o dispositivo constitucional que define o orçamento como um dos temas em que a União e os Estados podem legislar concorrentemente, cabendo à primeira estabelecer normas gerais,[54] sugere que o princípio da padronização orçamentária plena pode ser revisto ou, pelo menos, flexibilizado.

Uma indicação dessa possibilidade foi a adoção pelo governo federal, a partir do orçamento de 1990, de uma classificação própria da despesa segundo a natureza do gasto, mediante a incorporação de duas novas categorias de classificação – grupos e modalidades de aplicação – às tradicionais categorias econômicas e elementos. A Lei de Responsabilidade Fiscal – Lei Complementar nº 101, de 2000 – restabeleceu o primado da padronização ao encarregar o Poder Executivo da União de consolidar anualmente as contas dos entes da Federação e, com isso, obrigar o próprio governo federal a cuidar da harmonização de todos os orçamentos públicos. Cumprindo essa exigência, o governo federal editou a Portaria Interministerial nº 163, de 4-5-2001, estendendo aos Estados e Municípios o modelo classificatório da despesa segundo a natureza adotada anteriormente pelo orçamento federal.

---

53   Constituição Federal de 1988, art. 165, § 9º, I e II.

54   Idem, ibidem. art. 24, II e § 1º.

A modernização orçamentária

Conforme já visto anteriormente, o orçamento público serviu inicialmente como instrumento de controle, tanto do Legislativo sobre o Executivo, como deste sobre suas próprias unidades integrantes. Para o desempenho de tal papel, o orçamento revestiu-se com a roupagem contábil, adotando classificações elementares, mas que atendiam às necessidades de um setor público ainda incipiente.

Durante o Império e em quase toda a República Velha, o orçamento não sofreu evolução técnica digna de nota. A despesa orçamentária era sempre apresentada segundo dois critérios classificatórios:

a) os ministérios com suas decomposições em unidades organizacionais; e
b) o objeto da despesa, que compreende dois títulos: pessoal e material. Esses dois elementos, por sua vez, eram desdobrados em itens e subitens.[55]

A aprovação do Código de Contabilidade da União, em 1922, significou um grande progresso inclusive para o orçamento, ainda visto como um instrumento tipicamente contábil. Mas é na onda modernizadora gerada pela Revolução de 1930 que o orçamento público começou, efetivamente, a merecer maiores cuidados e atenções. Em 1933, o Decreto-lei nº 23.150 determinou a adoção de um novo critério de classificação da despesa dentro do orçamento. O novo critério, sem denominação, compreendia sete títulos (Dívida Pública, Administração Geral, Segurança do Estado, Assistência Social, Instrução Pública, Administração Financeira e Diversos),[56] configurando o que hoje se rotularia de funções de governo.

Com a nova classificação, além de os gastos continuarem evidenciando *meios* do governo (por meio das classificações por Unidades Administrativas e por Elementos), o orçamento ganharia nova e importante dimensão, pois expressaria as aplicações segundo suas *finalidades*. Teixeira Machado Jr. lembra que, no entanto, a classificação não se consolidou.[57]

Com as Conferências de Técnicos em Contabilidade Pública e Assuntos Fazendários, a classificação funcional foi consagrada de forma definitiva. O Decreto-lei nº 1.804/39, produto da 1ª Conferência, criou uma classificação com dez serviços,[58] cada um dividido em dez subserviços. Já no ano seguinte, a 2ª Conferência gerou o Decreto-lei nº 2.416/40, que revisou a norma anterior, mantendo integralmente a classificação por serviços e subserviços.

A 3ª Conferência, que acabou sendo realizada somente em 1949, produziu também um projeto de normas que deveriam substituir o Decreto-lei nº 2.416/40. A classificação

---

[55] COELHO, Jurandyr apud MACHADO JR., José Teixeira. *Classificação das contas públicas*. Rio de Janeiro: Fundação Getulio Vargas, 1967. p. 373-374.

[56] Decreto nº 23.150, de 15-9-1933: art. 12.

[57] MACHADO JR., J. T. *Classificação das contas públicas*, p. 381.

[58] Administração Geral; Exação e Fiscalização Financeira; Segurança Pública e Assistência Social. Educação Pública; Saúde Pública; Fomento; Serviços Industriais; Dívida Pública; Serviços de Utilidade Pública e Encargos Diversos.

mantinha os dez serviços,[59] cada um dividido em dez subserviços, porém com novo ordenamento.

O objetivo principal perseguido nas referidas conferências, conforme visto, foi o da organização das finanças estaduais e municipais, utilizando-se para isso das fórmulas padronizadoras. Considerando as grandes deficiências de pessoal técnico especializado, a padronização acabou dando-se em níveis não especialmente altos. Com isso, naturalmente, desestimulou-se a realização de experiências mais avançadas, por exemplo, a de apropriação *a posteriori* da despesa que visava ao cálculo de custos, desenvolvida na Prefeitura de São Paulo e apresentada por sua delegação na 2ª Conferência.[60]

Na década de 1950, a reforma do orçamento federal foi objeto de diversos estudos e o da Comissão de Estudos e Projetos Administrativos (Cepa), estranhamente, não propôs nenhum tipo de classificação funcional. A justificativa apresentada foi a seguinte:

> 24. Chegou a seduzir-nos, por exemplo, a ideia de uma nova estruturação do orçamento, com base nos custos de funções, atividades e projetos, ou seja, o chamado "orçamento funcional".
>
> 25. [...]
>
> 26. Nas atuais condições institucionais da Administração Federal, entretanto, a extensão desse método parece-nos utópica. No momento, temos um imperfeito controle de "meios"; estamos ainda longe de um sistema de controle de "resultados". Uma das peças desse controle seria o "orçamento funcional". Mas este não teria sentido sem o resto do sistema. Em síntese: o nosso diagnóstico foi que não dispomos de condições para um sistema mais avançado. O anteprojeto é, apenas, um passo à frente, não a etapa final.[61]

Nessa mesma época, obtinham grande notoriedade os estudos realizados pela Organização das Nações Unidas (ONU) que visavam à introdução do critério de classificação econômica nos orçamentos públicos.[62] O projeto da Cepa, mais sensível aos novos argumentos, acabou recomendando a adoção da classificação da despesa por Categorias Econômicas.[63] Esse projeto não foi adiante, mas serviu para enfatizar o critério econômico, tipo de classificação que vinha sendo adotado no orçamento da União a partir de 1954.[64]

---

[59] Administração Geral; Administração Financeira; Segurança Pública; Educação Pública; Saúde Pública; Previdência e Assistência Social; Economia Social; Obras e Serviços Públicos; Serviços Industriais e Encargos Gerais.

[60] Anais da 2ª Conferência de Técnicos em Contabilidade Pública e Assuntos Fazendários. Rio de Janeiro, Secretaria do Conselho Técnico de Economia e Finanças do Ministério da Fazenda. 1940. p. 540-541.

[61] BRASIL. *Comissão...* p. 17-18.

[62] NAÇÕES UNIDAS. *Estrutura do orçamento e classificação das contas públicas*. Rio de Janeiro: Fundação Getulio Vargas, 1959.

[63] Na Exposição de Motivos, a Cepa reconheceu que levou em consideração as sugestões contidas no trabalho elaborado, em 1956, pelo Conselho Nacional de Economia denominado "Subordinação da elaboração orçamentária à política econômica nacional. Controle econômico da execução do orçamento". Ver BRASIL. *Comissão...* p. 18.

[64] MACHADO JR., J. T. A experiência brasileira em orçamento-programa – uma primeira visão. *Revista de Administração Pública*. Rio de Janeiro, n. 1, p. 149, 1º semestre de 1967.

Os debates em curso nos Estados Unidos a partir das recomendações das Comissões Hoover, assim como a divulgação de outros importantes manuais da ONU,[65] serviam para estimular e impulsionar a realização, no início dos anos 1960, de experiências reformistas em alguns orçamentos estaduais, municipais e mesmo de repartições federais. Teixeira Machado cita especialmente as tentativas realizadas por Rio Grande do Sul, Guanabara e Brasília que visavam à implantação do Orçamento-programa.[66]

A Lei nº 4.320, de 17-3-1964, ansiosamente esperada, chegou com o compromisso de consolidar a padronização dos procedimentos orçamentários para os diversos níveis de governo, frustrando os que pretendiam uma legislação mais avançada. Ao lado dos critérios tradicionais de classificação da despesa (Unidades Administrativas e Elementos), a Lei nº 4.320/64 adotou a classificação econômica e a classificação funcional. Esta última mantinha a antiga concepção: dez funções,[67] cada uma dividida em dez subfunções.

Teixeira Machado salienta que a Lei nº 4.320/64, mesmo referindo-se a "programas" em diversos de seus dispositivos, não deve ser entendida como a norma que "estabeleceu as bases para a implantação do Orçamento-programa nas três esferas do governo no Brasil",[68] afirmativa seguidamente encontrada. O mesmo autor é de opinião, por outro lado, que a lei não coloca empecilhos à introdução do Orçamento-programa em qualquer nível de governo ou tipo de organização pública.[69]

A área federal logo aproveitou a margem proporcionada pela lei e, já a partir de 1967, passou a apresentar o orçamento com a classificação funcional substituída por outra formada por programas e subprogramas, sendo estes últimos subdivididos em projetos e atividades.[70]

Em 1967, o governo federal baixou o Decreto-lei nº 200 (25/02), alentada norma disciplinadora das questões de organização e de reforma administrativa da União. O ato define o "planejamento" como um dos princípios fundamentais de orientação às atividades da administração federal, sendo o Orçamento-programa anual entendido como um de seus instrumentos básicos, ao lado do Plano Geral de Governo, dos Programas Gerais, Setoriais e Regionais, de duração plurianual, e da Programação Financeira de Desembolso.[71]

A Lei nº 4.320/64 determinou que as Receitas e as Despesas de Capital deveriam projetar-se trienalmente, isto é, por dois exercícios além daquele coberto pelo orçamento

---

[65]   NACIONES UNIDAS. *Manual para la clasificación de las transacciones del gobierno según su carácter económico y su función*. New York: Departamento de Asuntos Económicos y Sociales, 1958 e NACIONES UNIDAS. *Manual de presupuestos por programas y actividades*. New York: Departamento de Asuntos Económicos y Sociales, 1962.

[66]   MACHADO JR., J. T. Op. cit. p. 145-172.

[67]   Governo e Administração Geral; Encargos Gerais; Recursos Naturais e Agropecuários; Energia; Transportes e Comunicações; Indústria e Comércio; Educação e Cultura; Saúde; Trabalho, Previdência e Assistência Social; e Habitação e Serviços Urbanos.

[68]   MACHADO JR., J. T. Op. cit. p. 151.

[69]   Idem, ibidem.

[70]   Idem, ibidem. p. 169.

[71]   Decreto-lei nº 200, de 25-2-1967: art. 7º.

anual.[72] Essa exigência voltada a orçamentos plurianuais foi posteriormente consagrada na Constituição de 1967 e na Emenda Constitucional nº 1/69.[73] A própria legislação complementar que tratou dos Planos Nacionais de Desenvolvimento disciplinou os Orçamentos Plurianuais de Investimentos, que foram também estendidos aos Estados e aos Municípios.[74]

A experiência obtida na área federal com a utilização de classificação por programas, projetos e atividades levou o Ministério do Planejamento e Coordenação Geral a baixar a Portaria nº 9, de 28-1-1974, que formalizava o novo critério e aplicava-o aos Estados e aos Municípios. Coerente com a linha padronizadora em curso, a Portaria nº 9/74 possibilitou à norma orçamentária brasileira grande salto qualitativo na trajetória que visava à implantação do Orçamento-programa.

A Constituição de 1988 reforçou a concepção que associa planejamento e orçamento como elos de um mesmo sistema, ao tornar obrigatória a elaboração de planos plurianuais abrangendo as despesas de capital e demais programas de duração continuada.[75] Substituindo os orçamentos plurianuais de investimentos previstos na legislação anterior, os planos plurianuais orientarão a elaboração da LDO e da LOA, bem como a apresentação de emendas por parte dos legisladores.

No decorrer da década de 1990, as expectativas giraram em torno da aprovação da lei complementar prevista no art. 165, § 9º, da Constituição Federal. Alguns projetos de lei chegaram a ser apresentados no Congresso Nacional, mas acabaram provocando pouco interesse e quase nenhum debate. De todos, o que recebeu maior atenção foi o PLC nº 135, de 1996, elaborado por iniciativa da própria Comissão Mista de Planos, Orçamentos Públicos e Fiscalização. Aprovado na Comissão de Finanças e Tributação da Câmara dos Deputados em 1997, o projeto foi encaminhado à Comissão de Constituição e Justiça daquela Casa onde permanece. Nesse período, acompanhado de outros apensados, o PLC foi entregue a vários relatores. Finalmente, em março de 2015, a Comissão recebeu parecer pela constitucionalidade, juridicidade e técnica legislativa do projeto e aguarda a oportunidade para votá-lo.

Em 2009, três projetos de lei complementar foram apresentados no Senado Federal com o objetivo de atender ao disposto no art. 165, § 9º, da Constituição – PLS 175, 229 e 248. Em junho de 2010, substitutivo proposto aos projetos foi aprovado na Comissão de Constituição, Justiça e Cidadania. Na Comissão de Assuntos Econômicos, dois pareceres foram apresentados, mas não chegaram a ser votados. A tramitação da matéria foi afetada por grande número de requerimentos que promoveram apensamentos de outros projetos que tratam de matérias diversas. Em decorrência da variedade de temas a serem disciplinados, em abril de 2013 o plenário do Senado Federal deliberou que o conjunto de apensados deverá ser apreciado por oito diferentes comissões da Casa. Preocupado com essa

---

[72] Lei nº 4.320, de 17-3-1964: arts. 23 a 26.

[73] Emenda Constitucional nº 1/69: art. 60, parágrafo único.

[74] Ato Complementar nº 43, de 29-1-1969, com alterações introduzidas pelo Ato Complementar nº 76, de 21-10-1969 e Lei Complementar nº 9, de 11-12-1970.

[75] Constituição Federal de 1988, art. 165, § 1º.

decisão protelatória, o autor do PLS nº 229, de 2009, Senador Tasso Jereissati, conseguiu, em maio de 2015, o desapensamento do projeto, que passou a ter tramitação autônoma. A matéria foi finalmente aprovada pelo plenário em junho de 2016 e encaminhada à Câmara dos Deputados. Renumerado como PLP 295, de 2016, o projeto aguarda a constituição de comissão especial, já que a proposição dependeria da apreciação por parte de mais de três comissões de mérito.

No que diz respeito à modernização orçamentária, a grande novidade aconteceu no final da década de 1990, com a substituição da classificação funcional-programática pelas classificações funcional e por programas.[76] Apenas a adoção das novas classificações, certamente, não garantirá grandes aperfeiçoamentos ao processo orçamentário. Entretanto, para a modernização orçamentária, é necessária a incorporação de uma autêntica classificação por programas, papel que não era cumprido pela classificação funcional-programática.

---

[76] As novas classificações foram introduzidas por intermédio das seguintes normas: Decreto nº 2.829, de 29-10-98, e Portaria nº 42, de 14-4-99, do Ministério do Orçamento e Gestão.

4

Evolução Conceitual do Orçamento Público

O orçamento governamental não é ainda uma disciplina. É uma área de estudo que interessa a várias disciplinas, o que garante ao orçamento suas diferentes naturezas: política econômica, administrativa, jurídica, contábil, financeira.

Ao ver o orçamento como o resultado do processo de avaliação de demandas e de escolha entre alternativas, ressalta-se a sua natureza política. Se destacadas as questões fiscais – receitas, despesas, déficits e dívidas –, é a natureza econômica do orçamento que aflora. Orçamento como a lei que estima a receita e autoriza tetos de despesa define a sua natureza jurídica. Ver o orçamento como o plano das realizações da administração pública é chamar a atenção para o seu importante papel como instrumento de gestão, de administração. Ao antecipar os fluxos de arrecadação e de pagamento, o orçamento é, portanto, um instrumento financeiro. Há, igualmente, uma natureza contábil no orçamento quando, por meio das contas, antecipa o resultado patrimonial e global da gestão.

As variadas naturezas encaminham diferentes finalidades para os orçamentos públicos, inclusive evoluções nas finalidades ao longo do tempo. Pretende-se, neste capítulo, não continuar destacando as variadas naturezas, mas chegar a uma síntese do que seria a evolução desses aspectos. Uma classificação bastante simples, mas útil para efeito dessa análise, é a que divide a história da evolução conceitual e técnica do orçamento público em dois períodos: tradicional e moderno.

Orçamento tradicional e orçamento moderno são caracterizações "ideais" das situações extremas dessa evolução. Supondo que essa trajetória esteja processando-se sobre um contínuo, o orçamento tradicional e o moderno estão, respectivamente, nos pontos inicial e final da linha. Entre esses dois pontos estão, presentemente, todos os orçamentos públicos: uns a meio caminho, outros mais adiantados e outros ainda próximos ao ponto de partida.

Por ser "ideal", a posição do orçamento moderno é inalcançável. Na medida em que os orçamentos reais vão se aproximando do ideal moderno, esse é enriquecido por novos

50 Orçamento Público • Giacomoni

conceitos e novas técnicas e se distancia, indo para uma nova posição que, percebe-se, nunca é a final.

Descrever de forma precisa e acabada as atuais concepções do orçamento moderno é uma tarefa praticamente impossível de ser realizada. Apesar do sentido evolucionário da trajetória modernizadora, nem sempre uma técnica ou um modelo orientador é integralmente substituído por outro mais atual. Geralmente, apenas parte das novas recomendações é incorporada e passa a conviver com disposições antigas e mais resistentes. O orçamento moderno seria, então, constituído de certos componentes já assimilados pelos orçamentos mais avançados e, principalmente, de outros apenas idealizados pelas correntes doutrinárias.

A. Orçamento tradicional

Conforme já visto em ponto anterior, o orçamento público surgiu, como instrumento formalmente acabado, na Inglaterra, por volta de 1822.[1] O liberalismo econômico encontrava-se em pleno desenvolvimento, havendo forte consciência contrária ao crescimento das despesas públicas, pois isso determinaria aumentos na carga tributária.

Função principal: controle político

Mesmo não sendo possível ignorar que o orçamento, desde o início, representou uma importante conquista como instrumento disciplinador das finanças públicas, sua função principal foi a de possibilitar aos órgãos de representação um controle político sobre os Executivos. O orçamento e os demais elementos financeiros estavam a serviço da concepção do Estado Liberal, preocupado em manter o equilíbrio financeiro e evitar ao máximo a expansão dos gastos. Glastone, célebre ministro das finanças da Inglaterra (1868-74), considerava que as despesas que excedessem "[...] as legítimas necessidades do país constituíam não apenas desperdício pecuniário, mas um grande mal político e, acima de tudo, moral".[2]

O orçamento constituía-se numa fórmula eficaz de controle, pois colocava frente a frente as despesas e as receitas. Na época, os impostos eram autorizados anualmente, o que permitia uma verificação crítica mais rigorosa das despesas a serem custeadas com a receita proveniente desses impostos. O controle no sentido contábil e financeiro acabava sendo um corolário do controle político. Era necessário aperfeiçoar o orçamento para dotá-lo com informações úteis, especialmente de interesse do Parlamento. Na era inglesa conhecida por Peel-Gladstone (1840):

> [...] o orçamento deixou de ser uma simples exposição contábil, sendo apresentado com tal riqueza de bom senso, reflexão e imaginação que adquiriu [...] uma posição privilegiada no campo da política econômica e financeira.[3]

---

[1] BURKHEAD, Jesse. *Orçamento público.* Rio de Janeiro: Fundação Getulio Vargas, 1971. p. 5.

[2] MAC GREGOR, D. H. apud BURKHEAD, J. Op. cit. p. 8.

[3] Idem, ibidem.

No orçamento tradicional, o aspecto econômico tinha posição secundária. As finanças públicas caracterizavam-se por sua "neutralidade": o equilíbrio financeiro impunha-se naturalmente e o volume do gasto público não chegava a pesar significativamente em termos econômicos. Os tratadistas clássicos preferiam analisar questões ligadas à tributação e seus efeitos, considerando a despesa pública como um mal necessário. Segundo Say:

> [...] todos os consumos públicos constituem por si mesmos um sacrifício, um mal sem nenhuma outra compensação que a vantagem resultante para o público da satisfação de uma necessidade.[4]

Ao lado, porém, desse pequeno interesse pelas implicações econômicas, especialmente da despesa pública, obtinha destaque o aspecto jurídico do orçamento. Em meados do século XIX, o Código de Contabilidade francês definia o orçamento público como a "lei que fixa a despesa e estima a receita".[5] Esse era também o tratamento dado ao orçamento na Constituição Imperial alemã de 1871: "todas as receitas e despesas do império devem ser estimadas e agrupadas em um orçamento sob a forma de lei".[6]

Tratadistas franceses, alemães e italianos analisaram em profundidade o orçamento do ponto de vista jurídico, inclusive patrocinando especial polêmica sobre a seguinte questão central: o orçamento é lei ou apenas um ato administrativo?[7] O francês René Stourm, em obra clássica cuja 1ª edição foi publicada em 1889, optou por definir orçamento como "um ato contendo a aprovação prévia das receitas e despesas públicas",[8] em que os termos *ato* e *aprovação,* de qualquer forma, deixavam ainda bem caracterizado o cunho jurídico do documento orçamentário.

No plano técnico, o orçamento tradicional, ao lado da utilização da linguagem contábil, adotava classificações suficientes apenas para instrumentalizar o controle de despesas. Duas eram as classificações clássicas:

a) por unidades administrativas (isto é, os órgãos responsáveis pelos gastos); e
b) por objeto ou item de despesa (pessoal, material etc.).

O orçamento assim classificado é, antes de qualquer coisa, um inventário dos "meios" com os quais o Estado conta para levar a cabo suas tarefas. É, pois, bastante adequado ao orçamento tradicional o rótulo de "Lei de Meios", muito utilizado pelo jargão jurídico.

---

[4] SAY, Jean-Baptiste. *Tratado de economia política.* São Paulo: Abril Cultural, 1983. p. 397.

[5] MACHADO JR., José Teixeira. O orçamento como instrumento de planejamento governamental. *Revista ABOP,* v. 3, n. 1, p. 20. jan./abr. 1977.

[6] CAMPOS, Francisco apud SILVEIRA, Delfim M. *Orçamento e planificação.* Porto Alegre: Sulina, 1960. p. 99-100.

[7] Um resumo das principais posições daquele debate pode ser encontrado em VIANA, Arizio de. *Orçamento brasileiro.* 2. ed. Rio de Janeiro: Edições Financeiras, 1950. p. 61-65.

[8] STOURM, René. *Le budget.* Son histoire et son mécanisme. Paris: Guillaumin, 1889. Há uma tradução para o espanhol da 4ª edição francesa, de 1900. *Los presupuestos.* Madrid: La España Moderna, [s.d.]. 2 v.

B. Orçamento moderno

Ainda antes do final do século XIX, o Estado começou rapidamente a abandonar a neutralidade que o caracterizou nas fases do *laissez-faire,* passando a intervir como corretor de distorções do sistema econômico e como propulsor de programas de desenvolvimento.

O orçamento até então em uso, organizado especialmente como mero demonstrativo de autorizações legislativas, já não atendia às necessidades sentidas pelos executivos governamentais, todos eles envolvidos com encargos crescentes. Em mensagem ao Congresso, o presidente Taft, em 1912, assim se expressou:

> Desejamos economia e eficiência; desejamos poupar, e poupar com um objetivo. Desejamos economizar dinheiro para habilitar o governo a desenvolver projetos benéficos, os quais estamos impedidos de executar, pois não podemos aumentar as despesas.[9]

Função principal: instrumento de administração

A ideia do orçamento moderno nasceu quase junto com o século XX. Entre seus idealizadores devem ser citados a Comissão de Economia e Eficiência do presidente Taft (1910-12)[10] e autores-pioneiros como Frederick A. Cleveland, Paul T. Beisser e Edward A. Fitzpatrick.[11] W. F. Willoughby foi bastante feliz ao apresentar, assim, as novas concepções do orçamento:

> O orçamento é algo mais que uma simples previsão da receita ou estimativa de despesa. É – ou deve ser –, ao mesmo tempo, um relatório, uma estimativa e uma proposta. É – ou deve ser – um documento por cujo intermédio o chefe executivo, como autoridade responsável pela conduta dos negócios do governo, apresenta-se à autoridade a quem compete criar fontes de renda e conceder créditos e faz perante ela uma exposição completa sobre a maneira por que ele e seus subordinados administraram os negócios públicos no último exercício; é – ou deve ser – o documento em que expõe a situação do tesouro público no momento. Na base dessas informações é que ele traça o seu programa de trabalho para o exercício seguinte, então como acha ele que deve ser financiado esse programa.[12]

A reforma orçamentária na sua essência exigia que os orçamentos públicos deveriam constituir-se em instrumentos de administração, de forma que auxiliassem o Executivo nas várias etapas do processo administrativo: programação, execução e controle. A partir de suas características como documento de "antecipação", o orçamento representaria

---

[9] LEE JR., Robert D.; JOHNSON, Ronald W. *Public budgeting systems.* Baltimore: University Park Press, 1973. p. 101.

[10] No trecho a seguir do Relatório da Comissão Taft, aparece claramente a ênfase dada aos resultados da ação do governo: "[...] o administrador precisa ter diante de si informes regulares que reflitam *resultados em termos de qualidade e quantidade;* ele deve estar habilitado a medir qualidade e quantidade dos resultados por unidades de custo e unidades de eficiência" (grifos dos autores). *In:* LEE JR., R. D.; JOHNSON, R. W. Op. cit. p. 102.

[11] Para descrição sucinta da contribuição desses autores, ver LEE JR., R. D.; JOHNSON, R. W. Op. cit. p. 102-103.

[12] Apud MOOJEN, G. Op. cit. p. 24-25.

a própria programação de trabalho do governo. Tal é o sentido da definição de Allan D. Manvel, publicada em 1944:

> O orçamento é um plano que expressa em termos de dinheiro, para um período de tempo definido, o programa de operações do governo e os meios de financiamento desse programa.[13]

A rápida síntese histórica do orçamento americano, vista no capítulo anterior, mostrou que já a partir da Segunda Guerra Mundial os novos conceitos buscavam aplicação prática por meio das recomendações da Primeira (1949) e, mais tarde, da Segunda Comissão Hoover (1955), com vistas à adoção do Orçamento de Desempenho (*performance budget*).

> Um orçamento de desempenho é aquele que apresenta os propósitos e objetivos para os quais os créditos se fazem necessários, os custos dos programas propostos para atingir aqueles objetivos e dados quantitativos que meçam as realizações e o trabalho levado a efeito em cada programa.[14]

Fora dos Estados Unidos, os novos conceitos foram bastante difundidos, nos anos 1950 e 1960, por manuais e seminários patrocinados pelas Nações Unidas.[15]

Importância do aspecto econômico

O reconhecimento da importância do gasto público no sistema econômico foi bem anterior, mas é a partir da década de 1930, com a doutrina keynesiana, que o orçamento público passou a ser sistematicamente utilizado como instrumento da política fiscal do governo, isto é, de sua ação que visava à estabilização ou à ampliação dos níveis da atividade econômica.

Para sua implementação, o modelo keynesiano exigiu a organização de sistemas de contabilização das atividades econômicas em âmbito global. A equação básica do modelo $Y = C + I$ (Renda = Consumo + Investimento) implicava ao governo, na condição de responsável por um dos agregados econômicos, alterações nas suas classificações orçamentárias de forma que permitissem a mensuração desejada. Também aqui a ONU cumpriu importante papel na divulgação desses conceitos, manualizando procedimentos e esquemas classificatórios que acabaram sendo adotados praticamente por todos os países.[16]

---

[13] Apud MACHADO JR., José Teixeira. *Teoria e prática de orçamento municipal.* Rio de Janeiro: Fundação Getulio Vargas, 1962. p. 5.

[14] Definição extraída de trabalho não publicado do Bureau do Orçamento dos EUA. Citada de BURKHEAD, J. Op. cit. p. 187.

[15] Ver especialmente: NAÇÕES UNIDAS. *Manual de orçamento por programas e realizações.* Rio de Janeiro: Ministério do Planejamento e Coordenação Geral, 1971.

[16] Ver especialmente: NAÇÕES UNIDAS. *Estrutura do orçamento e classificação das contas públicas.* Rio de Janeiro: Fundação Getulio Vargas, 1959 e NACIONES UNIDAS. *Manual para la clasificación de las transaciones del gobierno segun su carácter econômico y su función.* New York: Departamento de Asuntos Económicos y Sociales, 1958.

Integração entre orçamento e planejamento

Entre os principais instrumentos administrativos criados e desenvolvidos no século XX, um dos que alcançou grande notoriedade foi o planejamento. Seu emprego sistemático, nos programas militares desde a Segunda Guerra Mundial, contribuiu para aperfeiçoá-lo e desenvolvê-lo sobremaneira, o que estimulou as empresas e outros setores do governo a incorporar suas técnicas.

A tendência para aproximar mais e mais o orçamento do planejamento evidenciava-se naturalmente, até que, na década de 1960, surgiu o PPBS – *Planning, Programming and Budgeting System* (Sistema de Planejamento, Programação e Orçamento).[17]

> Planejamento, programação e orçamentação constituem os processos por meio dos quais os objetivos e os recursos, e suas inter-relações, são levados em conta visando à obtenção de um programa de ação, coerente e compreensivo para o governo como um todo.[18]

A nova concepção ambiciosa integra de forma sistemática: os diagnósticos e prognósticos, os objetivos, a análise de cursos alternativos, os programas e projetos com suas metas, os recursos a serem empregados, a indicação de custos, bem como os esquemas de avaliação e controle. O planejamento teria o papel mais saliente em todo o processo, e isso seria possível devido ao estágio alcançado pelas modernas técnicas de informação que visam auxiliar a análise e a tomada de decisões.

Problemas intransponíveis se colocaram na trajetória de implantação do PPBS: a crise econômica com a consequente escassez de recursos para novos empreendimentos, a falta de técnicos especializados e até dificuldades políticas, já que o órgão legislativo via com desconfiança um orçamento proposto pelo Executivo, excessivamente amparado em argumentos "técnicos".[19]

Obviamente, o fracasso do PPBS não representou uma proposta de retorno ao orçamento tradicional, nem abalos sérios ao conceito moderno de orçamento. O orçamento continua sendo, marcadamente, um instrumento básico de administração e, como tal, deve cumprir múltiplas funções. O que parece estar novamente acontecendo são alterações na importância dessas funções, como forma de o orçamento adaptar-se às novas realidades.

Todos os países passam atualmente por um longo período de ajustamento à crise econômica, e os gastos públicos de cada um, por sua expressão, têm um papel-chave nesses esforços de ajustamento. As políticas econômicas em curso têm sido geralmente contracionistas e, por extensão, inibidoras da expansão das despesas públicas. Tem-se aí que o papel mais saliente a ser cumprido pelo orçamento público seria como instrumento de controle, não do tipo político ou administrativo, mas econômico. O raciocínio pode ser mais bem

---

[17] Diversos autores, entre eles David Novick, um dos principais responsáveis pela concepção do PPBS, utilizam também a expressão *program budgeting* para denominar o novo sistema.

[18] SMITHIES, Arthur. Conceptual framework for the program budget. *In:* NOVICK, David (ed.). *Program budgeting.* 2. ed. New York: Holt, Rinehart and Winston, 1969. p. 24.

[19] Ampla análise das dificuldades de implantação do PPBS nos EUA pode ser encontrada em SCHICK, Allen. Uma morte na burocracia: o passamento do PPB federal. *Revista ABOP,* v. 4, n. 3, p. 131-159, maio/ago. 1978.

esclarecido: se a fase é expansionista, cresce a importância da função de planejamento do orçamento; já na fase contracionista, fica reforçada sua função de controle. Além disso, deve ser sempre considerada a lição de Allen Schick: "o controle será sempre o primeiro problema de qualquer processo orçamentário".[20]

---

[20] Idem, ibidem. p. 155.

5

Princípios Orçamentários e sua Validade

A. Introdução

Desde seus primórdios, a instituição orçamentária foi cercada de uma série de regras com a finalidade de aumentar-lhe a consistência no cumprimento de sua principal finalidade: auxiliar o controle parlamentar sobre os Executivos. Essas regras (princípios) receberam grande ênfase na fase em que os orçamentos possuíam forte conotação jurídica e, alguns deles, chegaram até os dias de hoje incorporados à legislação.

Os princípios orçamentários, ao longo do tempo, não têm merecido aprovação unânime. Jesse Burkhead, coerente com a tradição anglo-saxônica de minimizar as questões formais do orçamento ao contrário dos tratadistas de origem latina, interpreta assim a atualidade dos princípios:

> Estes princípios podem ser úteis como meio de se estudar alguns aspectos do processo orçamentário. Se considerados, todavia, como mandamentos, são completamente irreais. Os governos com excelentes sistemas orçamentários violam essas regras com bastante frequência.[1]

Para Sebastião de Sant'Anna e Silva, "esses princípios não têm caráter absoluto ou dogmático, antes constituem categorias históricas e, como tais, estão sujeitos a transformações e a modificações em seu conceito e significação".[2]

Afora aqueles que perderam muito de sua significação, a maioria dos princípios tradicionais continua apresentando utilidade conceitual. Suas formulações originais, rígidas e simples, próprias da pouca complexidade que caracterizava as finanças públicas do Estado Liberal, é que não conseguem atender a todas as nuanças do universo econômico-financeiro

---

[1] BURKHEAD, Jesse. *Orçamento público*. Rio de Janeiro: Fundação Getulio Vargas, 1971. p. 140.

[2] SILVA, Sebastião de Sant'Anna e. *Os princípios orçamentários*. Rio de Janeiro: Fundação Getulio Vargas, 1962. p. 5.

do Estado Moderno. Prova disso são os dispositivos constitucionais que estabelecem o princípio e, logo a seguir, as exceções a ele.

No presente capítulo, serão analisados os princípios orçamentários de maior representatividade, especialmente os integrados na legislação brasileira. Procurar-se-á enfocar sua validade e utilidade, assim como os problemas que decorrem da inobservância de alguns deles.

B. Princípio da unidade

Na expressão mais simples desse princípio, o orçamento deve ser uno, isto é, cada unidade governamental deve possuir apenas um orçamento. Segundo Milatchitch, "unidade orçamentária tende a reunir em um único total todas as receitas do Estado, de um lado, e todas as despesas, de outro".[3]

Os autores clássicos iam mais longe ao recomendarem que, ao lado da unidade do documento orçamentário, houvesse também a unidade de caixa, por onde passariam todos os recursos manipulados pelo governo. Essa combinação de princípios tornava o controle parlamentar altamente eficaz. Na Inglaterra, por exemplo, com a adoção do Fundo Consolidado, todas as receitas e despesas de rotina eram feitas à conta do fundo, após autorização do Auditor e Controlador Geral, este delegado do Parlamento.

O princípio da unidade representa, exemplarmente, a "crise" vivenciada pelos princípios em face da evolução do papel dos orçamentos públicos.

Não raro, mesmo no passado, o princípio era descumprido, pois situações de excepcionalidade, como guerras, calamidades, crises econômicas etc., acabavam justificando o emprego de orçamentos especiais, que operavam em paralelo ao orçamento ordinário.[4] Mais tarde, com a descentralização do aparelho estatal, generalizou-se a prática dos orçamentos paralelos. Muitas das funções públicas passaram a ser desempenhadas por entidades dotadas de grande autonomia, especialmente financeira. As autarquias ainda mantinham vínculo com o orçamento central, saindo daí o grosso dos recursos para sua operação. Já surgiam, porém, para o cumprimento das funções econômicas e empresariais do Estado, entidades paraestatais, dotadas de ainda maior autonomia (sociedade de economia mista e empresas públicas), cuja autossuficiência financeira as afastava totalmente do sistema financeiro e orçamentário central.

Sepultado o ideal clássico da unidade orçamentária, a doutrina tratou de reconceituar o princípio de forma que abrangesse as novas situações. Surgiu, assim, o princípio da totalidade, que possibilitava a coexistência de múltiplos orçamentos que, no entanto, devem sofrer consolidação de forma que permita ao governo uma visão geral do conjunto das finanças públicas. No entendimento de um de seus formuladores,

> [...] o princípio da totalidade orçamentária deve respeitar as separações orgânicas que resultam da descentralização administrativa, por território e por serviços. A pessoa jurídica

---

[3] MILATCHITCH, Stevan apud SILVA, S. Sant'Anna e. *Os princípios orçamentários.* p. 19.

[4] SILVA, S. Sant'Anna e. Op. cit. p. 21.

central do Estado deve ter seu domínio orçamentário próprio, distinto do dos departamentos, comunas e territórios de além-mar e do domínio das empresas, estabelecimentos públicos nacionais, serviços autônomos e todas as outras pessoas jurídicas satélites do Estado.[5]

A legislação orçamentária brasileira, por meio do art. 2º da Lei nº 4.320/64, pede a observância do princípio da unidade; nos últimos tempos, porém, nem esse, nem o princípio da totalidade acabavam sendo cumpridos.

Durante a maior parte da década de 1980, desenvolveu-se forte celeuma em torno dos chamados orçamentos múltiplos do governo federal (*fiscal, monetário e das estatais*). O endividamento público era apontado por significativa parcela dos analistas como o principal responsável por dois sintomas da crise econômica brasileira: as elevadas taxas da inflação e dos juros. Considerando que o *orçamento fiscal* tradicionalmente se comportava de forma equilibrada, o déficit público federal localizava-se nos outros dois orçamentos, que, aliás, eram elaborados e aprovados no âmbito do Executivo sem qualquer tipo de manifestação parlamentar.

Segundo o ex-ministro Mário H. Simonsen,

> [...] o atual sistema de orçamentos múltiplos, o fiscal, o monetário e o das estatais, é um convite à despesa e ao déficit. Com efeito, nos dois últimos é possível criar despesas sem empenho prévio de verbas e sem autorização do Congresso Nacional [...]. Um orçamento único e aprovado pelo Congresso Nacional é exigência da abertura democrática: a sociedade, por seus representantes no legislativo, é quem deve decidir quanto, quando e onde gastar.[6]

O *orçamento das estatais*, antes de um verdadeiro orçamento, era um quadro em que apareciam consolidadas as principais contas de receita e despesa (custeio e investimentos) do lado descentralizado do governo federal, isto é, de sua enorme estrutura de administração indireta. Esse orçamento começou a ser elaborado a partir de 1980, com o objetivo de possibilitar às autoridades controle mais efetivo sobre os setores governamentais autônomos, enquadrando-os na política de austeridade necessária em face da crise financeira aguda que atingia a União. Afora alguns exageros, como o de envolver certos organismos que, por receberem recursos do Tesouro, já eram devidamente controlados pelo próprio orçamento fiscal, o *orçamento das estatais* podia ser entendido e aceito dentro do princípio da totalidade, isto é, apenas os grandes números dos organismos descentralizados eram objeto de apresentação consolidada, sem sacrifício da autonomia e flexibilidade operacional dessas entidades, possibilitando ao governo, ao mesmo tempo, a necessária visão de conjunto de suas finanças.

Já o *orçamento monetário* envolvia outras questões. Tornado obrigatório pela lei da reforma bancária,[7] o *orçamento monetário* constituía-se na fixação de tetos para as contas das chamadas Autoridades Monetárias (Banco Central e Banco do Brasil) e dos bancos

---

5   HERVEIEU, Pierre apud SILVA S. Sant'Anna e. *Os princípios orçamentários.*

6   Pronunciamento feito na Câmara Federal. Ver *Gazeta Mercantil*. São Paulo, 29-6-1983, p. 14.

7   Lei nº 4.595, de 31-12-1964.

comerciais, com o objetivo de controlar os "meios de pagamento", isto é, a oferta monetária, adequando-a ao programa de combate à inflação e às necessidades do crescimento da economia. Segundo Alberto Furuguem:

> [...] a rigor, do ponto de vista estritamente técnico, não seria necessária a existência formal de um orçamento monetário! Bastaria dispor de um satisfatório sistema de acompanhamento (indicadores monetários e reais) que permitisse às autoridades adequada condução da política monetária.[8]

Desde o início, esse sistema funcionava de forma distorcida, pois o Banco Central acumulava funções de autoridade monetária e de alocador de recursos públicos. Encargos tipicamente de fomento, como os subsídios ao crédito e a determinados produtos (trigo, álcool, açúcar), eram atendidos dentro do *orçamento monetário* quando deveriam diretamente constar do *orçamento fiscal*.

A Constituição de 1988 trouxe melhor entendimento para a questão ao precisar a composição do orçamento anual, que passa a ser integrado pelas seguintes partes: (a) o orçamento fiscal, compreendendo as receitas e as despesas de todas as unidades e entidades da administração direta e indireta; (b) o orçamento de investimento das empresas estatais; e (c) o orçamento das entidades de seguridade social.[9]

Esse modelo, em linhas gerais, segue a concepção da totalidade orçamentária, isto é, múltiplos orçamentos são elaborados de forma independente, sofrendo, entretanto, a consolidação que possibilita o conhecimento do desempenho global das finanças públicas.

C. Princípio da universalidade

De acordo com esse princípio, o orçamento (uno) deve conter todas as receitas e todas as despesas do Estado. Essa regra tradicional,[10] amplamente aceita pelos tratadistas clássicos, é considerada indispensável para o controle parlamentar sobre as finanças públicas. Segundo Sebastião de Sant'Anna e Silva, o princípio da universalidade possibilita ao Legislativo:

a) conhecer *a priori* todas as receitas e as despesas do governo e dar prévia autorização para a respectiva arrecadação e realização;

b) impedir ao Executivo a realização de qualquer operação de receita e despesa sem prévia autorização parlamentar;

c) conhecer o exato volume global das despesas projetadas pelo governo, a fim de autorizar a cobrança dos tributos estritamente necessários para atendê-las.[11]

---

[8] FURUGUEM, Alberto Sozin. Orçamento monetário e política monetária. *Revista Paranaense de Desenvolvimento*. Curitiba, n. 57, p. 15, nov./dez. 1976.

[9] Constituição Federal, art. 165, § 8º.

[10] Segundo Jèze, o princípio da universalidade foi introduzido na França por Villèle em 1822. Ver VIANA, Arízio de. *Orçamento brasileiro*. 2. ed. Rio de Janeiro: Edições Financeiras, 1950. p. 107.

[11] SILVA, S. Sant'Anna e. Op. cit. p. 14.

O princípio da universalidade está claramente incorporado na legislação orçamentária brasileira. Na Lei nº 4.320/64, o cumprimento da regra é exigido nos seguintes dispositivos:

> Art. 2º A Lei do Orçamento conterá a discriminação da receita e despesa, de forma a evidenciar a política econômico-financeira e o programa de trabalho do governo, obedecidos os princípios de unidade, *universalidade* e anualidade.
>
> [...]
>
> Art. 3º A Lei de Orçamento compreenderá *todas* as receitas, inclusive as de operações de crédito autorizadas em lei.
>
> Parágrafo único. Não se consideram para os fins deste artigo as operações de crédito por antecipação de receita, as emissões de papel-moeda e outras entradas compensatórias no ativo e passivo financeiros.
>
> Art. 4º A Lei de Orçamento compreenderá *todas* as despesas próprias dos órgãos do governo e da administração centralizada, ou que por intermédio deles se devam realizar, observado o disposto no artigo 2º. (Os grifos são nossos)

A Emenda Constitucional nº 1/69 consagrava essa regra de forma peculiar em seu art. 62:

> O orçamento anual compreenderá obrigatoriamente as despesas e receitas relativas a todos os Poderes, órgãos e fundos, tanto da administração direta quanto da indireta,[12] excluídas apenas as entidades que não recebam subvenções ou transferências à conta do orçamento.

O dispositivo era claro: as entidades públicas financeiramente autossuficientes não tinham suas receitas e despesas agregadas ao orçamento central. Isso somente ocorria com aqueles organismos que dependiam de recursos do Tesouro para sua manutenção ou cobertura de seus déficits. Eram exemplos dessa situação as autarquias e fundações universitárias e as autarquias regionais e setoriais (Sudene, Sudan, Sudepe, IBDF etc.). Entre as entidades autossuficientes estavam, primeiramente, as sociedades de economia mista (Banco do Brasil, Petrobras, Companhia Vale do Rio Doce etc.), algumas empresas públicas (ECT), bem como as autarquias previdenciárias (INPS, INAMPS, IAPAS etc.), cujos recursos provêm das contribuições de empregados e empregadores.

Considerando que a situação das finanças públicas deve estar representada no orçamento e que este deve demonstrar a origem e a destinação dos recursos públicos, é equivocado o conceito de universalidade da Constituição de 1969. A questão fundamental não é a condição de autossuficiência ou não da entidade, mas se os recursos que ela utiliza são públicos ou não.

---

[12] O art. 4º, do Decreto-lei nº 200/67, define esses conceitos para a área federal: a administração direta é constituída pela presidência da República e ministérios, e a administração indireta compreende as autarquias, as empresas públicas e as sociedades de economia mista. As fundações instituídas por lei federal equiparam-se às entidades da administração indireta para efeito das disposições orçamentárias.

As instituições previdenciárias, financeiramente autônomas do Tesouro, operam com contribuições parafiscais, isto é, receitas públicas, devendo sua aplicação ser objeto de aprovação e controle por parte dos organismos de representação da sociedade.

Já com as sociedades de economia mista ocorre uma situação diversa. Suas receitas e despesas operacionais não são públicas, dispensando, portanto, tramitação legislativa. Se os investimentos dessas empresas, porém, forem realizados com recursos transferidos pelo Tesouro ou por meio de financiamentos garantidos pelo governo central, tais operações deverão merecer aprovação e controle parlamentar.

O tratamento *flexível* dado pela Constituição de 1969 ao princípio da universalidade e as liberdades com que operava a burocracia econômica geravam sérias distorções no âmbito das finanças públicas, especialmente pela ausência de controles sobre o montante dos encargos e compromissos e do próprio déficit público.

O Banco Central do Brasil durante bastante tempo funcionou como um substituto do Tesouro Nacional, assumindo a realização de uma série de despesas governamentais típicas, com a consequente necessidade de sair na busca de recursos para a cobertura delas. A título de exemplo, o *orçamento monetário* atendia aos subsídios diretos às operações de comercialização de produtos como trigo, açúcar e álcool, à política de preços mínimos, à formação de estoques reguladores etc., assim como aos subsídios indiretos ligados ao crédito a setores prioritários (agricultura, energia e exportação). A cobertura desses encargos dava-se pela "drenagem" de recursos do Tesouro (superávit?), da cobrança de cotas de contribuição sobre exportações (confisco cambial), da colocação de títulos públicos,[13] além da própria emissão de moeda.

A retórica oficial desde 1981 prometia reverter esse quadro, começando pela própria retirada das atividades de fomento do Banco Central.[14] A julgar-se pelos dados do *orçamento monetário* para 1984, a administração federal não conseguiu transferir esses encargos para o *orçamento fiscal*, já que continuava sob a responsabilidade das autoridades monetárias o cumprimento da já tradicional programação, coberto por repasses do Tesouro Nacional na ordem de 5,8 trilhões de cruzeiros.[15]

---

[13] A Lei Complementar nº 12, de 8-11-1971, delegou ao Banco Central a administração da dívida mobiliária interna da União, autorizando-o a colocar e resgatar títulos do Tesouro Nacional independentemente de essas operações constarem do orçamento anual. Somente as despesas com juros, descontos e comissões deveriam sofrer tratamento orçamentário.

[14] "A política orçamentária, a partir de 1981, coincidirá com a retirada das atividades de fomento do Banco Central e com a mudança do sistema de administração da dívida pública, estabelecendo-se por completo o princípio da unidade da lei de meios. Cabe destacar, especialmente, os seguintes pontos: 1.1. Serão incluídos na despesa orçamentária todos os subsídios (inclusive juros de abastecimento), bem como os encargos da dívida federal. 1.2. Serão computados como receita os resultados do Banco Central, os recursos da reserva monetária e as quotas de contribuição sobre exportação." Ver LEMGRUBER, João Baptista Araújo. O sistema orçamentário federal: administração da mudança. *In*: SEMINÁRIO RIO-GRANDENSE SOBRE ORÇAMENTO PÚBLICO, 1. Porto Alegre. Porto Alegre, set. 1980. p. 5-6. O Dr. Lemgruber apresentou o trabalho na condição de Secretário Adjunto da Secretaria de Orçamento e Finanças (SOF), da Secretaria de Planejamento da Presidência da República (Seplan/PR).

[15] Duro aperto no primeiro trimestre. *Gazeta Mercantil*. São Paulo, 23 dez. 1983, p. 10.

Capítulo 5 • Princípios Orçamentários e sua Validade **63**

A nova administração federal, a partir de março de 1985, começou a obter resultados positivos na revalorização do *orçamento fiscal* como o instrumento principal de programação e controle das finanças públicas. O orçamento da União para 1986, por exemplo, cobria os encargos sobre as Obrigações Reajustáveis do Tesouro Nacional (ORTN) e as Letras do Tesouro Nacional (LTN), a aquisição de produtos agrícolas, os subsídios ao álcool e às exportações, dentre outros. Outra importante medida levada a efeito nessa fase foi a implantação, no âmbito do Ministério da Fazenda, da Secretaria do Tesouro, organismo criado dentro do espírito, tão caro ao controle, da *unidade de caixa*. A Secretaria do Tesouro substituiu o Banco Central como administrador de receitas e despesas do governo e, em especial, o Banco do Brasil que, mediante *conta movimento*, durante muitos anos foi o efetivo *caixa* da União.

O tratamento dado ao tema da universalidade orçamentária pela Constituição de 1988 significou um avanço importante. Reza o § 5º do art. 165:

> A lei orçamentária anual compreenderá:
>
> I – o orçamento fiscal referente aos Poderes da União, seus fundos, órgãos e entidades da administração direta e indireta, inclusive fundações instituídas e mantidas pelo Poder Público;
>
> II – o orçamento de investimento das empresas em que a União, direta ou indiretamente, detenha a maioria do capital social com direito a voto;
>
> III – o orçamento da seguridade social, abrangendo todas as entidades e órgãos a ela vinculados, da administração direta ou indireta, bem como os fundos e fundações instituídos e mantidos pelo Poder Público.

Provavelmente, no afã de sujeitar o universo das receitas e despesas estatais ao processo orçamentário comum, o constituinte de 1988 deu cunho por demais abrangente ao conteúdo do orçamento fiscal. É o que se depreende da redação do inciso I, transcrito, que inclui, genericamente, as entidades da administração indireta. Sabe-se que, ao lado das autarquias e das fundações públicas, as empresas públicas e as sociedades de economia mista são, igualmente, entidades da administração indireta. É razoável admitir que os orçamentos de algumas destas entidades – das sociedades de economia mista, por exemplo – não devam fazer parte da lei orçamentária. Operando nas condições e segundo as exigências do mercado, as finanças dessas empresas, especialmente suas receitas e despesas operacionais, não são "públicas", justificando-se, assim, sua não inclusão no orçamento.

A palavra final sobre os conteúdos da LOA caberá à lei complementar prevista no § 9º, art. 165, da Constituição Federal. Na falta desta, a matéria, no âmbito da União, tem sido disciplinada pelas leis de diretrizes orçamentárias. Em suas últimas edições, as LDOs esclarecem que a lei orçamentária deve ser integrada com a programação das empresas públicas, sociedades de economia mista e demais entidades em que a União, direta ou indiretamente, detenha a maioria do capital social com direito a voto e que recebam recursos do Tesouro Nacional a título de manutenção operacional.

A exigência da inclusão, entre as peças da LOA, do orçamento de investimentos das empresas estatais (inciso II, § 5º, art. 165) é uma das inovações trazidas pela Constituição de 1988. Se, por um lado, não faz sentido submeter, ao processo orçamentário unificado, as finanças operacionais das empresas estatais, por outro lado, justifica-se o controle parlamentar sobre os investimentos programados por esse importante segmento do Estado, pois a maior parte dessas aplicações, direta ou indiretamente, conta com o apoio do orçamento central, seja na forma de aumento de capital, renúncia no recebimento de dividendos, seja, ainda, na concessão de aval para operações de financiamento, entre outras.

Igualmente correta é a exigência da inclusão no orçamento anual dos orçamentos das entidades previdenciárias. Na sistemática anterior, em função da autossuficiência das finanças do setor, em sua quase totalidade baseadas nas contribuições de empregadores e empregados, o orçamento previdenciário era aprovado no âmbito exclusivo de Poder Executivo.

As contribuições previdenciárias, se não chegam a constituir-se em *tributos*[16] nos termos da caracterização jurídica consagrada, não deixam de ser receitas públicas e, como tal, devem estar sujeitas ao controle parlamentar. Além disso, tem sido comum o aporte de recursos do orçamento central para cobrir déficits no âmbito das finanças previdenciárias, o que caracterizaria, segundo E. Morselli, a "parafiscalidade" suprida e integrada pela "fiscalidade".[17]

O conteúdo do orçamento da seguridade social é estabelecido no *caput* do art. 194 da Constituição Federal, ou seja, as áreas da saúde, previdência social e assistência social.

D. Princípio do orçamento bruto

Todas as parcelas da receita e da despesa devem aparecer no orçamento em seus valores brutos, sem qualquer tipo de dedução. A regra pretende:

> [...] impedir a inclusão, no orçamento, de importâncias líquidas, isto é, a inclusão apenas do saldo positivo ou negativo resultante do confronto entre as receitas e as despesas de determinado serviço público.[18]

Esse princípio surgiu junto ao da universalidade, visando ao mesmo objetivo. Segundo Gaston Jèze, citado por Sant'Anna e Silva:

> Estas duas regras, regra do orçamento bruto e regra da universalidade, são consideradas, a justo título, como a condição essencial do controle financeiro pelas Assembleias. No momento em que o Parlamento é chamado a votar o imposto e a fixar as despesas que são o seu fundamento e a sua medida, é necessário que o orçamento lhe apresente a lista de todas as despesas e de todas as receitas. Não há razão alguma para subtrair uma despesa qualquer ao

---

[16] Na classificação clássica são tributos: o imposto, a taxa e a contribuição de melhoria. Já as contribuições que o Estado se obriga a cobrar para atender a objetivos econômicos ou sociais, a cargo de suas entidades descentralizadas, por exemplo, as contribuições de empregadores e empregados para a previdência social, incluem-se no campo da *parafiscalidade*.

[17] MORSELLI, Emanuele. *Curso de ciências das finanças públicas*. Rio de Janeiro: Edições Financeiras, 1959. p. 17, nota 11.

[18] SILVA, S. Sant'Anna e. Op. cit. p. 14.

Capítulo 5 • Princípios Orçamentários e sua Validade **65**

controle do Parlamento. Se existisse uma única despesa cuja legitimidade ele não houvesse discutido, o voto do imposto não seria dado com pleno conhecimento de causa.[19]

Atendendo a um aspecto particular da universalidade, o princípio do orçamento bruto buscava impedir o florescimento das atividades empresariais do Estado, que não poderiam ser conciliadas com o cumprimento da regra. Com o passar do tempo, os empreendimentos econômicos do Estado (estradas de ferro, mineração, correios e telégrafos etc.) cresceram vertiginosamente, com a consequente violação do princípio, pois seria impossível que todas as receitas e despesas dessas entidades sofressem tratamento centralizado; os valores líquidos resultantes da operação dessas organizações é que passaram a integrar o orçamento governamental.

Modernamente, com a aceitação natural da autonomia das finanças empresariais do Estado, o princípio do orçamento bruto deve ser analisado no âmbito próprio do orçamento geral do governo. A Lei nº 4.320/64 consagra o princípio em seu art. 6º:

> Todas as receitas e despesas constarão da Lei de Orçamento pelos seus totais, vedadas quaisquer deduções.

No mecanismo das transferências de recursos entre unidades de governo cabe, com maior clareza, a aplicação do princípio. No § 1º do art. 6º, a Lei nº 4.320/64 procura esclarecer essa questão:

> As cotas de receita que uma entidade pública deva transferir a outra incluir-se-ão, como despesa, no orçamento da entidade obrigada à transferência e, como receita, no orçamento da que as deva receber.

O Imposto sobre Circulação de Mercadorias e Serviços (ICMS) pode ser tomado como exemplo para o presente caso. Segundo a legislação, do total arrecadado pelo governo estadual, 25% cabem aos Municípios. Assim, na receita do orçamento estadual devem constar as estimativas da arrecadação integral do tributo e, na despesa, o correspondente aos 25% como transferências aos Municípios. Já no orçamento de receita de cada Município deve aparecer a previsão dos recursos que lhe serão transferidos.

Constitui melhor ilustração o caso do Imposto sobre a Renda retido na fonte pelos Estados e Municípios. Segundo a Constituição Federal, compõem a receita dos Estados e dos Municípios as parcelas do Imposto sobre a Renda retido na fonte sobre as remunerações pagas aos respectivos funcionários.[20] Apesar de não haver a transferência do recurso da União para os Estados e os Municípios, pois esses simplesmente retêm as parcelas, o correto, segundo o espírito do princípio do orçamento bruto e da própria Lei nº 4.320/64, é fazer aparecer no orçamento federal as estimativas do total das retenções a serem feitas pelos Estados e Municípios e, na despesa, o mesmo montante como transferências a essas entidades. Ao que consta, a área federal não tinha por hábito observar essa sistemática até,

---

[19] Idem, ibidem. p. 13-14.

[20] Constituição Federal: art. 157, I, e art. 158, I.

pelo menos, o orçamento de 1981, quando autoridade do setor orçamentário afirmou que o princípio passaria a ser observado.[21]

E. Princípio da anualidade ou periodicidade

O orçamento público deve ser elaborado e autorizado para um período determinado, geralmente um ano. A origem mais remota desse princípio está na regra da anualidade do imposto, que vigorou na Inglaterra antes mesmo do surgimento do orçamento. A cada novo ano, o Parlamento votava os impostos, bem como o programa de aplicações desses recursos. Renovando periodicamente as autorizações para a cobrança dos tributos, o Parlamento mantinha eficaz vigilância sobre os gastos do Executivo; no caso de aplicações indevidas, no exercício seguinte poderia ser negada autorização para a cobrança daquele tributo cuja renda foi mal aplicada.

Mais tarde, quando os Parlamentos passaram a votar as receitas e as despesas organizadas pela forma orçamentária, o período de um ano de duração para o orçamento continuou a ser respeitado. No entendimento de Renè Stourm, um ano é "o máximo de tempo durante o qual podem os parlamentares consentir em delegar seus poderes e o período mínimo necessário aos governos para pôr o orçamento em execução".[22]

Mesmo no passado, a periodicidade anual do orçamento tinha exceções com a autorização de programas de despesas de duração plurianual, especialmente no plano militar. Foi, porém, com as modificações nas funções do Estado que o sentido absoluto da anualidade passou a ser questionado. A ação intervencionista do Estado Moderno desenvolveu-se por meio de planos e programas de médio e longo prazos, cuja aprovação legislativa condicionava os orçamentos anuais, retirando-lhes as características de renovação e originalidade.

Mesmo com a restrição de cumprir programações de maior prazo, a anualidade orçamentária é uma regra de aceitação praticamente unânime entre as nações modernas. O período de vigência do orçamento anual varia entre os países. A maioria faz coincidir o ano financeiro com o ano civil (1º de janeiro a 31 de dezembro), havendo os que adotam outros períodos: 1º de julho a 30 de junho (Itália e Suécia), 1º de abril a 31 de março (Inglaterra e Alemanha), 1º de outubro a 30 de setembro (Estados Unidos). Essas variações do ano financeiro em face do ano civil podem ser determinadas pelo tipo de economia preponderante no país. Uma economia principalmente assentada no setor agrícola gerará a receita tributária nas épocas de colheita e comercialização, sendo lógico que o ano orçamentário coincida com o ano agrícola. Já uma economia mais industrializada não necessita, aparentemente, manter esse tipo de vinculação. Na maioria dos casos, o que determina o ano orçamentário é a época de funcionamento dos Legislativos.[23]

---

[21] LEMGRUBER, J. B. A. Op. cit. p. 10.

[22] Apud SILVA, S. Sant'Anna e. Op. cit. p. 37.

[23] VIANA, A. de. Op. cit. p. 95.

No Brasil, a anualidade do orçamento sempre foi consagrada, inclusive nos dispositivos constitucionais. Porém, desde a Lei nº 4.320/64 passou-se a exigir que os orçamentos anuais fossem complementados com projeções plurianuais no âmbito dos investimentos. Em seu art. 23, a Lei nº 4.320/64 originalmente previa apenas que o Poder Executivo aprovaria por decreto um Quadro de Recursos e de Aplicação de Capital, de duração no mínimo trienal, envolvendo as receitas e despesas de capital.

A Constituição Federal de 1967 e a sua Emenda nº 1, de 1969 (parágrafo único do art. 60), passaram a exigir que as despesas de capital integrassem orçamentos plurianuais. Atos posteriores regularam a matéria, surgindo daí o Orçamento Plurianual de Investimentos (OPI), de duração trienal, sujeito à aprovação legislativa.

Na condição de peça meramente informativa, sem cunho autorizativo, os orçamentos plurianuais não chegaram a constituir-se em instrumentos efetivos de programação orçamentária de médio prazo, transformando-se, com o passar do tempo, em documento sem maior interesse, sendo elaborados somente em atenção às exigências legais.

A Constituição Federal de 1988 manteve a regra da anualidade do orçamento, mas acabou com a figura do OPI substituindo-o pelo *plano plurianual*. Reza a nova Carta Magna:

> Art. 165. Leis de iniciativa do Poder Executivo estabelecerão:
>
> I – o plano plurianual;
>
> II – as diretrizes orçamentárias;
>
> III – os orçamentos anuais.
>
> [...]
>
> § 5º A lei orçamentária *anual* compreenderá:
>
> (grifo nosso)
>
> [...]

F. Princípio da não afetação das receitas

Esse princípio é sinteticamente assim definido por Sant'Anna e Silva: "Nenhuma parcela da receita geral poderá ser reservada ou comprometida para atender a certos e determinados gastos".[24] Não sendo considerado como um dos princípios clássicos concebidos a partir do interesse parlamentar, a exigência de que as receitas não sofram vinculações, antes de qualquer coisa, é uma imposição de bom senso, pois qualquer administrador prefere dispor de recursos não comprometidos para atender às despesas conforme as necessidades. Recursos excessivamente vinculados sinalizam dificuldades, pois podem significar sobra em programas de menor importância e falta em outros de maior prioridade.

A observância do princípio sempre foi problemática. Alguns tipos de receitas públicas são naturalmente vinculados à execução de determinadas despesas. O produto da

---

[24] SILVA, S. Sant'Anna e. Op. cit. p. 26.

arrecadação de boa parte das taxas, por exemplo, é vinculado à realização de despesas certas, pois servem para custear serviços prestados pelo Estado. Os empréstimos igualmente se caracterizam pelo comprometimento a determinadas finalidades, como programas de investimento, atendimento de situações de emergência etc.

No âmbito da União, a dificuldade no cumprimento do princípio está representada especialmente nas contribuições sociais, econômicas e de intervenção no domínio econômico. Mesmo que a maior parte das contribuições tenha perdido o seu caráter parafiscal e assumido o papel de financiar ações típicas da administração pública, essa modalidade de imposição continua a diferenciar-se dos impostos, porque no próprio ato de sua instituição estão estabelecidas as finalidades. Por sua própria natureza, as contribuições são vinculadas.

Diante das limitações para incrementar as receitas de impostos e devido à obrigação legal de compartilhá-las com Estados e Municípios, o governo federal, nos últimos exercícios, optou por aumentar as alíquotas das contribuições, assim como criar novas. Nos exercícios de 2005 e 2006, a receita da União com contribuições representava o dobro da receita de impostos.

Relativamente aos impostos e às vinculações, o princípio da não afetação está assim consagrado na Constituição Federal:

> Art. 167. São vedados:
>
> IV – *a vinculação de receita de impostos a órgão, fundo ou despesa*, ressalvadas a repartição do produto da arrecadação dos impostos a que se referem os arts. 158 e 159, a destinação de recursos para as ações e serviços públicos de saúde, para manutenção e desenvolvimento do ensino e para realização de atividades da administração tributária, como determinado, respectivamente, pelos arts. 198, § 2º, 212 e 37, XXII, e a prestação de garantias às operações de crédito por antecipação de receita, previstas no art. 165, § 8º, bem como o disposto no § 4º deste artigo; (grifos nossos)
>
> § 4º É permitida a vinculação das receitas a que se referem os arts. 155, 156, 157, 158 e as alíneas "a", "b", "d" e "e" do inciso I e o inciso II do *caput* do art. 159 desta Constituição para pagamento de débitos com a União e para prestar-lhe garantia ou contragarantia. (Parágrafo introduzido pela Emenda Constitucional nº 109, de 2021.)

A vedação da vinculação de impostos a órgão, fundo ou despesa atende ao postulado básico do direito tributário que concebe os impostos como a fonte de recursos que viabiliza o funcionamento do Estado, principalmente de suas funções básicas. Em boa medida, entretanto, as virtudes do dispositivo constitucional mencionado são anuladas pelo grande número de ressalvas que possibilitam a vinculação legal da receita de parcela importante dos impostos.

As exceções mencionadas nos arts. 158 e 159 são as participações dos Municípios no produto da arrecadação de impostos a cargo do Estado e de Estados, Municípios e Distrito Federal na arrecadação de impostos de responsabilidade da União. Também são ressalvadas da proibição as vinculações de recursos de impostos para a manutenção e desenvolvimento do ensino e para a saúde nos três níveis da Federação.

Capítulo 5 • Princípios Orçamentários e sua Validade **69**

A regra constitucional, por outro lado, proíbe comprometer a receita de impostos como garantia na realização de empréstimos, prática corriqueira no passado, especialmente no âmbito municipal. Também aqui, entretanto, há exceções. O produto da arrecadação de impostos pode ser indicado na prestação de garantia às operações de crédito por antecipação da receita,[25] assim como de garantia ou contragarantia à União e para pagamento de débitos para com esta.

O constituinte de 1988 comprovou sua preocupação com o excesso de vinculações ao enfrentar o primado dos fundos, autênticos orçamentos independentes dentro do orçamento geral. Além de proibir, no art. 167, inciso IX, a instituição de fundos sem prévia autorização legislativa, a Constituição, no art. 36 do Ato das Disposições Transitórias, extinguiu os fundos existentes na data da promulgação da Constituição, excetuados os resultantes de isenções fiscais que passem a integrar patrimônio privado e os que interessem à defesa nacional, que não fossem ratificados pelo Congresso Nacional no prazo de dois anos. Na oportunidade, a maior parte dos fundos acabou sendo ratificada, alguns poucos foram extintos e, de lá até agora, novos fundos foram instituídos. Na lei orçamentária federal de 2007, 41 fundos estão constituídos como unidades orçamentárias, ou seja, com receitas e despesas próprias.

Nada expressa melhor a dimensão do problema que o princípio da não afetação das receitas busca evitar do que o mecanismo denominado Desvinculação das Receitas da União (DRU). Instituído por meio de Emenda Constitucional, em 1994, como Fundo Social de Emergência, denominação posteriormente substituída para Fundo de Estabilização Fiscal, o mecanismo, que não é propriamente fundo, recebeu mais tarde, quando de uma de suas renovações, a denominação correta. A DRU desvinculava 20% das parcelas de impostos e contribuições que estavam vinculadas, buscando, com isso, dar ao gestor margem maior de manobra na utilização das duas principais fontes de recursos da administração federal: as contribuições e os impostos. As primeiras, que são naturalmente vinculadas, chegaram a corresponder, como visto, ao dobro da receita de impostos; estes, que deveriam estar liberados para financiar indistintamente as despesas públicas, estão em grande medida vinculados por determinação da própria Constituição.[26]

---

[25] As operações de crédito por antecipação da receita orçamentária (ARO), modalidade destinada a atender a insuficiência de caixa durante o exercício, conforme o art. 67 da Emenda Constitucional nº 1/69, podiam ser autorizadas na lei de orçamento até o montante de 25% da receita total estimada e obrigatoriamente deveriam ser liquidadas até 30 dias depois do encerramento do exercício em que foram contratadas. Atualmente, o assunto é disciplinado na Lei Complementar nº 101, de 2000 (Lei de Responsabilidade Fiscal – LRF). Entre outras disposições, o art. 38 da LRF estabelece que as operações ARO devem ser liquidadas até o dia 10 de dezembro de cada exercício e estão proibidas no último ano de mandato do presidente da República, governador e prefeito municipal.

[26] Análise detalhada das consequências da rigidez do orçamento federal, entre cujas causas estão as vinculações, é encontrada em: REZENDE, F.; CUNHA, A. (coord.). *O orçamento público e a transição do poder*. Rio de Janeiro: FGV, 2003, especialmente o Prefácio e o Posfácio; e REZENDE, F.; CUNHA, A. (coord.). *Disciplina fiscal e qualidade do gasto público*. Fundamentos da reforma orçamentária. Rio de Janeiro: FGV, 2005, em especial o Capítulo 2. Ver, também, GIACOMONI, J. Receitas vinculadas, despesas obrigatórias e rigidez orçamentária. *In:* CONTI, J. M.; SCAFF, F. F. *Orçamentos públicos e direito financeiro*. São Paulo: Revista dos Tribunais, 2011. Esse

70 Orçamento Público • Giacomoni

A importância da DRU para a gestão orçamentária e financeira do governo federal fica bem evidenciada com as alterações introduzidas pelas Emendas Constitucionais nº 93, de 2016, e 126, de 2022. Resumidamente, o mecanismo passou a ter as seguintes características: (a) a vigência é prorrogada até 31-12-2024, ou seja, para um período de nove anos, o dobro dos períodos de vigência anteriores; (b) na União, a desvinculação passa a ser de 30% da arrecadação das contribuições sociais, sem prejuízo do pagamento das despesas do Regime Geral da Previdência, às contribuições de intervenção no domínio econômico e às taxas, já instituídas ou que vierem a ser criadas até a referida data; (c) nos Estados, Distrito Federal e Municípios, a desvinculação de 30% é aplicada aos impostos, taxas e multas, já instituídos ou que vierem a ser criados até àquela data, seus adicionais e respectivos acréscimos legais, e a outras receitas correntes.

Excetuam-se da desvinculação: (a) no caso da União: a arrecadação da contribuição social do salário-educação, o que já ocorria nas versões anteriores da DRU, e as receitas das contribuições sociais destinadas ao custeio da previdência social, regra introduzida pela EC nº 103, de 2019; (b) no caso de Estados e Municípios: (i) os recursos destinados ao financiamento das ações e serviços públicos de saúde e à manutenção e ao desenvolvimento do ensino; (ii) as receitas de contribuições previdenciárias e de assistência à saúde dos servidores; (iii) demais transferências obrigatórias e voluntárias entre entes da Federação com destinação especificada em lei; (iv) as receitas que pertencem aos Municípios decorrentes de transferências previstas na Constituição Federal; e (v) os fundos instituídos pelo Poder Judiciário, pelos Tribunais de Contas, pelo Ministério Público, pelas Defensorias Públicas e pelas Procuradorias-Gerais dos Estados e do Distrito Federal.

G. Princípio da discriminação ou especialização

É mais uma das regras clássicas dispostas com a finalidade de apoiar o trabalho fiscalizador dos parlamentos sobre as finanças executivas. De acordo com esse princípio, as receitas e as despesas devem aparecer no orçamento de maneira discriminada, de tal forma que se possa saber, pormenorizadamente, a origem dos recursos e sua aplicação.

Um orçamento altamente especificado fornece condições ideais para a fiscalização parlamentar, além de inibir a expansão das atividades governamentais, o que é bom, segundo os valores do *laissez-faire*. O enfoque clássico do princípio é, pois, político.

Hoje, a necessidade de discriminação orçamentária deve ser entendida no contexto dos múltiplos aspectos apresentados pelo orçamento: administrativo, econômico, contábil etc. Empregando a linguagem contábil, o orçamento deve ter suas contas classificadas segundo critérios que atendam a seus diferentes papéis. Assim, a especialização das contas de receita e despesa precisa considerar as exigências do controle externo e do próprio controle interno, do planejamento administrativo, da avaliação econômica do impacto do gasto público sobre a economia, dos registros contábeis etc.

---

estudo pode ser encontrado em: https://independent.academia.edu/James Giacomoni. Estudo sobre receitas vinculadas no orçamento federal é encontrado no endereço: http://www.orcamentofederal.gov.br/biblioteca/ publicacoes_tecnicas/publicacoes/Vinculacoes_Consolidado.pdf.

Na legislação orçamentária brasileira, a Lei nº 4.320/64 incorpora o princípio em seu art. 5º.

> A Lei de Orçamento não consignará dotações globais destinadas a atender indiferentemente a despesas de pessoal, material, serviços de terceiros, transferências ou quaisquer outras, ressalvado o disposto no artigo 20 e seu parágrafo único.

A ressalva de que trata o art. 20 abre a possibilidade de que certos programas de investimento sejam apresentados no orçamento de forma global, deixando de cumprir a discriminação normal, que é estabelecida no *caput* do art. 15:

> Na Lei de Orçamento a discriminação da despesa far-se-á, no mínimo, por elementos.

A definição do que seja elemento aparece, logo a seguir, no § 1º desse artigo:

> Entende-se por elementos o desdobramento da despesa com pessoal, material, serviços, obras e outros meios de que se serve a administração pública para consecução dos seus fins.

As entidades públicas, atendendo a necessidades próprias, podem adotar classificações orçamentárias com grau de discriminação além daquele fixado pela lei. O recomendável é que os vários níveis da especificação atendam às exigências dos diferentes escalões organizacionais. Assim, os escalões dirigentes não necessitam de classificações orçamentárias altamente discriminadas, que interessam aos setores de execução e de controle contábil. Os próprios órgãos de representação só terão boa ideia da programação de trabalho do Executivo se utilizarem classificações mais sintéticas, e não aquelas analíticas que tanto interessaram aos parlamentos do passado.

H. Princípio da exclusividade

Considerando-o mais uma regra de técnica legislativa, Sant'Anna e Silva assim define esse princípio:

> A lei orçamentária deverá conter apenas matéria financeira, excluindo-se dela qualquer dispositivo estranho à estimativa da receita e à fixação da despesa para o próximo exercício.[27]

Esse princípio surgiu com o objetivo de impedir que a Lei de Orçamento, em função da natural celeridade de sua tramitação no Legislativo, fosse utilizada como meio de aprovação de matérias outras que nada tinham que ver com questões financeiras.

No Brasil, durante a Primeira República, na falta de disposições disciplinadoras, a lei orçamentária incluía seguidamente matérias estranhas, rotuladas pelos tratadistas de "caudas orçamentárias", levando Rui Barbosa a chamar esses orçamentos de "rabilongos".[28]

---

[27] SILVA, S. Sant'Anna e. Op. cit. p. 31.

[28] Idem, ibidem. p. 32. Sant'Anna e Silva, a título de exemplo, lembra que por meio de lei orçamentária foi alterado o processo de ação de desquite.

O princípio da exclusividade passou a ser regra constitucional desde a Reforma de 1926. Na vigente Constituição Federal, o princípio aparece no § 8º do art. 165:

A lei orçamentária anual não conterá dispositivo estranho à previsão da receita e à fixação da despesa, não se incluindo na proibição a autorização para abertura de créditos suplementares e contratação de operações de crédito, ainda que por antecipação de receita, nos termos da lei.

A Lei nº 4.320/64, em seu art. 7º, trata também do conteúdo possível da lei orçamentária. Ressalta a possibilidade de a lei orçamentária autorizar a abertura de créditos suplementares e a realização de operações de crédito por antecipação da receita, prevendo, ainda, como contingência do déficit, a indicação de recursos para a cobertura deste. É interessante recordar que a Emenda Constitucional nº 1/69, em dispositivo semelhante, previa apenas a possibilidade de saldos orçamentários, isto é, superávits, o que não deixa de ser um contrassenso, considerando os déficits exacerbados das finanças públicas.

I. Princípio do equilíbrio

De todos os princípios clássicos, esse é o que tem merecido maior atenção, fora do âmbito específico do orçamento, interessando de perto outras áreas econômicas, como finanças públicas, política fiscal, desenvolvimento econômico etc.

No entendimento dos economistas clássicos (Smith, Say, Ricardo), os gastos públicos não se constituíam numa boa aplicação econômica, pois eram atendidos com taxações sobre os setores produtivos, que certamente dariam melhor aplicação a esses recursos. Mal maior que os gastos públicos e impostos era o déficit nas contas do governo, cuja cobertura se dava pelo endividamento público: o Estado tomava empréstimos de particulares e, em muitos casos, fazia aplicações improdutivas. David Ricardo referiu-se à dívida como "[...] um dos mais terríveis flagelos que foi jamais inventado para afligir uma nação [...]",[29] expressão que pode ser tomada como boa medida da antipatia dedicada ao déficit público. No final do século XIX, estudos de finanças públicas realizados fora da corrente clássica da economia concluíam pela existência de substanciais diferenças entre o endividamento público com finalidade reprodutiva (estrada de ferro, por exemplo) e outros para aplicação em setores considerados menos prioritários e de avaliação duvidosa e difícil (programas culturais, educacionais e de progresso social).[30]

É com a escola keynesiana que acontece a reação mais organizada ao princípio do equilíbrio orçamentário. Havendo desestabilização no sistema econômico (estagnação e desemprego), compete ao governo criar condições para a retomada do crescimento. Isso pode significar o endividamento público pela captação de recursos privados ociosos cuja aplicação visaria ao pleno emprego e à dinamização da economia.[31] Estudos sobre o comportamento

---

[29] Apud BURKHEAD. J. Op. cit. p. 562.

[30] BURKHEAD, J. Op. cit. p. 570.

[31] MARTNER. Gonzalo. *Planificación y presupuesto por programas*. 4. ed. México: Siglo Veintiuno Editores, 1972. p. 31.

cíclico da economia contribuíam para justificar o intervencionismo público especialmente nos momentos de estagnação do ciclo. Segundo essas novas concepções, "[...] não é a economia que deve equilibrar o orçamento, mas o orçamento é que deve equilibrar a economia".[32]

Gonzalo Martner lembra a existência de outros dois enfoques diante da questão do equilíbrio orçamentário. O pensamento estruturalista, desenvolvido especialmente com base em estudos e na experiência dos países latino-americanos, parte da constatação de que as economias subdesenvolvidas possuem recursos humanos e materiais com alto grau de ociosidade e grande dependência do comércio exterior, cuja taxação fornece substancial parcela de receita orçamentária do governo. As frequentes mudanças nos termos de trocas entre países desenvolvidos e subdesenvolvidos, sempre em prejuízo dos últimos, naturalmente força o desequilíbrio do orçamento público. Esse quadro é agravado por outra causa "estrutural": enquanto as despesas públicas são "elásticas" (crescem em maior proporção que a renda interna), as receitas apresentam alto grau de inflexibilidade, isso em função da incapacidade e do baixo grau de desenvolvimento das forças produtivas nacionais.

Por último, Martner lembra que nas economias socializadas o equilíbrio orçamentário é prática geral. Isso tem sido possível pela elevada transferência ao orçamento central dos resultados das empresas estatais, ficando o restante a cargo dos impostos lançados sobre a população.[33]

As concepções keynesianas foram amplamente empregadas quando boa parte dos países buscava sair da Grande Depressão dos anos 1930. O sucesso então alcançado por essas teorias teve como efeito a universalização do intervencionismo estatal nos anos do pós-guerra e nas décadas de 1950 e 1960, em especial entre os países economicamente atrasados, mas interessados em alcançar, rapidamente, altos índices de crescimento econômico. A crise dos anos 1970 encontrou os governos fortemente endividados, situação apontada por muitos como a causa da própria crise ou, pelo menos, prolongadora desta. Esse quadro tem ensejado severas críticas ao keynesianismo, originárias de correntes próximas ao pensamento clássico e neoclássico, como a "escola monetarista", cujas propostas não intervencionistas influenciaram governos conservadores como o de Ronald Reagan, nos Estados Unidos, e de Margaret Thatcher, na Inglaterra.

No Brasil, as últimas constituições federais têm tratado da questão do equilíbrio orçamentário, ora de maneira explícita, ora de forma indireta.

A Constituição de 1967 foi direto ao ponto, exigindo orçamentos públicos equilibrados. Rezava o *caput* do art. 66: "O montante da despesa autorizada em cada exercício financeiro não poderá ser superior ao total das receitas estimadas para o mesmo período". O artigo previa exceções nos casos de recessão econômica e nas situações em que é recomendada a abertura de créditos extraordinários.[34] Em outro parágrafo do mesmo artigo, a Constituição

---

[32] LANE, Felipe Herrera apud SILVA, José Afonso da. *Orçamento-programa no Brasil*. São Paulo: Revista dos Tribunais, 1973. p. 126.

[33] MARTNER, G. Op. cit. p. 32-33.

[34] Crédito extraordinário é uma modalidade de crédito adicional ao orçamento em execução, utilizado quando da ocorrência de situações imprevisíveis que requerem imediata ação do Poder Executivo. O tema é tratado mais adiante no Capítulo 14, item sobre os Mecanismos retificadores do orçamento.

74 Orçamento Público • Giacomoni

chegava ao detalhe de determinar que o Executivo deveria propor ao Legislativo medidas de restabelecimento do equilíbrio orçamentário toda vez que, no decorrer do exercício, houvesse a probabilidade de um déficit superior a 10% do total da receita estimada.

A Emenda Constitucional nº 1/69 retirou todos os dispositivos citados que consagravam o equilíbrio orçamentário, mas isso não significou a liberação dos déficits no orçamento da União. Ocorre que a própria emenda, no art. 69, autorizou a colocação e resgate de títulos do Tesouro Nacional visando à amortização de empréstimos internos, fora do âmbito do orçamento fiscal. Essas operações, bem como outras, conforme já visto, eram registradas no orçamento monetário que, de fato, era o orçamento do déficit, possibilitando um orçamento fiscal "equilibrado".

O compromisso da Emenda com o equilíbrio pode ser inferido a partir do próprio dispositivo que tratava da exclusividade da lei orçamentária,[35] que só podia tratar de despesas e receitas públicas e, dentre as exceções possíveis, a aplicação do saldo, caso houvesse; isto é, a Emenda não contemplava a possibilidade do déficit, situação que é a própria contrapartida do saldo ou superávit.

O constituinte de 1988 preferiu adotar uma postura realista em face do déficit orçamentário, além de entrar no mérito de sua própria conceituação. Pela sistemática de classificação das contas orçamentárias no Brasil, o déficit aparece embutido nas chamadas Operações de Crédito, que classificam tanto os financiamentos de longo prazo contratados para a realização de obras quanto as operações de curto prazo de recomposição do caixa e que se transformam em longo prazo pela permanente rolagem e a própria receita com a colocação de títulos e obrigações emitidos pelos tesouros nacional, estaduais e até municipais.

A Constituição em vigor preferiu atacar o chamado déficit das operações correntes. Segundo o art. 167, III, é vedada a realização de operações de crédito que excedam o montante das despesas de capital. A regra quer que cada unidade governamental tenha seu endividamento vinculado apenas à realização de investimentos e não à manutenção da máquina administrativa e demais serviços. Considerando a existência de situações que configuram déficits operacionais, a Constituição, em suas Disposições Transitórias,[36] estabeleceu um prazo de cinco anos para o cumprimento da norma, devendo o excesso ser reduzido à base de, pelo menos, um quinto por ano.

J. Outros princípios tradicionais

Além dos princípios já analisados, outros podem ser brevemente comentados:

a) **Princípio da clareza.** O orçamento público, ao cumprir múltiplas funções – algumas não técnicas –, deve ser apresentado em linguagem clara e compreensível a todas aquelas pessoas que, por força de ofício ou por interesse, precisam manipulá-lo. É uma regra de difícil observação, pois, devido exatamente aos seus variados papéis, o orçamento reveste-se de uma linguagem complexa, acessível

---

[35] Emenda Constitucional nº 1, de 1969, art. 60, I e II.

[36] Constituição de 1988, Ato das Disposições Transitórias, art. 37.

apenas aos especialistas. A solução talvez esteja em melhorar os atuais anexos sintéticos, transformando-os em peças comentadas com informações globais sobre a programação orçamentária.

b) **Princípio da publicidade.** Por sua importância e significação e pelo interesse que desperta, o orçamento público deve merecer ampla publicidade. Formalmente, o princípio é cumprido, pois, como as demais leis, é publicado nos diários oficiais. A publicidade ideal, porém, envolve as mesmas questões ligadas à clareza. Resumos comentados da proposta orçamentária deveriam ser amplamente difundidos, de forma que possibilitassem ao maior número possível de pessoas inteirar-se das realizações pretendidas pelas administrações públicas.

c) **Princípio da exatidão.** A exatidão orçamentária envolve questões técnicas e éticas. Desde os primeiros diagnósticos e levantamentos com vistas à elaboração da proposta orçamentária, deve existir grande preocupação com a realidade e com a efetiva capacidade do setor público de nela intervir de forma positiva por intermédio do orçamento. A regra deve ser observada não apenas pelos setores encarregados da política orçamentária, mas também por todos os órgãos executivos que solicitam recursos para a implementação de programas e projetos. A difundida prática de superdimensionamento da solicitação de recursos baseada na inevitabilidade dos cortes configura clara violência ao princípio da exatidão, artificializando a elaboração do orçamento.

K. Programação: um moderno princípio orçamentário

A evolução havida nas funções do orçamento público gerou, pelo menos, um novo princípio: o da programação. Às voltas com crescentes encargos e com recursos sempre escassos, os governos passaram a utilizar o orçamento, até então instrumento de autorização e controle parlamentar, como auxiliar efetivo da administração, especialmente como técnica de ligação entre as funções de planejamento e de gerência.

Para representar os elementos do planejamento, o orçamento vem sofrendo mudanças profundas em sua linguagem, buscando veicular a programação de trabalho de governo, isto é, os objetivos e metas perseguidos, bem como os meios necessários para tal.

A linguagem tradicional do orçamento tinha por base os tetos financeiros como objeto de despesa: pessoal, material, serviços, encargos etc. Essa ênfase nos "meios" era correta, pois a função orçamentária principal era servir de autorização e de parâmetro para a fiscalização. Já a linguagem moderna do orçamento expressa as realizações pretendidas de forma programada, isto é, dispondo os "meios" necessários: pessoal, material, serviço etc., traduzidos em termos físicos e financeiros. Na parte relativa ao Orçamento-programa, essas questões serão abordadas com maior profundidade.

L. Orçamento impositivo. Um novo princípio?

A Constituição de 1988 devolveu aos parlamentares a prerrogativa de propor emendas ao projeto de lei orçamentária. Com exceção dos períodos sob as Constituições do Estado

Novo (1937) e do regime militar (1967 e Emenda nº 1, de 1969), os órgãos legislativos tradicionalmente influenciavam na elaboração dos orçamentos anuais por meio, inclusive, da aprovação de emendas de despesa. No regime militar, apesar de não formalmente proibidas, as emendas eram na prática inviabilizadas por draconianas exigências impostas por regra constitucional.[37]

Com o restabelecimento da prerrogativa, os órgãos legislativos federais inicialmente passaram por fase de grande desorganização no trato da matéria em decorrência da inexperiência e de disfunções graves que determinaram a criação, em 1993, da famosa Comissão Parlamentar Mista de Inquérito do Orçamento, cujas conclusões possibilitaram resultados importantes na reorganização do processo orçamentário no Congresso Nacional.

Deputados e senadores viam na apresentação das três modalidades de emendas de despesa – de iniciativa individual, de bancada estadual e de comissões permanentes – uma amostra importante de sua atenção parlamentar junto aos eleitores. Entretanto, um resultado mais efetivo desse trabalho dependia da execução dessas emendas, ou seja, da liberação dos recursos por parte dos órgãos executores do governo.

No final da década de 1990, os argumentos em prol de orçamento mandatório e não apenas autorizativo, ganhava cada vez mais adeptos entre deputados e senadores. Como exemplo, apontava-se o caso norte-americano, cujo orçamento teria caráter impositivo. Na realidade, o orçamento federal norte-americano contempla gastos mandatórios e discricionários (*mandatory spending* e *discretionary spending*).[38] A base da argumentação, entretanto, era o *rescission*, mecanismo muito interessante para os parlamentares, pois torna obrigatória a consulta ao Legislativo no caso de despesas que o governo pretenda não realizar.[39]

O objetivo de tornar todo orçamento impositivo carecia de bases legais e a adoção de mecanismo similar ao mecanismo norte-americano parecia mais viável. Obviamente, ao governo federal a solução não interessava de nenhuma forma. Apresentada no Senado Federal em 2000, Proposta de Emenda Constitucional introduzindo o mecanismo foi aprovada e encaminhada à Câmara dos Deputados apenas em 2006. Devido ao controle da pauta por maioria governamental, eram pequenas as possibilidades de a matéria ser aprovada na Câmara nos termos apresentados. A solução foi limitar a amplitude do

---

[37] Para mais detalhes, ver Capítulo 13, I – Norma geral, seção B.

[38] Mandatórios: gastos (créditos orçamentários e despesas) controlados por legislação ordinária prévia e que não resultem apenas das autorizações estabelecidas na lei orçamentária. Discricionários: créditos autorizados na lei orçamentária, com exceção dos que fornecem recursos para os gastos mandatórios. Ver o glossário de termos do orçamento norte-americano no endereço: https://www.whitehouse.gov/wp-content/uploads/2018/02/ap_8_concepts-fy2019.pdf.

[39] Aprovado pelo The Impoundment Control Act de 1974, o *rescission* significa o cancelamento de crédito orçamentário previamente aprovado pelo Congresso. De acordo com a norma, o presidente norte-americano pode propor ao Congresso que recursos autorizados no orçamento sejam cancelados (rescindidos). Se ambas as Casas (Câmara de Representantes e Senado) não aprovarem o cancelamento por lei no prazo de 45 dias de sessões, os fundos retidos devem ser disponibilizados para empenho. Ver: https://www.senate.gov/reference/glossary_term/rescission.htm.

Capítulo 5 • Princípios Orçamentários e sua Validade **77**

mecanismo e aplicá-lo a uma modalidade de créditos orçamentários de alto interesse para todos os parlamentares: as emendas individuais. Emendas constitucionais promulgadas em 2015 e 2019 tornaram de execução obrigatória as emendas individuais e as emendas de bancada estadual, respectivamente. A obrigatoriedade de execução deixará de existir no caso de Impedimentos de ordem técnica e será necessária a observância de critérios objetivos e imparciais que atendam de forma igualitária e impessoal às emendas apresentadas, independentemente da autoria.[40]

No bojo da Emenda Constitucional nº 100, de 2019, que tornou de execução obrigatória as emendas de bancada estadual, foi aprovada a inclusão dos seguintes dispositivos no art. 165:

> § 10. A administração tem o dever de executar as programações orçamentárias, adotando os meios e as medidas necessários, com o propósito de garantir a efetiva entrega de bens e serviços à sociedade.
>
> § 11. O disposto no § 10 deste artigo, nos termos da lei de diretrizes orçamentárias:
>
> I – subordina-se ao cumprimento de dispositivos constitucionais e legais que estabeleçam metas fiscais ou limites de despesas e não impede o cancelamento necessário à abertura de créditos adicionais;
>
> II – não se aplica nos casos de impedimentos de ordem técnica devidamente justificados;
>
> III – aplica-se exclusivamente às despesas primárias discricionárias.

O comando, expresso já na primeira parte do § 10 – "a administração tem o dever de executar as programações orçamentárias" – enseja indagações de várias ordens, inclusive de natureza doutrinária, o que interessa particularmente ao tema deste capítulo. Duas interrogações: com a nova regra, a programação estabelecida na lei orçamentária deixaria de ser autorizativa, passando a ser de execução obrigatória? Com isso, um novo princípio estaria sendo criado, o do Orçamento Impositivo?

Nos parágrafos iniciais deste capítulo, viu-se que os princípios orçamentários, menos do que mandamentos, são categorias conceituais úteis que ajudam a compreender as características formais do orçamento e de seu processo. Nesse sentido, pode-se aceitar como princípio qualquer definição ou regra que explique como o orçamento público e o seu processo cumprem de maneira efetiva os seus objetivos.

Despesas obrigatórias e despesas discricionárias são determinadas nas duas oportunidades em que os orçamentos são efetivamente elaborados. Em primeiro lugar, em proporção crescente e, muitas vezes, em caráter permanente, as despesas são criadas por meio de disposições aprovadas nas constituições e na legislação ordinária. Em segundo lugar, em proporção sempre menor, autorizações de despesa são definidas no curso da elaboração orçamentária, constituindo a programação discricionária. Outras interrogações: (a) é viável um orçamento constituído apenas de programação obrigatória?; (b) sendo um plano

---

[40] Ver no Capítulo 13, II – Norma federal, Seção H, maiores detalhes sobre a execução obrigatória de emendas parlamentares.

previamente formulado, o orçamento não deveria ser flexível de maneira a adaptar-se aos impedimentos de toda ordem que tendem a ocorrer no futuro?

Os orçamentos públicos não são simples atos de previsão; são planos e nestes há uma genuína disposição de realizar a programação aprovada. No período de execução, sempre surgirão impedimentos variados ou novas necessidades que determinarão mudanças de rumo. Nesse sentido, as leis orçamentárias sempre deverão conter uma margem de conteúdo discricionário. Quanto menor for essa margem, mais será necessário estabelecer exceções junto à programação obrigatória. Na própria regra dos §§ 10 e 11 há exemplos dessas ressalvas: metas fiscais, limites de despesas e impedimentos de ordem técnica. No atual cenário brasileiro de rigidez orçamentária, em breve será necessário revisar a legislação ordinária que cria despesas obrigatórias. O aceno a medidas que venham a alterar ou eliminar vinculações de receitas é indicação de um futuro caminho tendo em vista menor rigidez orçamentária.

Salvo melhor juízo, a expressão "a administração tem o dever de executar" (§ 10) não parece ter o mesmo sentido de "a administração deve executar integralmente a programação orçamentária". O legislador não optou por esta última expressão porque sabe que, assim posta, a regra seria legalmente e factualmente inaplicável.

De qualquer forma, o orçamento federal é quase todo impositivo, não em decorrência do processo de elaboração, e sim de disposições da Constituição e de leis ordinárias aprovadas ao longo do tempo. Tal realidade, entretanto, não muda a natureza da lei orçamentária que, por seu conteúdo exclusivo, não deve ser tratada como lei ordinária de caráter substancial.[41]

O § 10 aqui discutido, em especial a expressão "[a] administração tem o dever de executar as programações orçamentárias", deve merecer a atenção de todos os interessados, particularmente daqueles que possam traduzir a apreciação em termos doutrinários. Esta seção, finalizando o capítulo sobre Princípios Orçamentários, pretende dar uma pequena contribuição ao debate e constituir-se numa conclamação aos pesquisadores.

---

[41] Há uma vasta bibliografia sobre a natureza jurídica das leis orçamentárias, tema de interesse de doutrinadores desde o século XIX. Uma ligeira amostra de contribuições sobre o assunto pode ser encontrada no Capítulo 5, Seção C, de GIACOMONI, James. *Orçamento governamental*. Teoria, sistema e processo. São Paulo: Atlas, 2019.

Parte III

Classificações Orçamentárias

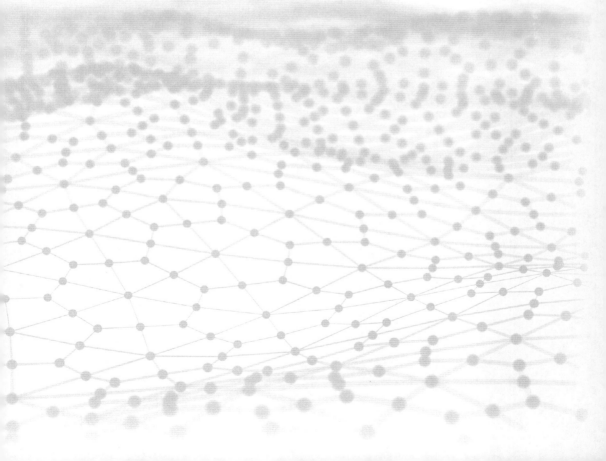

6

Classificação da Despesa

A classificação é a chave estrutural para a organização consciente e racional do orçamento do Governo.

Jesse Burkhead[1]

A linguagem orçamentária é essencialmente contábil. O orçamento nasceu com tal forma de representação e a mantém por ser a que melhor atende a suas múltiplas finalidades. O elemento básico de expressão do orçamento é a *conta*, por meio da qual é possível:

- antecipar as situações patrimoniais (no orçamento propriamente dito);
- registrar a movimentação patrimonial (na execução do orçamento); e
- demonstrar resultados patrimoniais (nos balanços).[2]

A conta é, ao mesmo tempo, instrumento de análise e de síntese. De análise, já que possibilita a representação de toda e qualquer variação nos elementos patrimoniais, e de síntese, pois o agrupamento das contas permite o conhecimento dos resultados globais da gestão.[3] A seleção das contas e seu ordenamento num Plano de Contas condicionam as possibilidades de obtenção de informações, tanto no nível analítico como no sintético. Em face disso, a classificação das contas assume enorme importância dentro do contexto orçamentário que, como se sabe, traz em seu bojo implicações de diversas ordens: políticas, administrativas, econômicas, jurídicas, financeiras, contábeis etc.

---

[1] BURKHEAD, Jesse. *Orçamento público*. Rio de Janeiro: Fundação Getulio Vargas, 1971. p. 145.

[2] MACHADO JR., José Teixeira. *Classificação das contas públicas*. Rio de Janeiro: Fundação Getulio Vargas, 1967. p. 14. Esse alentado estudo é de consulta obrigatória para os interessados em qualquer das inúmeras questões envolvidas na classificação das contas públicas. Além da abordagem de aspectos conceituais e teóricos, o livro faz excelente análise de modelos classificatórios seguidos no Brasil e em outros países.

[3] Idem, ibidem. p. 15.

82 Orçamento Público • Giacomoni

Para a classificação de quaisquer elementos, inclusive contas, é necessária a observância de algum critério, o qual busca, por seu turno, alcançar determinado objetivo com a classificação. No caso do orçamento público, suas múltiplas facetas fazem com que não haja um, mas vários objetivos a serem atendidos pelas classificações, havendo, por conseguinte, a necessidade de vários critérios.

Existe grande número de critérios de classificação dos dados que compõem o orçamento. A compra de determinada partida de combustível, por exemplo, pode ser classificada:

- segundo a data de aquisição;
- segundo o objeto ou item da despesa (conforme o exemplo: combustível);
- segundo o órgão ou entidade que fez a aquisição;
- no programa que utilizará o combustível (por exemplo: construção ou conservação de rodovias);
- no programa, segundo o tipo de realização (por exemplo: construção de novos trechos ou manutenção e recuperação de trechos existentes);
- segundo o efeito econômico da despesa, isto é, se o combustível será utilizado na realização de investimentos ou como gasto de consumo etc.

É possível encontrar em cada critério determinada utilidade específica. Isso, porém, não é o bastante, já que no orçamento não se deve utilizar número muito grande de classificações. Só serão adotados aqueles critérios classificatórios que apresentarem utilidade ampla e que possam melhor contribuir para a compreensão geral das funções do orçamento. Assim, os critérios de classificação de contas orçamentárias devem atender a certos objetivos cuja identificação tem sido buscada pela literatura especializada.

Para Jesse Burkhead, as contas orçamentárias devem ser:

i) [...] organizadas de maneira a facilitar a formulação de programas;

ii) [...] organizadas de maneira a contribuir para a efetiva execução do orçamento;

iii) [...] apresentadas de maneira a servir ao objetivo da prestação de contas; e

iv) [...] organizadas de forma que seja possível analisar os efeitos econômicos das atividades governamentais [...].[4]

Similar a esse é o ponto de vista de Gonzalo Martner, para quem as contas orçamentárias devem:

i) [...] ser estruturadas de maneira a facilitar a análise dos efeitos econômicos e sociais das atividades do governo;

ii) [...] facilitar a formulação dos programas elaborados pelo governo para cumprir suas funções;

iii) [...] contribuir para a efetiva execução do orçamento; e

iv) [...] facilitar a contabilidade fiscal.[5]

---

4   BURKHEAD, J. Op. cit. p. 146-147.

5   MARTNER, Gonzalo. *Planificación y presupuesto por programas*. 4. ed. México: Siglo Veintiuno, 1972. p. 95.

Este capítulo, dedicado às classificações da despesa, está organizado em duas seções. Na seção I – Norma geral, são detalhadas as classificações da despesa orçamentária conforme estabelece a Lei nº 4.320/64 e suas alterações, a saber:

a) institucional;
b) funcional;
c) por programas; e
d) segundo a natureza.

Na seção II – Norma federal, descreve-se as características e as finalidades de dois identificadores – *de uso* e *de resultado primário* – recentemente introduzidos no orçamento da União, e demonstra-se como as classificações da despesa têm sido apresentadas nos orçamentos da União nos últimos exercícios, destacando-se os modelos que vigoraram até 1990, entre 1990 e 1999, e o que passou a vigorar a partir do exercício de 2000.

É provável que, no futuro, venha a ser criado um novo critério classificatório nos orçamentos públicos: o da regionalização da despesa. Essa iniciativa visaria atender ao mandamento constitucional que determina que tanto o orçamento fiscal como o orçamento de investimentos das empresas estatais, compatibilizados com o plano plurianual, terão a função de reduzir as desigualdades inter-regionais, segundo o critério populacional.[6]

I – Norma geral
A. Classificação institucional
Finalidade

A classificação institucional, também chamada de departamental é, provavelmente, a mais antiga das classificações da despesa orçamentária. Sua finalidade principal é evidenciar as unidades administrativas responsáveis pela execução da despesa, isto é, os órgãos que gastam os recursos de conformidade com a programação orçamentária. É um critério classificatório indispensável para a fixação de responsabilidades e os consequentes controles e avaliações.

A classificação institucional apresenta vantagens e desvantagens, vistas assim por Teixeira Machado:

a) **Vantagens**
   1. Permite "comparar" imediatamente os vários órgãos, em termos de dotações recebidas.
   2. Permite identificar o agente responsável pelas dotações autorizadas pelo Legislativo, para dado programa.
   3. Serve como ponto de partida para o estabelecimento de um programa de contabilização de custos dos vários serviços ou unidades administrativas.

---

6   Constituição Federal de 1988: art. 165, § 7º.

4. Quando combinada com a classificação funcional, permite focalizar num único ponto a responsabilidade pela execução de determinado programa.

b) **Desvantagens**

1. Se usada de forma predominante, impede que se tenha uma visão global das finalidades dos gastos do governo, em termos das funções precípuas que deve cumprir.

2. Tende a gerar rivalidades interorganizacionais na obtenção de dotações, quando da preparação do orçamento e da sua aprovação no Legislativo.

3. A demonstração de quanto um órgão está autorizado a despender, em determinado exercício, não contribui em nada para a melhoria das decisões orçamentárias, por apresentar apenas quantias que são necessárias para o funcionamento interno do órgão, fato que interessa mais ao seu administrador do que ao legislador ou ao povo em geral.[7]

Categorias

A classificação institucional é constituída por duas categorias – *órgão* e *unidade orçamentária* – cuja base legal se encontra nos arts. 13 e 14 da Lei nº 4.320/64.[8] De acordo com esses dispositivos, a categoria *órgão* tem o sentido de órgão de governo ou unidade administrativa. Já a *unidade orçamentária* compreende uma repartição do *órgão* ou um agrupamento de serviços que se subordinam a determinado *órgão*. Das duas categorias, a *unidade orçamentária* é a mais importante, pois a ela se consignam os recursos orçamentários (dotações).

Durante algum tempo, houve certa confusão no entendimento correto desses conceitos, sendo comum encontrarem-se orçamentos que consideravam como *unidades orçamentárias* o que, na realidade, eram *projetos* e *atividades*, por exemplo: conservação de estradas, pavimentação de ruas, iluminação pública, manutenção do ensino etc. Com a introdução, posteriormente, da classificação funcional-programática, as dúvidas foram eliminadas, já que a *unidade orçamentária* claramente assumiu a conotação de unidade executora do *projeto* ou *atividade* (categorias componentes da nova classificação).

Teixeira Machado e Heraldo Reis ajudam a esclarecer a questão ao considerarem que a cada *unidade orçamentária* deve corresponder:

- responsabilidade pelo planejamento e pela execução de certos projetos e atividades; e
- competência para autorizar despesa e/ou empenhar.

---

[7] MACHADO JR., J. T. Op. cit. p. 114.

[8] "Art. 13. Observadas as categorias econômicas do artigo 12, a discriminação ou especificação da despesa por elementos, em cada unidade administrativa ou órgão de Governo, obedecerá ao seguinte esquema: [...]"; "Art. 14. Constitui unidade orçamentária o agrupamento de serviços subordinados ao mesmo órgão ou repartição a que serão consignadas dotações próprias."

Capítulo 6 • Classificação da Despesa **85**

Desse modo, a unidade orçamentária tornar-se-á o centro de:

- planejamento;
- elaboração orçamentária;
- execução orçamentária;
- controle interno; e
- de custos.[9]

Em decorrência do modelo federativo brasileiro, os entes da Federação – a União, o Distrito Federal, cada Estado e cada Município – têm seu orçamento próprio, em que adotam plano de contas dos *órgãos* e *unidades orçamentárias*, o qual acompanha, com bastante proximidade, a estrutura administrativa respectiva. Nem todos os setores, porém, aparecem destacados no orçamento; a classificação institucional mostra apenas aquelas unidades responsáveis pela execução da programação de trabalho contemplada no orçamento.

Assim, no orçamento da União aparecem os órgãos e repartições federais, classificados inicialmente pelos três Poderes: Legislativo, Judiciário e Executivo. O Poder Executivo, por exemplo, é primeiramente subdividido em *órgãos*: Presidência da República, Ministérios da Agricultura, Pecuária e Abastecimento, da Educação, da Saúde, da Infraestrutura etc. Cada *órgão*, por sua vez, é subdividido em *unidades orçamentárias*. Exemplificando: o *órgão* Ministério da Educação compreende diversas *unidades orçamentárias*: Universidade Federal do Rio de Janeiro, Fundação Universidade Federal de Ouro Preto etc.

A grande descentralização que caracteriza a estrutura organizacional do governo federal tem implicações importantes para o critério institucional. Conforme as disposições do Decreto-lei nº 200/67, a administração federal brasileira compreende:

- a administração direta, que se constitui dos serviços integrados na estrutura administrativa da Presidência da República e dos ministérios;
- a administração indireta, que compreende as seguintes categorias de entidades, dotadas de personalidade jurídica própria:
  - autarquias;
  - empresas públicas;
  - sociedades de economia mista;
  - fundações públicas.[10]

Na vigência da regra constitucional anterior a 1988, o orçamento anual compreendia despesas e receitas relativas a todos os poderes, órgãos e fundos, tanto da administração direta quanto da indireta, excluídas apenas as entidades que não recebiam subvenções ou transferências à conta do Tesouro. A Constituição Federal em vigor inovou neste particular,

---

[9]   MACHADO JR., José Teixeira; REIS, Heraldo da Costa. *A Lei nº 4.320 comentada*. 26. ed. Rio de Janeiro: IBAM, 1995. p. 51.

[10]   Decreto-lei nº 200, de 25-2-1967: art. 4º, atualizado pela Lei nº 7.596, de 10-4-1987.

pois passou a exigir que as receitas e as despesas dos Poderes da União, seus fundos, órgãos, entidades da administração direta e indireta, inclusive fundações instituídas e mantidas pelo Poder Público, integrassem os orçamentos fiscal e da seguridade social.[11]

Conforme foi visto no capítulo anterior, sobre os *princípios orçamentários*, a atual Constituição exagera nas exigências quanto ao cumprimento da universalidade orçamentária. Entre as entidades da administração indireta, há várias situações de interesse para a presente questão. As *autarquias* e as *fundações públicas* geram pouca ou quase nenhuma receita própria e dependem de recursos do Tesouro para a sua manutenção. No caso das *sociedades de economia mista*, ocorre o contrário; em geral, elas operam em mercado competitivo e são lucrativas. Entre as *empresas públicas*, há aquelas financeiramente autossuficientes, como a Empresa Brasileira de Correios e Telégrafos (ECT), e há as que dependem de aportes regulares de recursos do Tesouro, como a Empresa Brasileira de Pesquisa Agropecuária (Embrapa). Além dessas situações, tem, também, interesse para a *classificação institucional* o caso das empresas estatais que prestam serviços quase exclusivamente para o Estado.

Essas questões deverão ser adequadamente esclarecidas pela lei complementar que, conforme determinação constitucional, será elaborada com vistas a pôr em prática os novos conceitos sobre o orçamento público e, mesmo, normatizar a gestão financeira e patrimonial da administração direta e indireta. A nova lei deverá definir, por exemplo, o nível de detalhamento do orçamento de uma entidade de administração indireta que dependa de transferências do Tesouro para sua manutenção, assim como o detalhamento da entidade que é autossuficiente financeiramente.

A partir do exercício de 1988, o Poder Executivo federal optou por reduzir a discriminação da classificação institucional, reunindo todos os setores da administração direta de cada *órgão* em apenas uma *unidade orçamentária*. Já as entidades da administração indireta e os fundos continuaram a constituir, cada um, *unidades orçamentárias*. Com essa menor discriminação na lei orçamentária, tem-se menor transparência nas contas da administração direta, em especial dos ministérios mais bem dotados de recursos.

O orçamento federal brasileiro apresenta outra particularidade no âmbito da classificação institucional. Trata-se da caracterização, como *órgão*, de certas despesas ou encargos que não possuem nenhuma conotação própria de entidade ou unidade administrativa. É o caso, por exemplo, dos "*órgãos*" Encargos Financeiros da União, Transferências a Estados, Distrito Federal e Municípios, Operações Oficiais de Crédito e Refinanciamento da Dívida Pública Mobiliária Federal. Em tais "*órgãos*", estão consignadas grandes somas de recursos, daí a razão de separá-las e individualizá-las também na classificação institucional. Alocar tais programações ao lado das demais despesas do Ministério da Economia – supervisor da maior parte desses recursos – incharia de maneira desproporcional o orçamento desse *órgão* e impediria a desejável transparência sobre parcela importante das finanças federais.

---

[11] Constituição Federal de 1988: art. 165, § 5º, I.

B. Classificação funcional

Antecedentes

Em capítulo anterior, sobre a história do orçamento brasileiro,[12] viu-se que, já em 1933, houve tentativa de introdução do critério funcional por meio de uma classificação ainda bastante embrionária. Com o Decreto-lei nº 1.804/39 e, especialmente, com o Decreto-lei nº 2.416/40, que padronizaram os orçamentos estaduais e municipais, foi adotada uma classificação por *serviços e subserviços*, que não deixava de ser a própria classificação funcional. Mais tarde, com a Lei nº 4.320/64, o critério foi definitivamente consagrado. Dez *funções*, cada uma subdividida em dez *subfunções*, foram então criadas. Procederam-se algumas alterações ao longo do tempo, mas a listagem das *funções* que mais tempo vigorou foi a seguinte:

    0 – Governo e Administração Geral
    1 – Administração Financeira
    2 – Defesa e Segurança
    3 – Recursos Naturais e Agropecuários
    4 – Viação, Transportes e Comunicações
    5 – Indústria e Comércio
    6 – Educação e Cultura
    7 – Saúde
    8 – Bem-estar Social
    9 – Serviços Urbanos

As *subfunções* tinham como objetivo tirar um pouco do caráter de agregação das *funções*. Exemplificando, as dez *subfunções* da Função 6 – Educação e Cultura – eram as seguintes:

    6.0 – Administração
    6.1 – Ensino Primário
    6.2 – Ensino Secundário e Normal
    6.3 – Ensino Técnico-Profissional
    6.4 – Ensino Superior
    6.5 – Ensino e Cultura Artística
    6.6 – Educação Física e Desportos
    6.7 – Pesquisas, Orientação e Difusão Cultural
    6.8 – Patrimônio Artístico e Histórico
    6.9 – Diversos

---

[12] Capítulo 3 – Breve Nota Histórica (letra D. Brasil, tópico A modernização orçamentária).

Percebe-se que a classificação funcional tinha sua utilidade principal no plano sintético, isto é, propiciava informações sobre o volume das despesas num nível de agregação bastante alto. Assim, por exemplo, o orçamento da União mostrava, por intermédio da Subfunção 4.2 – Transportes Rodoviários, que aí seria aplicado determinado volume de recursos, sem, no entanto, dar indicações sobre as realizações a serem efetivadas. Os outros critérios que se apresentavam, combinados com a classificação funcional, não podiam auxiliar, pois tinham seus objetivos próprios.

Consciente de que a trajetória do aperfeiçoamento orçamentário passaria pelo critério funcional, o governo federal deu o próximo passo, introduzindo, a partir de 1974, a classificação funcional-programática.[13] Na realidade, o governo aproveitou um dispositivo da Lei nº 4.320/64,[14] que autoriza o Executivo a atualizar os seus anexos, e ampliou substancialmente a classificação funcional, além de desdobrá-la em maior número de categorias classificatórias. O critério ficou, então, assim estruturado: a categoria *função* foi mantida e teve seu número ampliado para 16. A categoria *subfunção* desapareceu e em seu lugar surgiram os programas, que se subdividem em subprogramas e estes em projetos e atividades.

A classificação funcional associada à classificação por programas vigorou até o exercício de 1999, no caso dos orçamentos da União, dos Estados e do Distrito Federal, e até o exercício de 2001 nos orçamentos municipais. A partir dos referidos exercícios, por determinação de portarias do Governo Federal, retornou-se à classificação por *funções* e *subfunções* separada da classificação por programas.[15]

Finalidade

Quais os montantes de recursos aplicados nas áreas de Educação, Saúde, Transportes etc.? As aplicações dos Municípios no Ensino Fundamental vêm crescendo? Em que proporção? A finalidade principal da classificação funcional é fornecer as bases para a apresentação de dados e estatísticas sobre os gastos públicos nos principais segmentos em que atuam as organizações do Estado. De acordo com Burkhead, a "classificação funcional pode ser chamada *classificação para os cidadãos*, uma vez que proporciona informações gerais sobre as operações do Governo, que podem ser apresentadas em uma espécie de *orçamento resumido*" (grifos do original).[16]

Categorias

O critério funcional de classificação da despesa possui duas categorias: *função* e *subfunção*. A *função* é entendida como "o maior nível de agregação das diversas áreas de despesa

---

[13] Portaria nº 9, de 28-1-1974, do Ministério do Planejamento e Coordenação Geral.

[14] Art. 113.

[15] Portaria nº 117, de 12-11-1998, substituída pela Portaria nº 42, de 14-4-1999, ambas do Ministério do Orçamento e Gestão.

[16] BURKHEAD, J. Op. cit. p. 149.

que competem ao setor público". Já a *subfunção* "representa uma partição da função, visando agregar determinado subconjunto de despesa do setor público".[17]

A classificação funcional compreende 28 *funções* e 109 *subfunções*.[18] O aumento do número de *funções* em relação à classificação funcional-programática decorre, basicamente, da opção em transformar em duas o que era, antes, uma *função* agrupada. Exemplo: na classificação funcional-programática, Educação e Cultura formavam a Função 08; na nova classificação, passam a constituir as Funções 12 e 13, respectivamente.[19] O classificador apresenta igualmente novidades, visando destacar novas áreas em que a ação do Estado passa a ter especial significado. É o caso, por exemplo, das Funções 03 – Essencial à Justiça; 14 – Direitos da Cidadania; 19 – Gestão Ambiental; 21 – Organização Agrária; e 27 – Desporto e Lazer.

Do ponto de vista instrumental, o classificador inova ao trazer a Função 28 – Encargos Especiais, que "engloba as despesas em relação às quais não se possa associar um bem ou serviço a ser gerado no processo produtivo corrente, tais como: dívidas, ressarcimentos, indenizações e outras afins, representando, portanto, uma agregação neutra".[20] Com essa medida, corrige-se importante deficiência das classificações anteriores que, na falta de classificação neutra ou compensatória, ensejavam equívocos nas demonstrações e nos registros das transações.

Com relação às *subfunções*, elas poderão ser combinadas com *funções* diferentes daquelas a que estejam vinculadas, na forma do Anexo à Portaria nº 42/99.[21] Das 109 *subfunções* da nova classificação, mais da metade era de *programas* ou *subprogramas* na classificação funcional-programática, o que reforça a crítica feita, muitas vezes, ao caráter tradicionalista do classificador aprovado pela Portaria nº 9/74.

C. Classificação por programas

Antecedentes – Classificação funcional-programática

Mencionou-se anteriormente que, apesar de a Lei nº 4.320/64 não ter introduzido a classificação por programas, já em 1968 o orçamento federal substituía a classificação funcional por outra formada por *programas* e *subprogramas*, antecipando a classificação que viria a ser adotada por todos os orçamentos brasileiros a partir de 1974. A Portaria nº 9/74, introdutora da classificação funcional-programática, foi a primeira norma brasileira que buscou, de maneira ampla e sistemática, incorporar as categorias programáticas nos orçamentos públicos.

---

[17] Portaria nº 42, de 14-4-1999: art. 1º, §§ 1º e 3º.

[18] Ver, no final deste capítulo, o classificador por *funções* e *subfunções* no Apêndice 6.1.

[19] Outros exemplos: 05 – Defesa Nacional e 06 – Segurança Pública; 08 – Assistência Social e 09 – Previdência Social; 10 – Saúde e 17 – Saneamento; 15 – Urbanismo e 16 – Habitação; e 22 – Indústria e 23 – Comércio e Serviços.

[20] Portaria nº 42, de 14-4-1999: art. 1º, § 2º.

[21] Idem, art. 1º, § 4º.

90 Orçamento Público • Giacomoni

As categorias da classificação funcional-programática eram cinco: *função*, *programa*, *subprograma*, *projeto* e *atividade*. Cada *função* se desdobrava em *programas*, que se subdividiam em *subprogramas* e estes em *projetos* e *atividades*. A Portaria nº 9/74 não conceituava as categorias *função*, *programa* e *subprograma*. Já *projeto* e *atividade* eram assim definidos:[22]

- **Projeto**: um instrumento de programação para alcançar os objetivos de um programa, envolvendo um conjunto de operações limitadas no tempo, das quais resulta um produto final que concorre para a expansão ou o aperfeiçoamento da ação do governo.

- **Atividade**: um instrumento de programação para alcançar os objetivos de um programa, envolvendo um conjunto de operações que se realizam de modo contínuo e permanente, necessárias à manutenção da ação do governo.

Esses dois conceitos esclareciam que o *programa*, ao evidenciar os objetivos a serem atingidos com a execução do orçamento, constituía-se na categoria mais importante. As *funções* eram, então, constituídas pela divisão, em grandes linhas, das áreas de atuação do governo. Os *subprogramas* eram partes dos *programas*; representavam objetivos parciais buscados pelo governo por meio do orçamento. Já os *projetos* e as *atividades* eram os instrumentos que, no nível de programação, viabilizavam operacionalmente a consecução dos objetivos dos *programas*.

No anexo que acompanhava a Portaria nº 9/74 estavam listadas as *funções*, *os programas* e os *subprogramas* que passaram a constituir o próprio Anexo nº 5 da Lei nº 4.320/64. A Portaria vedava a criação de novas funções, possibilitando, no entanto, a adoção de outros *programas*, além daqueles previstos, visando atender a determinadas particularidades da programação de cada unidade governamental. Assim, na elaboração orçamentária, como regra geral, deveriam ser aproveitadas as contas já definidas até o nível do *subprograma*. Já os *projetos* e as *atividades* seriam criados em cada orçamento.

A Portaria nº 9/74 ordenou as *funções*, *os programas* e os *subprogramas*, segundo a regra da tipicidade que existe entre eles. Exemplificando:

Função	:	08 – Educação e Cultura
Programa	:	44 – Ensino Superior
Subprograma	:	205 – Ensino de Graduação
Subprograma	:	206 – Ensino de Pós-graduação
Subprograma	:	207 – Extensão Universitária

O sistema possibilitava, entretanto, a combinação de categorias fora do ordenamento típico. Assim, determinada *função* poderia compreender *um programa* atípico, isto é, situado no ordenamento geral em outra *função*. O mesmo poderia ocorrer entre *programas* e *subprogramas*.

---

[22] Portaria nº 9, de 28-1-1974: IV.

A partir de 1990, por intermédio de dispositivo constante das leis de diretrizes orçamentárias, os orçamentos federais passaram a adotar, como menor categoria de programação do critério funcional-programático, o *subprojeto* e a *subatividade*. Igualmente, a partir de 1990, a área federal introduziu o dígito zero (0) antecedendo o código dos *programas* e dos *subprogramas*, provavelmente para atender às exigências da informatização.

A título exemplificativo, tome-se o seguinte crédito constante da LOA da União para o exercício de 1999:[23]

39201.16.088.0537.1204.0059 . . . . R$ 6.900.000,00

Os cinco dígitos iniciais – 39201 – dizem respeito à classificação institucional:

39 – (órgão) – Ministério dos Transportes

201 – (unidade orçamentária) – Departamento Nacional de Estradas de Rodagem

Os demais dígitos tratam da classificação funcional-programática:

16 – (função) – Transporte

088 – (programa) – Transporte Rodoviário

0537 – (subprograma) – Construção e Pavimentação de Rodovias

1 – (convenção) – indica que o que se seguirá é um *projeto*

204 – (número de ordem do *projeto*) – Construção e Pavimentação de Rodovias

0059 – (número de ordem do *subprojeto*) – BR 392/RS – Cerro Largo – Porto Xavier

Ao ser agregada à Lei nº 4.320/64, a classificação funcional-programática determinou alterações importantes no modelo orçamentário vigente. Como a lei citada exige a padronização dos orçamentos em todos os níveis, a nova classificação teve de ser assimilada desde a esfera federal até o menor município. Certamente, um modelo padronizado não pode atender aos interesses e às peculiaridades de um espectro tão variado, formado pelas unidades de governo no Brasil. A fórmula-padrão, ao atender a determinados interesses, desatende outros. É o que parece ter acontecido com a classificação funcional-programática idealizada pela Portaria nº 9/74.

Um bom número de prefeituras de pequeno porte deve ter tido dificuldades para aplicar a nova classificação de seus orçamentos. As várias categorias de programação e o tamanho do classificador do Anexo nº 5 pareceriam, para muitos, distantes das reais necessidades de um pequeno e simples orçamento.

O governo federal, provavelmente após ter ouvido reclamações de autoridades municipais, baixou um decreto-lei com o objetivo de simplificar os orçamentos dos Municípios com população residente inferior a 50 mil habitantes.[24] Em vez de aproveitarem a oportunidade

---

[23]   BRASIL. Lei nº 9.789, de 23-2-1999. Estima a Receita e fixa a Despesa da União para o exercício financeiro de 1999. *Diário Oficial [da República Federativa do Brasil]*, Brasília, 24-2-1999. Suplemento ao nº 36, p. 964.

[24]   Decreto-lei nº 1.875, de 15-7-1981.

e apresentarem um conjunto de medidas que realmente simplificassem os variados procedimentos que deveriam ser cumpridos, nessa área, pelas pequenas prefeituras, os responsáveis pelo decreto-lei citado simplesmente optaram por facultar aos Municípios atingidos a elaboração de seus orçamentos sem a classificação funcional-programática.

Um sistema orçamentário sem nenhuma classificação que evidenciasse as realizações e que não apresentava nem mesmo uma classificação funcional constituía-se, certamente, num grande retrocesso. Felizmente, como se viu no Capítulo 3, o mencionado decreto-lei acabou sendo revogado alguns anos depois e os pequenos Municípios voltaram a obrigar-se a apresentar a classificação funcional-programática em seus orçamentos.[25]

A classificação funcional-programática vigorou nos orçamentos federal e estaduais até o exercício de 1999 e nos orçamentos municipais até o exercício de 2001.

Finalidade

Considerada a mais moderna das classificações orçamentárias da despesa, a finalidade básica da classificação por programas é demonstrar as realizações do governo, o resultado final de seu trabalho em prol da sociedade. Esse critério surgiu visando permitir o cumprimento das novas funções do orçamento, em especial a representação do programa de trabalho.

Categorias

Quatro categorias constituem a classificação por programas: *programa*, *projeto*, *atividade* e *operações especiais*. Na norma legal, as referidas categorias estão assim definidas:[26]

- *Programa*: o instrumento de organização da ação governamental visando à concretização dos objetivos pretendidos, sendo mensurado por indicadores estabelecidos no plano plurianual.
- *Projeto*: um instrumento de programação para alcançar o objetivo de um programa, envolvendo um conjunto de operações limitadas no tempo, das quais resulta um produto que concorre para a expansão ou o aperfeiçoamento da ação do governo.
- *Atividade*: um instrumento de programação para alcançar o objetivo de um programa, envolvendo um conjunto de operações que se realizam de modo contínuo e permanente, das quais resulta um produto necessário à manutenção da ação do governo.
- *Operações Especiais*: as despesas que não contribuem para a manutenção das ações de governo, das quais não resulta um produto e não geram contraprestação direta sob a forma de bens ou serviços.

---

[25] O Decreto-lei nº 1.875/81 foi revogado pela Lei nº 7.675, de 4-10-1988.

[26] Portaria nº 42/99: art. 2º.

Principal categoria da nova concepção, o *programa* é estruturado visando ao alcance de objetivos concretos pretendidos pela administração pública. Nesse sentido, os *programas* não podem mais ser traduzidos por títulos padronizados, como ocorria na classificação funcional-programática, e passam a ser estabelecidos em atos próprios da União, dos Estados, do Distrito Federal e dos Municípios.[27]

As categorias *projeto* e *atividade* mantêm a conceituação consagrada na classificação funcional-programática, constituindo-se em instrumentos que viabilizam o alcance do objetivo do *programa*. A nova categoria *operações especiais*, assim como a Função Encargos Especiais, com a qual mantém correspondência, vem suprir a lacuna existente na classificação de despesas e encargos não relacionados com a provisão de bens e serviços públicos. Até agora, com a ausência de categoria classificatória neutra, não restava outra solução a não ser considerar, erroneamente, como *atividades* e *projetos*, várias modalidades de encargos, transferências, amortizações etc.

Apesar de não prevista na norma geral, mas por exigência das leis de diretrizes orçamentárias, a lei orçamentária federal trará uma quinta categoria na classificação por programas: o *subtítulo*, tema comentado adiante neste capítulo, na Seção B da II Norma Federal.

Classificação por programas no plano plurianual

Antecedentes

Os planos plurianuais dos períodos 2000-2003, 2004-2007 e 2008-2011 mantiveram em linhas gerais a mesma estrutura. O Decreto nº 2.829/98 estabeleceu, para cada *programa*, o seguinte conteúdo: I – objetivo; II – órgão responsável; III – valor global; IV – prazo de conclusão; V – fonte de financiamento; VI – indicador que quantifique a situação que o programa tenha por fim modificar; VII – metas correspondentes aos bens e serviços necessários para atingir o objetivo; VIII – ações não integrantes do Orçamento Geral da União necessárias à consecução do objetivo; IX – regionalização das metas por Estado. Este último conteúdo não chegou a ser transformado em realidade e os planos vêm adotando a regionalização tradicional, ou seja, as cinco regiões em que a Fundação IBGE divide o país.

No trecho a seguir, retirado da mensagem que acompanhou o Projeto de Lei do Plano Plurianual 2008-2011, o governo federal destaca a importância do *programa* como elemento básico da organização e da execução do plano:

> O elemento organizativo central do PPA é o Programa, entendido como um conjunto articulado de ações orçamentárias, na forma de projetos, atividades e operações especiais, e ações não orçamentárias, com intuito de alcançar um objetivo específico. Os programas estruturam o planejamento da ação governamental para promover mudanças em uma realidade concreta, sobre a qual o Programa intervém, ou para evitar que situações ocorram de modo

---

[27] Idem, art. 3º, parágrafo único.

a gerar resultados sociais indesejáveis. Os programas também funcionam como unidades de integração entre o planejamento e o orçamento. O fato de que todos os eventos do ciclo de gestão do Governo Federal estão ligados a programas garante maior eficácia à gestão pública. Os programas funcionam como elementos integradores do processo de planejamento e orçamento, ao estabelecerem uma linguagem comum para o PPA, a definição de prioridades e metas na Lei de Diretrizes Orçamentárias (LDO), a elaboração dos Orçamentos Anuais e a programação orçamentária e financeira.

O êxito na execução do Plano é expresso pela evolução de indicadores, que possibilitam a avaliação da atuação governamental em cada programa, e do conjunto de programas por meio dos indicadores associados aos objetivos de governo. Dessa forma, pretende-se assegurar a convergência dos meios na direção dos objetivos a alcançar.

De acordo com suas finalidades, os *programas* estão compreendidos em dois grupos, a saber:

- *programas finalísticos*: pela sua implementação são ofertados bens e serviços diretamente à sociedade e são gerados resultados passíveis de aferição por indicadores;
- *programas de apoio às políticas públicas e áreas especiais*: aqueles voltados para a oferta de serviços ao Estado, para a gestão de políticas e para o apoio administrativo.

A versão original da Lei do PPA para o período 2008-2011 contava com 306 *programas* e 4.705 *ações* orçamentárias. Constituíam *ações* orçamentárias as *atividades*, os *projetos* e as *operações especiais* financiadas com recursos dos três orçamentos públicos: fiscal, da seguridade social e de investimentos das empresas estatais. Igualmente, o *programa* poderia contar com ações financiadas com recursos não orçamentários, ou seja, empréstimos de entidades oficiais de crédito, investimentos em parcerias e outras iniciativas. No Plano, cerca de 376 ações eram não orçamentárias.[28]

O *programa* e as *ações* estão resumidamente apresentados por meio dos seguintes elementos:

- dados do *programa*: objetivo de governo; objetivo setorial; título do programa; objetivo; público-alvo; indicador (unidade de medida); índice de referência no início do plano e meta para 2011; e dados financeiros (recursos consignados para o programa, distribuídos entre as regiões e/ou concentrados em dotação nacional e distribuídos entre os orçamentos – fiscal e seguridade social – e entre as categorias econômicas – despesas correntes e de capital);
- dados de cada *projeto* do *programa*: título; produto (unidade de medida); mês e ano de início e de término do projeto; órgão executor; montante total de recursos consignados ao projeto e meta a ser alcançada no período

---

[28]   BRASIL. Lei nº 11.653, de 7-4-2008. Dispõe sobre o Plano Plurianual para o período 2008-2011. *Diário Oficial (da República Federativa do Brasil)*, Brasília, 8-4-2008.

do plano; regionalização; e recursos consignados e metas para cada um dos exercícios do plano;

- dados de cada *atividade* ou *operação especial* do *programa*: título; produto (unidade de medida); órgão executor, regionalização, meta física e previsão de gastos da atividade em cada um dos exercícios do plano.

Os Planos Plurianuais para os períodos 2012-2015 e 2016-2019 foram aprovados com várias inovações em relação aos anteriores.[29] As razões alegadas para mudanças no modelo de planejamento governamental seria a existência de sobreposição entre os PPAs anteriores e os orçamentos anuais em decorrência das idênticas agregações adotadas pelos dois instrumentos. De acordo com a mensagem encaminhada, o novo PPA "foi construído a partir da dimensão estratégica definida pelo governo e organizado à luz dos cenários econômico, social, ambiental e regional. A partir daí foram concebidos os Programas, que, no modelo de administração tradicional, respondem pela dimensão tática do PPA".

Os novos planos mantiveram a dicotomia tradicional, estabelecendo os dois tipos de *programas*: Temáticos e de Gestão, Manutenção e Serviços ao Estado. As duas categorias são assim conceituadas:

I – *Programa Temático*: aquele que expressa a agenda de governo por meio de políticas públicas, orientando a ação governamental para a entrega de bens e serviços à sociedade; e

II – *Programa de Gestão, Manutenção e Serviços ao Estado*: aquele que reúne um conjunto de ações destinadas ao apoio, à gestão e à manutenção da atuação governamental.

O *Programa Temático* é composto por *Objetivos, Indicadores, Valor Global* e *Valor de Referência*.

O *Objetivo* expressa o que deve ser feito, refletindo as situações a serem alteradas pela implementação de um conjunto de *Iniciativas* e tem como atributos:

I – *Órgão Responsável*: é aquele cujas atribuições mais contribuem para a implementação do Objetivo;

II – *Meta*: é uma medida do alcance do Objetivo, podendo ser de natureza quantitativa ou qualitativa; e

III – *Iniciativa*: declara as entregas de bens e serviços à sociedade, resultantes da coordenação de ações orçamentárias e de outras medidas de caráter não orçamentário.

O *Indicador* é um instrumento que permite identificar e aferir, periodicamente, aspectos relacionados a um Programa, auxiliando o seu monitoramento e avaliação.

O *Valor Global* indica uma estimativa dos recursos orçamentários necessários à consecução dos Objetivos segregando as esferas Fiscal e da Seguridade da esfera de

---

[29] BRASIL. Lei nº 12.593, de 18-1-2012. Institui o Plano Plurianual da União para o período de 2012 a 2015. *Diário Oficial (da República Federativa do Brasil)*, Brasília, 19-1-2012 e BRASIL. Lei nº 13.249, de 13-1-2016. Institui o Plano Plurianual da União para o período de 2016-2019. *Diário Oficial (da República Federativa do Brasil)*, Brasília, 14-1-2016.

Investimento das Empresas Estatais, com as respectivas categorias econômicas, e dos recursos de outras fontes.

O *Valor de Referência* é um parâmetro monetário estabelecido por Programa Temático, especificado pelas esferas Fiscal e da Seguridade e pela esfera de Investimento das Empresas Estatais que permitirá identificar, no PPA 2012-2015, empreendimentos, quando seu custo total superar aquele valor.

Não integraram ambos os PPAs os *programas* destinados exclusivamente a *operações especiais*, como é o caso, por exemplo, das despesas com o serviço da dívida pública.

As *ações* orçamentárias, contrariamente ao que ocorria anteriormente, deixaram de constar dos PPAs. As *iniciativas* – declaração de entrega de bens e serviços à sociedade – tinham caráter orçamentário e não orçamentário. No primeiro caso, as *iniciativas* mantinham correspondência com uma ou mais *ações* orçamentárias.

Plano Plurianual para o período 2020-2023[30]

O Plano Plurianual foi elaborado e aprovado num quadro fiscal grave. Essa realidade é destacada no Manual Técnico do PPA, que estabelece os quatro pilares metodológicos do plano: (a) simplificação; (b) realismo fiscal; (c) integração entre planejamento e avaliação; e (d) visão estratégica e foco em resultados. Assim como os anteriores, o PPA mantém as duas categorias de programas: *finalísticos* e *de gestão*.

Cada programa finalístico é idealizado como solução governamental para alcançar um objetivo que estará associado a *um indicador* e a *uma meta* e terá *uma unidade responsável*. O indicador deve estar associado a um problema para cuja solução é estabelecido o programa. Há um programa de gestão para o Poder Executivo e programas de gestão específicos para os demais Poderes, Ministério Público da União, Defensoria Pública da União e para as empresas estatais.

Os programas são desdobrados em ações orçamentárias e não orçamentárias e estas serão discriminadas apenas nas leis orçamentárias anuais. O PPA traz em anexos os investimentos plurianuais prioritários e os investimentos plurianuais das empresas estatais não dependentes.

Como ilustração, o Quadro 6.1 apresenta um exemplo de programa retirado do Plano Plurianual da União para 2020-2023. O referido programa tem como meta a elevação em 10 pontos percentuais a taxa bruta de matrícula nos cursos de graduação. Para tanto, aponta a taxa existente no início do plano (linha de base: 34,6%) e a taxa fixada para o final do plano (44,60). No demonstrativo ao final do quadro, há os percentuais previstos para a meta no ano final do PPA em cada uma das cinco regiões do país. No primeiro demonstrativo são apresentados os montantes a serem aplicados no programa, distribuídos entre despesas correntes e de capital dos orçamentos fiscal e de seguridade social da União, assim como

---

[30] BRASIL. Lei nº 13.971, de 27-12-2019. Institui o Plano Plurianual da União para o período de 2020 a 2023. *Diário Oficial (da República Federativa do Brasil)*, Brasília, 30-12-2019.

de recursos não orçamentários, em particular os subsídios do Fundo de Financiamento ao Estudante do Ensino Superior (FIES) e os subsídios do PROUNI.

Quadro 6.1 *Plano Plurianual da União para 2020-2023: exemplo selecionado.*

PROGRAMA: 5013 – Educação Superior – Graduação, Pós-Graduação, Ensino, Pesquisa e Extensão

Diretriz: 10 – Dedicação prioritária à qualidade da educação básica, especialmente a educação infantil, e à preparação para o mercado de trabalho

Órgão Responsável: Ministério da Educação

Esfera	Valor 2020 (mil R$)	Valor 2121-2123 (mil R$)
Orçamento Fiscal da Seguridade Social	**12.177.958**	**23.903.420**
Despesas Correntes	11.092.777	22.618.490
Despesas de Capital	1.085.181	1.284.930
Recursos Não Orçamentários	**6.754.236**	**29.047.000**
Crédito e Demais Fontes	4.040.688	19.646.606
Gastos Tributários	2.713.548	9.400.393
Valores Globais	**18.932.194**	**52.950.420**
	71.882.613	

OBJETIVO: 1237 – Fomentar a formação de pessoal qualificado, fortalecendo a assistência estudantil, e a inovação de forma conectada às demandas do setor produtivo e às necessidades da sociedade em um mundo globalizado.

META: 052E – Elevar a taxa bruta de matrícula na graduação em 10 pontos percentuais, em consonância com o disposto na Meta 12 do Plano Nacional de Educação.

Unidade de medida: percentual

Descritor de desempenho: taxa bruta de matrícula na graduação

Linha de base: 34,60
Data de referência: 31/12/2017
Valor previsto ao final do PPA: 44,60

Regionalização da Meta	Meta até 2023
Região Centro-Oeste	51,10
Região Nordeste	40,10
Região Norte	42,10
Região Sudeste	45,40
Região Sul	50,60

D. Classificação segundo a natureza

Adotada nos orçamentos da União a partir do exercício de 1990, por determinação das leis de diretrizes orçamentárias, e estendida aos demais entes da Federação por Portaria Interministerial para observância a partir do exercício de 2002, essa classificação não chega a constituir-se em novo critério classificatório, sendo mais uma adaptação das categorias e contas das classificações econômica e por elementos. O objetivo da modificação parece ter sido fugir da obrigatoriedade de discriminar a despesa, na lei orçamentária, até o nível de *elementos*. Em lugar do formato exigido pela Lei nº 4.320/64 – *categoria econômica, subcategoria econômica* e *elemento* –, a modificação manteve as *categorias econômicas*, criou *grupos* de despesa, introduziu o conceito de *modalidade de aplicação*, pelo qual são classificadas as transferências de recursos, e retirou os *elementos* da lei orçamentária.[31]

A classificação da despesa orçamentária segundo a natureza está assim organizada:

- categorias econômicas;
- grupos;
- modalidades de aplicação; e
- elementos.

Categorias econômicas

As classificações institucional, funcional e por programas têm, pelo visto, grande utilidade no plano administrativo-gerencial, pois alimentam com informações as etapas de programação, tomada de decisões, execução, avaliação e controle. Já a classificação por categorias econômicas cumpre função bem distinta. Seu papel é dar indicações sobre os efeitos que o gasto público tem sobre toda a economia. Segundo Jesse Burkhead, a classificação econômica

> [...] pode proporcionar informes acerca da contribuição do governo à renda nacional e se essa contribuição está aumentando ou diminuindo. Pode indicar, também, a parcela relativa da formação de capital de uma nação, propiciada através do setor governamental. Ela pode indicar, através da comparação entre períodos fiscais, se o governo está contribuindo para criar pressões inflacionárias, em virtude de suas atividades aumentarem a procura, ou se as atividades governamentais têm caráter deflacionário. Esse tipo de classificação pode ainda informar acerca da forma pela qual o impacto das atividades governamentais é transmitido – se por meio de transferências ou pelo uso direto de recursos.[32]

---

[31] O art. 67 da Lei Complementar nº 101/2000 – Lei de Responsabilidade Fiscal – estabelece que o Conselho de Gestão Fiscal, constituído por representantes de todos os Poderes e esferas de Governo, do Ministério Público e de entidades técnicas representativas da sociedade, disciplinará, entre outros temas, a adoção de normas de consolidação das contas, assim como de padronização dos relatórios e dos demonstrativos da gestão fiscal. Na ausência do referido Conselho, o art. 50, § 2º, da LRF encarrega o Poder Executivo Federal de editar as normas gerais para a consolidação das contas públicas. Com base nessa determinação, a Secretaria do Tesouro Nacional (STN) e a Secretaria de Orçamento Federal (SOF) aprovaram a Portaria Interministerial nº 163, de 4-5-2001, tornando obrigatória a observância da classificação segundo a natureza por todos os entes da Federação.

[32] BURKHEAD, J. Op. cit. p. 278.

Capítulo 6 • Classificação da Despesa **99**

Conforme já visto em capítulo anterior, a Organização das Nações Unidas (ONU) foi a grande responsável, por intermédio de seminários e manuais, pela difusão do critério econômico de classificação das transações governamentais. As propostas keynesianas, em grande voga no pós-guerra, exigiam outras formas de apresentação das finanças públicas para possibilitar as apropriações junto à contabilidade econômica nacional.

De acordo com os textos de macroeconomia, os sistemas econômicos nacionais são constituídos por quatro setores: as empresas, as famílias, o governo e o exterior (resto do mundo).

Cada setor transaciona com os demais, caracterizando o funcionamento do sistema econômico. De tempos em tempos, geralmente um ano, elabora-se uma espécie de balanço das contas nacionais, com o objetivo de avaliar o desempenho da economia naquele período. Um dos principais dados que sintetiza o comportamento da economia em determinado período é o Produto Nacional Bruto (PNB) ou o Produto Interno Bruto (PIB), este mais utilizado no Brasil, e que é obtido pela soma ao PNB da renda líquida enviada para o exterior.

O valor do PIB ou PNB pode ser obtido com a utilização de três diferentes metodologias de cálculo: da produção (ou do produto); da renda; e da despesa (ou dispêndio).

Na primeira, a conta da produção reúne os custos de processamento do setor produtivo dos diversos ramos de atividade econômica (agricultura, indústria e serviços), com base no conceito de "valor adicionado".[33] O resultado é o valor do PIB ao custo dos fatores. Se a esse valor forem somados os montantes dos tributos indiretos e da depreciação do capital fixo e deduzidos os subsídios, chegar-se-á ao valor do PIB a preços de mercado.

No segundo método de cálculo, reúnem-se, na conta da renda, todas as remunerações pagas aos fatores de produção – salários, juros, lucros, aluguéis etc. –, e tem-se, como resultado, o valor da Renda Interna. Aqui, o valor do PIB a preços de mercado é obtido com a soma, ao valor da Renda Interna, dos montantes dos tributos indiretos e da depreciação do capital fixo e da dedução do valor dos subsídios.

O cálculo do PIB a preços de mercado com base na despesa (ou dispêndio) considera, separadamente, as despesas de consumo das famílias e do governo (setor público) e a formação bruta de capital, ou seja, os investimentos realizados pelas famílias, pelas empresas e pelo governo. Ao total desses dois agregados somar-se-ão a variação dos estoques e a exportação de mercadorias e serviços e deduzir-se-á a importação de mercadorias e serviços.

Especialmente para os dois últimos métodos de cálculo, deverão estar disponíveis informações sobre os gastos do governo. Visando possibilitar esses tipos de investigação é que foi criada a classificação econômica.

A classificação econômica da despesa orçamentária é constituída por duas categorias:

3. Despesas Correntes
4. Despesas de Capital

---

[33] O "valor adicionado" considera a diferença entre o valor total de produção e o valor dos insumos – matérias-primas etc. – adquiridos de outras empresas, ou seja, apenas os custos agregados aos bens e serviços em cada fase do processo econômico e em cada ramo de atividade, evitando-se com isso a dupla contagem de custos.

São classificadas como Despesas Correntes as destinadas à produção de bens e serviços correntes. Na definição da Lei nº 4.320/64, compreendem as:

- dotações para manutenção de serviços anteriormente criados, inclusive as destinadas a atender a obras de conservação e adaptação de bens imóveis; e
- dotações para despesas às quais não corresponda contraprestação direta em bens ou serviços, inclusive para contribuições e subvenções destinadas a atender à manutenção de outras entidades de direito público ou privado.[34]

Grosso modo, as Despesas Correntes possibilitam determinar a participação do setor público no "consumo" (terceiro método de cálculo do PIB).

Classificam-se como *Despesas de Capital* as que contribuem para a formação ou aquisição de bens de capital e de produtos para revenda; a concessão de empréstimos; e a amortização de dívidas.

A questão da utilidade do critério econômico para os diferentes níveis de governo foi abordada por diversos autores. Segundo Jesse Burkhead:

> Os Governos estaduais e locais, com compromissos limitados no que se refere à estabilização da renda e do emprego em suas áreas de competência, provavelmente não terão necessidade de uma classificação econômica.[35]

Para Gonzalo Martner, a classificação econômica

> [...] é útil apenas no nível superior do governo e não é necessariamente importante para o servidor administrativo, já que a esse interessa, bem mais, uma classificação que facilite suas operações administrativas. Assim, por exemplo, para um administrador que compra cimento, não lhe interessa tanto que com ele será produzida uma obra que vai incrementar a formação de capitais, mas, sim, que terá que responder a um fiscal pelo uso dos recursos que lhe forem entregues e pelo grau de progresso da obra. Em consequência, a classificação econômica não tem que ser incorporada no nível administrativo, porquanto a esse interessam principalmente os programas, os resultados e os objetos nos quais se gasta o dinheiro.[36]

Teixeira Machado vê assim a posição de Burkhead:

> Não concordamos inteiramente com o seu ponto de vista. A classificação econômica pode ser utilizada para fins contábeis e será de grande valia quando usada nos orçamentos dos diferentes níveis de governo, porque permitirá conhecer, de forma mais ampla, o impacto econômico do poder público como um todo. Mas, esse tipo de classificação, nos Estados e Municípios, deve ser aplicado apenas como complemento do orçamento-programa.[37]

---

[34] Lei nº 4.320/64: art. 12, §§ 1º e 2º.

[35] BURKHEAD, J. Op. cit. p. 277.

[36] MARTNER, G. Op. cit. p. 109-114.

[37] MACHADO JR., J. T. Op. cit. p. 117. Nota 67.

Grupos

Os *grupos*, em número de seis, vinculam-se às *categorias econômicas*, conforme demonstra o Quadro 6.2.

Quadro 6.2   *Categorias econômicas e grupos.*

Categorias econômicas	Grupos
3. Despesas Correntes	1. Pessoal e Encargos Sociais 2. Juros e Encargos da Dívida 3. Outras Despesas Correntes
4. Despesas de Capital	4. Investimentos 5. Inversões Financeiras 6. Amortização da Dívida

A finalidade principal dos *grupos* é demonstrar importantes agregados da despesa orçamentária: pessoal, juros, amortização da dívida etc. Constituem um conjunto híbrido: parte são típicas *subcategorias econômicas* – Investimentos e Inversões Financeiras – e parte são *elementos* responsáveis por parcelas importantes da despesa.

Categorias (ou *subcategorias*) *econômicas* e *elementos* são opções classificatórias de distinto nível, configurando um equívoco colocá-las, num mesmo plano, lado a lado. Como insumo (ou elemento de custo), as despesas com pessoal participam tanto da produção de bens e serviços correntes (custeio) como da produção de bens de capital (investimento). Mantém-se, aqui, a disfunção existente na Lei nº 4.320/64, que é a de vincular-se, *a priori*, os *elementos* às *categorias econômicas*.

O Manual de Contabilidade Aplicada ao Setor Público (MCASP) define assim cada *grupo de despesa:*

1. **Pessoal e Encargos Sociais.** Despesas orçamentárias com pessoal ativo e inativo e pensionistas, relativas a mandatos eletivos, cargos, funções ou empregos, civis, militares e de membros de Poder, com quaisquer espécies remuneratórias, tais como vencimentos e vantagens, fixas e variáveis, subsídios, proventos da aposentadoria, reformas e pensões, inclusive adicionais, gratificações, horas extras e vantagens pessoais de qualquer natureza, bem como encargos sociais e contribuições recolhidas pelo ente às entidades de previdência, conforme estabelece o *caput* do art. 18 da Lei Complementar nº 101, de 2000.
2. **Juros e Encargos da Dívida.** Despesas orçamentárias com o pagamento de juros, comissões e outros encargos de operações de crédito internas e externas contratadas, bem como da dívida pública mobiliária.
3. **Outras Despesas Correntes.** Despesas orçamentárias com aquisição de material de consumo, pagamento de diárias, contribuições, subvenções, auxílio-alimentação, auxílio-transporte, além de outras despesas da categoria econômica "Despesas Correntes" não classificáveis nos demais grupos de natureza de despesa.

4. **Investimentos.** Despesas orçamentárias com *softwares* e com o planejamento e a execução de obras, inclusive com a aquisição de imóveis considerados necessários à realização destas últimas, e com a aquisição de instalações, equipamentos e material permanente.
5. **Inversões Financeiras.** Despesas orçamentárias com a aquisição de imóveis ou bens de capital já em utilização; aquisição de títulos representativos do capital de empresas ou entidades de qualquer espécie, já constituídas, quando a operação não importe aumento do capital; e com a constituição ou aumento do capital de empresas, além de outras despesas classificáveis neste grupo.
6. **Amortização da Dívida.** Despesas orçamentárias com o pagamento e/ou refinanciamento do principal e da atualização monetária ou cambial da dívida pública interna e externa, contratual ou mobiliária.

A Reserva de Contingência e a Reserva do RPPS, destinadas ao atendimento de passivos contingentes e outros riscos, bem como eventos fiscais imprevistos, inclusive a abertura de créditos adicionais, serão classificadas, no que se refere ao grupo de despesa, com o código "9".

Modalidades de aplicação

As *modalidades de aplicação* indicam se os recursos serão aplicados mediante transferência financeira, inclusive a decorrente de descentralização orçamentária para outros níveis de governo, seus órgãos ou entidades, ou diretamente para entidades privadas sem fins lucrativos e outras instituições; ou, então, diretamente pela unidade detentora do crédito orçamentário, ou por outro órgão ou entidade no âmbito do mesmo nível de governo. As *modalidades de aplicação* objetivam, principalmente, eliminar a dupla contagem dos recursos transferidos ou descentralizados. As modalidades de aplicação com as definições da Portaria Interministerial nº 163/2001 e alterações posteriores estão relacionadas no Apêndice 6.2 ao final deste capítulo.

Com a adoção da *modalidade de aplicação*, deixou-se de contar com o rigor e a precisão existentes nas categorias econômicas da Lei nº 4.320/64, especialmente nas subcategorias de transferências. À primeira vista, a *modalidade de aplicação* parece ser um sucedâneo adequado à classificação da Lei nº 4.320/64. Na realidade, tal não ocorre, pois a classificação responde a uma finalidade gerencial. Quem aplicará os recursos autorizados? As *unidades orçamentárias* da União, diretamente? Ou os Estados, os Municípios, as entidades privadas? A questão central que justifica o conceito de transferência na classificação econômica – registro dos gastos públicos aos quais não haja contrapartida de bens e serviços – não é atendida pela *modalidade de aplicação*. Exemplo crítico que pode ser citado aqui é a classificação dos encargos com inativos e pensionistas na modalidade Aplicações Diretas, quando se trata de típico caso de Transferências a Pessoas.

As modalidades 71 e 91 representam importante avanço, por evitar a dupla contagem de despesa nos casos em que a operação envolve pagador e recebedor de uma mesma esfera de governo e, consequentemente, no âmbito do mesmo orçamento. Diante das disposições da Lei Complementar nº 141, de 2012, que disciplina a aplicação de recursos em ações e serviços de saúde, a partir do exercício de 2013 os orçamentos passaram a incorporar modalidades de aplicação específicas, com a finalidade de acompanhar tanto as transferências como as aplicações diretas naquela área.

Elementos

A classificação por elementos tem por finalidade identificar o objeto imediato de cada despesa, por exemplo: remuneração do pessoal, obrigações patronais, material de consumo, serviços prestados por terceiros, equipamentos etc. É a mais analítica das classificações principais, e sua finalidade básica é propiciar o controle contábil dos gastos, tanto pela própria *unidade orçamentária* ou órgão de contabilidade como pelos órgãos de controle interno e externo.

Junto à classificação institucional, a classificação por elementos constitui os mais antigos e tradicionais critérios de classificação da despesa nos orçamentos públicos.

A Portaria Interministerial nº 163/2001 trouxe importante novidade relativamente a essa classificação. Seguindo a prática observada na área federal desde 1990, os elementos passam a ser dispensados também nas leis orçamentárias dos demais entes da Federação. Tendo em vista que a Lei nº 4.320/64, recepcionada como lei complementar pela Constituição Federal, determina expressamente que *"[n]a Lei de Orçamento a discriminação da despesa far-se-á, no mínimo, por elementos"*, a modificação, agora patrocinada por meio de Portaria, é de questionável constitucionalidade.[38] De qualquer forma, os elementos continuarão a ser necessários na elaboração do orçamento e, posteriormente, no acompanhamento de sua execução.

A listagem dos elementos que acompanha a Portaria Interministerial nº 163/2001 consta do Apêndice 6.2, apresentado no final deste capítulo.[39]

Uma das mais antigas críticas feitas à Lei nº 4.320/64 reside na rigidez de seu plano de contas, em que cada *elemento* é inseparável da respectiva *subcategoria econômica*. Tal situação trazia consequências sérias, como a que é descrita a seguir. Os *elementos* Pessoal, Material de Consumo e Serviços de Terceiros e Encargos só podiam ser utilizados na *subcategoria econômica* Despesas de Custeio. Por outro lado, esses mesmos *elementos* podem ser necessários para a realização de uma obra pública (*subcategoria* Investimentos).

Como o plano de contas da Lei nº 4.320/64 deve ter sido elaborado para atender aos interesses de classificação da área federal, em que as obras são geralmente contratadas por empreitada, o *elemento* 4.1.1.0 – Obras e Instalações – atendia às necessidades. Nas Prefeituras Municipais, é muito comum serem as obras executadas diretamente por equipes próprias. Nesse caso, não há como fazer uma boa apropriação analítica, pois todos os *elementos*

---

[38] Lei nº 4.320/64, art. 15, *caput*.

[39] A Portaria faculta o desdobramento suplementar dos elementos de despesa para atendimento das necessidades de escrituração contábil e controle da execução orçamentária (art. 3º, § 5º).

efetivos da despesa aparecerão englobados num título amplo – Obras e Instalações – que, de fato, nem de longe pode ser considerado como objeto imediato de despesa.

A Portaria Interministerial nº 163/2001 traz, anexa, proposta de combinação entre *categorias econômicas*, *grupos*, *modalidades de aplicação* e *elementos*, esclarecendo que se trata de discriminação exemplificativa que poderá ser ampliada para atender às necessidades de execução, observados a estrutura e os conceitos de cada conta. Deve-se reconhecer que esse modelo configura um progresso em relação ao classificador da Lei nº 4.320/64, já que um mesmo *elemento* está presente em diferentes *grupos*; é o caso, entre outros, dos seguintes elementos: Contribuições, Material de Consumo, Diárias, Contratação por Tempo Determinado, Outros Serviços de Terceiros e Sentenças Judiciais. Continua no novo modelo, entretanto, sua principal deficiência: as despesas com pessoal do quadro da instituição devem ser classificadas sempre como Pessoal e Encargos Sociais, *grupo* de despesa vinculado apenas às Despesas Correntes.

II – Norma federal

A. Identificadores

Identificador de uso

O *identificador de uso* tem como objetivo destacar, em cada crédito, a parcela da dotação que está reservada para compor a contrapartida de empréstimos ou de doações. Essa modalidade classificatória da despesa foi introduzida no orçamento da União, a partir do exercício de 1998, por meio de disposição constante nas LDOs.

A Lei de Diretrizes Orçamentárias para 2023 estabelece o seguinte conjunto de *identificadores de uso*:

0. recursos não destinados à contrapartida ou à identificação de despesas com ações e serviços públicos de saúde, manutenção e desenvolvimento do ensino ou primeira infância;

1. contrapartida de empréstimos do Banco Internacional para Reconstrução e Desenvolvimento – BIRD;

2. contrapartida de empréstimos do Banco Interamericano de Desenvolvimento – BID;

3. contrapartida de empréstimos por desempenho ou com enfoque setorial amplo; [...]

5. contrapartida de outros empréstimos;

6. contrapartida de doações;

7. recursos para identificação das despesas que podem ser consideradas para aplicação mínima em ações e serviços públicos de saúde, de acordo com o disposto na Lei Complementar nº 141, de 13 de janeiro de 2012; e

8. recursos para identificação das despesas com manutenção e desenvolvimento do ensino, observado o disposto nos arts. 70 e 71 da Lei nº 9.394, de 20 de setembro de 1996, no âmbito do Ministério da Educação.

São bastante conhecidas as dificuldades por que passam os órgãos executores de programas e projetos financiados com recursos de empréstimos, quando não conseguem mobilizar, no tempo certo, os recursos que formam a contrapartida de empréstimos, particularmente externos. O *identificador de uso* pode ser visto como uma contribuição importante visando solucionar tais problemas, já que, do ponto de vista orçamentário, a parcela da contrapartida estará garantida. Sabe-se, entretanto, que a autorização orçamentária por si só não representa a superação definitiva da dificuldade, já que, muitas vezes, são os recursos financeiros que deixam de ser liberados conforme as necessidades.

Identificador de resultado primário

A partir do exercício de 2001, os quadros de despesa da lei orçamentária federal passaram a trazer o *identificador de resultado primário* (RP). Instituído, como as demais alterações recentes na legislação orçamentária da União, por dispositivo das leis de diretrizes orçamentárias, o *identificador de RP*, de caráter indicativo, tem como finalidade auxiliar a apuração do resultado primário previsto, devendo constar no projeto de lei orçamentária e na respectiva lei em todos os grupos de despesa. Nos orçamentos de 2001 e 2002, identificavam as despesas que entravam no cálculo do resultado primário por meio da letra P e as despesas financeiras com a letra F. Nos orçamentos seguintes, alterações foram introduzidas no classificador, que passou a identificar, entre as despesas primárias, as de execução obrigatória e as discricionárias. A Lei de Diretrizes Orçamentárias para 2023 alterou a denominação dos *identificadores de RP*, que passam a ser os seguintes:

0. financeira;
1. despesa primária e considerada na apuração do resultado primário para cumprimento da meta, sendo obrigatória, cujo rol deve constar da Seção I do Anexo III;[40]
2. despesa primária e considerada na apuração do resultado primário para cumprimento da meta, sendo discricionária e não abrangida por emendas individuais e de bancada estadual, ambas de execução obrigatória;
4. despesa primária discricionária, constante do Orçamento de Investimento (das Empresas Estatais), e não considerada na apuração do resultado primário para cumprimento da meta;
6. despesa primária decorrente de programações incluídas ou acrescidas por emendas individuais, de execução obrigatória nos termos do disposto nos §§ 9º e 11 do art. 166 da Constituição;
7. despesa primária decorrente de programações incluídas ou acrescidas por emendas de bancada estadual, de execução obrigatória nos termos do disposto no § 12 do art. 166 da Constituição e no art. 2º da Emenda à Constituição nº 100, de 26 de junho de 2019;

---

[40] Anexo III – Despesas que não serão objeto de limitação de empenho. Seção I – Despesas primárias que constituem obrigações constitucionais ou legais da União.

8. despesa primária decorrente de programações incluídas ou acrescidas por emendas de comissão permanente do Senado Federal, da Câmara dos Deputados e de comissão mista permanente do Congresso Nacional;
9. despesa primária decorrente de programações incluídas ou acrescidas por emendas de relator-geral do projeto de lei orçamentária anual que promovam alterações em programações constantes do projeto de lei orçamentária ou inclusão de novas, excluídas as de ordem técnica. Decisão do Supremo Tribunal Federal (STF) em dezembro de 2022 tornou inconstitucionais as emendas de relator-geral. Assim sendo, a Lei Orçamentária de 2023 não deverá trazer o Identificador de Resultado Primário 9 (RP-9).

B. Subtítulos

Viu-se anteriormente que a estrutura programática conta com uma quinta categoria, não prevista na norma geral, e que integra os orçamentos anuais por determinação das leis de diretrizes orçamentárias federais. As ações de um programa – atividades, projetos e operações especiais – são detalhadas em *subtítulos* que representam o menor nível de categoria de programação. A finalidade principal do subtítulo é identificar a localização física da ação orçamentária. A localização do gasto poderá ser de abrangência nacional, no exterior, por região (Norte, Nordeste, Centro-Oeste, Sudeste, Sul), por Estado ou Município ou, excepcionalmente, por um critério específico, quando necessário. As LDOs vedam, na especificação do subtítulo, a referência a mais de uma localidade, área geográfica ou beneficiário, se determinados.[41]

A localização geográfica da ação por meio do subtítulo observará o seguinte:

- *projetos*: localização (de preferência, Município) onde ocorrerá a construção, no caso de obra física, por exemplo, obras de engenharia; nos demais casos, o local onde o projeto será desenvolvido;
- *atividades*: localização dos beneficiários/público-alvo da ação, o que for mais específico (normalmente são os beneficiários); e
- *operações especiais*: localização do recebedor dos recursos previstos na transferência, compensação, contribuição etc., sempre que for possível identificá-lo.[42]

A identificação dos *subtítulos* (localizador) é feita por um código numérico de quatro dígitos. Alguns exemplos: 0001 Nacional; 0010 a 0050 regiões. Ex.: 0020 Região Nordeste e 0029 Estado da Bahia; 0101 a 5999 municípios; 6000 a 6499 recortes geográficos. Ex.: Amazônia Legal, Amazônia Ocidental, Biomas, Bacias hidrográficas, Semiárido, Territórios da

---

[41] Ministério da Economia. SOF. *Manual Técnico de Orçamento MTO*. Edição 2023, p. 57-59. Disponível no endereço: https://www1.siop.planejamento.gov.br/mto/doku.php/mto2023.

[42] Idem, ibidem.

Cidadania etc., preferencialmente aqueles definidos em atos legais; e 6500 a 9999 localizadores de gasto não padronizados.[43]

C. Plano orçamentário (PO)

O mecanismo denominado Plano Orçamentário (PO):

> [...] é uma identificação orçamentária, de caráter gerencial (não constante da LOA), vinculada à ação orçamentária, que tem por finalidade permitir que tanto a elaboração do orçamento quanto o acompanhamento físico e financeiro da execução ocorram num nível mais detalhado do que o do subtítulo/localizador de gasto.[44]

No Diagrama 6.1, de forma esquemática, estão demonstrados os vínculos existentes entre as ações orçamentárias – atividade, projeto ou operação especial –, seus subtítulos e os POs. Quando uma ação possui POs vinculados, a elaboração da proposta orçamentária, seja na parte financeira, seja na física, considerará a associação entre o subtítulo mais o PO. A dotação para o subtítulo resultará da soma das propostas dos POs associados ao subtítulo. No caso da meta física do subtítulo, esta será captada separadamente, pois o produto do PO geralmente é diferente do produto da ação, o que impede o somatório.[45]

No acompanhamento das ações orçamentárias, o PO pode assumir quatro diferentes formatos:[46]

- **Produção pública intermediária**: quando identifica a geração de produtos ou serviços intermediários ou a aquisição de insumos utilizados na geração do bem ou serviço final da ação orçamentária.
- **Etapas de projeto**: quando representa fase de um projeto cujo andamento se pretende acompanhar mais detalhadamente. Não há a obrigação de detalhar todos os projetos em POs.
- **Funcionamento de estruturas administrativas**: quando utilizado para identificar, desde a proposta orçamentária, os recursos destinados para despesas de manutenção e funcionamento das unidades.
- **PO reservado**: criado com o intuito de contemplar nas ações orçamentárias um conjunto de despesas, e o título deve corresponder ao conjunto de despesas em questão.
- **PO padronizado**: criado para atender às ações orçamentárias da União que contemplam despesas de caráter obrigatório.

---

[43] Idem, ibidem.

[44] Idem, ibidem, p. 52-57. O PO passou a integrar os MTOs (Manual Técnico de Orçamento) a partir da edição de 2013.

[45] Idem, ibidem.

[46] Idem, ibidem.

Exemplos de POs no caso de ação em que há a geração de produtos ou serviços intermediários ou aquisição de insumos necessários na produção de bem ou serviço final de ação orçamentária:

Ação do tipo Atividade: Gestão do Patrimônio Imobiliário da União

PO 0000: Gestão do Patrimônio Imobiliário da União – Despesas Diversas

PO 0001: Caracterização do Patrimônio da União

PO 0002: Incorporação de Imóveis ao Patrimônio da União

PO 0003: Gestão de Tecnologia da Informação do Patrimônio Imobiliário da União

PO 0004: Gestão de Imóveis Funcionais em Brasília

PO 0005: Gestão de Imóveis Desocupados da União

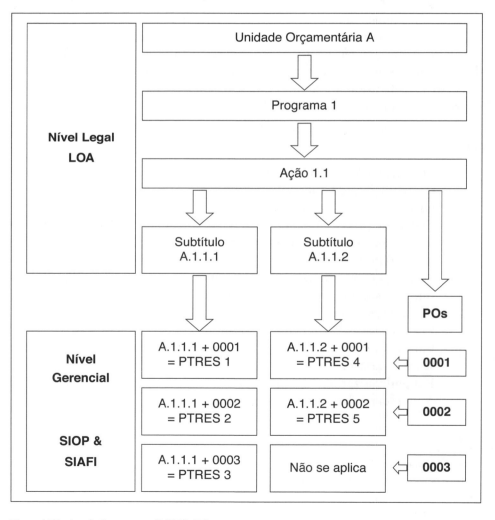

Fonte: *Manual Técnico de Orçamento* (MTO). Edição 2023, p. 53.

Diagrama 6.1   *Plano Orçamentário (PO): vínculos entre ações, subtítulos e POs.*

Capítulo 6 • Classificação da Despesa **109**

D. Apresentação das classificações na lei orçamentária

A partir do exercício de 2000, o orçamento federal, assim como os orçamentos estaduais, sofreu as alterações determinadas pela substituição da classificação funcional-programática pelas classificações funcional e por programas. Aos municípios, o prazo de adequação às novas normas foi estendido para 2002. O Quadro 6.3 reproduz detalhe do orçamento de uma unidade orçamentária federal extraído da Lei Orçamentária de 2020.[47]

O demonstrativo mais analítico do orçamento federal é encimado pela classificação institucional e suas categorias *órgão* e *unidade orçamentária*. A seguir, aparece um útil resumo, denominado Quadro Síntese, com o valor das aplicações da *unidade orçamentária* por *programas, funções, subfunções* e *grupos*. Igualmente interessante é a possibilidade de comparar os valores totais autorizados para o exercício a que se refere o orçamento, com os do projeto e da lei orçamentária do exercício em que o orçamento foi elaborado e com os valores empenhados e da LOA do exercício anterior ao da elaboração. Ao final do Quadro Síntese, aparecem cruzados os valores autorizados por *grupos* em cada *fonte de recursos*.

A parte seguinte da demonstração é o Quadro dos Créditos Orçamentários. A primeira coluna da esquerda é dedicada aos códigos da classificação por *programas*. Os códigos da *atividade* e do *projeto* mantêm a convenção utilizada na classificação funcional-programática: o número de ordem da *atividade* é antecedido por dígito numérico par (2, 4 etc.), e o do *projeto*, por dígito ímpar (1, 3 etc.). Já o número de ordem da *operação especial* é antecedido pelo dígito zero (0).

Na coluna ao lado estão os títulos dos *programas, atividades, projetos, operações especiais* e *subtítulos*, assim como os dados da programação física: unidade de medida e valor da meta. De acordo com disposição da LDO, os *subtítulos* visam, especialmente, especificar a localização física integral ou parcial das respectivas *atividades, projetos* e *operações especiais*.

A coluna seguinte é dedicada ao enquadramento das despesas nas *funções* e *subfunções* próprias. Apesar de a coluna acolher apenas códigos, isso não deve representar nenhuma dificuldade, já que os títulos correspondentes constam do Quadro Síntese já mencionado.

As colunas restantes do demonstrativo apresentam as demais categorias classificatórias:

Esf – Esfera: a letra F indica que a despesa autorizada integra o orçamento fiscal, enquanto a letra S se refere ao orçamento da seguridade social;

GND – Grupo de natureza da despesa;

RP – Identificador de resultado primário;

Mod – Modalidade de aplicação;

IU – Identificador de uso;

FTE – Fonte de recursos.

---

[47] BRASIL. Lei nº 13.115, 17-1-2020. Estima a receita e fixa a despesa para o exercício financeiro de 2020. Disponível em: https://www.gov.br/economia/pt-br/assuntos/planejamento-e-orcamento/orcamento/orcamentos-anuais/2020/paginas-da-capa/loa.

Quadro 6.3   *Detalhe da lei orçamentária da União para 2020.*

Órgão: 24000   MINISTÉRIO DA CIÊNCIA, TECNOLOGIA, INOVAÇÕES E COMUNICAÇÕES
Unidade: 24205   AGÊNCIA ESPACIAL BRASILEIRA

Quadro síntese					
Código/Especificação	Empenhado 2018	PLO 2019	LOA 2019	PLO 2020	LOA 2020
Total	177.923.235	180.748.128	181.573.430	130.901.867	124.194.156
Programa					
0032 PROGRAMA DE GESTÃO E MANUTENÇÃO DO PODER EXECUTIVO	0	0	0	35.038.599	33.497.883
0089 PREVIDÊNCIA DE INATIVOS E PENSIONISTAS DA UNIÃO	398.085	401.193	401.193	0	0
0910 OPERAÇÕES ESPECIAIS: GESTÃO DA PARTICIPAÇÃO EM ORGANISMOS E ENTIDADES NACIONAIS E INTERNACIONAIS	8.909	12.000	11.400	7.104	6.595
2056 POLÍTICA ESPACIAL	145.295.061	142.597.000	144.533.707	0	0
2106 PROGRAMA DE GESTÃO E MANUTENÇÃO DO MINISTÉRIO DA CIÊNCIA, TECNOLOGIA, INOVAÇÕES E COMUNICAÇÕES	32.221.180	37.737.935	36.627.130	0	0
2207 PROGRAMA ESPACIAL BRASILEIRO	0	0	0	95.856.164	90.689.678
Função					
09 PREVIDÊNCIA SOCIAL	398.085	401.193	401.193	292.266	292.266
19 CIÊNCIA E TECNOLOGIA	177.516.241	180.334.935	181.160.837	130.602.497	123.895.295

(continua)

(continuação)

28 ENCARGOS ESPECIAIS	8.909	12.000	11.400	7.104	6.595
Subfunção					
122 ADMINISTRAÇÃO GERAL	30.272.471	35.650.682	34.539.877	33.015.870	31.484.522
272 PREVIDÊNCIA DO REGIME ESTATUTÁRIO	398.085	401.193	401.193	292.266	292.266
301 ATENÇÃO BÁSICA	129.474	147.708	147.708	98.964	97.297
331 PROTEÇÃO E BENEFÍCIOS AO TRABALHADOR	628.457	682.536	682.536	457.300	449.599
572 DESENVOLVIMENTO TECNOLÓGICO E ENGENHARIA	145.295.061	142.597.000	144.533.707	95.856.164	90.689.678
846 OUTROS ENCARGOS ESPECIAIS	1.199.688	1.269.009	1.268.409	1.181.303	1.180.794
GND					
1 PESSOAL E ENCARGOS SOCIAIS	13.567.041	14.692.783	14.692.783	14.517.052	13.474.940
3 OUTRAS DESPESAS CORRENTES	68.148.267	97.387.324	93.207.670	50.734.363	48.366.678
4 INVESTIMENTOS	96.207.927	68.668.021	73.672.977	65.950.452	62.352.538

Fonte	1 - PES	2 - JUR	3 - ODC	4 - INV	5 - IFI	6 - AMT	9 - RES	Total
100	13.182.674		47.369.381	61.552.538				122.104.593
151			97.297					97.297
156	292.266							292.266
188			900.000	800.000				1.700.000
Total	13.474.940	0	48.366.678	62.352.538	0	0	0	124.194.156

Capítulo 6 • Classificação da Despesa **111**

Órgão: 24000 MINISTÉRIO DA CIÊNCIA, TECNOLOGIA, INOVAÇÕES E COMUNICAÇÕES
Unidade: 24205 AGÊNCIA ESPACIAL BRASILEIRA
Quadro dos Créditos Orçamentários

Programática	Programa/Ação/Localização/Produto	Funcional	Esf	GND	RP	Mod	IU	Fte	Valor
0032	**Programa de Gestão e Manutenção do Poder Executivo**								33.497.883
	Atividade								32.031.418
0032 **2000**	**Administração da Unidade**	19 122							19.411.294
0032 2000 **0001**	Administração da Unidade - **Nacional**		**F**	3-ODC	2	90	0	100	19.411.294
			F	4-INV	2	90	0	100	9.815.390
									9.595.904
0032 **2004**	**Assistência Médica e Odontológica aos Servidores Civis, Empregados, Militares e seus Dependentes**	19 301							97.297
0032 2004 **0053**	Assistência Médica e Odontológica aos Servidores Civis, Empregados, Militares e seus Dependentes - **no Distrito Federal**		S	3-ODC	1	90	0	151	97.297
0032 **20TP**	**Ativos Civis da União**	19 122							12.008.475
0032 20TP **0053**	Ativos Civis da União - **no Distrito Federal**		F	1-PES	1	90	0	100	12.008.475
0032 **2128**	**Benefícios Obrigatórios aos Servidores Civis, Empregados, Militares e seus Dependentes**	19 331							449.599

(continua)

(continuação)

0032 2128 **0053**	Benefícios Obrigatórios aos Servidores Civis, Empregados, Militares e seus Dependentes – **no Distrito Federal**		F	3-ODC	1	90	0	100	449.599 449.599
0032 **216H**	**Ajuda de Custo para Moradia ou Auxílio-Moradia a Agentes Públicos**	19 122							64.753
0032 216H **001**	Ajuda de Custo para Moradia ou Auxílio-Moradia a Agentes Públicos – **Nacional** **Agente público beneficiado (unidade): 2**		F	3-ODC	2	90	0	100	64.753 64.753
	Operação Especial								1.466.465
0032 **0181**	**Aposentadorias e Pensões Civis da União**	09 272							292.266
0032 0181 **0053**	Aposentadorias e Pensões Civis da União – **no Distrito Federal**		S	1-PES	1	90	0	156	292.266 292.266
0032 **09HB**	**Contribuição da União, de suas Autarquias e Fundações para o Custeio do Regime de Previdência dos Servidores Públicos Federais**	19 846							1.174.199
0032 09HB **0053**	Contribuição da União, de suas Autarquias e Fundações para o Custeio do Regime de Previdência dos Servidores Públicos Federais – **no Distrito Federal**		F	1-PES	0	91	0	100	1.174.199 1.174.199

Apêndice 6.1
Anexo nº 5 da Lei nº 4.320/64

FUNÇÕES/SUBFUNÇÕES

01 – Legislativa

 31 – Ação Legislativa

 32 – Controle Externo

02 – Judiciária

 61 – Ação Judiciária

 62 – Defesa do Interesse Público no Processo Judiciário

03 – Essencial à Justiça

 91 – Defesa da Ordem Jurídica

 92 – Representação Judicial e Extrajudicial

04 – Administração

 121 – Planejamento e Orçamento

 122 – Administração Geral

 123 – Administração Financeira

 124 – Controle Interno

 125 – Normalização e Fiscalização

 126 – Tecnologia da Informação

 127 – Ordenamento Territorial

 128 – Formação de Recursos Humanos

 129 – Administração de Receitas

 130 – Administração de Concessões

 131 – Comunicação Social

05 – Defesa Nacional

 151 – Defesa Aérea

 152 – Defesa Naval

 153 – Defesa Terrestre

06 – Segurança Pública

 181 – Policiamento

 182 – Defesa Civil

 183 – Informação e Inteligência

07 – Relações Exteriores

    211 – Relações Diplomáticas

    212 – Cooperação Internacional

08 – Assistência Social

    241 – Assistência ao Idoso

    242 – Assistência ao Portador de Deficiência

    243 – Assistência à Criança e ao Adolescente

    244 – Assistência Comunitária

09 – Previdência Social

    271 – Previdência Básica

    272 – Previdência do Regime Estatutário

    273 – Previdência Complementar

    274 – Previdência Especial

10 – Saúde

    301 – Atenção Básica

    302 – Assistência Hospitalar e Ambulatorial

    303 – Suporte Profilático e Terapêutico

    304 – Vigilância Sanitária

    305 – Vigilância Epidemiológica

    306 – Alimentação e Nutrição

11 – Trabalho

    331 – Proteção e Benefícios ao Trabalhador

    332 – Relações de Trabalho

    333 – Empregabilidade

    334 – Fomento ao Trabalho

12 – Educação

    361 – Ensino Fundamental

    362 – Ensino Médio

    363 – Ensino Profissional

    364 – Ensino Superior

    365 – Educação Infantil

    366 – Educação de Jovens e Adultos

    367 – Educação Especial

    368 – Educação Básica

13 – Cultura

391 – Patrimônio Histórico, Artístico e Arqueológico

392 – Difusão Cultural

14 – Direitos da Cidadania

421 – Custódia e Reintegração Social

422 – Direitos Individuais, Coletivos e Difusos

423 – Assistência aos Povos Indígenas

15 – Urbanismo

451 – Infraestrutura Urbana

452 – Serviços Urbanos

453 – Transportes Coletivos Urbanos

16 – Habitação

481 – Habitação Rural

482 – Habitação Urbana

17 – Saneamento

511 – Saneamento Básico Rural

512 – Saneamento Básico Urbano

18 – Gestão Ambiental

541 – Preservação e Conservação Ambiental

542 – Controle Ambiental

543 – Recuperação de Áreas Degradadas

544 – Recursos Hídricos

545 – Meteorologia

19 – Ciência e Tecnologia

571 – Desenvolvimento Científico

572 – Desenvolvimento Tecnológico e Engenharia

573 – Difusão do Conhecimento Científico e Tecnológico

20 – Agricultura

605 – Abastecimento

606 – Extensão Rural

607 – Irrigação

608 – Promoção da Produção Agropecuária

609 – Defesa Agropecuária

21 – Organização Agrária

631 – Reforma Agrária

632 – Colonização

22 – Indústria

661 – Promoção Industrial

662 – Produção Industrial

663 – Mineração

664 – Propriedade Industrial

665 – Normalização e Qualidade

23 – Comércio e Serviços

691 – Promoção Comercial

692 – Comercialização

693 – Comércio Exterior

694 – Serviços Financeiros

695 – Turismo

24 – Comunicações

721 – Comunicações Postais

722 – Telecomunicações

25 – Energia

751 – Conservação de Energia

752 – Energia Elétrica

753 – Combustíveis Minerais

754 – Biocombustíveis

26 – Transporte

781 – Transporte Aéreo

782 – Transporte Rodoviário

783 – Transporte Ferroviário

784 – Transporte Hidroviário

785 – Transportes Especiais

27 – Desporto e Lazer

811 – Desporto de Rendimento

812 – Desporto Comunitário

813 – Lazer

28 – Encargos Especiais

  841 – Refinanciamento da Dívida Interna

  842 – Refinanciamento da Dívida Externa

  843 – Serviço da Dívida Interna

  844 – Serviço da Dívida Externa

  845 – Outras Transferências

  846 – Outros Encargos Especiais

  847 – Transferências para a Educação Básica

Fonte: Portaria SOF nº 42, de 1999, atualizada pela Portaria SOF/ME nº 2.520, de 21-3-2022.

Apêndice 6.2
Classificador da Despesa Segundo a Natureza

CATEGORIAS ECONÔMICAS

      3 – Despesas Correntes

      4 – Despesas de Capital

GRUPOS

      1 – Pessoal e Encargos Sociais

      2 – Juros e Encargos da Dívida

      3 – Outras Despesas Correntes

      4 – Investimentos

      5 – Inversões Financeiras

      6 – Amortização da Dívida

      9 – Reserva de Contingência

MODALIDADES DE APLICAÇÃO

20. **Transferências à União.** Despesas orçamentárias realizadas pelos Estados, Municípios ou pelo Distrito Federal, mediante transferência de recursos financeiros à União, inclusive para suas entidades da administração indireta.

22. **Execução Orçamentária Delegada à União.** Despesas orçamentárias realizadas mediante transferência de recursos financeiros, decorrentes de delegação ou descentralização à União para execução de ações de responsabilidade exclusiva do delegante.

30. **Transferências a Estados e ao Distrito Federal.** Despesas orçamentárias realizadas mediante transferência de recursos financeiros da União ou dos Municípios aos Estados e ao Distrito Federal, inclusive para suas entidades da administração indireta.

31. **Transferências a Estados e ao Distrito Federal – Fundo a Fundo.** Despesas orçamentárias realizadas mediante transferência de recursos financeiros da União ou dos Municípios aos Estados e ao Distrito Federal por intermédio da modalidade fundo a fundo.

32. **Execução Orçamentária Delegada a Estados e ao Distrito Federal.** Despesas orçamentárias realizadas mediante transferência de recursos financeiros, decorrentes de delegação ou descentralização a Estados e ao Distrito Federal para execução de ações de responsabilidade exclusiva do delegante.

35. **Transferências Fundo a Fundo aos Estados e ao Distrito Federal à conta de recursos de que tratam os §§ 1º e 2º do art. 24 da Lei Complementar nº 141, de 2012.** Despesas orçamentárias realizadas mediante transferência

de recursos financeiros da União ou dos Municípios aos Estados e ao Distrito Federal por intermédio da modalidade fundo a fundo, à conta de recursos referentes aos restos a pagar considerados para fins da aplicação mínima em ações e serviços públicos de saúde e posteriormente cancelados ou prescritos, de que tratam os §§ 1º e 2º do art. 24 da Lei Complementar nº 141, de 2012.

36. **Transferências Fundo a Fundo aos Estados e ao Distrito Federal à conta de recursos de que trata o art. 25 da Lei Complementar nº 141, de 2012.** Despesas orçamentárias realizadas mediante transferência de recursos financeiros da União ou dos Municípios aos Estados e ao Distrito Federal por intermédio da modalidade fundo a fundo, à conta de recursos referentes à diferença da aplicação mínima em ações e serviços públicos de saúde que deixou de ser aplicada em exercícios anteriores, de que trata o art. 25 da Lei Complementar nº 141, de 2012.

40. **Transferências a Municípios.** Despesas orçamentárias realizadas mediante transferência de recursos financeiros da União ou dos Estados aos Municípios, inclusive para suas entidades da administração indireta.

41. **Transferências a Municípios – Fundo a Fundo.** Despesas orçamentárias realizadas mediante transferência de recursos financeiros da União, dos Estados ou do Distrito Federal aos Municípios por intermédio da modalidade fundo a fundo.

42. **Execução Orçamentária Delegada a Municípios.** Despesas orçamentárias realizadas mediante transferência de recursos financeiros, decorrentes de delegação ou descentralização a Municípios para execução de ações de responsabilidade exclusiva do delegante.

45. **Transferências Fundo a Fundo aos Municípios à conta de recursos de que tratam os §§ 1º e 2º do art. 24 da Lei Complementar nº 141, de 2012.** Despesas orçamentárias realizadas mediante transferência de recursos financeiros da União, dos Estados ou do Distrito Federal aos Municípios por intermédio da modalidade fundo a fundo, à conta de recursos referentes aos restos a pagar considerados para fins da aplicação mínima em ações e serviços públicos de saúde e posteriormente cancelados ou prescritos, de que tratam os §§ 1º e 2º do art. 24 da Lei Complementar nº 141, de 2012.

46. **Transferências Fundo a Fundo aos Municípios à conta de recursos de que trata o art. 25 da Lei Complementar nº 141, de 2012.** Despesas orçamentárias realizadas mediante transferência de recursos financeiros da União, dos Estados ou do Distrito Federal aos Municípios por intermédio da modalidade fundo a fundo, à conta de recursos referentes à diferença da aplicação mínima em ações e serviços públicos de saúde que deixou de ser aplicada em exercícios anteriores de que trata o art. 25 da Lei Complementar nº 141, de 2012.

Capítulo 6 • Classificação da Despesa **121**

50. **Transferências a Instituições Privadas sem Fins Lucrativos.** Despesas orçamentárias realizadas mediante transferência de recursos financeiros a entidades sem fins lucrativos que não integrem a administração pública.

60. **Transferências a Instituições Privadas com Fins Lucrativos.** Despesas orçamentárias realizadas mediante transferência de recursos financeiros a entidades com fins lucrativos que não integrem a administração pública.

67. **Execução de Contrato de Parceria Público-Privada – PPP.** Despesas orçamentárias do Parceiro Público decorrentes de Contrato de Parceria Público-Privada – PPP, nos termos da Lei nº 11.079, de 30 de dezembro de 2004, e da Lei nº 12.766, de 27 de dezembro de 2012.

70. **Transferências a Instituições Multigovernamentais.** Despesas orçamentárias realizadas mediante transferência de recursos financeiros a entidades criadas e mantidas por dois ou mais entes da Federação ou por dois ou mais países, inclusive o Brasil, exclusive as transferências relativas à modalidade aplicação 71 (Transferências a Consórcios Públicos mediante contrato de rateio).

71. **Transferências a Consórcios Públicos mediante contrato de rateio.** Despesas orçamentárias realizadas mediante transferência de recursos financeiros a entidades criadas sob a forma de consórcios públicos nos termos da Lei nº 11.107, de 6 de abril de 2005, mediante contrato de rateio, objetivando a execução dos programas e ações dos respectivos entes consorciados, observado o disposto no § 1º do art. 11 da Portaria STN nº 72, de 2012.

72. **Execução Orçamentária Delegada a Consórcios Públicos.** Despesas orçamentárias realizadas mediante transferência de recursos financeiros, decorrentes de delegação ou descentralização a consórcios públicos para execução de ações de responsabilidade exclusiva do delegante.

73. **Transferências a Consórcios Públicos mediante contrato de rateio à conta de recursos de que tratam os §§ 1º e 2º do art. 24 da Lei Complementar nº 141, de 2012.** Despesas orçamentárias realizadas mediante transferência de recursos financeiros a entidades criadas sob a forma de consórcios públicos nos termos da Lei nº 11.107, de 6 de abril de 2005, por meio de contrato de rateio, à conta de recursos referentes aos restos a pagar considerados para fins da aplicação mínima em ações e serviços públicos de saúde e posteriormente cancelados ou prescritos, de que tratam os §§ 1º e 2º do art. 24 da Lei Complementar nº 141, de 13 de janeiro de 2012, observado o disposto no § 1º do art. 11 da Portaria STN nº 72, de 1º de fevereiro de 2012.

74. **Transferências a Consórcios Públicos mediante contrato de rateio à conta de recursos de que trata o art. 25 da Lei Complementar nº 141, de 2012.** Despesas orçamentárias realizadas mediante transferência de

recursos financeiros a entidades criadas sob a forma de consórcios públicos nos termos da Lei nº 11.107, de 6 de abril de 2005, por meio de contrato de rateio, à conta de recursos referentes à diferença da aplicação mínima em ações e serviços públicos de saúde que deixou de ser aplicada em exercícios anteriores, de que trata o art. 25 da Lei Complementar nº 141, de 2012, observado o disposto no § 1º do art. 11 da Portaria STN nº 72, de 2012.

75. **Transferências a Instituições Multigovernamentais mediante contrato de rateio à conta de recursos de que tratam os §§ 1º e 2º do art. 24 da Lei Complementar nº 141, de 2012.** Despesas orçamentárias realizadas mediante transferência de recursos financeiros a entidades criadas e mantidas por dois ou mais entes da Federação ou por dois ou mais países, inclusive o Brasil, exclusive as transferências relativas à modalidade de aplicação 73 (Transferências a Consórcios Públicos mediante contrato de rateio à conta de recursos de que tratam os §§ 1º e 2º do art. 24 da Lei Complementar nº 141, de 2012), à conta de recursos referentes aos restos a pagar considerados para fins da aplicação mínima em ações e serviços públicos de saúde e posteriormente cancelados ou prescritos, de que tratam os §§ 1º e 2º do art. 24 da Lei Complementar nº 141, de 2012.

76. **Transferências a Instituições Multigovernamentais mediante contrato de rateio à conta de recursos de que trata o art. 25 da Lei Complementar nº 141, de 2012.** Despesas orçamentárias realizadas mediante transferência de recursos financeiros a entidades criadas e mantidas por dois ou mais entes da Federação ou por dois ou mais países, inclusive o Brasil, exclusive as transferências relativas à modalidade de aplicação 74 (Transferências a Consórcios Públicos mediante contrato de rateio à conta de recursos de que trata o art. 25 da Lei Complementar nº 141, de 2012), à conta de recursos referentes à diferença da aplicação mínima em ações e serviços públicos de saúde que deixou de ser aplicada em exercícios anteriores, de que trata o art. 25 da Lei Complementar nº 141, de 2012.

80. **Transferências ao Exterior.** Despesas orçamentárias realizadas mediante transferência de recursos financeiros a órgãos e entidades governamentais pertencentes a outros países, a organismos internacionais e a fundos instituídos por diversos países, inclusive aqueles que tenham sede ou recebam os recursos no Brasil.

90. **Aplicações Diretas.** Aplicação direta, pela unidade orçamentária, dos créditos a ela alocados ou oriundos de descentralização de outras entidades integrantes ou não dos Orçamentos Fiscal ou da Seguridade Social, no âmbito da mesma esfera de governo.

91. **Aplicação Direta Decorrente de Operação entre Órgãos, Fundos e Entidades Integrantes dos Orçamentos Fiscal e da Seguridade Social.** Despesas orçamentárias de órgãos, fundos, autarquias, fundações, empresas estatais dependentes e outras entidades integrantes dos Orçamentos

Fiscal e da Seguridade Social decorrentes da aquisição de materiais, bens e serviços, pagamento de impostos, taxas e contribuições, além de outras operações, quando o recebedor dos recursos também for órgão, fundo, autarquia, fundação, empresa estatal dependente ou outra entidade constante desses orçamentos, no âmbito da mesma esfera de governo.

92. **Aplicação Direta de Recursos Recebidos de Outros Entes da Federação Decorrentes de Delegação ou Descentralização.** Despesas orçamentárias realizadas à conta de recursos financeiros decorrentes de delegação ou descentralização de outros entes da Federação para execução de ações de responsabilidade exclusiva do ente delegante ou descentralizador.

93. **Aplicação Direta Decorrente de Operação entre Órgãos, Fundos e Entidades Integrantes dos Orçamentos Fiscal e da Seguridade Social com Consórcio Público do qual o ente participe.** Despesas orçamentárias de órgãos, fundos, autarquias, fundações, empresas estatais dependentes e outras entidades integrantes dos orçamentos fiscal e da seguridade social decorrentes da aquisição de materiais, bens e serviços, além de outras operações, exceto no caso de transferências, delegações ou descentralizações, quando o recebedor dos recursos for consórcio público do qual o ente da Federação participe, nos termos da Lei nº 11.107, de 6 de abril de 2005.

94. **Aplicação Direta Decorrente de Operação entre Órgãos, Fundos e Entidades Integrantes dos Orçamentos Fiscal e da Seguridade Social com Consórcio Público do qual o ente não participe.** Despesas orçamentárias de órgãos, fundos, autarquias, fundações, empresas estatais dependentes e outras entidades integrantes dos orçamentos fiscal e da seguridade social decorrentes da aquisição de materiais, bens e serviços, além de outras operações, exceto no caso de transferências, delegações ou descentralizações, quando o recebedor dos recursos for consórcio público do qual o ente da Federação não participe, nos termos da Lei nº 11.107, de 6 de abril de 2005.

95. **Aplicação Direta à conta de recursos de que tratam os §§ 1º e 2º do art. 24 da Lei Complementar nº 141, de 2012.** Aplicação direta, pela unidade orçamentária, dos créditos a ela alocados ou oriundos de descentralização de outras entidades integrantes ou não dos Orçamentos Fiscal ou da Seguridade Social, no âmbito da mesma esfera de Governo, à conta de recursos referentes aos restos a pagar considerados para fins da aplicação mínima em ações e serviços públicos de saúde e posteriormente cancelados ou prescritos, de que tratam os §§ 1º e 2º do art. 24 da Lei Complementar nº 141, de 2012.

96. **Aplicação Direta à conta de recursos de que trata o art. 25 da Lei Complementar nº 141, de 2012.** Aplicação direta, pela unidade orçamentária, dos créditos a ela alocados ou oriundos de descentralização de outras entidades integrantes ou não dos Orçamentos Fiscal ou da Seguridade Social, no âmbito da mesma esfera de Governo, à conta de recursos referentes à

diferença da aplicação mínima em ações e serviços públicos de saúde que deixou de ser aplicada em exercícios anteriores, de que trata o art. 25 da Lei Complementar nº 141, de 2012.

99. **A Definir.** Modalidade de utilização exclusiva do Poder Legislativo ou para classificação orçamentária da Reserva de Contingência e da Reserva do RPPS, vedada a execução orçamentária enquanto não houver sua definição.

ELEMENTOS

01 – Aposentadorias, Reserva Remunerada e Reformas

03 – Pensões

04 – Contratação por Tempo Determinado

06 – Benefício Mensal ao Deficiente e ao Idoso

07 – Contribuição a Entidades Fechadas de Previdência

08 – Outros Benefícios Assistenciais do Servidor e do Militar

10 – Seguro-desemprego e Abono Salarial

11 – Vencimentos e Vantagens Fixas – Pessoal Civil

12 – Vencimentos e Vantagens Fixas – Pessoal Militar

13 – Obrigações Patronais

14 – Diárias – Civil

15 – Diárias – Militar

16 – Outras Despesas Variáveis – Pessoal Civil

17 – Outras Despesas Variáveis – Pessoal Militar

18 – Auxílio Financeiro a Estudantes

19 – Auxílio-fardamento

20 – Auxílio Financeiro a Pesquisadores

21 – Juros sobre a Dívida por Contrato

22 – Outros Encargos sobre a Dívida por Contrato

23 – Juros, Deságios e Descontos da Dívida Mobiliária

24 – Outros Encargos sobre a Dívida Mobiliária

25 – Encargos sobre Operações de Crédito por Antecipação da Receita

26 – Obrigações decorrentes de Política Monetária

27 – Encargos pela Honra de Avais, Garantias, Seguros e Similares

28 – Remuneração de Cotas de Fundos Autárquicos

29 – Distribuição de Resultado de Empresas Estatais Dependentes

30 – Material de Consumo

31 – Premiações Culturais, Artísticas, Científicas, Desportivas e Outras

32 – Material, Bem ou Serviço para Distribuição Gratuita

33 – Passagens e Despesas com Locomoção

34 – Outras Despesas de Pessoal decorrentes de Contratos de Terceirização

35 – Serviços de Consultoria

36 – Outros Serviços de Terceiros – Pessoa Física

37 – Locação de Mão de Obra

38 – Arrendamento Mercantil

39 – Outros Serviços de Terceiros – Pessoa Jurídica

40 – Serviços de Tecnologia da Informação e Comunicação – Pessoa Jurídica

41 – Contribuições

42 – Auxílios

43 – Subvenções Sociais

45 – Subvenção Econômica

46 – Auxílio-alimentação

47 – Obrigações Tributárias e Contributivas

48 – Outros Auxílios Financeiros a Pessoas Físicas

49 – Auxílio-transporte

51 – Obras e Instalações

52 – Equipamentos e Material Permanente

53 – Aposentadorias do RGPS – Área Rural

54 – Aposentadorias do RGPS – Área Urbana

55 – Pensões do RGPS – Área Rural

56 – Pensões do RGPS – Área Urbana

57 – Outros Benefícios do RGPS – Área Rural

58 – Outros Benefícios do RGPS – Área Urbana

59 – Pensões Especiais

61 – Aquisição de Imóveis

62 – Aquisição de Produtos para Revenda

63 – Aquisição de Títulos de Crédito

64 – Aquisição de Títulos Representativos de Capital já Integralizado

65 – Constituição ou Aumento de Capital de Empresas

66 – Concessão de Empréstimos e Financiamentos

67 – Depósitos Compulsórios

70 – Rateio pela Participação em Consórcio Público

71 – Principal da Dívida Contratual Resgatado

72 – Principal da Dívida Mobiliária Resgatado

73 – Correção Monetária ou Cambial da Dívida Contratual Resgatada

74 – Correção Monetária ou Cambial da Dívida Mobiliária Resgatada

75 – Correção Monetária da Dívida de Operações de Crédito por Antecipação da Receita

76 – Principal Corrigido da Dívida Mobiliária Refinanciado

77 – Principal Corrigido da Dívida Contratual Refinanciado

81 – Distribuição Constitucional ou Legal de Receitas

82 – Aporte de Recursos pelo Parceiro Público em favor do Parceiro Privado decorrente de Contrato de Parceria Público-Privada

83 – Despesas Decorrentes de Contrato de Parceria Público-Privada – PPP, exceto Subvenções Econômicas, Aporte e Fundo Garantidor

84 – Despesas Decorrentes da Participação em Fundos, Organismos ou Entidades Assemelhadas, Nacionais e Internacionais

85 – Contrato de Gestão

86 – Compensações a Regimes de Previdência

91 – Sentenças Judiciais

92 – Despesas de Exercícios Anteriores

93 – Indenizações e Restituições

94 – Indenizações e Restituições Trabalhistas

95 – Indenização pela Execução de Trabalhos de Campo

96 – Ressarcimento de Despesas de Pessoal Requisitado

97 – Aporte para Cobertura do Déficit Atuarial do RPPS

98 – Despesas do Orçamento de Investimento

99 – A Classificar

Fonte: Portaria Conjunta STN/SOF nº 163, de 4-5-2001, consolidada pela Portaria Conjunta STN/SOF nº 103, de 5-10-2021.

7

Classificação da Receita

Na organização do orçamento, a receita apresenta número bem menor de questões de interesse do que a despesa. Em rigor, o orçamento de receita é constituído de apenas um quadro analítico com as estimativas da arrecadação de cada um dos tipos de receita da instituição, além de alguns poucos quadros sintéticos.

Ao contrário da despesa, que é programada, autorizada e controlada por meio do orçamento, a receita é apenas estimada na peça orçamentária, sendo seus demais procedimentos disciplinados em outros âmbitos, especialmente o da legislação tributária. Até a Constituição Federal de 1967, o orçamento de receita ainda tinha a característica de autorização, pois qualquer tributo só poderia ser lançado se constasse devidamente da lei orçamentária. A Emenda Constitucional nº 1, de 1969, deu novo entendimento ao assunto, determinando apenas que a lei que houver instituído ou aumentado o tributo deveria estar aprovada antes do início do exercício, regra mantida pela Constituição Federal de 1988.[1] Essa diminuição da importância do orçamento de receita é vista assim por José Afonso da Silva:

> Hoje precisamos convir que o chamado *orçamento das receitas* não passa efetivamente de operação contábil e financeira, no sentido de se saber qual a estimativa das receitas disponíveis para a execução dos programas orçamentários. Essa parte não inova nada, não é lei, pois não mais se exige prévia autorização orçamentária para arrecadação das receitas tributárias e outras (grifo no original).[2]

Por serem os recursos orçamentários de variada natureza e origem, é necessário ordená-los segundo classificações. Embora os autores reconheçam que os critérios que classificam

---

[1] Emenda Constitucional nº 1/69: art. 153, § 29 e Constituição Federal de 1988: art. 150, III, *b*.

[2] SILVA, José Afonso da. *Orçamento-programa no Brasil*. São Paulo: Revista dos Tribunais, 1973. p. 271.

as receitas são relativos e não estão isentos de críticas, o tema invariavelmente aparece com destaque nos manuais sobre finanças públicas, em especial nos de direito financeiro.[3]

Tradicionalmente, aponta-se a *regularidade* como primeiro critério classificatório das receitas públicas, dividindo-se estas em *ordinárias* – tributos regulares, contribuições etc. – e *extraordinárias* – empréstimos, venda de ativos etc.[4] Outra classificação considera a existência de receitas *originárias*, ou seja, as que resultam das atividades do Estado – receita patrimonial, de serviços etc. – e receitas *derivadas* do setor privado com base na soberania do Estado – impostos, taxas, contribuições etc.

De forma similar ao tratamento dado à classificação da despesa, a abordagem aqui das classificações da receita deixará de lado o enfoque doutrinário e ficará restrita ao modelo orçamentário atualmente em vigor no Brasil.

Cabe inicialmente indagar: que receitas integram o orçamento? Segundo a Lei nº 4.320/64, a lei orçamentária compreenderá todas as receitas, inclusive as operações de crédito autorizadas em lei, com a exclusão das operações de crédito por antecipação da receita, das emissões de papel-moeda e de outras entradas compensatórias no ativo e passivo financeiros.[5]

De acordo com Hugh Dalton, os recursos públicos podem ser definidos *lato sensu* ou *stricto sensu*. No primeiro caso – em sentido amplo – estão todos os recebimentos ou entradas de dinheiro; no segundo caso – em sentido estrito –, os recursos recebidos sem reservas ou redução no ativo e que não serão devolvidos.[6] Considerada a disposição da Lei nº 4.320/64, a expressão *receita* é empregada no sentido genérico – amplo – de *entrada* ou *ingresso,* com algumas poucas exceções.[7]

A norma geral brasileira estabelece os seguintes critérios de classificação da receita orçamentária, exigidos nos orçamentos de todos os entes:

- segundo a natureza;
- institucional.

Não exigido pela norma geral, um terceiro critério classificatório vem sendo empregado com o objetivo de indicar os recursos disponibilizados para o atendimento de cada crédito orçamentário e, principalmente, garantir o cumprimento das vinculações entre receita e despesa: as *fontes de recursos*. Nas seções a seguir estão descritas e comentadas as três classificações.

---

3   FONROUGE, Carlos M. Giuliani. *Derecho financiero.* 2. ed. Buenos Aires: Depalma, 1970. p. 199. Luigi Einaudi, citado por Aliomar Baleeiro, afirma que todas as classificações são "flutuantes e arbitrárias". Ver BALEEIRO, Aliomar. *Uma introdução à ciência das finanças.* 15. ed. Rio de Janeiro: Forense, 1997. p. 99.

4   No Brasil, utilizou-se nos orçamentos a classificação *receitas ordinárias* e *extraordinárias* até a entrada em vigor da Lei nº 4.320/64.

5   Lei nº 4.320/64: art. 3º, *caput* e parágrafo único.

6   DALTON, Hugh. *Princípios de finanças públicas.* 2. ed. Rio de Janeiro: Fundação Getulio Vargas, 1970. p. 47.

7   Exemplo de definição de receita pública em seu sentido estrito é a de Aliomar Baleeiro: "[É] a entrada que, integrando-se no patrimônio público sem quaisquer reservas, condições ou correspondência no passivo, vem acrescer o seu vulto, como elemento novo e positivo". Ver BALEEIRO, Aliomar. Op. cit. p. 126.

A. Classificação segundo a natureza

Assim como ocorre com as classificações da despesa, as demonstrações da receita também vêm sofrendo alterações com o intuito de atualizar dispositivos da Lei nº 4.320/64. Com o objetivo de atender à Lei de Responsabilidade Fiscal, a Portaria Interministerial STN/SOF nº 163/2001 e alterações posteriores produziram uma série de modificações no padrão classificatório de despesa e receita. A classificação segundo a natureza da receita que passou a ser observada na elaboração dos projetos de leis orçamentárias de todos os entes da Federação a partir de 2022 está estabelecida na Portaria Conjunta STN/SOF/ME nº 103, de 5-10-2021.

Dois são os critérios classificatórios na natureza da receita: as categorias econômicas e as origens da receita.

Categorias econômicas

São duas as categorias econômicas: Receitas Correntes e Receitas de Capital.[8]

A finalidade do critério é evidenciar os recursos que se destinam ao atendimento das Despesas Correntes e os que viabilizam a realização das Despesas de Capital. Recorda-se que idênticas *categorias econômicas* são adotadas na classificação da despesa: Despesas Correntes e Despesas de Capital. Esse paralelismo classificatório possibilita elaborar um quadro-resumo que destaca o Orçamento das Operações Correntes, formado pelas Receitas e Despesas Correntes, e o Orçamento das Operações de Capital, constituído pelas Receitas e Despesas de Capital, de especial utilidade nas análises econômicas e sobre o resultado das contas públicas.

Quando da descrição do critério econômico de classificação da despesa, viu-se que as contas Despesas Correntes e Despesas de Capital correspondem, no âmbito do setor governamental, às variáveis macroeconômicas *consumo* e *investimento*. Associar Receitas e Despesas Correntes e Receitas e Despesas de Capital evidencia a origem dos recursos que financiam o *consumo* e o *investimento* públicos, inclusive os valores que, apurados como superávit (ou déficit) do Orçamento Corrente, irão (ou não) engrossar a poupança governamental e viabilizar os investimentos. A título de ilustração, ver Tabela 7.1, que reproduz o Demonstrativo da Receita e da Despesa segundo as Categorias Econômicas, retirado da Lei Orçamentária da União para o exercício de 2020. O demonstrativo repete procedimento, inaugurado no orçamento de 2008, separando a parcela da receita intraorçamentária, ou seja, aquela oriunda de operações entre órgãos e entidades integrantes do orçamento federal.

Entre as receitas orçamentárias, quais são Receitas Correntes e Receitas de Capital? Como distingui-las, já que a dicotomia é de natureza econômica? A resposta encontra-se nos seguintes parágrafos do art. 11 da Lei nº 4.320/64:

> São Receitas Correntes as receitas tributária, de contribuições, patrimonial, agropecuária, industrial, de serviços e outras e, ainda, as provenientes de recursos financeiros recebidos de outras pessoas de direito público ou privado, quando destinadas a atender despesas classificáveis em Despesas Correntes.

---

[8] Lei nº 4.320/64: art. 11.

São Receitas de Capital as provenientes da realização de recursos financeiros oriundos de constituição de dívidas; da conversão, em espécie, de bens e direitos; os recursos recebidos de outras pessoas de direito público ou privado destinados a atender despesas classificáveis em Despesas de Capital e, ainda, o superávit do Orçamento Corrente.

Teixeira Machado Jr. lembra, não sem crítica, que a Lei nº 4.320/64 "instituiu, não um esquema de classificação, mas um plano de contas para ser obrigatoriamente aplicado pelas três esferas de governo, abrangendo, assim, um amplo e variegado complexo administrativo".[9] As contas básicas – Receitas Correntes e Receitas de Capital – comandam todo o desdobramento classificatório, que, similar à despesa, é rígido e padronizado para todos os entes de governo. As *origens* de receitas, que resultam do desdobramento das categorias econômicas, constituem o segundo critério classificatório da natureza.

Origens da receita

Por meio da classificação *segundo a origem* estima-se, no orçamento, e acompanha-se, durante a execução, o comportamento da arrecadação de cada modalidade de receita orçamentária. Registrada no nível mais analítico e agrupada em títulos sintéticos, a origem da receita constitui a classificação básica para as análises econômico-financeiras sobre o financiamento das ações governamentais.

A base legal da classificação é fornecida pela Lei nº 4.320/64, com as alterações introduzidas pela Portaria Interministerial nº 163/2001 e atualizações posteriores. A origem da receita está representada nas contas analíticas e sintéticas em que se subdividem as Receitas Correntes e as Receitas de Capital. O Anexo nº 3 da Lei nº 4.320/64 constitui-se no classificador geral *segundo a natureza* e está apresentado, devidamente atualizado, no final deste capítulo.

Aparentemente, seria lícito esperar que o desdobramento das categorias econômicas respeitasse o critério econômico, ou seja, que o enquadramento das inúmeras *origens* nas duas categorias se desse de acordo com a natureza de cada uma. Nesse caso, a receita de impostos, por exemplo, seria classificada de acordo com a natureza da operação econômica sobre a qual o tributo incidiu. Imposto sobre a Renda de Pessoas Físicas seria Receita Corrente, enquanto o Imposto sobre Transmissão "Inter Vivos" de Bens Imóveis e de Direitos Reais sobre Imóveis e a Contribuição de Melhoria seria Receita de Capital.

---

[9] MACHADO JR., José Teixeira. *Classificação das contas públicas*. Rio de Janeiro: Fundação Getulio Vargas, 1967. p. 376.

Capítulo 7 • Classificação da Receita **131**

Tabela 7.1 *Lei Orçamentária da União para 2022: demonstrativo da receita e da despesa segundo as categorias econômicas, origens da receita e grupos de despesa.*

Em R$ milhões

Especificação	Valor	Especificação	Valor
Receitas Correntes	**2.115.257,6**	**Despesas Correntes**	**2.432.587,9**
Impostos, Taxas e Contr. de Melhoria	753.267,8	Pessoal e Encargos Sociais	362.481,2
Contribuições	1.089.986,3	Juros e Encargos da Dívida	351.421,0
Receita Patrimonial	163.560,5	Outras Despesas Correntes	1.718.685,7
Receita Agropecuária	28,6		
Receita Industrial	4.006,7		
Receita de Serviços	69.786,4		
Transferências Correntes	172,6		
Outras Receitas Correntes	34.448,8		
Operações Intraorçamentárias	**27.723,7**		
Impostos, Taxas e Contr. de Melhoria	1,2		
Contribuições	24.038,7		
Receita Patrimonial	0,3		
Receita Industrial	33,3		
Receita de Serviços	437,0		
Outras Receitas Correntes	3.213,2		
Déficit do Orçamento Corrente	**289.606,5**		
Total	**2.432.587,9**	**Total**	**2.432.587,9**
		Déficit do Orçamento Corrente	**289.606,5**
Receitas de Capital	**2.587.043,4**	**Despesas de Capital**	**2.257.282,9**
Operações de Crédito	2.382.945,3	Investimentos	43.529,8
Alienação de Bens	2.405,6	Inversões Financeiras	93.546,3
Amortização de Empréstimos	95.001,2	Amortização da Dívida	2.120.206,8
Transferências de Capital	58,8		
Outras Receitas de Capital	106.632,5	**Reservas**	**40.154,0**
		Contingência	3.292,8
		Outras	36.861,2
Total	**2.587.043,4**	**Total**	**2.587.043,4**
Total das Receitas Correntes	**2.115.257,6**	**Total das Despesas Correntes**	**2.432.587,9**
Total das Receitas de Capital	**2.587.043,4**	**Total das Despesas de Capital**	**2.257.282,9**
Total das Receitas Intraorçamentárias	**27.723,7**	**Total das Reservas**	**40.154,0**
Total Geral da Receita	**4.730.024,8**	**Total Geral da Despesa**	**4.730.024,8**

Fonte: Lei nº 14.303, de 21-1-2022. Estima a receita e fixa a despesa da União para o exercício financeiro de 2022. *Diário Oficial (da República Federativa do Brasil)*. Brasil, 24 jan. 2022, Edição 16, Seção 1, p. 1.

Entretanto, considerados os inúmeros tributos e a variedade de incidências, seria difícil observar tal critério. O legislador, nesse caso, preferiu adotar o princípio da destinação: já que os tributos são necessários, principalmente para o custeio dos serviços públicos, o produto de sua arrecadação constitui Receita Corrente. Idêntico raciocínio vale para as Receitas de Contribuições (sociais e econômicas).

De outro lado, há situações em que o critério considerado é o da natureza econômica da receita. É o caso, por exemplo, da receita com a Alienação de Bens, toda ela classificada como Receitas de Capital. A propósito da solução híbrida adotada na Lei nº 4.320/64, Teixeira Machado Jr. e Heraldo Reis observam: "Como se vê, os critérios para distinguir as operações correntes das de capital são ora de natureza econômica, ora contábil, ora administrativa ou legal [...]."[10]

As principais *origens* da receita são as seguintes:

1.1.0.0.00.0.0	Impostos, Taxas e Contribuição de Melhoria
1.2.0.0.00.0.0	Contribuições
1.3.0.0.00.0.0	Receita Patrimonial
1.4.0.0.00.0.0	Receita Agropecuária
1.5.0.0.00.0.0	Receita Industrial
1.6.0.0.00.0.0	Receita de Serviços
1.7.0.0.00.0.0	Transferências Correntes
1.9.0.0.00.0.0	Outras Receitas Correntes
2.1.0.0.00.0.0	Operações de Crédito
2.2.0.0.00.0.0	Alienação de Bens
2.3.0.0.00.0.0	Amortização de Empréstimos
2.4.0.0.00.0.0	Transferências de Capital
2.9.0.0.00.0.0	Outras Receitas de Capital

Veja-se, a seguir, o conteúdo dessas origens principais mediante rápida interpretação de cada uma.

Impostos, Taxas e Contribuição de Melhoria – Compreendem a receita oriunda de tributos conforme o estabelecido na legislação tributária brasileira. Tal receita é, por conseguinte, privativa dos entes investidos com o poder de tributar: União, Estados, Distrito Federal e Municípios.

Contribuições – Englobam as contribuições sociais (previdenciárias, salário-educação etc.) e econômicas (cota-parte de compensações financeiras pela exploração de recursos minerais, cotas de contribuições sobre exportações etc.) e para entidades privadas de serviço social e de formação profissional e para o custeio do serviço de iluminação pública. No aspecto puramente econômico, essas contribuições confundem-se com os tributos, sendo, porém, legalmente consideradas como encargos parafiscais.

---

[10] MACHADO JR., José Teixeira; REIS, Heraldo da Costa. *A lei 4.320 comentada.* 26. ed. Rio de Janeiro: Ibam, 1995. p. 32.

Receita Patrimonial – Oriunda da exploração econômica do patrimônio da instituição, especialmente juros, aluguéis, dividendos, receitas de concessões e permissões etc.

Receita Agropecuária – Decorre da exploração econômica de atividades agropecuárias: agricultura, pecuária, silvicultura etc., além do beneficiamento de produtos agropecuários em níveis não considerados industriais.

Receita Industrial – Derivada de atividades industriais: extrativa mineral, de transformação, de construção e de serviços industriais de utilidade pública (energia elétrica, água e esgoto, limpeza pública e remoção do lixo).

Receita de Serviços – Decorre de atividades como: comércio, transporte, comunicação, serviços hospitalares, armazenagem, serviços educacionais, culturais, recreativos etc.

Transferências Correntes – São os recursos financeiros recebidos de pessoas jurídicas ou físicas e que serão aplicados no atendimento de despesas correntes. Bom exemplo de receita de transferência são os recursos de origem tributária (cota-parte do ICMS) que um ente governamental (Município) recebe de outro (Estado). Aqui, o que determina a classificação da receita é, em primeiro lugar, a *origem* do recurso, isto é, a receita é *transferida* e não *própria* e, em segundo lugar, sua *destinação*: é uma Transferência Corrente se os recursos foram aplicados em Despesas Correntes; no caso de destinação específica para aplicação em Despesas de Capital, a receita será uma Transferência de Capital. A finalidade das contas de transferências, tanto de receita como de despesa, conforme foi visto no capítulo sobre a despesa, é impedir que haja dupla contagem dos mesmos recursos quando da consolidação das demonstrações contábeis dos entes – União, Estados, Distrito Federal e Municípios.

Outras Receitas Correntes – Envolvem receitas não enquadradas nas classificações anteriores: indenizações, restituições e ressarcimentos; alienação de bens e mercadorias apreendidas associadas ao tráfico de entorpecentes e drogas; receitas de dívida ativa de prêmios prescritos de loterias federais; multas aplicadas pelo Tribunal de Contas da União etc. Algumas modalidades de multas, juros e receita de dívida ativa permanecem como Outras Receitas Correntes. A maior parte dessas receitas, entretanto, será classificada junto às origens principais: impostos, taxas, contribuições, receitas patrimoniais etc.

Operações de Crédito – Envolvem a captação de recursos para atender a desequilíbrios orçamentários ou, ainda, financiar empreendimentos públicos. Constitui, também, operações de crédito a assunção, o reconhecimento ou a confissão de dívidas pelo ente da Federação. É por intermédio dessa modalidade de receita que são cobertos os déficits orçamentários que ensejam a formação da dívida pública. Quanto à origem dos recursos, as Operações de Crédito podem ser internas ou externas; já quanto à modalidade do empréstimo, as operações podem ter por base um contrato (no caso, por exemplo, de financiamento para obras públicas) ou, então, a emissão e colocação de títulos públicos: apólices, obrigações, letras etc. São exemplos de títulos federais as Obrigações do Tesouro Nacional (OTN) e as Letras do Tesouro Nacional (LTN).

Do ponto de vista econômico, as Operações de Crédito tanto podem constituir-se numa Receita Corrente como de Capital. A caracterização como uma ou outra decorreria da destinação dos recursos obtidos com a operação. A Lei nº 4.320/64 optou, pragmaticamente, por considerar todas as Operações de Crédito como Receitas de Capital, já que, como regra geral, é aceitável endividar-se para a realização de investimentos. Reforça esse entendimento a regra estabelecida na Constituição Federal, que veda a realização de operações de crédito que excedam o montante das Despesas de Capital.[11]

Alienação de Bens – Compreende o resultado obtido com a alienação de bens patrimoniais: ações, títulos, bens móveis, imóveis etc.

Amortização de Empréstimos – No caso de empréstimo concedido pela entidade, o ingresso proveniente da sua amortização caracteriza uma receita de capital. O critério aqui busca a coerência: se a obtenção de empréstimo (Operação de Crédito) é uma receita de capital e o pagamento (Amortização da Dívida) é uma despesa de capital, a receita produzida quando da sua amortização é, consequentemente, de capital.

Transferências de Capital – Similares às Transferências Correntes, as receitas de Transferências de Capital têm como critério básico de classificação a destinação, isto é, os recursos a esse título devem ser aplicados em despesas de capital.

Outras Receitas de Capital – Envolvem as Receitas de Capital não classificáveis nas outras fontes, por exemplo, a receita auferida com o resgate de títulos do Tesouro Nacional, a integralização do capital social e, no caso do orçamento federal, o resultado do Banco Central, entre outras.

Conforme já visto, cada uma das *origens* principais citadas se desdobra em outras *origens,* de acordo com o Anexo nº 3, da Lei nº 4.320/64, cuja observância é obrigatória por todos os orçamentos públicos. Caberá a cada instituição aumentar o detalhamento do classificador de forma a atender a suas peculiaridades. Assim, por exemplo, a União, o Distrito Federal, cada Estado e cada Município possuem taxas próprias, que devem aparecer, uma a uma, como desdobramento de 1.1.2.1.00.0.0 Taxas pelo Exercício do Poder de Polícia e 1.1.2.2.00.0.0 Taxas pela Prestação de Serviço.

O novo classificador provocou alteração, também, nas denominações de cada nível de desdobramento das contas. Assim: categorias econômicas, origem, espécie, desdobramento da receita e tipo.

Novidade introduzida nas últimas modificações do classificador da receita é a previsão de que possam ser incluídos nos projetos e nas leis orçamentárias de recursos arrecadados em exercícios anteriores que se destinem à aplicação em regimes próprios de previdência social, registrados em superávit financeiro; nesse caso, a receita será classificada na natureza de receita 9.9.9.0.00.0.0 – Recursos Arrecadados em Exercícios Anteriores (RPPS).

B. Classificação institucional

A classificação *institucional* da receita tem por finalidade demonstrar as entidades ou unidades orçamentárias que, respondendo pela arrecadação, são detentoras das receitas. Não sendo necessário em todos os orçamentos, o critério é especialmente importante

---

[11] Constituição Federal de 1988: art. 167, III.

nos entes governamentais que contam com instituições dotadas de autonomia administrativa e financeira, assim como com unidades da administração direta possuidoras de receitas próprias.

O fundamento legal da classificação está na disposição constitucional que estabelece que os orçamentos fiscal e da seguridade social se referem aos Poderes da União, seus fundos, órgãos e entidades da administração direta e indireta.[12] Com a efetiva incorporação do princípio da universalidade pela norma constitucional, a classificação *institucional* assume importância especial, já que todas as entidades públicas, em maior ou menor detalhe, terão suas finanças expostas na LOA.[13] No regime constitucional anterior, as receitas e as despesas dos órgãos da administração indireta incluíam-se no orçamento anual em dotações globais, de maneira a não prejudicar a autonomia de gestão.[14]

No orçamento da União, a classificação *institucional* da receita compreende, inicialmente, as seguintes modalidades:

- receitas do Tesouro;
- receitas diretamente arrecadadas por órgãos, unidades e fundos da administração direta; e
- receitas de entidades, unidades e fundos da administração indireta.

Com base nessas modalidades, o detalhamento se dá com a utilização do mesmo classificador *institucional* empregado para a despesa e do classificador segundo a natureza.

Em qualquer ente governamental – União, Estado, Distrito Federal e Município –, o respectivo Tesouro é o responsável pela arrecadação da maior parte das receitas. Responsabilizando-se pela arrecadação e guarda das receitas tributárias, de contribuições, de multas, de operações de crédito etc. da pessoa jurídica de direito público interno, o Tesouro provê os recursos para a manutenção dos Poderes Legislativo, Executivo e Judiciário, para o funcionamento dos serviços públicos e execução de programas e projetos.

No orçamento da União, mesmo arrecadadas em nome do Tesouro Nacional, algumas receitas são classificadas como receitas diretamente arrecadadas de unidades orçamentárias integrantes da administração direta. Entre outros exemplos, podem-se citar as receitas de alienação de bens, aluguéis, indenizações, juros, multas, restituições, taxas, operações de crédito etc., de Fundos, como o da Câmara dos Deputados, do Senado

---

[12] Constituição Federal de 1988: art. 165, § 5º, I e III. Em dispositivo revogado pela Constituição Federal de 1988, a Lei nº 4.320/64 estabelecia que os orçamentos das entidades autárquicas e paraestatais seriam aprovados por decreto do Poder Executivo e vincular-se-iam ao orçamento do ente governamental pela inclusão, como receita, do saldo positivo previsto entre os totais das receitas e despesas e, como subvenção econômica, na receita do orçamento da beneficiária, do saldo negativo previsto entre os totais das receitas e despesas. Ver Lei nº 4.320/64: arts. 107 e 108.

[13] Essas questões foram analisadas nos Capítulos 5 (Princípios Orçamentários e sua Validade) e 6 (Classificação da Despesa).

[14] Constituição Federal de 1967: art. 65, § 1º e Emenda Constitucional nº 1, de 1969: art. 62, § 1º.

Federal, de Imprensa Nacional, de Defesa da Economia Cafeeira, de Amparo do Trabalhador, entre outros, e de Ministérios, como o da Agricultura, Pecuária e Abastecimento, da Ciência, Tecnologia, Inovações e Comunicações, da Economia, da Justiça e Segurança Pública, e do Meio Ambiente.

A terceira modalidade diz respeito às receitas das entidades da administração indireta. As autarquias, as empresas, as fundações públicas e os fundos que integram o orçamento, mesmo dependentes de transferências de recursos do Tesouro, possuem receitas próprias, as quais devem aparecer identificadas na lei orçamentária.[15]

C. Classificação segundo as fontes de recursos

Como o anterior, este é um critério que adquire importância nos orçamentos maiores. A Lei nº 4.320/64 não prevê a classificação por *fontes de recursos,* cuja adoção decorre da necessidade de melhor acompanhamento e controle do grande número de vinculações existentes entre receitas e despesas. Com a classificação, demonstram-se as parcelas de recursos comprometidos com o atendimento de determinadas finalidades e aqueles que podem ser livremente alocados a cada elaboração orçamentária.

No âmbito federal, o critério está representado pela classificação por *fontes de recursos,* cuja principal base legal reside em dispositivos das Leis de Diretrizes Orçamentárias.

De acordo com o Manual Técnico de Orçamento – MTO 2023, a classificação por *fontes de recursos*, válida a partir do exercício de 2023, é dividida inicialmente nos seguintes quatro grupos:

1. **Recursos Arrecadados no Exercício Corrente**. Reúne todos os recursos, do Tesouro, de órgãos e entidades da administração direta e indireta e de fundos previstos para serem arrecadados no orçamento corrente.
3. **Recursos Arrecadados em Exercícios Anteriores**. Reúne todos os recursos, do Tesouro, de órgãos e entidades da administração direta e indireta e de fundos arrecadados em exercícios anteriores e que serão incorporados ao orçamento corrente.
7. **Recursos de Operações de Crédito ressalvadas pela Lei de Crédito Adicional da Regra de Ouro**. Reúne os recursos do Tesouro, oriundos de operações de crédito que excedam o montante das despesas de capital, aprovados por crédito adicional, nos termos dispostos na Constituição, art. 167, III.
9. **Recursos condicionados**. Podem ser incluídos no projeto e na lei orçamentária, mas sua utilização dependerá de aprovação legal.

---

[15] Na Lei Orçamentária da União para 2020, por exemplo, a receita total está estimada em R$ 3.565 bilhões, dos quais 99,34% são Receitas do Tesouro e 0,66% são receitas de outras fontes. Ver BRASIL. Lei nº 13.978, de 17-1-2020. *Diário Oficial (da República Federativa do Brasil)*. Brasília, 20 jan. 2020, retificado em 17 jul. 2020.

O código da classificação por *fontes de recursos* é formado por três dígitos: o primeiro refere-se ao grupo – 1, 3, 7 ou 9 – e os outros três identificam a fonte propriamente dita. Ver no Apêndice 7.2, apresentado no final deste capítulo, o classificador por *fontes de recursos* empregado no orçamento da União devidamente atualizado.

É compreensível que rótulos como *origem da receita* e *fontes de recursos* provoquem dúvidas. Assim, é importante saber exatamente que informações trazem uma e outra dessas categorias. A estimativa de arrecadação (na lei orçamentária) ou a arrecadação efetiva de determinado imposto ou contribuição, por exemplo, é fornecida pela *origem da receita*. Já a parcela ou mesmo a totalidade de receitas que se vinculam a determinadas despesas são demonstradas pelas *fontes de recursos*. Tome-se, como exemplo, a *origem de receita* 1.1.1.2.01.0.0 Imposto Territorial Rural – ITR; essa espécie de receita na lei orçamentária traz o total estimado de arrecadação do imposto, bem como o montante arrecadado durante o exercício. Por seu turno, a *fonte de recurso* 206 Transferência Constitucional de Parcela do ITR para os Municípios computa apenas o correspondente a 50% da receita do imposto, ou seja, a parcela que, por disposição constitucional, é devida aos municípios. Dessa forma, no orçamento de despesa da União, os 50% da receita arrecadada do ITR não transferidos aos municípios integram a *fonte de recurso* 000 Recursos Livres da União, e os outros 50% – *fonte de recurso* 206 – aparecem ao lado do crédito orçamentário que a cada ano consigna os recursos transferidos, sob supervisão do Ministério da Economia, aos municípios beneficiados.

Outros exemplos que esclarecem a finalidade e o mecanismo das *fontes de recursos* são as fontes 201 Transferência Constitucional do Fundo de Participação dos Municípios (FPM) e 202 Transferência Constitucional do Fundo de Participação dos Estados e do Distrito Federal (FPE). Nas referidas fontes estão computadas as parcelas do Imposto de Renda e do Imposto sobre Produtos Industrializados que se destinam, por mandamento constitucional, a constituir os dois fundos, além de outros.

Além das citadas vinculações constitucionais, inúmeras outras disposições legais estabelecem vínculos entre outros tipos de receitas, que não os impostos, e despesas determinadas. É o caso, principalmente, das contribuições parafiscais, por exemplo, responsáveis pelos Benefícios do Regime Geral da Previdência Social (fonte 054) ou pelas Atividades-fim da Seguridade Social (fonte 002). Diferentemente dos impostos, as contribuições sociais ou econômicas são criadas para atender a determinadas finalidades, sendo o produto de sua arrecadação vinculado ao atendimento de despesas específicas. Nesse caso, o montante de cada rubrica integrante das *origens da receita* tende a ser o mesmo da correspondente *fonte de recurso*.

As receitas de algumas taxas, de multas, de cotas-partes de adicionais etc., por estarem, também, comprometidas com certos gastos, engrossam o quadro de *fontes de recursos*. Não se deve esquecer das receitas de operações de crédito e de doações que, por sua natureza, precisam estar reservadas para determinadas aplicações.

Apêndice 7.1

Anexo nº 3 da Lei nº 4.320/64

1.0.0.0.00.0.0	**Receitas Correntes**
1.1.0.0.00.0.0	**Impostos, Taxas e Contribuições de Melhoria**
1.1.1.0.00.0.0	Impostos
1.1.1.1.00.0.0	Impostos sobre o Comércio Exterior
1.1.1.2.00.0.0	Impostos sobre o Patrimônio
1.1.1.3.00.0.0	Impostos sobre a Renda e Proventos de Qualquer Natureza
1.1.1.4.00.0.0	Impostos sobre a Produção, Circulação e Serviços
1.1.1.5.00.0.0	Impostos sobre Operações de Crédito, Câmbio e Seguro, ou Relativas a Títulos ou Valores Mobiliários
1.1.1.9.00.0.0	Outros Impostos
1.1.2.0.00.0.0	Taxas
1.1.2.1.00.0.0	Taxas pelo Exercício do Poder de Polícia
1.1.2.2.00.0.0	Taxas pela Prestação de Serviços
1.1.3.0.00.0.0	Contribuição de Melhoria
1.1.3.1.00.0.0	Contribuição de Melhoria
1.2.0.0.00.0.0	**Contribuições**
1.2.1.0.00.0.0	Contribuições Sociais
1.2.1.1.00.0.0	Contribuição para Financiamento da Seguridade Social
1.2.1.2.00.0.0	Contribuição para o Programa de Integração Social e para o Programa de Formação de Patrimônio do Servidor Público PIS/PASEP
1.2.1.3.00.0.0	Contribuição Social sobre o Lucro Líquido
1.2.1.4.00.0.0	Contribuições para o Regime Geral de Previdência Social
1.2.1.5.00.0.0	Contribuições para Regimes Próprios de Previdência e Sistema de Proteção Social
1.2.1.6.00.0.0	Contribuição para Fundos de Assistência Médico-Hospitalar e Social
1.2.1.7.00.0.0	Contribuições sobre Concursos de Prognósticos e Sorteios
1.2.1.9.00.0.0	Outras Contribuições Sociais
1.2.2.0.00.0.0	Contribuições Econômicas
1.2.2.1.00.0.0	Contribuições Econômicas

1.2.3.0.00.0.0	Contribuições para Entidades Privadas de Serviço Social e de Formação Profissional
1.2.3.1.00.0.0	Contribuições para Entidades Privadas de Serviço Social e de Formação Profissional
1.2.4.0.00.0.0	Contribuição para Custeio do Serviço de Iluminação Pública
1.2.4.1.00.0.0	Contribuição para Custeio do Serviço de Iluminação Pública
1.3.0.0.00.0.0	**Receita Patrimonial**
1.3.1.0.00.0.0	Exploração do Patrimônio Imobiliário do Estado
1.3.1.1.00.0.0	Exploração do Patrimônio Imobiliário do Estado
1.3.2.0.00.0.0	Valores Mobiliários
1.3.2.1.00.0.0	Juros e Correções Monetárias
1.3.2.2.00.0.0	Dividendos
1.3.2.3.00.0.0	Participações
1.3.2.9.00.0.0	Outros Valores Mobiliários
1.3.3.0.00.0.0	Delegação de Serviços Públicos Mediante Concessão, Permissão, Autorização ou Licença
1.3.3.1.00.0.0	Delegação para a Prestação dos Serviços de Transporte
1.3.3.2.00.0.0	Delegação dos Serviços de Infraestrutura
1.3.3.3.00.0.0	Delegação dos Serviços de Telecomunicação
1.3.3.4.00.0.0	Concessão para Prestação de Serviços de Energia Elétrica
1.3.3.9.00.0.0	Demais Delegações de Serviços Públicos
1.3.4.0.00.0.0	Exploração de Recursos Naturais
1.3.4.1.00.0.0	Petróleo – Regime de Concessão
1.3.4.2.00.0.0	Petróleo – Regime de Cessão Onerosa
1.3.4.3.00.0.0	Petróleo – Regime de Partilha de Produção
1.3.4.4.00.0.0	Exploração de Recursos Minerais
1.3.4.5.00.0.0	Exploração de Recursos Hídricos
1.3.4.6.00.0.0	Exploração de Recursos Florestais
1.3.4.9.00.0.0	Exploração de Outros Recursos Naturais
1.3.5.0.00.0.0	Exploração do Patrimônio Intangível
1.3.5.1.00.0.0	Exploração do Patrimônio Intangível
1.3.6.0.00.0.0	Cessão de Direitos
1.3.6.1.00.0.0	Cessão de Direitos
1.3.9.0.00.0.0	Demais Receitas Patrimoniais
1.3.9.1.00.0.0	Participação da União em Receita de Serviços
1.3.9.9.00.0.0	Outras Receitas Patrimoniais

1.4.0.0.00.0.0	**Receita Agropecuária**
1.4.1.0.00.0.0	Receita Agropecuária
1.4.1.1.00.0.0	Receita Agropecuária
1.5.0.0.00.0.0	**Receita Industrial**
1.5.1.0.00.0.0	Receita Industrial
1.5.1.1.00.0.0	Receita Industrial
1.6.0.0.00.0.0	**Receita de Serviços**
1.6.1.0.00.0.0	Serviços Administrativos e Comerciais Gerais
1.6.1.1.00.0.0	Serviços Administrativos e Comerciais Gerais
1.6.2.0.00.0.0	Serviços e Atividades Referentes à Navegação e ao Transporte
1.6.2.1.00.0.0	Serviços e Atividades Referentes à Navegação e ao Transporte
1.6.3.0.00.0.0	Serviços e Atividades Referentes à Saúde
1.6.3.1.00.0.0	Serviços de Atendimento à Saúde
1.6.3.2.00.0.0	Serviços de Assistência à Saúde de Servidores Civis e Militares
1.6.4.0.00.0.0	Serviços e Atividades Financeiras
1.6.4.1.00.0.0	Serviços e Atividades Financeiras
1.6.9.0.00.0.0	Outros Serviços
1.6.9.9.00.0.0	Outros Serviços
1.7.0.0.00.0.0	**Transferências Correntes**
1.7.1.0.00.0.0	Transferências da União e de suas Entidades
1.7.1.1.00.0.0	Transferências Decorrentes de Participação na Receita da União
1.7.1.2.00.0.0	Transferências das Compensações Financeiras pela Exploração de Recursos Naturais
1.7.1.3.00.0.0	Transferências de Recursos do Sistema Único de Saúde – SUS
1.7.1.4.00.0.0	Transferências de Recursos do Fundo Nacional do Desenvolvimento da Educação – FNDE
1.7.1.5.00.0.0	Transferências de Recursos da Complementação da União ao Fundo de Manutenção e Desenvolvimento da Educação Básica e de Valorização dos Profissionais da Educação – FUNDEB
1.7.1.6.00.0.0	Transferências de Recursos do Fundo Nacional de Assistência Social – FNAS
1.7.1.7.00.0.0	Transferências de Convênios da União e de Suas Entidades
1.7.1.9.00.0.0	Outras Transferências de Recursos da União e de suas Entidades
1.7.2.0.00.0.0	Transferências dos Estados e do Distrito Federal e de suas Entidades
1.7.2.1.00.0.0	Participação na Receita dos Estados e Distrito Federal
1.7.2.2.00.0.0	Transferências das Compensações Financeiras pela Exploração de Recursos Naturais
1.7.2.3.00.0.0	Transferências de Recursos do Sistema Único de Saúde – SUS

1.7.2.4.00.0.0	Transferências de Convênios dos Estados e DF e de Suas Entidades
1.7.2.9.00.0.0	Outras Transferências dos Estados e Distrito Federal
1.7.3.0.00.0.0	Transferências dos Municípios e de suas Entidades
1.7.3.1.00.0.0	Transferências de Recursos do Sistema Único de Saúde – SUS
1.7.3.2.00.0.0	Transferências de Convênios dos Municípios e de Suas Entidades
1.7.3.9.00.0.0	Outras Transferências dos Municípios
1.7.4.0.00.0.0	Transferências de Instituições Privadas
1.7.4.1.00.0.0	Transferências de Instituições Privadas
1.7.5.0.00.0.0	Transferências de Outras Instituições Públicas
1.7.5.1.00.0.0	Transferências de Recursos do Fundo de Manutenção e Desenvolvimento da Educação Básica e de Valorização dos Profissionais da Educação – FUNDEB
1.7.5.9.00.0.0	Demais Transferências de Outras Instituições Públicas
1.7.6.0.00.0.0	Transferências do Exterior
1.7.6.1.00.0.0	Transferências do Exterior
1.7.9.0.00.0.0	Demais Transferências Correntes
1.7.9.1.00.0.0	Transferências de Pessoas Físicas
1.7.9.2.00.0.0	Transferências Provenientes de Depósitos Não Identificados
1.7.9.9.00.0.0	Outras Transferências Correntes
1.9.0.0.00.0.0	**Outras Receitas Correntes**
1.9.1.0.00.0.0	Multas Administrativas, Contratuais e Judiciais
1.9.1.1.00.0.0	Multas Administrativas, Contratuais e Judiciais
1.9.2.0.00.0.0	Indenizações, Restituições e Ressarcimentos
1.9.2.1.00.0.0	Indenizações
1.9.2.2.00.0.0	Restituições
1.9.2.3.00.0.0	Ressarcimentos
1.9.3.0.00.0.0	Bens, Direitos e Valores Incorporados ao Patrimônio Público
1.9.3.1.00.0.0	Bens, Direitos e Valores Incorporados ao Patrimônio Público
1.9.4.0.00.0.0	Multas e Juros de Mora das Receitas de Capital
1.9.4.1.00.0.0	Multas e Juros de Mora das Alienações de Bens Móveis
1.9.4.2.00.0.0	Multas e Juros de Mora das Alienações de Bens Imóveis
1.9.4.3.00.0.0	Multas e Juros de Mora das Alienações de Bens Intangíveis
1.9.4.4.00.0.0	Multas e Juros de Mora das Amortizações de Empréstimos
1.9.4.9.00.0.0	Multas e Juros de Mora de Outras Receitas de Capital
1.9.9.0.00.0.0	Demais Receitas Correntes
1.9.9.9.00.0.0	Outras Receitas Correntes

2.0.0.0.00.0.0 Receitas de Capital

2.1.0.0.00.0.0   Operações de Crédito

2.1.1.0.00.0.0   Operações de Crédito – Mercado Interno

2.1.1.1.00.0.0   Títulos de Responsabilidade do Tesouro Nacional – Mercado Interno

2.1.1.2.00.0.0   Operações de Crédito Contratuais – Mercado Interno

2.1.1.3.00.0.0   Empréstimos Compulsórios

2.1.1.9.00.0.0   Outras Operações de Crédito – Mercado Interno

2.1.2.0.00.0.0   Operações de Crédito – Mercado Externo

2.1.2.1.00.0.0   Títulos de Responsabilidade do Tesouro Nacional – Mercado Externo

2.1.2.2.00.0.0   Operações de Crédito Contratuais – Mercado Externo

2.1.2.9.00.0.0   Outras Operações de Crédito – Mercado Externo

2.2.0.0.00.0.0 Alienação de Bens

2.2.1.0.00.0.0   Alienação de Bens Móveis

2.2.1.1.00.0.0   Alienação de Títulos, Valores Mobiliários e Aplicações Congêneres

2.2.1.2.00.0.0   Alienação de Estoques

2.2.1.3.00.0.0   Alienação de Bens Móveis e Semoventes

2.2.2.0.00.0.0   Alienação de Bens Imóveis

2.2.2.1.00.0.0   Alienação de Bens Imóveis

2.2.3.0.00.0.0   Alienação de Bens Intangíveis

2.2.3.1.00.0.0   Alienação de Bens Intangíveis

2.3.0.0.00.0.0 Amortização de Empréstimos

2.3.1.0.00.0.0   Amortização de Empréstimos

2.3.1.1.00.0.0   Amortização de Empréstimos

2.4.0.0.00.0.0 Transferências de Capital

2.4.1.0.00.0.0   Transferências da União e de suas Entidades

2.4.1.1.00.0.0   Transferências de Recursos do Sistema Único de Saúde – SUS

2.4.1.2.00.0.0   Transferências de Recursos do Fundo Nacional do Desenvolvimento da Educação – FNDE

2.4.1.3.00.0.0   Transferências de Recursos do Fundo Nacional de Assistência Social – FNAS

2.4.1.4.00.0.0   Transferências de Convênios da União e de suas Entidades

2.4.1.9.00.0.0   Outras Transferências de Recursos da União e de suas Entidades

Capítulo 7 • Classificação da Receita 143

2.4.2.0.00.0.0	Transferências dos Estados e do Distrito Federal e de suas Entidades
2.4.2.1.00.0.0	Transferências de Recursos do Sistema Único de Saúde – SUS dos Estados e DF
2.4.2.2.00.0.0	Transferências de Convênios dos Estados e DF e de Suas Entidades
2.4.2.9.00.0.0	Outras Transferências de Recursos dos Estados
2.4.3.0.00.0.0	Transferências dos Municípios e de suas Entidades
2.4.3.1.00.0.0	Transferências de Recursos do Sistema Único de Saúde – SUS dos Municípios
2.4.3.2.00.0.0	Transferências de Convênios dos Municípios e de Suas Entidades
2.4.3.9.00.0.0	Outras Transferências dos Municípios
2.4.4.0.00.0.0	Transferências de Instituições Privadas
2.4.4.1.00.0.0	Transferências de Instituições Privadas
2.4.5.0.00.0.0	Transferências de Outras Instituições Públicas
2.4.5.1.00.0.0	Transferências de Outras Instituições Públicas
2.4.6.0.00.0.0	Transferências do Exterior
2.4.6.1.00.0.0	Transferências do Exterior
2.4.9.0.00.0.0	Demais Transferências de Capital
2.4.9.1.00.0.0	Transferências de Pessoas Físicas
2.4.9.2.00.0.0	Transferências Provenientes de Depósitos Não Identificados
2.4.9.9.00.0.0	Outras Transferências de Capital
2.9.0.0.00.0.0	**Outras Receitas de Capital**
2.9.1.0.00.0.0	Integralização de Capital Social
2.9.1.1.00.0.0	Integralização de Capital Social
2.9.2.0.00.0.0	Resultado do Banco Central
2.9.2.1.00.0.0	Resultado do Banco Central
2.9.3.0.00.0.0	Remuneração das Disponibilidades do Tesouro
2.9.3.1.00.0.0	Remuneração das Disponibilidades do Tesouro
2.9.4.0.00.0.0	Resgate de Títulos do Tesouro
2.9.4.1.00.0.0	Resgate de Títulos do Tesouro
2.9.9.0.00.0.0	Demais Receitas de Capital
2.9.9.9.00.0.0	Outras Receitas de Capital
9.9.9.0.00.0.0	Recursos Arrecadados em Exercícios Anteriores – RPPS

Fonte: Portaria Conjunta STN/SOF/ME nº 103, de 5-10-2021.

Apêndice 7.2

Fontes de Recursos

GRUPO DE FONTES DE RECURSOS

1   Recursos Arrecadados no Exercício Corrente

3   Recursos Arrecadados em Exercícios Anteriores

7   Recursos de Operações de Crédito Ressalvadas pela Lei de Crédito Adicional da Regra de Ouro

9   Recursos Condicionados

ESPECIFICAÇÃO DAS FONTES

I –   **Códigos de *fontes de recursos* válidos para registros orçamentários e financeiros a partir de 1º de janeiro de 2023**

000   Recursos Livres da União

001   Recursos Livres da Seguridade Social

002   Atividades-fim da Seguridade Social

003   Recursos da UO para Aplicação na Seguridade Social

004   Assistência à Saúde Suplementar do Servidor Civil Ativo ou Inativo, seus Dependentes e Pensionistas

005   Assistência Médico-Hospitalar dos Militares das Forças Armadas

006   Assistência Social e à Saúde do Policial Militar do Distrito Federal e de seus Dependentes

007   Prevenção de Acidentes de Trânsito

008   Educação Pública, com Prioridade para a Educação Básica

009   Fiscalização de Segurança do Tráfego Aquaviário

010   Assistência Médico-Hospitalar dos Segurados Vitimados em Acidentes de Trânsito

011   Destinações da Cide-Combustíveis

012   Manutenção e Desenvolvimento do Ensino

013   Recursos para Aplicação em Despesas de Capital do Programa de Administração Patrimonial Imobiliária da União – PROAP

015   Casa da Moeda

016   Transferências para Entidades Delegatárias de Funções e Competências Relativas a Recursos Hídricos de Domínio da União

017   Montepio Civil

018   Órgão ou Entidade do Governo Federal Responsável pela Fiscalização da Distribuição Gratuita de Prêmios

019   FUNAPOL

Capítulo 7 • Classificação da Receita **145**

020 Sinalização, Engenharia de Tráfego e de Campo, Policiamento, Fiscalização e Educação de Trânsito

021 Fiscalização de Produtos Controlados pelo Exército

022 Aplicações da Cota-Parte da Contribuição Sindical no FAT

023 Pensões Militares da União e dos Ex-territórios

024 Pensões Militares e Remuneração dos Inativos Militares do FCDF

025 Reaparelhamento e Custeio das Atividades de Controle e Fiscalização de Produtos Químicos e de Repressão ao Tráfico Ilícito de Drogas

026 Desenvolvimento Rural no Campo do Cooperativismo e do Associativismo, Eletrificação Rural, Extensão Rural e Fiscalização das Sociedades Cooperativas

027 Serviços Afetos às Atividades Específicas da Justiça

028 Financiamento de Estudos e Serviços de Geologia e Geofísica Aplicados à Prospecção de Combustíveis Fósseis

029 Fundo Setorial do Audiovisual – FSA, para o Desenvolvimento de Atividades Audiovisuais

030 Aparelhamento da Defensoria Pública e Capacitação Profissional dos Seus Integrantes

031 FUNDAF – PGFN

032 FUNDAF – RFB

033 PROAP – Programa de Administração Patrimonial Imobiliária da União

034 Desporto, com Recursos de Superávit Financeiro Vinculados à Amortização e ao Pagamento do Serviço da Dívida Pública Federal

035 Ações e Serviços Públicos de Saúde – ASPS

036 Fundação CPQd

037 Melhoria dos Serviços de Radiodifusão Pública

038 Unidades de Conservação do Sistema Nacional de Unidades de Conservação – SNUC

039 Fiscalização e Supervisão das Atividades das Entidades Fechadas de Previdência Complementar

040 Seguro-Desemprego, Abono Salarial e Previdência Social

041 Programas de Desenvolvimento Econômico – BNDES

042 Capitalização do Fundo Social

043 Acordo FCA para Estudos, Obras, Recuperação, Desenvolvimento ou Implantação de Infraestrutura Ligada ao Aperfeiçoamento da Política de Transportes Ferroviários, Inclusive Modalidade Urbana

044 Recursos do FISTEL destinados ao FUST

045 Financiamento de Estudos, Atividades e Serviços de Levantamentos Geológicos Básicos no Território Nacional

046 Estudos de Planejamento da Expansão do Sistema Energético

047 Implantação e Manutenção de Unidades de Conservação Definidas como Beneficiárias pelo Órgão Ambiental Licenciador de Empreendimentos de Significativo Impacto Ambiental

048 Recursos Próprios da UO para Aplicação Exclusiva em Despesas de Capital na Seguridade Social

049 Recursos Próprios da UO para Aplicação em Seguridade Social

050 Recursos Próprios Livres da UO

051 Recursos Próprios da UO para Aplicação Exclusiva em Despesas de Capital

052 Recursos Livres da UO

053 Recursos Livres da UO, vedado o Pagamento de Dívida e de Pessoal

054 Benefícios do Regime Geral de Previdência Social

055 Benefícios do Regime Próprio de Previdência Social do FCDF – Contribuição do Segurado

056 Benefícios do Regime Próprio de Previdência Social da União

057 Indenização de Imóveis Rurais Desapropriados por Interesse Social

058 Segurança Nuclear, incluindo Controle e Fiscalização, P&D, Apoio Técnico Operacional, Materiais Didáticos e Pedagógicos

059 Recursos Próprios Destinados aos Serviços de Proteção de Cultivares

060 Política de Garantia de Preços Mínimos

061 Programas Financiados por Operações Oficiais de Crédito

062 Cobertura de Déficits nas Operações da PGPM

063 Rede de Balizamento Marítimo, Fluvial e Lacustre

064 Desenvolvimento e Fomento do Setor de Aviação Civil e da Infraestrutura Aeronáutica Civil

066 Política Nacional de Recursos Hídricos, Sistema Nacional de Gerenciamento de Recursos Hídricos e Gestão da Rede Hidrometereológica Nacional

067 Gestão das Unidades de Conservação de Uso Sustentável

068 FNDF – Fundo Nacional de Desenvolvimento Florestal

069 Recursos Arrecadados em Pagamento de Multas por Infração Ambiental a Serem Revertidos a Fundos

070 Controle e Fiscalização Ambiental

071 Implementação da Política Nacional de Recursos Hídricos e do Sistema Nacional de Gerenciamento de Recursos Hídricos

072 Desenvolvimento de Atividades de Gestão Ambiental Relacionadas à Cadeia Produtiva do Petróleo, ou apoio a projetos ou estudos e financiamento de empreendimentos que visem à mitigação da mudança do clima e à adaptação à mudança do clima e aos seus efeitos

Capítulo 7 • Classificação da Receita **147**

073 PROJUS – Programa de Modernização e Aperfeiçoamento da Justiça do Distrito Federal

074 Encargos de Responsabilidade do Fundo Contingente da Extinta Rede Ferroviária Federal S.A

075 CCCCN – Comissão Coordenadora da Criação do Cavalo Nacional

076 Recursos de Petróleo sem Destinação Definida em Decorrência da Suspensão Imposta pela Liminar do STF

077 Fiscalização e Proteção das Áreas de Produção de Petróleo

078 Desenvolvimento de Atividades de Gestão Ambiental Relacionadas à Cadeia Produtiva do Petróleo

079 Programa de Proteção a Crianças e Adolescentes Ameaçados de Morte

080 Pesquisas de Planejamento da Expansão do Sistema Energético, de Inventário e de Viabilidade de Aproveitamento dos Potenciais Hidroelétricos

081 Convênios

082 Atividades de Avaliação dos Impactos Econômicos e Sociais da Aplicação dos Recursos dos Fundos de Desenvolvimento Regionais

083 Reparação de Danos Causados a Interesses Difusos e Coletivos

084 Complemento da Atualização Monetária dos Recursos do Fundo de Garantia do Tempo de Serviço – FGTS

085 Recursos para Aplicação em Despesas de Capital de Programas Habitacionais de Caráter Social

086 Aplicação na Área de Comércio Exterior, Conforme Diretrizes Estabelecidas pela CAMEX

087 CDE – Conta de Desenvolvimento Energético

088 Fundo Aeroviário, para Execução e Manutenção do Sistema Aeroviário Nacional

089 Fundo Aeroviário, para Desenvolvimento do Ensino Profissional Aeronáutico

090 Despesas de Representação e Estudos Técnicos em Apoio às Posições Brasileiras na Organização Marítima Internacional – IMO

091 Encargos da Intervenção da União no Apoio ao Desenvolvimento da Marinha Mercante e da Indústria de Construção e Reparação Naval Brasileiras

092 Proteção Ambiental em Regiões Impactadas pela Mineração

093 Desenvolvimento Institucional do BACEN

094 Combate à Fome

095 Doações Estrangeiras

096 Doações Nacionais

097 CT-Aeronáutico e Financiamentos Reembolsáveis, Subvenções Econômicas e Despesas Administrativas/Operacionais

098 CT-Agronegócio e Financiamentos Reembolsáveis, Subvenções Econômicas e Despesas Administrativas/Operacionais

099 CT-Biotecnologia e Recursos Genéticos, e Financiamentos Reembolsáveis, Subvenções Econômicas e Despesas Administrativas/Operacionais

100 CT-Saúde e Financiamentos Reembolsáveis, Subvenções Econômicas e Despesas Administrativas/Operacionais

101 CT-Verde Amarelo (Programa de Estímulo à Interação Universidade-Empresa para o Apoio à Inovação) e Financiamentos Reembolsáveis, Subvenções Econômicas e Despesas Administrativas/Operacionais

102 CT-Verde Amarelo (Programa de Inovação para Competitividade) e Financiamentos Reembolsáveis, Subvenções Econômicas, Despesas Administrativas/Operacionais, Equalização de Taxas de Juros e Investimentos em Empresas Inovadoras

103 CT-Aquaviário e Financiamentos Reembolsáveis, Subvenções Econômicas e Despesas Administrativas/Operacionais

104 CT-Infra e Financiamentos Reembolsáveis, Subvenções Econômicas, Despesas Administrativas/Operacionais e Ações Transversais

105 CT-Mineral e Financiamentos Reembolsáveis, Subvenções Econômicas, Despesas Administrativas/Operacionais e Ações Transversais

106 Recursos do FISTEL destinados ao CT-Espacial e a Financiamentos Reembolsáveis, Subvenções Econômicas, Despesas Administrativas/Operacionais e Ações Transversais

107 CT-Petro e Financiamentos Reembolsáveis, Subvenções Econômicas, Despesas Administrativas/Operacionais e Ações Transversais

108 CT-Energia e Financiamentos Reembolsáveis, Subvenções Econômicas, Despesas Administrativas/Operacionais e Ações Transversais

109 CT-Hidro e Financiamentos Reembolsáveis, Subvenções Econômicas, Despesas Administrativas/Operacionais e Ações Transversais

110 CT-Info e Financiamentos Reembolsáveis, Subvenções Econômicas, Despesas Administrativas/Operacionais e Ações Transversais

111 Inovar-Auto e Financiamentos Reembolsáveis, Subvenções Econômicas e Despesas Administrativas/Operacionais

112 CT-Amazônia e Financiamentos Reembolsáveis, Subvenções Econômicas, Despesas Administrativas/Operacionais e Ações Transversais

113 Pesquisas, Estudos e Projetos de Tratamento, Beneficiamento e Industrialização de Bens Minerais no Centro de Tecnologia Mineral – CETEM

114 Pesquisa, Desenvolvimento e Tecnologia de Interesse do Desenvolvimento Regional

115 Projetos do Comando da Marinha para Construção e Reparos de Embarcações em Estaleiros Brasileiros

116 Recursos Próprios Destinados ao Sistema Nacional de Sementes e Mudas – SNSM

117 Recursos Próprios Destinados ao Fundo Geral do Cacau

Capítulo 7 • Classificação da Receita **149**

118 CT-Infra e Financiamentos Reembolsáveis, Subvenções Econômicas e Despesas Administrativas/Operacionais

119 Recursos do FISTEL Destinados ao CT-Infra e a Financiamentos Reembolsáveis, Subvenções Econômicas, Despesas Administrativas/Operacionais e Ações Transversais

120 Recursos do FISTEL de Livre Aplicação na ANATEL e no Tesouro Nacional

121 Recursos Livres da UO, com Recursos de Superávit Financeiro Vinculados à Amortização e ao Pagamento do Serviço da Dívida Pública Federal

122 Recursos da UO para Aplicação na Seguridade Social, com Recursos de Superávit Financeiro Vinculados à Amortização e ao Pagamento do Serviço da Dívida Pública Federal

123 Seguridade Social, com Recursos de Superávit Financeiro Vinculados à Amortização e ao Pagamento do Serviço da Dívida Pública Federal

124 Fundo Garantidor do Fundo de Financiamento Estudantil – FG-FIES

125 Benefícios do Regime Próprio de Previdência Social do FCDF – Contribuição Patronal

126 Assistência Social e à Saúde do Bombeiro Militar do Distrito Federal e de Seus Dependentes

127 Remuneração da Empresa Pré-Sal Petróleo S.A. pela Gestão de Contratos de Partilha

128 Custeio das Comissões de Avaliação – INEP

133 Educação Básica, vedado o Pagamento de Despesas com Pessoal

134 Recursos Próprios Destinados à Educação Básica, vedado o Pagamento de Despesas com Pessoal

136 CT-Transporte e Financiamentos Reembolsáveis, Subvenções Econômicas, Despesas Administrativas/Operacionais e Ações Transversais

137 CONCEA – Promoção e Incentivo da Utilização Ética de Animais em Atividades de Ensino e Pesquisa Científica

138 Melhoria da Prestação Jurisdicional

155 Ações e Serviços de Saúde, Vedada a Utilização para Pagamento de Serviços Prestados por Instituições Hospitalares com Finalidade Lucrativa

156 Custeio da Previdência Social

177 Aplicações Definidas na ADPF nº 568

178 Recursos Destinados ao Enfrentamento da COVID-19

179 Fundo de Combate e Erradicação da Pobreza

201 Transferência Constitucional do Fundo de Participação dos Municípios

202 Transferência Constitucional do Fundo de Participação dos Estados e do Distrito Federal

203 Transferência Constitucional do IPI Exportação

206 Transferência Constitucional de Parcela do ITR para os Municípios

207 Transferência Constitucional para Aplicação em Programas de Financiamento ao Setor Produtivo da Região Norte

208 Transferência Constitucional para Aplicação em Programas de Financiamento ao Setor Produtivo da Região Centro-Oeste

209 Transferência Constitucional para Aplicação em Programas de Financiamento ao Setor Produtivo da Região Nordeste

210 Transferência Constitucional para Aplicação em Programas de Financiamento ao Setor Produtivo da Região Nordeste – Semiárido

211 Transferência de Parcela da Cide Combustíveis aos Estados e DF

213 Transferência das Cotas Estaduais e Municipais do Salário-Educação

219 Transferência Constitucional do IOF Ouro para os Estados, DF e Municípios

229 Transferência de Parcela da Arrecadação Relativa à Concessão Florestal para os Estados, DF e Municípios

234 Transferência de Parcela da Compensação Financeira pela Utilização de Recursos Hídricos para os Estados, DF e Municípios – Demais Empresas

235 Transferência de Parcela da Compensação Financeira pela Utilização de Recursos Hídricos para os Estados, DF e Municípios – Itaipu

241 Transferências de Parcela da Compensação Financeira pela Exploração de Recursos Minerais para os Estados, DF e Municípios

242 Transferências de Parcela dos *Royalties* de Petróleo, Gás Natural e Outros Hidrocarbonetos Fluidos aos Estados, DF e Municípios

251 Transferências do Fundo Nacional de Segurança Pública – FNSP

286 Transferências de Parcela das Taxas de Ocupação aos Municípios e ao DF

400 Pagamento da Dívida Pública Mobiliária Federal

401 Amortização da Dívida Pública Federal

443 Refinanciamento da Dívida Pública Federal

444 Demais Aplicações Autorizadas para Recursos Oriundos de Títulos do Tesouro Nacional, excetuado o Refinanciamento da Dívida Pública

448 Objeto Contratual da Operação de Crédito Externa em Moeda

449 Objeto Contratual da Operação de Crédito Externa em Bens e/ou Serviços

II – Códigos de *fontes de recursos* válidos apenas para etapas intermediárias da elaboração do orçamento e da execução financeira a partir de 1º de janeiro de 2023

490 Recursos a Classificar

491 Recursos Diversos

499 Recursos a Definir

Fonte: Portaria SOF/ME 14.956, de 21-12-2021, e alterações posteriores.

Parte IV

Do Orçamento-Programa ao Orçamento por Resultados

8

Fundamentos do Orçamento-Programa

A. Introdução

Ao longo do século XX, em especial a partir da segunda metade, o orçamento público passou por um contínuo processo de reforma de concepção, com efeitos importantes nas práticas e nos processos. Algumas das características das medidas reformadoras, praticamente todas criadas e desenvolvidas sob a inspiração norte-americana, estão descritas e rapidamente comentadas ao longo dos Capítulos 3 e 4 deste livro. Neste capítulo e nos próximos dois, a parte mais importante e atual desses movimentos será analisada com maior profundidade. O Quadro 8.1 apresenta uma síntese das principais etapas do processo de reforma orçamentária nos Estados Unidos no século XX.

Quadro 8.1 *Estágios da reforma orçamentária nos Estados Unidos.*

Período	Concepção	Ênfase
Início do século XX	Orçamento por objeto Orçamento executivo	Controle
Década de 1950	Orçamento de desempenho	Administração Economia e eficiência
Década de 1960	Sistema de Planejamento, Programação e Orçamento – PPBS	Planejamento Avaliação Eficácia
Décadas de 1970 e 1980	Orçamento base-zero Orçamento base-equilibrada Orçamento base-meta	Planejamento Priorização Redução do orçamento
Década de 1990	Novo orçamento de desempenho	*Accountability* Eficiência e economia

Fonte: TYER, Charlie; WILLAND, Jennifer. Public budgeting in America. A twentieth century retrospective. *Journal of Public Budgeting, Accounting and Financial Management.* v. 9, n. 2, summer 1997.

154 Orçamento Público • Giacomoni

O **orçamento por objeto** (*line-item*, na expressão inglesa) representa fielmente a concepção do orçamento tradicional. As despesas são autorizadas segundo o objeto (natureza) do gasto: salários, combustíveis, suprimentos de escritório, serviços prestados por terceiros, equipamentos etc. Durante muito tempo, os orçamentos adotaram basicamente essa forma de estruturação, por ser de fácil compreensão pelos participantes dos processos de elaboração e aprovação orçamentária, em especial os membros das casas legislativas. Além da simplicidade, as autorizações por objeto de despesa atendem às exigências do controle, que é a finalidade inicial de qualquer orçamento governamental. Apesar de ser o formato mais tradicional, o objeto da despesa é encontrado em todos os orçamentos, inclusive os atuais. Convivendo com outras classificações, o objeto (ou elemento, no atual modelo brasileiro) é necessário para o controle analítico dos gastos e para o acompanhamento e a apuração de custos.

Chamar a atenção para o **orçamento executivo** tem sentido, pois, nos Estados Unidos, a partir da independência até a década de 1920, o Congresso controlava as autorizações orçamentárias, o que na prática significava a elaboração do orçamento federal. Apenas com a aprovação da Lei de Orçamento e Contabilidade (*Budget and Accounting Act*), em 1921, os presidentes norte-americanos passaram a encaminhar ao Congresso as suas propostas orçamentárias. Nos estudos sobre a reforma orçamentária norte-americana, destaca-se sempre esse momento como o início da efetiva participação do Poder Executivo na elaboração do orçamento federal.

No Brasil, assim como nos demais países latino-americanos, a idealização do orçamento moderno esteve e, de certa maneira, ainda está representada no chamado Orçamento-programa, conjunto de conceitos e disposições técnicas sistematizado originalmente pela Organização das Nações Unidas (ONU).

A concepção básica desse sistema foi extraída da experiência federal americana obtida com a implantação do Orçamento de desempenho (*performance budget*), sistema pioneiramente experimentado durante a Segunda Guerra Mundial e recomendado pela Primeira (1949) e pela Segunda Comissão Hoover (1955) para adoção por todo o serviço público. De acordo com Jack Diamond, "[d]eve-se notar que, mesmo a partir desse início, a Comissão Hoover usava as expressões 'orçamento por programas' e 'orçamento de desempenho' de forma quase sinônima".[1] No final dos anos 1950 e início dos anos 1960, a ONU, por meio de seus diversos organismos, inclusive a Comissão Econômica para a América Latina (Cepal), patrocinou intensa programação de reuniões e debates das novas propostas visando a sua assimilação pelas equipes de orçamento dos países-membros.[2]

---

[1] DIAMOND, Jack. Do orçamento por programas para o orçamento de desempenho: o desafio para economias de mercado emergentes. *In*: GIACOMONI, J.; PAGNUSSAT, J. L. (org.). *Planejamento e orçamento governamental*. Coletânea – v. 2. Brasília: ENAP, 2006. p. 93.

[2] O manual básico elaborado pela ONU – *A manual for program and performance budgeting* – foi publicado em 1965. Manteve a expressão clássica (*performance*) ao lado da outra que passaria a ser o rótulo do novo sistema (programa). O tradutor brasileiro do manual, José Teixeira Machado Jr., preferiu adotar o termo "realizações" em vez de *desempenho*. Ver NAÇÕES UNIDAS. *Manual de orçamento por programas e realizações*. Rio de Janeiro: Ministério do Planejamento e Coordenação Geral, 1971.

Capítulo 8 • Fundamentos do Orçamento-Programa **155**

O modelo de Orçamento-programa decorrente daqueles esforços iniciais não deve ser confundido com outro que, sob a mesma denominação – *program budgeting* –, foi implantado por Robert McNamara na Secretaria de Defesa e estendido pelo presidente Johnson, em 1965, ao restante da administração federal civil sob o rótulo de Sistema de Planejamento, Programação e Orçamento (*Planning, Programming, Budgeting System* – PPBS).

Ao longo do tempo, o Orçamento-programa perdeu as características de organicidade existentes no modelo da ONU e, pelas contribuições de diversas correntes, incorporou novos conceitos, alguns retirados do próprio PPBS. Essa concepção híbrida, dominante inclusive no Brasil, foi distanciando o Orçamento-programa das possibilidades reais de implantação. Uma das consequências poderia ser a diminuição do interesse das equipes responsáveis pelos orçamentos em prosseguir na adoção dos novos conceitos e procedimentos que, além de complexos, não teriam a "estabilidade" que seria necessária segundo uma estratégia de implantação gradual. Em estudo destinado a tornar mais rigorosa a base teórica do Orçamento-programa, seus autores concluem que:

> [...] a prática formal da técnica de orçamento por programas na América Latina, inadvertidamente e pouco a pouco, está perdendo seus propósitos fundamentais e, sob a aparente forma programática, persistem em muitos casos as mesmas rotinas do orçamento tradicional.[3]

B. Conceito de Orçamento-programa

Em documento de 1959, a ONU conceituava Orçamento-programa como:

> [...] um sistema em que se presta particular atenção às coisas que um governo realiza mais do que às coisas que adquire. As coisas que um governo adquire, tais como serviços pessoais, provisões, equipamentos, meios de transporte etc., não são, naturalmente, senão meios que emprega para o cumprimento de suas funções. As coisas que um governo realiza em cumprimento de suas funções podem ser estradas, escolas, terras distribuídas, casos tramitados e resolvidos, permissões expedidas, estudos elaborados ou qualquer das inúmeras coisas que podem ser apontadas. O que não fica claro nos sistemas orçamentários é esta relação entre coisas que o governo adquire e coisas que realiza.[4]

A questão central da definição anterior – ênfase nas realizações – não se constituía em novidade, pois já era defendida pelos reformistas americanos do início do século.[5] A originalidade do Orçamento-programa estava na sua organicidade, isto é, possuía todos os componentes bem articulados, o que lhe possibilitava reais chances de implantação generalizada em substituição ao antigo e arraigado orçamento tradicional. Uma

---

[3]   ROMO, Carlos Matus et al. Bases teóricas do Orçamento por Programa (Documento preliminar). *Revista ABOP*. Brasília, v. 5, n. 1, p. 9, jan./abr. 1980.

[4]   MARTNER, Gonzalo. *Planificación y pressupuesto por programas*. 4. ed. México: Siglo Veintiuno, 1972. p. 195.

[5]   Para um desses pioneiros, W. F. Willoughby (1918), o orçamento deveria mostrar o "trabalho realizado ou a ser realizado (e) a necessidade ou utilidade de tal trabalho". Ver LEE JR., R. D.; JOHNSON, R. W. *Public budgeting systems*. Baltimore: University Park, 1973. p. 102.

definição clássica que esclarece bem a nova concepção foi concebida para o *performance budget* americano:

> Um orçamento de desempenho é aquele que apresenta os propósitos e objetivos para os quais os créditos se fazem necessários, os custos dos programas propostos para atingir àqueles objetivos e dados quantitativos que meçam as realizações e o trabalho levado a efeito em cada programa.[6]

Estão nessa definição os elementos essenciais do Orçamento-programa:

a) os *objetivos* e *propósitos* perseguidos pela instituição e para cuja consecução são utilizados os recursos orçamentários;
b) os *programas,* isto é, os instrumentos de integração dos esforços governamentais no sentido da concretização dos objetivos;
c) os *custos* dos programas medidos por meio da identificação dos *meios* ou *insumos* (pessoal, material, equipamentos, serviços etc.) necessários para a obtenção dos resultados; e
d) *medidas de desempenho* com a finalidade de medir as realizações (produto final) e os esforços despendidos na execução dos programas.

O Diagrama 8.1 mostra como se relacionam as partes principais do sistema anteriormente descrito.

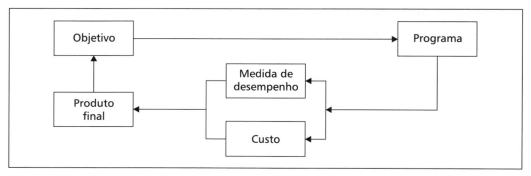

Diagrama 8.1   *Principais componentes do Orçamento-programa.*

---

[6] Extraída de um trabalho não publicado do Bureau de Orçamento americano e citada em BURKHEAD, Jesse. *Orçamento público.* Rio de Janeiro: Fundação Getulio Vargas, 1971. p. 87. Burkhead faz distinção entre Orçamento-programa e Orçamento de Desempenho. No seu entendimento, o primeiro coloca ênfase na programação em nível da instituição como um todo ou dos grandes órgãos (ministérios, por exemplo); auxilia as decisões macroadministrativas, bem como a participação do legislador no processo orçamentário. O Orçamento de Desempenho, por seu turno, apresenta maior interesse aos níveis organizacionais responsáveis pela execução dos programas; nesse plano microadministrativo, o orçamento considera as unidades de desempenho, os custos etc. Ao fixar essa distinção, Burkhead possivelmente levou em consideração os estudos já em desenvolvimento naquela oportunidade sobre o "Program Budgeting" (PPBS). Ver BURKHEAD, Jesse. Op. cit. p. 182-183. Em seu manual, a ONU igualmente chama a atenção para as diferenças entre os dois sistemas, atribuindo importância principal, no Orçamento-programa, ao sistema classificatório (Funções, Programas, Projetos, Atividades etc.), interpretação essa por demais restrita. Ver NAÇÕES UNIDAS. Op. cit. p. 31. Com o passar do tempo, essas distinções perderam o significado, generalizando-se a aceitação do Orçamento-programa como síntese das propostas reformistas.

Capítulo 8 • Fundamentos do Orçamento-Programa **157**

O manual da ONU assim descreve o inter-relacionamento dos componentes do Orçamento-programa:

> Em primeiro lugar, estabelecem-se *programas* e *atividades* significativos para cada função confiada a uma organização ou entidade, a fim de indicar exatamente os *objetivos* perseguidos pelos diversos órgãos. Segundo, o *sistema de contas* e de *gestão* financeira passa a ser correlacionado com essa classificação. Terceiro, em relação a cada programa e suas subdivisões operacionais, estabelecem-se *medidas* de *programas* e de *trabalho* que permitam avaliar o rendimento[7] (grifos nossos).

Parece ter ficado claro, pois, a proximidade conceitual entre o *performance budget* americano e o Orçamento por Programa e Realizações concebido e difundido pela ONU. Nas suas experiências práticas, ambos os sistemas voltaram-se especialmente para a adoção da classificação programática, com êxito aliás, pois tal classificação está hoje praticamente universalizada. Já na parte da mensuração do trabalho e dos produtos finais, os resultados foram modestos, inclusive na área federal americana.[8]

O PPBS surgiu cobrindo áreas negligenciadas pelo Orçamento-programa. David Novick, um de seus principais formuladores, assim o define:

> (o PPBS) se caracteriza pela ênfase nos objetivos, nos programas, nos elementos dos programas, tudo estabelecido em termos de produto.[9]

Charles L. Schultze, outro autor bastante identificado com o PPBS, visando diminuir a euforia dos partidários e o ímpeto dos críticos, trata o novo sistema como "apenas um instrumento para *auxiliar* o administrador a tomar decisões"[10] (grifo no original). Ainda segundo o mesmo autor, os requisitos para a implantação do PPBS são os seguintes:

a) Explicitar da forma mais precisa possível os *objetivos básicos de cada programa*. Precisão aqui significa questionar realmente que resultados se pretende alcançar. O objetivo de um Programa Rodoviário não deve ser, por exemplo, a construção de estradas simplesmente, mas o transporte de pessoas e bens, de forma eficaz e segura, isto é, um objetivo superior.

b) Identificar o *produto final* de cada programa para representar adequadamente os objetivos inicialmente traçados. Voltando ao exemplo do Programa Rodoviário, construir *n* quilômetros de estrada não é boa indicação do produto final do programa. O indicador adequado para um programa que objetiva transporte

---

[7] NAÇÕES UNIDAS. Op. cit. p. 28.

[8] SCHICK, Allen. Uma morte na burocracia: o passamento do PPBS federal. *Revista ABOP.* Brasília, v. 4, n. 2, p. 151, maio/ago. 1978.

[9] NOVICK, David. What program budgeting is and is not. *In:* NOVICK, David (ed.). *Current practice in program budgeting (PPBS).* New York: Crane, Russak, 1973. p. 16.

[10] SCHULTZE, Charles L. A importância da análise de custo-benefício. *In:* HINRICHS, H. H.; TAYLOR, G. M. (org.). *Orçamento-programa e análise de custo-benefício.* Rio de Janeiro: Fundação Getulio Vargas, 1974. p. 5.

158 Orçamento Público • Giacomoni

eficaz e seguro são as horas de viagens economizadas, o número de acidentes evitados etc.

c) Em cada programa devem aparecer consignados *todos os custos* envolvidos na consecução dos objetivos. Para tal, em muitos casos deverão ser analisados os custos que extrapolam o período do orçamento anual.

d) *Análise das alternativas* é um requisito-chave no PPBS. Sempre que possível devem ser cotejadas alternativas de forma que seja possibilitada a identificação daquela que maiores vantagens apresenta em termos de eficácia e de economia. Se o objetivo, por exemplo, for o da agilização do escoamento de safras agrícolas, a alternativa *rodovia* deve ser cotejada com a alternativa *ferrovia* e até com a *hidrovia,* caso essa exista.

e) O último requisito recomenda a aplicação do método em todos os órgãos do governo de forma *sistemática,* objetivando enquadrar, nesse processo, o maior número de decisões orçamentárias, no menor prazo de tempo.[11]

O Orçamento-programa e o PPBS são sistemas inconciliáveis? Chester Wright acredita que não: "posso afirmar que o Orçamento-programa é um pré-requisito necessário à implantação do PPBS".[12] Na verdade, nem o Orçamento-programa pode substituir a forma tradicional de orçamentação por objeto de despesa, nem o PPBS pode tomar o lugar do Orçamento-programa, já que cada um desses três sistemas orçamentários fornece diferentes informações, as quais, entretanto, são altamente interdependentes entre si. O relacionamento entre os três tipos de orçamento, a partir das informações geradas de cada um, está representado no Diagrama 8.2. Segundo os autores dessa concepção, Lyden & Miller,

> [...] para entender plenamente a operação de uma organização, necessitamos conhecer seus *objetivos* e *metas,* as *atividades* que possibilitam alcançar esses objetivos, a combinação de *recursos* que são utilizados, as *unidades organizacionais* responsáveis pela produção dessas combinações, os *resultados* produzidos e os *impactos* que eles determinam na sociedade. O PPBS se concentra nas *metas* e nos *impactos* determinados pelo processo, o orçamento de desempenho no processamento (*atividades* e *produtos*) e o orçamento por objeto de despesa ou item nos *bens* e *serviços* supridos[13] (grifos nossos).

---

[11]   Idem, ibidem. p. 6-9.

[12]   WRIGHT, Chester. O conceito de orçamento-programa. *In:* HINRICHS, H. H.; TAYLOR, G. M. Op. cit. p. 49.

[13]   LYDEN, F. J.; MILLER, E. G. Introduction. *In:* LYDEN, F. J.; MILLER, E. G. (ed.). *Public budgeting.* 4. ed. New Jersey: Prentice Hall, 1982. p. 4.

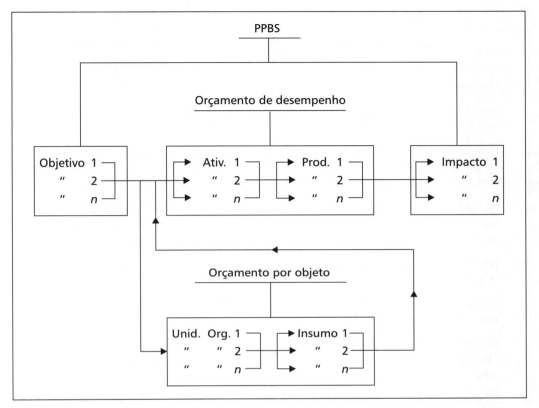

Fonte: LYDEN, F. J.; MILLER, E. G. Op. cit. p. 4.

Diagrama 8.2 *Fluxo das informações geradas pelo orçamento por objeto, orçamento de desempenho e PPBS.*

C. Orçamento tradicional × Orçamento-programa

Apesar das dificuldades que cercaram a implantação do PPBS, boa parte de seus elementos conceituais está, presentemente, integrada no Orçamento-programa, cuja feição moderna, conforme já afirmado, incorporou quase todas as ideias reformistas geradas, especialmente após a Segunda Guerra Mundial. O Orçamento-programa resultante dessas modernas orientações é mais ambicioso e, consequentemente, de mais difícil aplicação prática. Isso é compreensível, pois aumentou a distância a ser ultrapassada entre as formas tradicionais e modernas de orçamentação. No Quadro 8.2 estão sintetizadas as principais diferenças entre o orçamento tradicional e o Orçamento-programa.

160 Orçamento Público • Giacomoni

Quadro 8.2 *Principais diferenças entre o orçamento tradicional e o Orçamento-programa.*

Orçamento tradicional	Orçamento-programa
1. O processo orçamentário é dissociado dos processos de planejamento e programação.	1. O orçamento é o elo entre o planejamento e as funções executivas da organização.
2. A alocação de recursos visa à aquisição de meios.	2. A alocação de recursos visa à consecução de objetivos e metas.
3. As decisões orçamentárias são tomadas tendo em vista as necessidades das unidades organizacionais.	3. As decisões orçamentárias são tomadas com base em avaliações e análises técnicas das alternativas possíveis.
4. Na elaboração do orçamento são consideradas as necessidades financeiras das unidades organizacionais.	4. Na elaboração do orçamento são considerados todos os custos dos programas, inclusive os que extrapolam o exercício.
5. A estrutura do orçamento dá ênfase aos aspectos contábeis de gestão.	5. A estrutura do orçamento está voltada para os aspectos administrativos e de planejamento.
6. Principais critérios classificatórios: unidades administrativas e elementos.	6. Principal critério de classificação: funcional-programático.
7. Inexistem sistemas de acompanhamento e medição do trabalho, assim como dos resultados.	7. Utilização sistemática de indicadores e padrões de medição do trabalho e dos resultados.
8. O controle visa avaliar a honestidade dos agentes governamentais e a legalidade no cumprimento do orçamento.	8. O controle visa avaliar a eficiência, a eficácia e a efetividade das ações governamentais.

D. Limitações e críticas ao Orçamento-programa

Mesmo em sua concepção mais original, o Orçamento-programa já representava significativo avanço em relação aos sistemas orçamentários vigentes. A riqueza conceitual do novo modelo de orçamento era sua grande força, mas, ao mesmo tempo, uma forte limitação, pois implicava vencer, além da natural resistência às mudanças, típica da administração pública, as concepções e os princípios de uma área cheia de tradições.

Após a implementação da classificação programática, o que foi alcançado sem muitos problemas na maior parte dos países e instituições, surgiu uma dificuldade concreta: a adoção de padrões de medição do trabalho, especialmente a definição dos *produtos finais*. Segundo Gonzalo Martner, "para o Orçamento-programa, a definição dos produtos finais é fundamental, é a que dá significado ao sistema e é, por sua vez, seu fator mais limitante".[14] Em primeiro lugar, há a necessidade de que os novos conceitos sejam conhecidos por todos

---

[14] MARTNER, Gonzalo. Op. cit. p. 199-200.

Capítulo 8 • Fundamentos do Orçamento-Programa **161**

os órgãos executores de atividades e programas, bem como por todos os técnicos que elaboram e avaliam projetos e programas e por todas as autoridades que tomam decisões. Em segundo lugar, as próprias dificuldades em identificar *produtos finais* fazem com que sejam apressadamente apontados como tal verdadeiros *produtos intermediários* ou *produtos* de *segunda linha*, que certamente perderão na comparação com outros *produtos finais*, quando do cotejamento dos programas a serem contemplados com recursos. Em terceiro lugar, certas atividades relevantes do Estado são intangíveis, seus resultados não se prestam a medições; um sistema orçamentário que valoriza sobremaneira a quantificação dos produtos finais pode, nesses casos, acabar induzindo decisões de alocação de recursos grosseiramente equivocadas.

O Orçamento-programa estava às voltas com essas limitações no plano da mensuração física quando houve a tentativa de implantação do PPBS no serviço federal americano. As ambições do novo sistema significaram novas limitações. Uma das principais aparecia junto ao primeiro dos requisitos do PPBS: a identificação dos objetivos e propósitos do governo. O novo sistema orçamentário recomenda a utilização de análise científica na definição dos objetivos governamentais, o que, no entendimento de Frederick Mosher, é impossível de ser feito, pois a escolha dos objetivos resulta de juízos de valor, havendo, ainda, muita motivação política no processo de decisão.[15]

Na opinião de Allen Schick, autor identificado com a doutrina do PPBS, o fracasso da tentativa de introdução do sistema na administração civil americana deveu-se, especialmente, a erros na estratégia de implantação.

> A morte do PPBS resultou de múltiplas causas, mas qualquer delas isoladamente produziria o mesmo efeito. Morreu em virtude da maneira por que foi introduzido, por cima do muro e sem muita preparação. Morreu por causa da arrogante insensibilidade dos novos homens no poder às tradições orçamentárias, às lealdades institucionais e às relações pessoais. Morreu por falta de adequado suporte e liderança com parcos recursos investidos. Em seu apogeu, a equipe do Bureau de Orçamento encarregada de orientar e promover o esforço governamental não ia além de 12 profissionais. O PPBS morreu por deficiência de bons analistas e de dados e por exigir muito tempo para suprir o déficit. As causas do passamento do PPBS foram tão variadas e numerosas quanto as perspectivas daqueles que estudaram a debacle.[16]

A lista de Schick continua: o Bureau de Orçamento, ao implantar o PPBS, simplesmente transplantou os procedimentos vigentes no Departamento de Defesa, sem considerar as particularidades dos departamentos civis. Além disso, o sistema todo foi concebido sem levar em conta a participação do Congresso no processo orçamentário. De todas as causas

---

[15] Apud CARVALHO, Getúlio. Orçamento-programa: o fito e o mito. *Revista de Administração Municipal*. Rio de Janeiro, v. 20, n. 118, p. 61, maio/jun. 1973; apud CARVALHO, Getúlio. Processo decisório: a fronteira política e os limites econômicos. *Revista de Administração Pública*. Rio de Janeiro, v. 7, n. 1, p. 12, jan./mar. 1973.

[16] SCHICK, Allen. Op. cit. p. 139.

162 Orçamento Público • Giacomoni

do fracasso, a principal, segundo o autor, foi a resistência empreendida pelos orçamentistas que os técnicos do PPBS (economistas, analistas de sistemas etc.) não souberam vencer.[17]

Aaron Wildavsky, geralmente apontado como o mais severo crítico do PPBS, não concorda com tais justificativas e afirma que os defeitos do sistema estão no plano dos princípios, não de implementação. Com duas classes de argumentos, ataca os princípios do PPBS. Em primeiro lugar, o critério que preside a elaboração dos orçamentos é o *incrementalismo*, isto é, grande parte dos recursos é apropriada em programas antigos, já objetos de análises e decisões anteriores, e os novos programas têm de competir em busca dos poucos recursos disponíveis, o chamado incremento anual. O orçamento seria então uma espécie de *iceberg*, cuja grande parte submersa está sempre comprometida e "a salvo" das avaliações.[18] Para operar adequadamente, o PPBS necessitaria de uma realidade bem diversa, em que os programas seriam permanentemente reavaliados e substituídos caso não produzissem os resultados desejados. No outro argumento, Wildavsky critica o PPBS por pretender enquadrar as grandes decisões em processos racionais e científicos. Escreve o autor:

> PPBS é como a equação simultânea de intervenção governamental na sociedade. Se alguém define precisamente os objetivos, se encontra medidas quantitativas para eles, se especifica meios alternativos de alcançá-los com diferentes tipos de recursos, e se os ordena de acordo com as conveniências, terá resolvido os problemas sociais daquele período. Esse alguém terá apenas que manter o orçamento atualizado a cada ano.[19]

Ao buscar esse tipo de racionalidade, o PPBS seria irracional, pois ignoraria as forças dos grupos de pressão e as influências políticas que cercam o processo decisório governamental.[20]

---

[17] Idem, ibidem. p. 133-155.

[18] WILDAVSKY, Aaron. *The politics of the budgetary process*. 2nd ed. Boston: Little Brown and Company, 1974. p. 13.

[19] Idem, ibidem. p. 206-207.

[20] Idem, ibidem. Outro trabalho que comenta as posições críticas de Wildavsky e analisa os dilemas do PPBS é LEZAR, Eliane Seigneur. Como salvar o PPBS? *Revista ABOP*. Brasília, v. 4, n. 2, p. 101-129, maio/ago. 1978.

9

Técnica do Orçamento-Programa

A. Definição dos objetivos e análise de alternativas

A necessidade de que os objetivos governamentais sejam claramente definidos é a primeira condição para a adoção do Orçamento-programa. Alguém mais preciosista pode argumentar que a seleção de objetivos é parte integrante da função de planejamento. É verdade, mas também é verdade que o Orçamento-programa se caracteriza por ser o elo entre a função planificadora e as funções administrativas de gerência, avaliação, controle etc. O interesse do Orçamento-programa nos objetivos é facilmente justificável: sem a adequada definição destes não há Orçamento-programa.

Numa primeira classificação, os objetivos podem ser divididos em finais e derivados. Os *objetivos finais* ou *básicos* expressam os fins últimos de toda a ação governamental, servindo como orientação para as políticas públicas nos campos econômico e social. Geralmente, a formulação de objetivos desse tipo é feita de forma qualitativa. Já os *objetivos derivados* correspondem a propósitos específicos do governo, representados quantitativamente e cuja consecução concorre para o alcance dos objetivos básicos.[1]

Os *objetivos finais* têm por base a filosofia econômica e social do governo e, por serem definidos no plano puramente político, pairam acima das questões envolvidas nos processos de planejamento e orçamento. A seleção dos *objetivos derivados* e dos mecanismos e instrumentos de ação decorre igualmente de decisões políticas, que, entretanto, são apoiadas em estudos e avaliações técnicas. São os *objetivos derivados* os que orientam a construção dos planos, bem como a elaboração do Orçamento-programa.

Nos planos nacionais, geralmente os objetivos são explicitados em termos de taxas de crescimento para os principais indicadores de atividade econômica do país: Produto Interno Bruto (PIB), formação de capital, emprego, produção industrial e agrícola, exportações

---

[1] HOLANDA, Nilson. *Planejamento e projetos*. Rio de Janeiro: APEC/MEC, 1975. p. 40-42.

etc. A partir dessas definições, metas mais específicas são escolhidas em âmbito setorial, regional etc., gerando programas e projetos.[2] Em planos globais como esses, os objetivos referem-se ao desempenho de todas as forças produtivas do país, isto é, setores público e privado. É necessário que o próprio plano defina adequadamente as competências, inclusive dentro do próprio setor público, de forma que cada nível governamental (federal, estadual e municipal) e descentralizado (autarquias, empresas, fundações etc.) extraia daí os elementos para as respectivas programações e orçamentos. Se o plano for pouco explícito na formulação dos objetivos e na divisão das atribuições, o Orçamento-programa não terá recebido grande auxílio e, no âmbito da sua própria elaboração, deverão ser compensadas essas deficiências.

O que significa realmente definição clara e precisa dos objetivos? Um exemplo clássico utilizado para esclarecer essa questão diz respeito aos objetivos de um Programa Rodoviário. Construir n quilômetros de rodovias asfaltadas não é a forma adequada de expressar os objetivos maiores do programa. Se apenas a meta física a ser buscada – tantos quilômetros – justificasse os investimentos, então o projeto de uma estrada em pleno deserto, ligando o nada a coisa nenhuma, estaria amparado. São necessárias indicações sobre os resultados substantivos do programa, que certamente estão ligados à rapidez e à segurança com que pessoas e bens são transportados de um ponto a outro. Nesse plano de considerações, objeto de análise, em cada projeto específico, os ganhos de percurso em relação aos itinerários existentes, a economia nos custos de transportes, especialmente de bens e mercadorias, a diminuição de acidentes etc. Esse tipo de avaliação, além de esclarecer sobre os objetivos, é um precioso auxiliar na ordenação das metas por prioridade.

Outro exemplo esclarecedor pode ser encontrado no Programa de Construção de Escolas, típico em todos os orçamentos estaduais e municipais. Na maioria das vezes, é apontado como objetivo do programa a construção de x escolas ou y salas de aula. Mesmo que se reconheça que está implícito um ganho substantivo em qualquer nova escola implantada, o programa estaria mais bem justificado se evidenciasse o seu grande objetivo: o número de *novos* alunos que passarão a ser atendidos com as novas salas de aula.

Outro requisito importante a ser observado na formulação dos objetivos é a sua *compatibilização*, isto é, os objetivos não devem conflitar entre si. As possibilidades de conflito são mais frequentes entre objetivos econômicos e aqueles do tipo social. A ênfase nos resultados econômicos pode representar perdas no plano social, o que acontece normalmente nas políticas de crescimento econômico acelerado, que determinam concentração da renda e aumento das disparidades sociais. Um programa de desenvolvimento de uma região atrasada pode gerar riqueza nova concentrada nas mãos de alguns poucos e aumentar a tensão social entre a maior parte da população que não foi devidamente integrada no processo.[3]

Uma situação clássica que evidencia conflitos entre objetivos econômicos e sociais é encontrada nos modelos de desenvolvimento agrícola, em que a mecanização intensa força

---

[2] Idem, ibidem. p. 42.

[3] SASTRY. K. S. *Performance budgeting for planned development*. New Delhi: Radiant, 1979. p. 46-47.

Capítulo 9 • Técnica do Orçamento-Programa **165**

a transferência da mão de obra para o setor urbano, onde suas necessidades de emprego, habitação, educação e saúde não são adequadamente atendidas, constituindo-se em objetivos de menor hierarquia, não compatibilizados com os demais. A par disso, a utilização do setor agrícola exclusivamente como gerador de renda sobrevaloriza algumas culturas, em particular as mais rentáveis – principalmente se essas forem exportáveis –, podendo determinar prejuízos graves para o atendimento da dieta necessária à população.[4]

Os riscos de conflitos não ocorrem apenas em termos de objetivos gerais como os exemplificados até aqui, mais ligados aos planos globais. A incompatibilidade pode, igualmente, existir entre objetivos individuais dos programas, no âmbito do próprio Orçamento-programa. A origem desse risco está na multiplicidade de entidades formuladoras de programas e nas dificuldades de os escalões superiores desenvolverem adequada coordenação dos trabalhos executivos. Visando fugir à centralização e buscando fórmulas mais ágeis de cumprimento de suas metas, o setor público tem procurado descentralizar-se, com ganhos de eficiência, mas com perdas na necessária unidade. O Orçamento-programa acaba sendo um instrumento importante de coordenação com vistas na unidade, pois reúne, para decisão superior, a programação de todas as entidades, oportunidade em que as necessárias avaliações e compatibilizações podem ser efetuadas.

A análise de programas é geralmente apontada como a mais original e importante das contribuições do Sistema de Planejamento, Programação e Orçamento (*Planning, Programming, Budgeting System* – PPBS), e sua finalidade básica é exatamente possibilitar um processo mais criterioso de escolha entre programas alternativos cujos produtos finais concorrem para o alcance dos objetivos. Segundo John Haldi,[5] a análise de programas compreende três etapas principais:

a) *Definição dos objetivos do Programa.* As questões aqui envolvidas dizem respeito aos resultados em si do Programa, como esses resultados se relacionam com aqueles produzidos por organismos públicos e privados na mesma área e qual é o alvo do Programa, isto é, a clientela a ser beneficiada.

b) *Identificação dos meios alternativos para atingir os objetivos do Programa.* Na hipótese, por exemplo, de que um dos objetivos a ser alcançado em determinada região pobre seja a redução da mortalidade infantil, poderiam ser identificados diversos programas alternativos que contribuiriam para o alcance da meta: Programas de Cuidados Pré-natais, Programas de Cuidados Pós-natais, Treinamento de Pessoal Paramédico, Implantação de Postos de Saúde e outros mais. Nessa etapa, segundo Haldi, o essencial da análise é a maneira imaginativa com que são identificados os meios alternativos de consecução dos objetivos. Ser imaginativo significa ser crítico inclusive com os programas existentes. Defendendo o sistema das acusações de ser um processo demasiadamente "técnico", Haldi garante que "alternativas programáticas criativas não emergem de

---

4   Idem, ibidem. p. 47-49.

5   HALDI, John. O papel da análise. *In:* HINRICHS, H. H.; TAYLOR, G. M. (org.). *Orçamento-programa e análise de custo-benefício.* Rio de Janeiro: Fundação Getulio Vargas, 1974. p. 228-231.

computadores ou de modelos matemáticos. Provêm de indivíduos imaginativos na totalidade dos casos".[6]

c) *Exame e ponderação das alternativas.* Aqui interessam especialmente os custos e o grau de contribuição de cada alternativa para o alcance dos objetivos programáticos. Esse tipo de estudo, rotulado de "análise de custo-eficácia", desenvolveu-se a partir da difusão do computador que facilitou a realização de simulações matemáticas, além do próprio processamento de grande quantidade de informações.

B. Estrutura programática

O elemento básico da estrutura do Orçamento-programa é o *Programa*. Bastante empregado no âmbito do planejamento e da administração, o Programa pode ser genericamente conceituado como o campo em que se desenvolvem ações homogêneas que visam ao mesmo fim. Programa Energético, Programa de Desenvolvimento Regional, Programa de Desenvolvimento Urbano, Programa de Reforma Administrativa, Programa de Saneamento Básico etc. são exemplos comuns em que o conceito de programa é empregado. A formulação de Programas não é tarefa fácil, pois há a questão da *amplitude* que, muitas vezes, faz com que, na realidade, um Programa esteja dentro de outro. Assim, por exemplo, um Programa de Desenvolvimento Urbano deve compreender de forma integrada todos os esforços e ações que possibilitem alcançar seus objetivos. Entre essas ações é provável que estejam as ligadas ao saneamento básico, isto é, a infraestrutura de água e esgoto, que não deveria compor um Programa próprio, mas integraria o Programa de Desenvolvimento Urbano.

No plano teórico, tem havido muita discussão sobre os critérios a serem observados para a estruturação dos Programas, sem muitos resultados, é verdade. Resta a adoção de definições convencionais como a do manual da Organização das Nações Unidas (ONU):

> [...] o programa é o nível máximo de classificação do trabalho executado por uma unidade administrativa de nível superior no desempenho das funções que lhes são atribuídas. Utiliza-se a palavra para designar o resultado do trabalho, ou seja, um produto ou serviço final, representativo dos propósitos para que a unidade foi criada.[7]

Segundo o conceito anterior, o *Programa* é caracterizado por três aspectos:

a) representa o nível máximo de classificação do trabalho a cargo das unidades administrativas superiores do governo (ministérios, autarquias, fundações, empresas etc.);

b) é traduzido por um produto final;

c) que representa os objetivos para os quais a unidade foi criada.

---

[6] Idem, ibidem. p. 229.

[7] NAÇÕES UNIDAS. *Manual de orçamento por programas e realizações.* Rio de Janeiro: Ministério do Planejamento e Coordenação Geral, 1971. p. 40.

Gonzalo Martner define *Programa* assim:

> [...] um instrumento destinado a cumprir as funções do Estado, através do qual são estabelecidos os objetivos e metas, quantificáveis ou não (em termos de um resultado final), que serão cumpridos através da integração de um conjunto de esforços com recursos humanos, materiais e financeiros a ele alocados, com um custo global determinado e cuja execução está, em princípio, a cargo de uma unidade administrativa de alto nível dentro do governo.[8]

Na concepção do Orçamento-programa, o outro elemento essencial de sua estrutura é a *Atividade*.

> [...] a atividade pode ser definida como uma divisão do esforço total, dentro de um programa ou subprograma, em um tipo de trabalho razoavelmente homogêneo, cujo propósito é contribuir para a realização do produto final de um programa. A atividade representa um agrupamento de operações de trabalho ou tarefas geralmente executadas por unidades administrativas de nível secundário dentro de uma organização a fim de alcançar as metas e objetivos do programa da unidade.[9]

É com base na classificação por *Atividades* que o Orçamento-programa é elaborado e apresentado, bem como executado e controlado. Ao contrário do *Programa*, cuja utilidade maior está em propiciar análises e avaliações ao nível dos escalões superiores, a *Atividade* é o instrumento de operacionalização do orçamento e peça básica das funções administrativas e gerenciais.

A classificação programática (Programas e Atividades) deve harmonizar-se com as demais classificações: funcional, institucional, econômica e por objeto (elemento). Nas reuniões patrocinadas pela ONU, anteriores à divulgação de seu manual, ficaram evidentes certos problemas de conciliação entre a classificação programática e econômica, pois num mesmo Programa poderiam constar Despesas Correntes e Despesas de Capital. Assim, por exemplo, num Programa de Ensino, o custo-aluno, em determinado ano em que houvesse metas de construção de escolas, seria muito diferente do custo no exercício seguinte em que o objetivo estivesse voltado apenas para a operação do ensino. Toda a análise com base em dados históricos de rendimentos do Programa ficaria prejudicada, assim como na parte de custos unitários e totais.

Além disso, especialmente em países em desenvolvimento, a participação do Estado na formação do investimento é de extrema importância, parecendo útil que o próprio critério programático fizesse uma separação entre *Programas de funcionamento* e *Programas de investimento*. No Quadro 9.1 aparece a estrutura da classificação programática com a definição de cada uma de suas categorias, segundo o manual da ONU.

---

[8] MARTNER, Gonzalo. *Planificación y presupuesto por programas*. 4. ed. México: Siglo Veintiuno, 1972. p. 135-136.

[9] NAÇÕES UNIDAS. Op. cit. p. 42.

168 Orçamento Público • Giacomoni

Quadro 9.1 *Definições das categorias programáticas segundo o manual da ONU.*

Programa de Funcionamento	Programa de Investimento
Programa é o instrumento destinado a realizar funções pelas quais, em princípio, as unidades administrativas de alto nível poderão determinar e realizar seus objetivos.	**Programa** é o instrumento para fixação de metas que serão alcançadas mediante o emprego de um conjunto integrado de projetos de investimentos.
Subprograma é uma divisão de programas complexos para facilitar a execução em uma área específica em virtude da qual determinadas unidades operacionais poderão fixar e alcançar metas parciais.	**Subprograma** é uma divisão de programas complexos que compreendem áreas específicas nas quais se executam os projetos de investimentos.
Atividade é uma divisão das ações que visam à obtenção de objetivos de um programa ou subprograma de funcionamento, envolvendo processos de trabalho sob a responsabilidade de uma unidade administrativa de nível intermediário ou elementar.	**Projeto** é um conjunto de trabalhos dentro de um programa ou subprograma de investimento para a formação de bens de capital, realizados por uma unidade de produção capaz de funcionar em forma independente.
Tarefas são operações específicas que formam parte de um processo segundo o qual se procura obter um resultado bem determinado.	**Obra** é uma parte ou etapa na formação de um bem de capital, figurado como um segmento de um projeto.

Fonte: NAÇÕES UNIDAS. Op. cit. p. 50-51.

C. A mensuração e os custos

Objetivos da mensuração

A mensuração das operações a cargo do governo é outro elemento-chave do Orçamento-programa. Desde as primeiras concepções do *performance budget* americano, a medição dos resultados do trabalho governamental tem se constituído numa das preocupações centrais. Já que o orçamento expressa os objetivos, é natural que haja um sistema que meça o rendimento do trabalho mediante o qual os objetivos são buscados.

A mensuração do trabalho tem já tradicional aplicação no campo administrativo: projetos de organização e reorganização, administração de salários, avaliação de desempenho, estudos de custo/benefício etc. No processo orçamentário programado, a mensuração tem utilidade em todas as suas etapas – elaboração, execução e avaliação – e em todos os níveis organizacionais. Segundo o manual da ONU, os objetivos básicos da mensuração são:

> [...] medir fisicamente o trabalho e seus resultados e estabelecer relações pertinentes com o emprego dos recursos a fim de obter dados que sejam úteis para formular e apresentar as propostas orçamentárias, dotar pessoal e distribuir fundos aos órgãos encarregados de executar os planos aprovados, e verificar o progresso alcançado na consecução dos objetivos da política e metas dos programas e trabalhos. Tais medidas contribuem para modificar os planos e programas de modo que a administração possa adaptá-los às exigências conjunturais fazendo face, também, a acontecimentos imprevistos. Além disso, servem para comparar as realizações de operações semelhantes e avaliar a eficiência relativa de unidades administrativas, de práticas e métodos.[10]

---

[10] Idem, ibidem. p. 127.

Níveis de mensuração

Os diferentes níveis que compõem qualquer organização têm diferentes exigências relativamente à mensuração.

Nos níveis superiores do governo, as decisões sobre os empreendimentos e as prioridades resultam de concepções globais de desenvolvimento econômico e social, e são marcadas fortemente pela filosofia política predominante. Nesse nível, as medidas (indicadores) globais representativas não são em grande número, prevalecendo aquelas ligadas aos resultados econômicos – renda *per capita*, por exemplo –, os quais, sabe-se, nem sempre têm como consequência os melhores resultados sociais. A importância da mensuração está na razão direta da sua representatividade. Assim, é melhor não utilizar nenhum indicador físico de resultados do que valorizar um que não expresse as realizações de forma consequente.

No plano intermediário – direção de unidades administrativas ou entidades descentralizadas –, a mensuração é feita com base nos resultados dos Programas. Na etapa de elaboração orçamentária, aos Programas são imputadas *metas* ou *produtos* representativos das atribuições substantivas da unidade ou instituição. Durante a execução e especialmente na avaliação final do orçamento, a mensuração indicará se os *produtos* foram ou não alcançados. Essa será uma medida da própria *eficácia* da instituição.

Nos níveis executivos, a mensuração visa acompanhar o trabalho desenvolvido no âmbito de Atividades e Projetos. Os resultados desses são, quase sempre, *produtos intermediários* que concorrem para as metas dos Programas, daí a importância da sua medição. Além disso, nesse nível é possível a realização do acompanhamento dos custos de cada etapa do trabalho, o que dá indicações sobre a *eficiência* com que os setores executivos as desempenham.

As principais características dos três níveis de mensuração aparecem no Quadro 9.2, segundo a concepção do professor J. Teixeira Machado Jr.

Quadro 9.2   *Características principais dos níveis de mensuração.*

NÍVEIS DE MENSURAÇÃO	1. FUNÇÃO	+ Custo/benefício + Determinar as vantagens sociais e econômicas + Nível decisório: alto nível político
	2. PROGRAMA	+ Produtividade + Determinar o produto fornecido (ou a ser fornecido) ao público + Nível decisório: alto nível administrativo + Unidade de medida: expressão do produto ou meta; unidade de resultado
	3. ATIVIDADE OU PROJETO	+ Eficiência + Determinar o esforço desenvolvido para obtenção do resultado final + Nível decisório: nível médio administrativo ou de execução + Unidade de medida: expressão do esforço realizado; unidade de volume de trabalho

Fonte: MACHADO JR., José Teixeira. *A técnica do orçamento-programa no Brasil.* Rio de Janeiro: IBAM, 1979. p. 105.

Unidades de mensuração

O sistema de mensuração do Orçamento-programa tem por base a relação *insumo/ produto*. Qualquer instituição ou unidade organizacional existe para viabilizar determinadas realizações (*produtos*), utilizando para isso uma variada gama de recursos (*insumos*). Medindo os insumos e os produtos, o sistema de mensuração realiza comparações e cria medidas e padrões de grande utilidade para a tomada de decisões dentro do processo orçamentário.

As unidades de mensuração são de dois tipos principais: *unidade de insumo* e *unidade de produto*. Esta última, por sua vez, classifica-se em *unidade de produto intermediário* e *unidade de produto final*.[11] A distinção entre produto intermediário e produto final é importante tendo em vista as necessidades dos diferentes níveis de mensuração.

Exemplificando: na formulação e no acompanhamento da execução dos programas, a unidade de mensuração principal é a *unidade de produto final*. Num Programa de Ensino Fundamental, a *unidade de produto final* é o *aluno matriculado*, sendo meta do Programa propiciar o ensino a um número x de alunos. Para viabilizar tal meta, a instituição responsável executa uma série de ações e trabalhos que constituem, na nomenclatura do Orçamento-programa, Atividades e Projetos. Nesse âmbito, a mensuração enfatiza as *unidades de insumos* e as *unidades de produto intermediário*. Voltando ao Programa de Ensino Fundamental: para o atendimento da meta do programa, uma atividade obviamente presente é a manutenção do Ensino cuja *unidade de produto intermediário* pode ser *aula/mês* ou *aula/ano*, sendo meta da Atividade alcançar um número x de aulas/mês ou aulas/ano. As *unidades de insumo* da Atividade devem destacar os *meios* necessários para o alcance dos resultados da Atividade: professores, pessoal de apoio, material de consumo, manutenção das escolas etc. Um número variado de padrões e índices pode ser obtido visando estabelecer a relação insumo/produto intermediário: professor/aula/mês, professor/aula/ano, pessoal de apoio/aula/mês, aulas ministradas/sala de aula/mês etc.

Além da Atividade mencionada, num Programa de Ensino geralmente se encontra o Projeto de Construção e Ampliação de Escolas. Aqui, a *unidade de produto intermediário* pode ser a *sala de aula,* e a meta, a construção de y salas de aula. No caso de obras, a engenharia tradicionalmente utiliza grande número de indicadores físicos, os quais são indispensáveis para a preparação de orçamentos e cálculos de custos. Para efeito do Orçamento-programa, não é necessária a identificação dos insumos com tal grau de detalhamento, em particular no caso de as obras serem contratadas por empreitada global, hipótese em que a *unidade de insumo* pode ser o m^2 de construção expresso em termos de custo unitário, isto é, a reunião dos custos de todos os insumos para a construção de um m^2 de obra.

As múltiplas e variadas atribuições das agências governamentais fazem com que a seleção de unidades de mensuração seja difícil muitas vezes e impossível em alguns casos. A dificuldade mais frequente está na escolha da *unidade de produto final* no âmbito dos programas. A questão toda é que não basta identificar um produto final qualquer; é necessário que esse indicador de resultados seja realmente representativo do que a instituição pretende

---

[11] Na bibliografia especializada podem ser encontrados outros termos, que, entretanto, mantêm o mesmo significado: unidade de trabalho, unidade de medida, unidade de programação etc.

alcançar substantivamente com o Programa. O produto final do Programa é o seu resultado e não simplesmente o que o Programa produz em termos de ações-meio. Num Programa de Defesa Sanitária Vegetal, o produto final não é o número de propriedades assistidas por técnicos, nem mesmo a quantidade de hectares abrangidos pelo Programa, mas a diminuição dos prejuízos decorrentes da ação de pragas e doenças que atacam a produção agrícola. Da mesma forma, o resultado do Programa de Manutenção do Corpo de Bombeiros não deve ser o número de sinistros atendidos, mas os prejuízos evitados com a ação corretiva e preventiva. Em certos casos é impossível identificar a *unidade de produto final* do Programa, situação frequente no caso de programas caracterizadamente amplos e variados, por exemplo, Programas de Desenvolvimento Urbano, de Integração Nacional etc.

A escolha das *unidades de produto intermediário* já é menos problemática, pois na execução das Atividades e Projetos é envolvido número menor de ações. Entre uma e outra dessas categorias, a possibilidade de mensuração é mais frequente nos Projetos: quilômetro de estrada construída, m² de rua asfaltada, quilômetro de linha de transmissão implantada, kWh de energia elétrica gerada etc. Um bom número das Atividades não é suscetível de medição, especialmente quando ligadas às funções administrativas, de assessoramento e de direção. Uma Atividade de Manutenção da Unidade de Planejamento, por exemplo, dificilmente pode ter seus resultados representados pelos indicadores físicos. Também aqui, ressalte-se, não basta identificar qualquer *unidade de produto intermediário*; deve-se buscar a unidade que sintetize, adequadamente, os resultados da Atividade. Na falta da unidade-síntese, é possível a utilização de mais de uma *unidade de produto intermediário*, desde que, em seu conjunto, essas unidades acabem representando corretamente as metas da Atividade. Assim, por exemplo, uma Atividade de Apoio Administrativo que objetive acompanhar a tramitação de processos e a digitação de correspondência seria caracterizada por duas *unidades de produto intermediário*: processo acompanhado e correspondência digitada.

As *unidades de insumo* são as que mais facilmente podem ser identificadas, seja em nível de Atividades, seja em nível de Projetos. Para qualquer realização são necessários recursos humanos, materiais, físicos etc., os quais caracterizam os insumos. O ideal da mensuração no Plano de Atividades e Projetos é estabelecer relações entre as *unidades de insumo* e a *unidade de produto intermediário*. Quando esta última não pode ser identificada, algum tipo de mensuração ainda é possível, a partir da utilização das próprias *unidades de insumo*. Assim, por exemplo, podem ser medidos o número de horas/homem, o número de homens/mês, a quantidade de material utilizado etc.

Custos

O ciclo da reforma orçamentária representada pelo Orçamento-programa fecha-se com a incorporação, na elaboração e no controle orçamentário, de sistemas de custos. Segundo um manual do Instituto Latinoamericano de Planificación Económica y Social (ILPES):

> O sistema de Orçamento-programa baseia sua operação no cálculo de custos. Para tanto, é uma técnica que está constantemente olhando através da ótica dos resultados. Segundo essa condição é necessário adaptar a contabilidade fiscal para que proporcione os antecedentes necessários com respeito aos custos, sejam esses unitários e/ou totais. Em outras palavras, a

implantação da técnica orçamentária por programas obriga a mudar o enfoque da contabilidade fiscal de uma simples contabilidade fiscal orçamentária para uma contabilidade fiscal que incorpore a contabilidade de custos.[12]

A adoção da sistemática de custos no Orçamento-programa deve ser entendida no contexto maior da mensuração. Sendo um instrumento de racionalização da gestão financeira pública, o orçamento busca conciliar as necessidades de realizações com os escassos recursos existentes. Assim, o sistema de mensuração completa-se ao associar mensuração física (realizações) e mensuração financeira (custo dos recursos). Por mais aperfeiçoadas que sejam as medidas físicas (unidades de insumo, unidades de produto e suas relações), o resultado da mensuração apenas física é parcial. Os insumos básicos, o trabalho e os resultados devem estar relacionados com outra medida – a financeira – decisiva num processo como o orçamentário.

A implantação do sistema de custos na área pública implica vencer impedimentos formais e, principalmente, dificuldades de ordem prática, entre os quais resistência às mudanças, tradicionalismo etc. Nem todos os novos procedimentos serão do tipo contábil. Muitos serão estatísticos, devendo ser acompanhados de forma extracontábil. A própria estratégia de implantação do sistema deve ser progressiva, de forma que possibilite a todos os técnicos envolvidos a familiarização e a aceitação dos novos conceitos.

Ao contrário da contabilidade fiscal (convencional) que geralmente é desenvolvida de forma centralizada, a contabilização de custos deve envolver os distintos níveis organizacionais, isto é, unidades executoras, órgão de contabilidade, órgão de planejamento e orçamento e unidades de decisão superior.

Num nível avançado, o sistema de custos está intimamente vinculado às unidades de mensuração física (unidades de insumo e unidades de produto). Essas, junto às metas, passam a ser representadas financeiramente pela indicação de seus custos unitários e totais.

Em seu manual, o ILPES aponta quatro sistemas de custos que atenderiam, genericamente, às diversas exigências do Orçamento-programa:

a) **Unidades de programação com o cálculo de custos unitários.** Na nomenclatura do ILPES, o conceito de *unidade de programação* (UP) corresponde ao da *unidade de produto intermediário* ou *final*, isto é, um indicador significativo capaz de medir a eficiência e a eficácia com que estão sendo alcançadas as metas programadas. Nesse primeiro sistema, é possível identificar a UP do Projeto, Atividade ou Programa, bem como calcular o custo unitário (da UP) e o total (do Projeto, Atividade ou Programa). Aqui, os exemplos mais comuns são Projetos vinculados a obras:

+ Construção de Estradas – UP: km de estrada

+ Construção de Casas Populares – UP: casa construída

+ Ampliação do Sistema de Iluminação Pública – UP: luminária

---

[12] INSTITUTO LATINOAMERICANO DE PLANIFICACIÓN ECONÓMICA Y SOCIAL (ILPES). *Manual de medición de costos por programas.* Santiago de Chile: ILPES, 1967. p. 2.

Outros tipos de Projetos, bem como certas Atividades, podem enquadrar-se nesse caso. O fundamental é que sejam identificadas:

a) *uma* UP realmente representativa;

b) a *meta* do Projeto ou Atividade ("tantas" UP); e

c) as *despesas totais* imputadas ao Projeto ou Atividade. Dividindo-se o total das despesas pela meta, obtém-se o custo da UP.

b) **Unidades de programação sem o cálculo de custo unitário.** Esse sistema é aplicado naqueles casos em que as UP identificadas não possuem a expressão devida a ponto de merecer o cálculo de custo unitário. Aqui, os exemplos mais frequentes dizem respeito às Atividades ligadas às rotinas administrativas. Digitar uma carta, acompanhar a tramitação de um processo etc. são tipos de UP cujo custo unitário não teria significado no contexto global do orçamento, sendo contraproducente o seu cálculo. A mensuração física deve continuar sendo feita, e o orçamento considerará apenas o custo total da Atividade, estimado a partir dos objetos de despesa.

c) **Sistema de custos para organizações não industriais.** Esse terceiro sistema está voltado para as organizações descentralizadas do Estado que prestam serviços, desde as instituições financeiras até as entidades educacionais, previdenciárias, de fomento etc. O modelo visa atender aqueles casos em que a organização é obrigada a desenvolver contabilidade do tipo comercial, não se aplicando o sistema de contabilidade e orçamento público. A contabilização dos gastos seria feita, então, com base nos *centros de custos*, nos quais eventualmente poderiam ser identificados custos unitários ou parciais. Ressalte-se também que certas instituições descentralizadas – no caso brasileiro, as autarquias em sua boa parte – utilizam com mais propriedade a sistemática pública de orçamento e contabilidade, podendo utilizar os dois primeiros esquemas de custos apontados.

d) **Sistema de custos para organizações industriais.** O modelo aqui se dirige às indústrias clássicas cujo processo produtivo se caracteriza pela transformação de matéria-prima em produtos finais dirigidos ao consumo ou produtos intermediários a serem vendidos a outras indústrias. A organização pública do tipo industrial pode perfeitamente utilizar os sofisticados sistemas de custos já à disposição e empregados pelas indústrias privadas. O manual do ILPES chama a atenção para dois métodos amplamente difundidos de determinação de custos industriais:

a) o sistema de *ordens específicas de trabalho*, no qual é possível determinar, separadamente, os elementos de custo em cada trabalho ou ordem de trabalho em processo em cada centro de custos;

b) o sistema de *custo por processo*, em que só é possível o conhecimento do custo unitário no final do processo produtivo.[13]

---

[13] Idem, ibidem. p. 16-22.

A implantação dos modelos apontados de contabilidade de custos na área pública implica a adoção de uma série de novos conceitos, podendo, exemplificadamente, ser destacados dois: o rateio e o diferimento de despesas. Geralmente, a contabilidade pública observa o regime de caixa, isto é, a contabilização é feita quando dos recebimentos (no caso da receita) e dos pagamentos (no caso dos dispêndios). No Brasil, há uma particularidade especial, já que a contabilização da despesa é procedida mediante o *empenho*, estágio prévio à realização em si da despesa. Para calcular adequadamente os componentes de custo envolvidos em cada operação, as apropriações de custos quase sempre são feitas *a posteriori*. Tal sistema é incompatível com os regimes de caixa e de empenho prévio que não incorporam os conceitos de *despesas diferidas* e *rateios de despesas*.

São comuns os gastos com bens e materiais que não chegam a ser totalmente consumidos no exercício de sua aquisição, sendo aplicados (ou consumidos) em outros exercícios. A apropriação de custo, sendo realizada *a posteriori*, necessita que essas despesas tenham sido *diferidas* do exercício de aquisição. Igualmente comuns e frequentes são as despesas realizadas globalmente, mas que afetam mais de um Projeto, Atividade ou centro de custos. Despesas com energia, telefone, gás, seguros, manutenção de máquinas e equipamentos por contrato e serviços de limpeza por contrato são exemplos de despesas globais que, por afetarem distintos custos, devem ser *rateadas* a partir de critérios adequados.

Cabe uma última palavra sobre os tipos de custos segundo as exigências do processo orçamentário. De acordo com a divisão clássica, os custos podem ser: reais ou históricos e predeterminados. Os *custos reais* ou *históricos* resultam da experiência passada, em que as operações todas foram devidamente acompanhadas e registradas. São os custos realmente ocorridos. Os *custos predeterminados* são aqueles calculados anteriormente à execução dos trabalhos e operações, classificando-se em estimados e padrão. Os *custos estimados* resultam das tentativas de calcular os custos antes da realização das operações, com a utilização da própria base metodológica de cálculo dos custos históricos. Já os *custos-padrão* são determinados por estudos que consideram as características próprias do sistema produtivo conforme sua concepção e capacidade. Na elaboração do orçamento e no seu projeto aparecem os *custos predeterminados,* e na execução e controle orçamentário, os *custos reais* ou *históricos*, os quais auxiliarão a feitura das estimativas dos *custos predeterminados* do orçamento seguinte.[14]

---

[14] Idem, ibidem. p. 93-99. Ver também MARTNER, Gonzalo. Op. cit. p. 211-212.

10

O Novo Orçamento de Desempenho e o Orçamento por Resultados

A. Antecedentes

Os dois capítulos anteriores foram dedicados a apresentar elementos teóricos e práticos do Orçamento-programa. Viu-se que essa técnica foi inspirada no *performance budget* e no Sistema de Planejamento, Programação e Orçamento (*Planning, Programming, Budgeting System* – PPBS) norte-americanos. Desenvolvidas nas décadas de 1950 e 1960, ambas as ideias serviram de base para um ambicioso trabalho de incentivo à reforma orçamentária em todo o mundo promovido pela Organização das Nações Unidas (ONU). Na América Latina, em especial no Brasil, o novo modelo foi consagrado sob a denominação de Orçamento-programa, expressão, por essa razão, adotada nos Capítulos 8 e 9.

Orçamento base-zero (OBZ)

Desenvolvido originalmente para uma importante empresa do setor de alta tecnologia – Texas Instruments –, o modelo do Orçamento base-zero foi adaptado para o setor governamental por solicitação de Jimmy Carter, quando governador do Estado da Geórgia. Peter Pyhrr, principal idealizador da técnica, defendia que a administração pública sendo essencialmente prestadora de serviços poderia se beneficiar da sistemática do base-zero em todas as suas atividades, o que não ocorre com as indústrias, onde o modelo tem escassa utilidade nos setores envolvidos com a produção.[1]

O Orçamento base-zero não é um método de organizar ou apresentar o orçamento público, voltando-se, antes de tudo, para a avaliação e a tomada de decisão sobre despesas.

---

[1] PYHRR, Peter A. A abordagem base-zero aplicada ao orçamento governamental. *In:* GIACOMONI, J.; PAGNUSSAT, J. L. (org.). *Planejamento e orçamento governamental.* Coletânea – v. 2. Brasília: Enap, 2006. Há uma versão em português do principal texto que apresenta a técnica. Ver: PYHRR, Peter A. *Orçamento base-zero*: um instrumento administrativo prático para avaliação das empresas. Rio de Janeiro: Interciência; São Paulo: Editora da Universidade de São Paulo, 1981.

De acordo com o modelo, as ações, ou parte delas, de um programa governamental constituiriam *unidades de decisão* cujas necessidades de recursos seriam avaliadas em *pacotes de decisão*. Esses descrevem os *elementos significativos* das ações: finalidades, custos e benefícios, carga de trabalho e medidas de desempenho, maneiras alternativas de alcançar as finalidades, benefícios obtidos com diferentes níveis de recursos etc. Os *pacotes de decisão*, devidamente analisados e ordenados, forneceriam as bases para as apropriações dos recursos nos orçamentos operacionais.

De acordo com o autor da técnica, há problemas importantes na implementação do base-zero, os quais não devem ser minimizados. Ele lembra, especialmente, a resistência interposta pela burocracia quando a eficácia de seus programas é avaliada. Recomenda também que, apenas no caso de determinados programas, ou, então, nos níveis superiores de gerência de programas, a técnica base-zero poderá ser aplicada de maneira intensiva. Conclui, lembrando que o alcance da plena eficácia das melhorias no plano gerencial e orçamentário poderá necessitar de vários anos.

Introduzido na administração federal americana pelo presidente Jimmy Carter em 1976, o Orçamento base-zero foi abandonado no governo seguinte, de Ronald Reagan. A implantação da técnica foi tentada em vários Estados e Municípios norte-americanos. De acordo com Wildavsky: "Em nenhum lugar, o verdadeiro Orçamento base-zero foi praticado".[2] Para esse autor, rever com frequência a programação e os valores da base do orçamento significaria retirar seu caráter histórico, o que é praticamente impossível. Há conexões de toda a ordem entre as despesas, as atividades e os propósitos, e isso seria perdido com as revisões; desconfianças e novos conflitos surgiriam dificultando os consensos.

No final da década de 1970 e na década seguinte, o Orçamento base-zero recebeu outras denominações, especialmente em cidades norte-americanas. Orçamento base-equilibrada (*balanced base budget* – BBB), orçamento decremental (*decremental budgeting* – DB) e orçamento base-meta (*target base budgeting* – TBB) foram alguns dos novos rótulos dados à técnica do OBZ vista com alterações. Essas variações tornaram-se populares devido à possibilidade de empregar as revisões da base orçamentária com a finalidade de reduzir as despesas em decorrência da crise fiscal acelerada. As receitas reduziam-se e o ânimo político dos cidadãos era francamente favorável à redução de impostos. Como no passado, valorizava-se a receita e eram comuns os orçamentos descrescentes.[3]

Outras reformas

Não contemplada entre os estágios do Quadro 8.1, a técnica denominada Administração por objetivos (APO) foi lembrada pelo *General Accounting Office* (GAO) como uma das etapas do processo da reforma orçamentária norte-americana.[4] Muito popular entre

---

[2]   WILDAVSKY, Aaron. *Budgeting*. A comparative theory of budgetary processes. 2nd rev. ed., 4th print. New Brunswick: Transaction Publishers, 1986. p. 322.

[3]   TYER, Charlie; WILLAND, Jennifer. Public budgeting in America. A twentieth century retrospective. *Journal of Public Budgeting, Accounting and Financial Management*. v. 9, n. 2, summer, 1997.

[4]   U.S. GENERAL ACCOUNTING OFFICE – GAO. *Performance budgeting*. Past initiatives offer insights for GPRA implementation. Report to Congressional Committees. Washington: GAO, 1997.

Capítulo 10 • O Novo Orçamento de Desempenho e o Orçamento por Resultados **177**

as empresas privadas na década de 1960, a APO passou a interessar ao governo americano após a sua aplicação pelo Departamento de Saúde, Educação e Bem-Estar. A administração Nixon, por meio de memorando de abril de 1973, determinou a adoção ampla do mecanismo e solicitou a cada órgão a proposição de 10 ou 15 objetivos mais importantes – denominados "objetivos presidenciais" – para serem alcançados no exercício seguinte.[5] A avaliação da aplicação da técnica APO na esfera federal norte-americana foi certamente afetada pela renúncia do presidente Nixon em agosto de 1974. Além disso, os resultados sofreram com a separação entre a formulação dos objetivos e a elaboração orçamentária e as dificuldades com a identificação e a medição dos objetivos.[6]

Jack Diamond, por seu turno, chama a atenção para um estágio entre o antigo e o novo orçamento de desempenho: o orçamento por produto.[7] Este é caracterizado pelos seguintes elementos: (i) agregação de todos os custos necessários à geração de determinado produto; (ii) calcular custos totais, inclusive com a apropriação de custos fixos; (iii) definir produtos em termos de indicadores mensuráveis; e (iv) comparar as metas programadas com a produção real de modo a avaliar a eficiência e a efetividade.[8]

B. O novo orçamento de desempenho[9]

O grande dilema dos políticos que comandam a administração pública é transformar suas promessas eleitorais em ações efetivas. É uma tarefa difícil, mesmo quando são elaborados programas com essas finalidades, pois esses podem não ser efetivos na consecução dos objetivos. Para Kasdin, a superação dessas dificuldades exige considerar medidas de desempenho como o elemento central da administração de programas governamentais. De acordo com esse autor, há bons exemplos recentes da ênfase dada a essas medidas:[10]

- a Lei de Desempenho e Resultados do Governo (*Government Performance and Results Act* – GPRA) aprovada pelo Congresso Americano em 1993. A norma

---

[5] Idem, ibidem. p. 42.

[6] Idem, ibidem. p. 44.

[7] DIAMOND, Jack. *Budget system reform in emerging economies*. The challenges faced and the reform agenda. Occasional paper 245. Washington, IMF, 2005. Ver igualmente DIAMOND, Jack. Do orçamento por programas para o orçamento de desempenho: o desafio para economias de mercado emergentes. *In*: GIACOMONI, J.; PAGNUSSAT, J. L. (org.). *Planejamento e orçamento governamental*. Coletânea – v. 2. Brasília: Enap, 2006.

[8] DIAMOND, Jack. *Budget system...* Op. cit. p. 56 e DIAMOND, Jack. Do orçamento por programas... Op. cit. p. 94.

[9] De acordo com Jack Diamond, a expressão Novo orçamento de desempenho (*New Performance Budget*) foi empregada pela primeira vez nos Estados Unidos, em 1995, por J. Mikesell, para caracterizar as reformas realizadas na década de 1990, entre elas, o GPRA, que será analisado adiante nesta seção. Ver MIKESELL, J. *Fiscal administration*: analysis and applications for the public sector. Texas: Harcourt Brace College, 1995 e DIAMOND, Jack. *Budget system...* Op. cit. p. 42.

[10] KASDIN, Stuart. Reinventing reforms: how to improve program management using performance measures. Really. *Public Budgeting & Finance*, v. 30. n. 3, p. 52, fall 2010.

determina que todas as agências preparem e submetam medidas de desempenho como parte de suas solicitações orçamentárias;

- entre as nações da OECD, apenas três não tornam disponíveis ao público informações sobre desempenho, enquanto 42 países apresentam essas informações de maneira sistemática. Medidas de desempenho são usadas internamente no processo de tomada de decisões em 81% das situações;
- em 39 Estados norte-americanos, medidas de desempenho são exigidas como parte do processo de solicitação de recursos orçamentários por parte das agências. Em 45 Estados, agências do Poder Executivo formalmente participam dos sistemas de medidas de desempenho, e em 42 Estados, medidas de desempenho das agências são reportadas *online*;
- no governo Bush, o esforço visando ao aperfeiçoamento do GPRA esteve representado no *Improving Government Program Performance*, instrução editada em novembro de 2007. Mais recentemente, em abril de 2010, foi a vez do governo Obama criar um grupo de trabalho interagências encarregado de avaliações de desempenho de programas.[11]

O GPRA e o PART

No início da década de 1990, o livro *Reinventando o governo: como o espírito empreendedor está transformando o setor público,* de David Osborne e Ted Gaebler, obteve enorme notoriedade em todo o mundo, especialmente nos Estados Unidos, foco principal das análises.[12] O ambiente favorável a mudanças nas práticas governamentais levou o presidente Clinton e seu vice, Al Gore, no início do primeiro mandato – 1993 –, a organizarem uma força de trabalho interagências denominada Revisão do Desempenho Nacional (*National Performance Review* – NPR).[13] No segundo governo Clinton-Gore, o movimento alterou a denominação para Parceria Nacional para a Reinvenção do Governo (*National Partnership for Reinventing Government* – NPR).

Ao mesmo tempo em que o Executivo agia por meio do NPR, o Congresso americano aprovou, também em 1993, a Lei de Desempenho e Resultados do Governo (*Government Performance and Results Act* – GPRA).[14] A adoção dessa importante norma representou o

---

[11] Idem, ibidem.

[12] OSBORNE, David; GAEBLER, Ted. *Reinventando o governo.* Como o espírito empreendedor está transformando o setor público. Brasília: MH Comunicações, 1994.

[13] No lançamento da iniciativa, o presidente Clinton afirmou: "Estou tomando hoje o que espero e acredito será um passo histórico na reforma do Governo Federal, ao anunciar a formação de uma avaliação de desempenho nacional. Nosso objetivo é fazer com que todo o Governo Federal seja menos caro e mais eficiente, bem como levar a cultura da nossa burocracia nacional para longe da acomodação e do conformismo e em direção da iniciativa e da capacitação. Temos a intenção de reformular, reinventar, revigorar todo o Governo Nacional." Ver: http://govinfo.library.unt.edu/npr/library/speeches/030393.html. Acesso em: 22 out. 2011.

[14] De iniciativa do senador democrata Willian Roth Jr., com o apoio de outros 20 senadores, o projeto de lei foi apresentado em janeiro de 1993 e transformado em lei em agosto do mesmo ano, praticamente sem emendas.

Capítulo 10 • O Novo Orçamento de Desempenho e o Orçamento por Resultados **179**

fortalecimento do Congresso na condução de processos liderados, no passado, pelo presidente, que, por meio de memorandos, determinava a adoção de novas técnicas de planejamento e orçamento.[15]

O GPRA determina a elaboração de planos estratégicos plurianuais por parte de cada agência governamental e de planos anuais de desempenho do governo como um todo e de cada agência, bem como de orçamentos e de relatórios anuais de desempenho. Para que mudanças tão sensíveis nas práticas de gestão tivessem êxito, o GPRA estabelece que, durante um período, tantos os planos estratégicos como os planos e os orçamentos anuais de desempenho fossem experimentados em projetos-pilotos para posterior avaliação quanto à correção de rumos.

A exigência de metas e medidas de desempenho para todos os programas governamentais significava uma profunda reforma no funcionamento da administração pública. As avaliações realizadas ao longo dos anos seguintes mostraram que os resultados obtidos não fizeram jus às pretensões de mudanças. A Agenda de Administração do Presidente norte-americano relativa ao ano fiscal de 2002 concluiu que:

> Após oito anos de experiência, o progresso com o uso de informações de desempenho tem sido desencorajador. De acordo com pesquisa realizada junto a gestores federais pelo Escritório Geral de Contabilidade (*General Accounting Office* – GAO) do Congresso, as agências podem, na verdade, estar perdendo terreno nos seus esforços para a construção da cultura organizacional que tenha foco em resultados [...]. Medidas de desempenho das agências tendem a ser mal definidas e não devidamente integradas com as solicitações de recursos orçamentários e com a administração e a operação das agências. Medidas de desempenho são insuficientemente usadas para monitorar e premiar o pessoal, ou para manter gestores de programas responsáveis [...] [e] a maioria dos gestores federais ignoram em grande parte as informações de desempenho quando alocam recursos.[16]

Kasdin encontra duas explicações principais para o aparente insucesso do GPRA em alterar o comportamento e aprimorar a administração de programas. O primeiro problema estaria nos múltiplos propósitos esperados com a aplicação das medidas do GPRA. Vários autores estudados por Kasdin apontam entre cinco e dez possíveis usos por diferentes interessados, internos e externos, das informações geradas. Exemplificadamente, propósitos de uso das medidas na busca de eficiência interna eram prejudicados por sua utilização na prestação de contas e em outros tipos de controles.

A segunda razão para a ineficácia do GPRA estaria na ausência de ligação direta entre incentivos e medidas de desempenho. Na ausência de incentivos, medidas de desempenho, ainda que precisas, não garantem melhorias no desempenho organizacional. Gestores e

---

[15] Uma competente descrição dos eventos da reforma orçamentária americana após a edição do GPRA é encontrada em LLOSAS, Hernán Pablo. Reformas recientes en el sistema presupuestario de los Estados Unidos. *Revista Internacional de Presupuesto Público*, año XXXVIII, n. 73, p. 41-80, jul./ago. 2010. No estudo, o autor considera o GPRA como "un cambio copernicano" no orçamento norte-americano.

[16] KASDIN, Stuart. Op. cit. p. 53.

180 Orçamento Público • Giacomoni

funcionários dedicam um rápido olhar para as informações levantadas e continuam a fazer o que sempre fizeram antes.[17]

Desenhado com vistas a medir e avaliar o desempenho, frequentemente, de programas específicos, o GPRA acabava por produzir informações vistas como informais e, em qualquer caso, não utilizadas amplamente como orientação nas decisões orçamentárias.[18] Em 2002, o Escritório de Administração e Orçamento (*Office of Management and Budget* – OMB) concebeu o Instrumento de Classificação para Avaliação de Programas (*Program Assessment Rating Tool* – PART) como a iniciativa central do presidente Bush visando à integração entre o orçamento e o desempenho, de maneira a garantir que os dólares federais produzissem os melhores resultados.[19]

O mecanismo PART consistia na utilização de um questionário-padrão cobrindo temas centrais de gestão e desempenho de programas. Na edição de 2008, o número de questões por temas e a ponderação aplicada às respostas foram os seguintes:

- finalidade e organização do programa: 5 questões gerais; ponderação de 20%;
- planejamento: 8 questões gerais e 4 questões específicas de acordo com o programa; ponderação de 10%;
- gestão do programa: 7 questões gerais e 13 questões específicas de acordo com o programa; ponderação de 20%;
- resultados e *accountability*: 5 questões gerais e 2 questões específicas de acordo com o programa; ponderação de 50%.

Com os escores assim obtidos, os programas enquadravam-se na classificação qualitativa demonstrada a seguir. A fim de evitar que os escores dessem uma falsa ideia de precisão, apenas a classificação geral deveria ser disponibilizada ao público.

- ineficaz: escore variando entre 0 e 49;
- adequado: escore variando entre 50 e 69;
- moderadamente eficaz: escore variando entre 70 e 84;
- eficaz: escore variando entre 85 e 100.

A não aceitação das medidas de desempenho de longo prazo e anuais e a ausência de linha de base e de dados de desempenho para o devido acompanhamento levam o programa a ser enquadrado como não demonstrado.[20]

---

[17]   Idem, ibidem. p. 54-56.

[18]   RUBIN, Irene. Budgeting during Bush administration. *Public Budgeting & Finance*, v. 29, n. 3, p. 10, fall 2009.

[19]   OFFICE OF MANAGEMENT AND BUDGET – OMB. *Performance and management assessments.* Budget of the U.S. Government Fiscal Year 2004. Washington: U. S. Government Printing Office, 2003, apud STALEBRINK, Odd J.; FRISCO, Velda. PART in retrospect: an examination of legislators' attitudes toward PART. *Public Budgeting and Finance*, v. 31, n. 2, p. 3, summer 2011.

[20]   OFFICE OF MANAGEMENT AND BUDGET – OMB. *Guide to the Program Assessment Rating Tool – PART.* January 2008. Disponível em: http://georgewbush-whitehouse.archives.gov/omb/ performance/fy2008/part_guid_2008.pdf. Acesso em: 22 out. 2011.

Capítulo 10 • O Novo Orçamento de Desempenho e o Orçamento por Resultados **181**

O PART avaliou os programas executados nos exercícios de 2002 a 2007, alcançando, no último exercício, o número total de 1.004. No Quadro 10.1 estão apontados o número de programas de cada ano e o percentual de programas em cada faixa de avaliação.

Quadro 10.1 *Estados Unidos: número e avaliação de programas de acordo com o PART.*

Avaliação	Exercícios					
	2002	**2003**	**2004**	**2005**	**2006**	**2007**
Eficaz	6%	11%	15%	15%	17%	18%
Moderadamente eficaz	24%	26%	26%	29%	30%	31%
Adequado	15%	20%	26%	28%	28%	29%
Ineficaz	5%	5%	4%	4%	3%	3%
Resultados não demonstrados	50%	38%	29%	24%	22%	19%
Número de programas	234	407	607	793	977	1.004

Fonte: http://georgewbush-whitehouse.archives.gov/omb/performance/training/2008_traning_slides.pdf.

De acordo com Kasdin, com a ferramenta PART a avaliação efetivamente fica um pouco mais ligada ao orçamento. Mesmo assim, o desempenho como medida de incentivo orçamentário é ainda fraco. "Para alguns programas classificados como 'eficazes' ou 'moderadamente eficazes', o OMB recomendou a redução dos recursos, enquanto para muitos programas julgados 'ineficazes' recomendou recursos adicionais na proposta orçamentária do Presidente."[21]

> Em geral, PART tem servido como uma ferramenta analítica de tomada de decisão para o OMB, em que se estabelece um padrão de perguntas que são feitas de cada programa. As consequências orçamentárias para um programa variam porque o intervalo do PART é tão grande: partes dele incluem elementos agregados como os planos da agência para o capital humano e para a gestão financeira, bem como sobre a gestão e o desenho do programa.[22]

Um dos possíveis interessados nas avaliações mediante o mecanismo do PART deveria ser o Congresso americano. Pesquisa de Stalebrink e Frisco revela conclusões particularmente interessantes. Os legisladores com altos níveis de experiência empresarial tendem a ser mais receptivos ao PART, enquanto os parlamentares que mais recebem recursos dos comitês de ação política e os com maior tempo de mandato teriam atitudes negativas em face ao mecanismo. A explicação é encontrada no fato de que os políticos-empresários,

---

[21] U. S. GOVERNMENT ACCOUNTABILITY OFFICE – GAO. *Performance budgeting*: observations on the use of OMB's Program Assessment Rating Tool for the fiscal year 2004 budget. Washington: GAO, 2004, apud KASDIN, Stuart. Op. cit. p. 57.

[22] KASDIN, Stuart. Op. cit. p. 57.

nos seus negócios, lidam com medidas de desempenho na gestão de projetos, pessoas e orçamentos. Já os legisladores financiados com recursos de contribuições têm a percepção de que o PART pode representar uma ameaça a sua capacidade de retornar os favores. Os parlamentares seniores, por seu turno, veriam no PART um risco a afetar as suas habilidades em controlar o processo de alocação de recursos baseado nos interesses dos eleitores.[23]

No âmbito da análise comparada, Pedro Cavalcante interpreta o PART americano e o PPA brasileiro como experiências inovadoras, ainda que os modelos de avaliação tenham dificuldades naquilo que é essencial: transferir o foco do controle para os resultados. O PART seria um modelo mais consolidado e mais eficaz do que o do plano plurianual, refletindo a maior experiência norte-americana na condução de metodologias de análise e avaliação de políticas e de programas governamentais.[24]

Atendendo à solicitação do Congresso americano, o *General Accounting Office* (GAO) apresentou, em 2004, detalhado estudo de avaliação dos primeiros dez anos de implantação do GPRA. A investigação concluiu que os requisitos do GPRA forneceram uma base sólida de planejamento, mensuração e comunicação do desempenho orientado para resultados no governo federal. O novo sistema facilitou a ligação entre recursos e resultados, embora muito ainda precise ser feito para o emprego de informação de desempenho nas decisões sobre o emprego de recursos. Ainda que as bases sejam boas, há numerosos e significativos desafios na implantação do GPRA.

> Compromisso inconsistente das principais lideranças com a obtenção de resultados das agências o OMB pode prejudicar o desenvolvimento de cultura orientada para os resultados. Além disso, em certas áreas, gestores federais continuam a ter dificuldade na configuração de objetivos orientados para resultados, na coleta de dados úteis sobre os resultados, e na ligação entre mensuração de desempenho institucional, de programa, de unidade, individual e sistemas de recompensa. Finalmente, há um foco inadequado para resolver as questões que dizem respeito a mais de uma agência federal.[25]

Outras sugestões do GAO remetem a questões muito próximas do modelo brasileiro do PPA. O GPRA estabelece que as agências elaborarão planos estratégicos de no mínimo cinco anos, ficando o presidente incumbido de preparar um plano anual de desempenho. Além disso, os programas na sistemática norte-americana são quase sempre monoinstitucionais, particularidade que eleva o total de programas a mais de mil. Numa das recomendações, o GAO pondera a necessidade de abordagem abrangente e transversal nas avaliações dos principais programas e políticas. Frequentemente, ações de um programa são necessárias para o alcance de metas de outro(s) programa(s), e isso não fica evidenciado por programas

---

23 STALEBRINK, Odd J.; FRISCO, Velda. Op. cit. p. 20-21.

24 CAVALCANTE, Pedro Luiz. Orçamento por desempenho: uma análise qualitativa comparada dos modelos de avaliação dos programas governamentais no Brasil e nos Estados Unidos. *Revista de Gestão USP*, v. 17, n. 1, p. 23-24, jan./mar. 2010.

25 U. S. GENERAL ACCOUNTING OFFICE – GAO. *Results-Oriented Government*. GPRA has established a solid foundation for achieving greater results. Report to Congressional Requesters. Washington: GAO, 2004.

Capítulo 10 • O Novo Orçamento de Desempenho e o Orçamento por Resultados **183**

monoinstitucionais.[26] O GAO recomenda, também, em mais de um documento, a adoção de planos estratégicos e de desempenho, de médio prazo, para o governo federal como um todo, capazes de permitir a avaliação e o reexame dos programas e das políticas.[27] No Brasil, pretende-se que o PPA tenha exatamente essas características e finalidades.

Estudo de Rodrigo de Faria constitui-se em competente apresentação do que é o Orçamento por resultados, suas possibilidades e desafios.[28] O trabalho é uma contribuição inicial visando suprir a ausência de bibliografia em português sobre o tema. Com apoio em textos de boa origem – Allen Schick e OECD –, o texto chama a atenção para alguns pontos centrais da técnica. Assim, não basta gerar informações sobre o desempenho e indicadores de resultado; é necessário que tais medidas sejam efetivamente utilizadas para orientar as escolhas orçamentárias, bem como para monitorar e avaliar os resultados. De especial significado em apoio à nova técnica, lembra o autor, são os mecanismos de incentivos e sua contrapartida na forma de penalidades. Sejam recompensas na forma de bônus aos servidores, incremento de recursos institucionais ou flexibilidade gerencial, os incentivos e sua contraparte serão necessários. A propósito dos resultados do GPRA, Kasdin pondera que uma das falhas do mecanismo "[...] foi o seu fracasso em especificar suas pretensões e em estabelecer incentivos claros associados a essas medidas".[29]

Estrutura de programa

No novo orçamento de desempenho há três componentes básicos: a estrutura de programa, o sistema de mensuração de desempenho e o sistema de determinação de custos. Parte desses elementos, especialmente a estrutura de programas, integrava o próprio orçamento de desempenho original e os modelos que o sucederam, como no caso do Orçamento-programa, visto aqui nos Capítulos 8 e 9.

A incorporação do conceito de programa é o elemento que une todos os movimentos reformistas, constituindo-se na base da reestruturação orçamentária a partir da década de 1950. Apesar das críticas, o modelo por programas apresenta vantagens em relação às práticas incrementais que marcam o orçamento tradicional, centrado no curto prazo e nos insumos e pouco voltado aos produtos. Como em qualquer outro processo reformista importante, há muitas dificuldades da implantação generalizada da gestão por programas. Para Jack Diamond, alguns dos problemas são conhecidos: dificuldade na geração de informação relevante, em especial a que relaciona custos com desempenho; provável ocorrência de excesso de informações; resistência dos políticos, em especial, dos legisladores,

---

[26]   U.S. GOVERNMENT ACCOUNTABILITY OFFICE – GAO. *21st century challenges*. Performance budgeting could help promote necessary reexamination. Washington: GAO, 2005. p. 17-19.

[27]   Idem, ibidem. p. 19. U. S. GENERAL ACCOUNTING OFFICE – GAO. *Results-Oriented...* Op. cit. p. 20.

[28]   FARIA, Rodrigo Oliveira de. *Orçamento por resultados*: tendências, perspectivas e desafios. Brasília: SOF, 2010. Disponível em: https://www.portalsof.planejamento.gov.br/bib/premio/Tema_2_Rodrigo_Mh.pdf. Acesso em: 2 nov. 2011.

[29]   KASDIN, Stuart. Op. cit. p. 77.

184 Orçamento Público • Giacomoni

de aceitar mecanismos mais detalhados de controle, o que poderia prejudicar a execução do orçamento; além de outros.[30]

De acordo com o mesmo autor, na estruturação de cada programa devem ser considerados quatro elementos principais:[31]

a) **Quadro estratégico amplo.** Ainda que o orçamento seja um plano operacional de curto prazo – um exercício –, a perspectiva plurianual deve ser considerada no desenho dos programas, especialmente daqueles que mais claramente representam os esforços governamentais no desenvolvimento e/ou modernização do país.

b) **Apoio à tomada de decisão política e à priorização.** Como instrumentos da execução de políticas e de priorização, nos programas deve ficar bem evidenciada a relação entre os recursos e os objetivos, em especial os resultados. Nesse ponto, é fundamental o uso do cálculo de custo dos produtos e a disponibilização dos recursos de acordo com as necessidades.

c) **Assegurar a responsabilização.** O alcance dos objetivos dos programas depende, quase sempre, de múltiplos gestores, responsáveis pela condução das ações de cada programa. O detalhamento das ações e a identificação dos responsáveis de cada uma são fundamentais para a avaliação e a cobrança quanto aos resultados. Ainda que, nos casos de programas prioritários, possa ser aceita certa centralização na condução das ações, como regra geral deve-se valorizar a ação setorial, seja no desenho, seja na condução dos programas.

d) **Gestão orçamentária comprometida com o desempenho.** Uma das vantagens do método de gestão por programas é proporcionar a melhoria do desempenho. Isso não é obtido de maneira automática, exigindo reformas amplas na gestão orçamentária. Só será possível a responsabilização na implementação de programas e ações se a alocação de recurso for estabelecida de maneira a favorecer a obtenção dos produtos e resultados. Os gestores de programas e ações devem ter o controle sobre a aplicação dos recursos alocados no orçamento.

Para Salvatore Schiavo-Campo, a definição de *programa* tem duas variantes. Na primeira, de acordo com a prática francesa, canadense e de outros países, o *programa* coincide com uma das principais partes em que se divide um ministério, por exemplo, atenção primária à saúde. Nessa caracterização, o ministério teria poucos e grandes *programas,* favorecendo a definição de objetivos e indicadores gerais para cada um deles. Esse modelo é consistente com uma cultura de governança caracterizada por alto grau de autonomia tanto dos ministérios como das agências executoras de despesas. Nesses casos, quando o centro da *accountability* é a liderança principal do ministério, a formulação ampla de *programas* é adequada. O autor lembra, entretanto, que a simples renomeação das divisões funcionais do ministério em *programas* é um exercício puramente cosmético.[32]

---

[30] DIAMOND. J. Do orçamento por programas para o... Op. cit. p. 102.

[31] Idem, ibidem. p. 102-103.

[32] SCHIAVO-CAMPO, Salvatore. Potemkin villages: "The" Medium-Term Expenditure Framework in developing countries. *Public Budgeting & Finance*, v. 29, n. 2, p. 18, summer 2009.

Capítulo 10 • O Novo Orçamento de Desempenho e o Orçamento por Resultados

O *programa* pode ser visto, segundo Schiavo-Campo, de uma maneira bem mais estreita ou limitada: "É um conjunto de atividades concretas que visam um objetivo comum específico, por exemplo, atenção pré-natal."[33] Com essa menor amplitude, o programa tem impacto mais restrito, mas aumenta a responsabilização em face aos resultados e estimula a eficiência operacional. Essa modalidade de *programa* é ajustada à capacidade limitada do ambiente, podendo, assim, ser implementada de maneira seletiva e progressiva, com os benefícios que isso proporciona: correção de rumos, eliminação de burocracia desnecessária e o uso de *feedback* dos beneficiados.

A adoção de *programas amplos* ou *restritos* certamente influenciará na escolha dos indicadores de resultado. Mais importante, entretanto, é a maneira como os indicadores são selecionados. A abordagem de cima para baixo não garante uma maior orientação para resultados e tende a gerar a proliferação de indicadores formais com pequeno significado para a atuação governamental.

Ainda de acordo com o Schiavo-Campo, os dois modelos de *programas* podem conviver. Faz-se necessário identificar recursos que possam ser consignados a cada órgão de maneira compatível com as estratégias e prioridades setoriais, processo de cima para baixo conduzido pelas áreas centrais. Os recursos deverão ser alocados de acordo com programas de despesas realistas e eficientes, agora de baixo para cima, de acordo com a aprovação central.[34]

Observando que a introdução de elementos programáticos no sistema orçamentário é inteiramente compatível com o regime de caixa prevalecente nos países em desenvolvimento e na maioria das economias de renda média, Schiavo-Campo dá uma importante contribuição ao relacionar os principais passos para a implantação de programas, mais ou menos em sequência:[35]

- elaborar, em consulta com os ministérios de linha, uma clara definição geral de "programa", "subprograma" e "atividade", aplicável a todo o governo;
- definir critérios para distinguir os programas de despesas em curso (sob as atuais políticas) e os programas de novas despesas (sob as novas políticas);
- desenvolver um procedimento *prático* para calcular o custo *aproximado* dos programas;
- elaborar modelos uniformes simples de programa visando fornecer um consistente e amplo enfoque do governo;
- selecionar alguns programas-piloto específicos em ministérios selecionados, tendo em vista algumas melhorias iniciais na eficiência, bem como no ganho de experiência;
- estabelecer critérios para a escolha de gestores de programas e especificar as suas responsabilidades;

---

[33] Idem, ibidem. p. 18.

[34] Idem, ibidem. p. 19.

[35] Idem, ibidem. p. 20-21.

- iniciar uma série de eventos de divulgação para explicar ao pessoal da linha de frente, aos ministérios de linha e – possivelmente – ao legislador a lógica da iniciativa e da introdução gradual da orientação para resultados;
- expandir gradualmente a cada ano pela adição de alguns outros programas específicos e, com base na experiência, corrigir a mensuração de desempenho e estrutura de monitoramento;
- incentivar a unidade central de auditoria a desenvolver a sua capacidade para a realização de auditorias de custo/eficácia (*value for money*) (caso seja compatível com a sua competência básica de auditagem financeira e de conformidade) e, ao mesmo tempo, aumentar a flexibilidade de gestão financeira e de pessoal.

Mensuração do desempenho

O Diagrama 10.1, retirado de Diamond, apresenta como o conceito de desempenho é tratado em três dos principais sistemas orçamentários: tradicional, por produto (*output*) e por resultado (*outcome*).

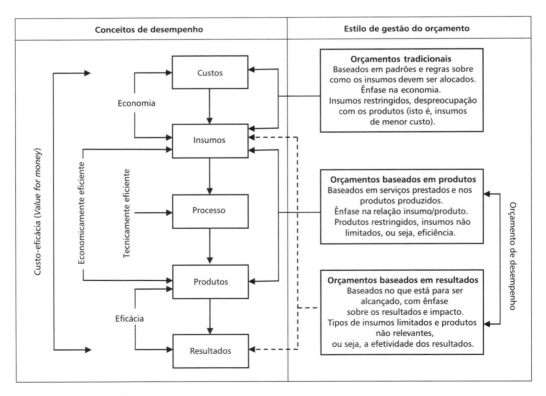

Fonte: DIAMOND, Jack. *Budget system reform...* Op. cit. p. 84.

Diagrama 10.1   *O conceito de desempenho em diferentes sistemas orçamentários.*

No desenvolvimento do processo descrito no Diagrama 10.1 – aquisição dos insumos utilizados no processo produtivo que gera produtos, os quais, por sua vez, contribuem para os resultados pretendidos pelas políticas governamentais – emerge uma variada gama de medidas e indicadores de desempenho.

O desempenho a ser mensurado depende, inicialmente, do que se considera desempenho. No orçamento tradicional, o foco central da avaliação do desempenho é a conformidade e o controle, isto é, a observância das normas, o respeito aos valores do orçamento, a aquisição de insumos pelo menor custo etc. No Orçamento-programa ou no orçamento por produto, mede-se o desempenho do ponto de vista da eficiência econômica, dada pela relação insumo/produto. Já no orçamento com foco nos resultados, o desempenho considera o impacto que os produtos têm diante das necessidades sociais, da resolução de problemas e do desenvolvimento econômico-social.

Na implantação do novo orçamento de desempenho ou no orçamento por resultados, a montagem de um sistema de mensuração de desempenho constitui um grande desafio. Segundo Diamond, pelo menos quatro temas devem ser cuidadosamente considerados nesse sentido:[36]

- produtos *versus* resultados;
- processo de criação de indicadores;
- dimensão qualitativa; e
- desempenho relacionado aos insumos.

O novo orçamento de desempenho diferencia-se dos sistemas anteriores – orçamento por produtos, Orçamento-programa, PPBS e de desempenho – por incluir uma nova categoria de objetivos: os *resultados* (*outcomes*). No *performance budget* original e no Orçamento-programa, a medida do desempenho estava representada, principalmente, nos *produtos* (*outputs*) levados a cabo pela administração pública. Nos processos convencionais de produção, os *produtos* representam as *saídas* do sistema. Na administração governamental, ainda que os *produtos* – bens e serviços produzidos ou providos pelo setor público – tenham relevância por princípio, o que realmente importa são os *resultados* alcançados em termos econômicos e sociais.

Conceituar *produtos* e *resultados*, e especialmente distingui-los no contexto da programação e do orçamento, apresenta algumas dificuldades. De acordo com Jack Diamond, são as seguintes as propriedades desejáveis de um e de outro.

O *produto* (*output*) deve estar sob o controle direto ou indireto da unidade responsável e tem as seguintes propriedades desejáveis:

- deve ser bem ou serviço destinado a pessoas ou organizações externas ao órgão;
- deve ser claramente identificado ou descrito;

---

[36] DIAMOND, Jack. *Budget system...* Op. cit. p. 68-72.

- deve ser para uso final, não servindo como produto intermediário e parte de processos internos;
- deve contribuir para o alcance dos resultados planejados;
- deve gerar informações sobre os atributos do desempenho – preço, quantidade e qualidade; e
- deve gerar informações que são a base para comparações de desempenho ao longo do tempo ou com outros provedores reais ou potenciais.

As propriedades desejáveis do *resultado* (*outcome*) são as seguintes:

- deve refletir adequadamente os objetivos e as prioridades do governo;
- deve ser indicado pelo impacto sobre a sociedade;
- deve ser diferenciado das estratégias da agência para as quais contribui;
- deve identificar claramente os grupos-alvo, quando for possível focá-los;
- deve ser viável em prazos específicos;
- deve ser claramente definido e descrito de forma a ser facilmente relatado externamente;
- deve ser o resultado de uma ligação causal identificável com o produto do órgão; e
- deve ser possível monitorar e avaliar os resultados.[37]

O processo de criação de medidas de produtos e de resultados merece toda a atenção. Os inúmeros indicadores de desempenho empregados na mensuração da eficiência – carga de trabalho, tipo homem-hora, por exemplo – são úteis na mensuração do trabalho em andamento, inclusive quando não completado. Ainda que tais medidas não sejam, elas próprias, produtos e resultados, elas poderão ser aproveitadas na avaliação do desempenho nos casos em que os produtos e os resultados não possam, ou sejam de difícil identificação.

A dimensão *qualidade* não deve ser negligenciada nos processo de mensuração do desempenho. Nas medidas de eficiência – razão produto/insumo –, a ênfase exclusivamente quantitativa nas avaliações de desempenho poderá esconder muito da qualidade do produto. Medidas internas de qualidade devem ser vistas com cuidado, sendo preferível a realização de pesquisas de satisfação junto aos beneficiados pelos bens e serviços públicos.

Os insumos (ou custos) são sempre limitados e as escolhas orçamentárias devem considerá-los quando da mensuração dos produtos ou dos resultados. Diamond aponta algumas razões que tornam difícil essa relação. A adoção, por exemplo, em muitos países do regime contábil de caixa produz um descompasso temporal na disponibilidade de dados de custos dos programas e dos insumos. A concentração de custos em grandes atividades-meio e a dificuldade de distribuí-los entre os programas finalísticos é outro exemplo de dificuldade na relação custo/insumo com produto/resultado.[38]

---

[37] DIAMOND, Jack. *Establishing a performance management framework for government.* Washington: International Monetary Fund, 2005. IMF Working Paper WP/05/50. p. 10-11.

[38] DIAMOND, Jack. *Budget system...* Op. cit. p. 71-72.

Sistema de custos

Assim como no Orçamento-programa, a efetiva implantação do novo orçamento de desempenho exige a mensuração dos custos de cada programa e de suas partes: subprograma, atividade, projeto etc. Por se constituir numa tarefa difícil, frequentemente ela é deixada de lado. O fundamento para a adoção do cálculo de custos é claro e simples. O processo de escolhas orçamentárias é aperfeiçoado quando é possível relacionar produtos e resultados de um programa ou ação com os seus custos totais. Essa relação possibilita, por exemplo, a escolha das Ações A e C e não as Ações B e D de determinado programa. Da mesma forma, decide-se alocar mais recursos num programa e menos em outro. Claro está que, nesse estágio, resolveu-se da melhor maneira possível o desafio anterior que é o da definição de unidades de mensuração de produtos e/ou de resultados.

No Diagrama 10.2, descrevem-se os passos básicos de um sistema de custos baseados em programas.

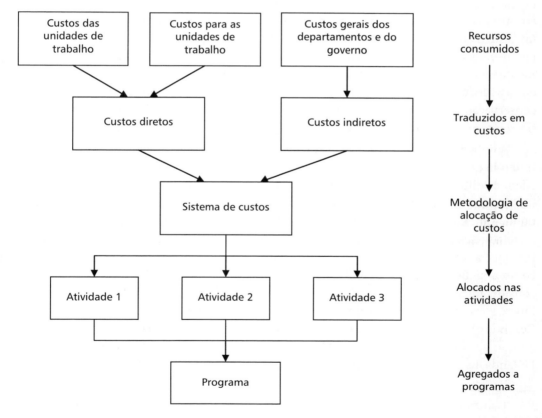

Fonte: DIAMOND, Jack. *Budget system reform...* Op. cit. p. 117 e DIAMOND, Jack. Do orçamento por programas... Op. cit. p. 118.

Diagrama 10.2 *Passos básicos de sistema de custos baseados em programas.*

190 Orçamento Público • Giacomoni

Seu autor, Diamond, descreve assim os eventos principais do sistema:

- desmembrar o programa em atividades que produzam o objetivo, serviço ou produto do programa, e identificar as unidades de trabalho envolvidas em cada atividade;
- identificar todos os recursos utilizados e seus custos associados em termos de unidades de trabalho que gerem produtos/resultados dos programas;
- categorizar e medir os *custos* diretos – aqueles derivados da operação de unidades de trabalho ou os custos incorridos pela unidade por meio das operações de outras unidades de trabalho – e os *custos indiretos* do governo ou departamento, ou seja, os custos fixos;
- consignar ou alocar todos os custos diretos e indiretos nas atividades específicas, utilizando uma metodologia de composição de custos previamente acordada.[39]

Há uma gama variada de modelos de apuração de custos desenvolvidos e testados para atender às necessidades das empresas. Alguns deles certamente poderão ser ajustados às necessidades das unidades governamentais. O sistema de custos ABC – Custos Baseados em Atividades – é frequentemente indicado como bastante próximo das necessidades de um sistema orçamentário por produtos e resultados. De qualquer maneira, as dificuldades não devem ser subestimadas. Nas áreas governamentais, os custos indiretos são especialmente representativos, na medida em que um grande número de servidores está envolvido em atividades de apoio – finanças, compras, pessoal etc. Além desses custos, outros ligados à conservação, à manutenção e ao funcionamento dos órgãos são conduzidos de maneira centralizada, havendo muitas dificuldades para apropriá-los aos programas e ações finalísticos.

A utilização da sistemática de custos encaminha outra questão igualmente difícil em se tratando do setor público: a adoção da contabilidade de competência – *accrual accounting*. Além de difícil, o tema é polêmico. Os profissionais da contabilidade e as organizações que disciplinam as práticas contábeis defendem a aplicação do regime de competência no setor público, independentemente da adoção do cálculo de custos. Diamond observa que apenas a metade dos países da Organização de Cooperação para o Desenvolvimento Econômico (OCDE) adota, em algum grau, o regime contábil de competência, o que pode ser visto como uma boa indicação das dificuldades. Pondera que, no caso dos países emergentes e considerados os custos envolvidos, o movimento visando à contabilidade por competência, talvez, só venha a compensar no contexto amplo de reformas na gestão do setor público.[40] Rezende e associados realizaram detalhada avaliação da experiência dos países pioneiros na adoção da contabilidade de competência.[41] Austrália, Nova Zelândia, Reino Unido, Suíça, Holanda, Estados Unidos, Suécia e Canadá, no bojo das medidas de responsabilidade fiscal

---

[39] DIAMOND, Jack. *Budget system reform...* Op. cit. p. 117 e DIAMOND, Jack. Do orçamento por programas... Op. cit. p. 118.

[40] DIAMOND, Jack. Do orçamento por programas... Op. cit. p. 119.

[41] REZENDE, Fernando; CUNHA, Armando; BEVILACQUA, Roberto. Informações de custos e qualidade do gasto público: lições da experiência internacional. *Revista de Administração Pública*, v. 44, n. 4, p. 959-992, jul./ago. 2010.

Capítulo 10 • O Novo Orçamento de Desempenho e o Orçamento por Resultados **191**

e de maior transparência nos gastos públicos, implantaram a contabilidade de competência e, em alguns casos, foram mais além, adotando formas de orçamento de competência. Ao lado do reconhecimento da utilidade e das vantagens da contabilidade de competência, o mesmo não ocorreu com o orçamento de competência. Enquanto a contabilidade fornece informações para as decisões, o orçamento implanta essas decisões. Com a adoção do orçamento de competência, parcelas das despesas passam a ser automáticas, sem a deliberação das instâncias políticas, como no caso das compensações pela depreciação das despesas de capital. A complexidade desse sistema orçamentário, aliada à possibilidade de descontrole fiscal, levou a Suécia a abandonar o orçamento de competência em 2004. Outros países foram forçados a promover ajustes nas intenções iniciais de avançar no emprego do conceito de competência também no orçamento. Os autores concluem observando que uma alternativa seria o emprego de um regime dual, inclusive para o caso brasileiro: as informações sobre custos serão consideradas nas tomadas de decisões sobre o emprego de recursos públicos, mas as consignações de recursos nos orçamentos levarão em conta o regime de caixa.[42]

C. Orçamento por resultados

Junto ao novo orçamento de desempenho, a bibliografia especializada também dedica atenção ao denominado orçamento por resultados. Ambos os movimentos surgem na mesma época – início da década de 1990 –, e é possível identificar pequenas diferenças na gênese de um e outro. Aprovado em 1993, o GPRA determinava a elaboração de orçamento de desempenho que, para se diferenciar do orçamento de desempenho original – década de 1950 –, recebeu no rótulo o complemento de "Novo". Assim, boa parte da literatura voltada ao acompanhamento e à avaliação dos resultados do GPRA, bem como à adoção da mesma proposta noutros níveis de governo, passou a empregar a expressão "o Novo orçamento de desempenho".

Entre as muitas práticas descritas e criticadas no livro de Osborne e Gaebler *Reinventando o governo*, lançado nos Estados Unidos em 1992, estavam os modelos orçamentários em vigor, cuja necessidade de reforma era muito enfatizada.[43] Os modelos de reforma orçamentária, gerados principalmente no âmbito dos serviços de consultoria dirigidos às administrações estaduais e municipais norte-americanas, passaram então a receber nova denominação: Orçamento por resultados (*Budgeting for results* ou *Budgeting for outcomes* ou *Results based budgeting*).

Dois dos mais notórios consultores, David Osborne (o mesmo coautor de *Reinventando o governo*) e Peter Hutchinson, publicaram, em 2004, outra obra de repercussão na qual ganhou destaque uma nova compreensão do que deve ser o papel do orçamento governamental.[44] A ideia central da proposta repousa numa questão prática: ao sustentarem

---

[42]   Idem, ibidem. p. 990. No Brasil, a Lei de Responsabilidade Fiscal – Lei Complementar nº 101, de 2000 – determina no art. 50, § 3º: A Administração Pública manterá sistema de custos que permita a avaliação e o acompanhamento da gestão orçamentária, financeira e patrimonial.

[43]   OSBORNE, David; GAEBLER, Ted. Op. cit.

[44]   OSBORNE, David; HUTCHINSON, Peter. *The price of government*. Getting the results we need in an age of permanent fiscal crisis. New York: Basic Books, 2004.

192 Orçamento Público • Giacomoni

a administração pública por meio dos impostos, os cidadãos devem sentar no banco da direção e explicitar quais os resultados que eles querem em contrapartida aos recursos repassados ao setor público. Nesse sentido, os orçamentos devem basear-se em resultados e a administração pública deve ser controlada e responsabilizada por eles.

O Quadro 10.2 aponta as diferenças identificadas por Osborne e Hutchinson entre o orçamento tradicional – rotulado pelos autores de "orçamento baseado no custo da agência" –, e o orçamento por resultados.

Quadro 10.2   *Diferenças entre o orçamento tradicional e o orçamento por resultados.*

	Orçamento tradicional	**Orçamento por resultados**
1. Ponto de partida	Orçamento do ano anterior é tomado como base de referência para o novo orçamento	Preço do governo: quanto os cidadãos estão dispostos a gastar pelos serviços públicos
2. Foco	Aumentos e reduções na base de referência	Comprar resultados que são importantes para os cidadãos em relação às ofertas de concorrentes
3. Adição	Aumentos automáticos criam a nova base	Como não há base, não há adições e subtrações
4. Subtração	"Cortes" na nova base	
5. Submissão	Justificativa para as necessidades e os custos, além de extras	Oferta de entrega de resultados pelo preço estabelecido
6. Incentivos	Acumular custos e fazer cortes duros	Produzir, pelo preço estabelecido, os resultados que realmente importam
7. Função dos técnicos	Encontrar custos ocultos e desnecessários	Validar as ofertas ou encontrar melhores escolhas
8. Função dos legisladores	Optar por cortar serviços ou aumentar os impostos e ser acusado por culpar outra pessoa	Escolher as melhores ofertas, para obter o máximo de resultados para os cidadãos ao preço que eles vão pagar
9. Debate	O que cortar e o que taxar	Como obter resultados ainda melhores

Fonte: OSBORNE, David; HUTCHINSON, Peter. Op. cit. p. 66.

Os autores propõem três passos em progressão necessários para a adoção do enfoque orçamentário baseado em resultados:[45]

Passo 1. Determinar as prioridades do governo, ou seja, os resultados que importam para a maioria dos cidadãos;

Passo 2. Estabelecer o preço de cada um dos resultados; e

Passo 3. Decidir a melhor forma de entregar cada resultado pelo preço estabelecido.

---

[45]   OSBORNE, D.; HUTCHINSON, P. Op. cit. p. 67.

Capítulo 10 • O Novo Orçamento de Desempenho e o Orçamento por Resultados **193**

Todas as três etapas constituem desafios nada desprezíveis, especialmente a primeira. Como ouvir as pessoas? Como identificar os resultados que mais interessam a elas? Em que bases priorizar os resultados? Osborne e Hutchinson recomendam a utilização dos próprios métodos que os funcionários eleitos empregaram nas suas próprias eleições. Seriam, por exemplo:[46]

- votação: amostragem aleatória da opinião pública;
- grupos de foco: várias discussões com participantes selecionados aleatoriamente;
- encontros na Prefeitura: múltiplas discussões públicas com quem aparece (facilitada por funcionários experientes);
- jornalismo cívico: iniciativas da mídia para envolver os leitores, ouvintes e telespectadores em discussões interativas, debates e comentários sobre as prioridades;
- sítios na *Internet*: *feedback* na *web* coletado em resposta aos esforços para aumentar a conscientização.

Integram o movimento que difunde o orçamento por resultados grupos influentes como a Associação de Dirigentes Governamentais de Finanças (*Government Finance Officers Association* – GFOA), que vê a nova abordagem como uma maneira efetiva de distanciar o orçamento público do incrementalismo, um de seus traços característicos.

O Orçamento por resultados produz ligações entre o planejamento estratégico, o planejamento financeiro de longo prazo, as medidas de desempenho, o orçamento e a avaliação. Igualmente, liga os recursos aos objetivos no início do processo orçamentário, de modo que o foco principal é sobre os resultados e não sobre estrutura organizacional.[47]

O GFOA recomenda a adoção dos seguintes passos para a transição entre orçamentação convencional e orçamento por resultados:

1. **Determine o montante de recurso financeiro disponível.** O orçamento deve ser construído sobre a receita esperada. Isso inclui as receitas usuais, eventuais, novas fontes de receita e o potencial de saldos de balanço.
2. **Priorize resultados.** Os resultados que mais importam aos cidadãos devem ser definidos. Os líderes eleitos devem determinar quais programas são mais importantes para os seus eleitores.
3. **Aloque os recursos entre os resultados de alta prioridade.** As alocações devem ser feitas de forma justa e objetiva.
4. **Mediante análise, determine as estratégias, programas e atividades que melhor produzam os resultados desejados**.

---

[46] Idem, ibidem. p. 68.

[47] Disponível em: http://www.gfoa.org/index.php?option=com_content&task=view&id=1548. Acesso em: 31 out. 2011.

5. **Comprometa os recursos disponíveis nos programas e atividades mais significativos.** O objetivo é maximizar os benefícios dos recursos disponíveis.

6. **Estabeleça medidas anuais de acompanhamento e monitoramento e feche o ciclo de *feedback*.** Essas medidas devem explicitar os resultados esperados e como eles serão mensurados.

7. **Verifique o que realmente aconteceu.** Isso envolve o uso de medidas de desempenho para comparar os resultados planejados com os alcançados.

8. **Divulgue os resultados do desempenho.** Todos os interessados, internos e externos, devem ser informados dos resultados, numa apresentação compreensível.

Parte V
Processo Orçamentário

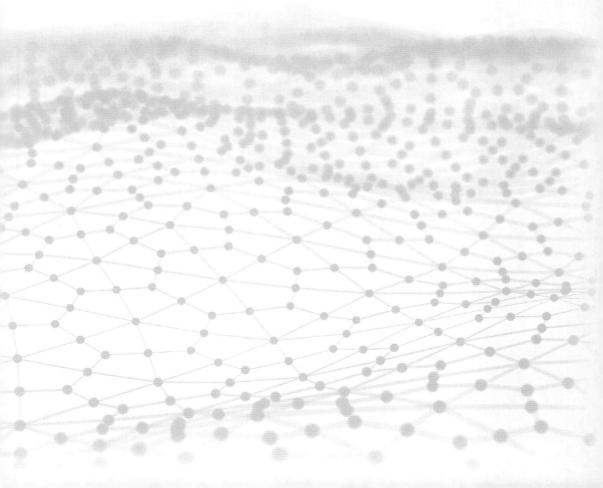

11

Sistema e Processo Orçamentário

A. Introdução

No estudo do orçamento público, tão importantes quanto as questões conceituais e de estrutura são os aspectos ligados ao seu processo, à sua dinâmica. O documento orçamentário, apresentado na forma de lei, caracteriza apenas um momento de um processo complexo, marcado por etapas que foram cumpridas antes e por etapas que ainda deverão ser vencidas. É o desenrolar integral desse processo que possibilita ao orçamento cumprir seus múltiplos papéis e funções.

Inicialmente, é útil buscar a compreensão tão precisa quanto possível de alguns termos, especialmente *processo* e *sistema*. Expressões correntes no âmbito da biologia ajudam a clarear essas questões: a *anatomia*, por exemplo, lida com as estruturas demonstrando *como é constituído* o ser vivo, já a *fisiologia* lida com a dinâmica, evidenciando *como funciona* o ser vivo e suas partes. Exemplificando: o *sistema digestivo* determina de que forma deve dar-se o *processo digestivo*, isto é, o funcionamento da digestão. Pode-se associar, pois, *sistema* a "estrutura" e *processo* a "funcionamento".[1]

A relação entre *sistema* e *processo* – o que condiciona o quê – deve ser vista com cuidado. Na biologia, salvo talvez mutações degenerativas em prazos longos, é o *sistema* que condiciona o *processo*. Já nas organizações, que são sistemas sociais abertos, tanto as estruturas (subsistemas do sistema maior) podem ser dispostas visando determinar (orientar) o curso dos processos, como esses podem condicionar o desenho das estruturas.

Assim como acontece nas demais funções administrativas, a função orçamentária compreende um *sistema orçamentário* e um *processo orçamentário* que se complementam e

---

[1] ANTHONY, Roberto apud CUNHA, Armando Moreira da. *Manual da disciplina, planejamento, programação e orçamentação*. Rio de Janeiro: Escola Brasileira de Administração Pública, Curso Intensivo de Pós-graduação em Administração Pública, p. 33.

B. Sistema orçamentário

O documento orçamentário (a lei do orçamento com seus anexos) é a expressão mais clara que se pode denominar de sistema orçamentário. Diferentemente do que acontecia no passado, hoje o orçamento deve ser visto como parte de um sistema maior, integrado por planos e programas de onde saem as definições e os elementos que vão possibilitar a própria elaboração orçamentária.

No Diagrama 11.1 está representada uma espécie de sistema integrado de planejamento e orçamento, segundo a concepção bastante difundida na América Latina por meio do ILPES/CEPAL.[2] Os elementos e as partes principais desse sistema, sucintamente, podem ser assim descritos:

A *estratégia de desenvolvimento* resulta da escolha de certas "grandes alternativas", das quais se espera a contribuição mais eficaz para o desenvolvimento do país. Essas definições se dão, especialmente, em termos de planos nacionais de longo prazo e se apoiam em três elementos principais:

a) a formulação de uma *imagem prospectiva*;

b) certos *projetos estratégicos*; e

c) o enunciado de *políticas básicas*.

A *imagem prospectiva* resulta da escolha de objetivos e metas substantivas a serem buscados, não simplesmente mediante coeficientes econômicos abstratos, mas a partir de *projetos sociais básicos* que possibilitem mudanças concretas no plano econômico-social.

Os *projetos estratégicos* são aqueles destinados a gerar precipuamente as mudanças fundamentais idealizadas pela imagem prospectiva. Tais projetos se caracterizam por seu número diminuto e por serem, geralmente, intersetoriais, isto é, extrapolam o comando ou supervisão de determinado organismo governamental.

A viabilização dos projetos estratégicos e, consequentemente, dos grandes objetivos e metas fica possibilitada pela adoção de *políticas básicas* que condicionarão as ações e decisões dos setores público e privado.

A título exemplificativo, lê-se no I Plano Nacional de Desenvolvimento Econômico e Social (I PND), que, no Brasil, cobriu o período 1972/74.

---

[2] Essa concepção foi extraída de *El presupuesto y el proceso de planificación*. Belo Horizonte: Faculdade de Ciências Econômicas da UFMG, 1971 (mimeo.). Esse trabalho foi baseado em dois documentos do Instituto Latinoamericano de Planificación Económica y Social (ILPES): "Reflexiones en torno de los problemas actuales de la planificación en América Latina" e "Metodologia para la formulación de planes operativos anuales". O ILPES é um órgão da Comissão Econômica para a América Latina (CEPAL), organismo da Organização das Nações Unidas (ONU).

Fonte: *El presupuesto y el proceso de planificación.* Op. cit.

Diagrama 11.1   *Sistema integrado de planejamento e orçamento.*

Três são os grandes objetivos nacionais do desenvolvimento brasileiro:

Primeiro – colocar o Brasil, no espaço de uma geração, na categoria das nações desenvolvidas.

Segundo – duplicar, até 1980, a renda *per capita* do Brasil (em comparação com 1969), devendo verificar-se, para isso, crescimento anual do Produto Interno Bruto (PIB) equivalente ao dos últimos três anos.

Terceiro – elevar a economia, em 1974, às dimensões resultantes de um crescimento anual do PIB entre 8 e 10%, mediante: 1) aumento da taxa de expansão do emprego até 3,2%, em 1974, com uma taxa média de 3,1%, no período 1970/1974; 2) redução da taxa de inflação, permitindo alcançar-se relativa estabilidade de preços, ou seja, taxa de inflação da ordem de 10% ao ano, até o final do mandato do atual Governo; 3) política econômica internacional que acelere o desenvolvimento do País, sem prejuízo do controle progressivo da inflação.[3]

Dos objetivos, apenas o terceiro apontava metas a serem alcançadas dentro do horizonte do plano; os dois primeiros extrapolavam a abrangência do documento, configurando intenções de longo prazo. Os objetivos específicos do plano enfatizavam metas definidas em termos de magnitudes econômicas, o que certamente não é a forma mais adequada de explicitar mudanças concretas no plano econômico-social.

Tais objetivos seriam alcançados como resultado de uma série de realizações básicas (*projetos estratégicos*):

a) modernização da empresa nacional;
b) mobilização do sistema financeiro nacional e do mercado de capitais;
c) implementação de programas de desenvolvimento tecnológico;
d) capacitação de recursos humanos;
e) grandes programas de investimentos (siderurgia, petroquímica, corredores de transportes, construção naval, energia elétrica, comunicações e mineração);
f) Programa de Integração Nacional (Estrada Transamazônica, Estrada Cuiabá – Santarém, projetos de colonização ao longo da Transamazônica, programa de irrigação do Nordeste);
g) Programa de Redistribuição de Terras e de Estímulo à Agroindústria do Norte e do Nordeste (Proterra);
h) programas de integração social (PIS, Pasep e Pro-Rural); e
i) programas de exportações.[4]

Eram as seguintes algumas das *políticas básicas* definidas pelo I PND:

a) modelo econômico de mercado orientado para a descentralização das decisões econômicas com vistas ao crescimento progressivo do mercado de consumo;
b) aliança entre o setor privado e o governo, com a aceitação da influência crescente desse último na gestão do sistema econômico, na realização de investimentos e na capacidade de regulamentar;

---

[3] BRASIL. Leis, Decretos etc. *Projeto do I Plano Nacional de Desenvolvimento Econômico e Social* (1972/74). Brasília, set. 1971. p. 5.

[4] Idem, ibidem. p. IX-XII.

Capítulo 11 • Sistema e Processo Orçamentário **201**

c) incentivos ao setor privado visando à modernização de suas estruturas de produção e comercialização, com estímulo inclusive à realização de fusões;

d) federalismo cooperativo, cabendo à União a definição da estratégia e das prioridades nacionais e aos Estados a execução das obras de sentido local e a coordenação dos Municípios que os integram;

e) incentivo ao desenvolvimento de agricultura moderna no centro-sul, de base empresarial;

f) política de integração nacional dirigida às questões do desenvolvimento regional; e

g) política de integração social com vistas à melhoria da distribuição de renda, criação de base para o mercado de massa e aumento da poupança por intermédio de fundos como o PIS e o Pasep.[5]

Os *planos de médio prazo* (Diagrama 11.1) expressam de forma mais detalhada cada etapa das estratégias. Em geral, são planos setoriais e regionais/setoriais, sendo constituídos por *programas básicos*, que determinam os objetivos e as metas a serem alcançados em cada setor, fixando também os recursos humanos, materiais e financeiros necessários. Supondo, por exemplo, que o setor agropecuário constitua um *projeto estratégico*, entre seus *programas básicos* poderiam estar: o programa de irrigação, de eletrificação rural, de pastagens, de recuperação de solos etc.

Os *planos operativos anuais*, com base nas definições das estratégias e dos planos de médio prazo, estabelecem as metas de curto prazo a cargo do setor público, bem como as orientações e regulamentações a serem cumpridas pelo setor privado (preços, salários, tributações, créditos, financiamento etc.). Nos planos anuais constam as necessidades financeiras, materiais e humanas das diversas metas, distribuídas em cronogramas e no nível especial. Os principais planos operativos anuais são os seguintes:

a) O *orçamento econômico* representa a projeção esperada para o desempenho da economia como um todo, estimando resultados para o comportamento de cada um dos "agentes econômicos": famílias, empresas, governo (e suas empresas) e o resto do mundo.

b) O *orçamento monetário* trata de fixar correspondência entre o crescimento da economia e o volume da oferta monetária necessária para tal, procurando preservar a estabilidade do sistema econômico.

c) O *orçamento do balanço de pagamentos* projeta o resultado do relacionamento financeiro com o exterior: relações de comércio (exportação e importação de bens e serviços), remessa de lucros, entrada de financiamentos, pagamento de juros e amortizações etc.

d) *Balanços projetados* constituem-se em tentativas de levantamento das necessidades do país em termos de materiais (em volumes físicos e financeiros) produzidos internamente e importados e de recursos humanos.

---

[5] Idem, ibidem. p. 7-30.

e) *Programas de execução* são os calendários de execução dos programas e projetos principais, a cargo tanto do setor público como do privado. No setor público, o próprio orçamento pode esclarecer essa programação. *Medidas de política econômica* são todas aquelas decisões necessárias para a viabilização dos planos que se caracterizam, geralmente, por serem de curto prazo: medidas tributárias, monetárias, incentivos, subsídios, restrições, tarifas aduaneiras, fixação de preços e salários, normas para a instalação de indústrias, regulamentos de comércio exterior etc.

f) O *orçamento do setor público* abrange as áreas de plano anual sob a ação decisória direta do Estado; é constituído pelo *orçamento do governo geral* e pelo *orçamento das empresas estatais*. Esses orçamentos são instrumentos de ação voltados para a realização de operações concretas, dentro do marco de referência fixado pelos *planos de médio prazo*, o que é possível a partir do *plano de vinculação*, em que os *programas básicos* são cruzados e compatibilizados com os *programas orçamentários*.

C. Processo orçamentário

Uma representação gráfica (o Diagrama 11.1, por exemplo) auxilia bastante o entendimento do conceito de *sistema*, haja vista a sua forma "estrutural". Já o *processo*, que não é estrutural e só existe em estado "dinâmico", isto é, em funcionamento, não pode ser apresentado com a mesma facilidade. Para efeito meramente didático, tenta-se apenas representar o *processo* pela identificação de suas principais etapas. Na realidade, por ser esquemática (estrutural), tal representação não deixa de ser também um sistema. No Diagrama 11.2 está representado o *processo orçamentário*, o qual também é denominado ciclo orçamentário, com suas quatro etapas.

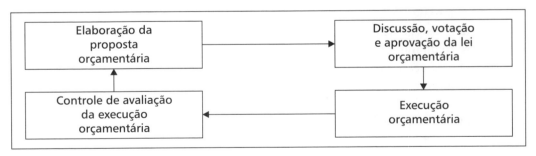

Diagrama 11.2 *Processo orçamentário.*

O *processo orçamentário* não pode ser visto como autossuficiente, já que a primeira etapa do ciclo que se renova anualmente – Elaboração da proposta orçamentária – é, em grande parte, resultado de definições constantes de uma programação de médio prazo que, por sua vez, detalha planos de longo prazo. Por isso, como acontece com o *sistema*, o *processo orçamentário* tem maior substância quando integrado ao processo de planejamento.

D. Processo de planejamento e orçamento

No Brasil, a Constituição Federal concebe duas modalidades de planos. A primeira envolve os chamados planos de desenvolvimento econômico e social e está a serviço da concepção do Estado intervencionista. Tais planos assumem papel determinante para o setor público e indicativo para o setor privado, e observam de perto as características descritas na seção B deste capítulo.[6]

A outra modalidade é o plano plurianual, voltado à programação da administração pública e claramente idealizado como guia plurianual para as autorizações orçamentárias anuais. A grande importância concedida pela Constituição ao referido plano é medida pelas seguintes características principais:

a) em primeiro lugar, há a vasta abrangência dos conteúdos integrantes do plano plurianual, ou seja, o estabelecimento, de forma regionalizada, das diretrizes, dos objetivos e das metas da administração pública federal para as despesas de capital e outras delas decorrentes e para as relativas aos programas de duração continuada;[7]
b) em segundo lugar, a elaboração dos planos e programas nacionais, regionais e setoriais deve ser feita em consonância com o plano plurianual;[8]
c) por último, nenhum investimento cuja execução ultrapasse um exercício financeiro poderá ser iniciado sem prévia inclusão no plano plurianual, ou sem lei que autorize a inclusão sob pena de crime de responsabilidade.[9]

A integração entre plano plurianual e orçamento anual fica ainda mais bem explicitada por meio do papel cumprido por outra novidade da Constituição de 1988 – a Lei de Diretrizes Orçamentárias (LDO) –, que, além de fornecer orientação para a elaboração dos orçamentos anuais, tem por finalidade destacar, da programação plurianual, as prioridades e metas a serem executadas em cada orçamento anual.

O Diagrama 11.3 procura representar, de forma estática, as várias etapas do que se poderia denominar *processo integrado de planejamento e orçamento*.

E. Crítica ao modelo de planejamento e de integração entre planejamento e orçamento

O modelo de planejamento descrito até aqui não é aceito de forma unânime pelos especialistas. Ao contrário, tem crescido o número dos que descreem das possibilidades de esse modelo ajudar especialmente os países subdesenvolvidos a minorarem seus problemas e a aspirarem a melhores dias. Segundo Albert Waterston,

---

[6]   Constituição Federal, art. 21, IX e art. 174, *caput* e § 1º.

[7]   Idem, ibidem, art. 165, § 1º.

[8]   Idem, ibidem, art. 165, § 4º.

[9]   Idem, ibidem, art. 167, § 1º.

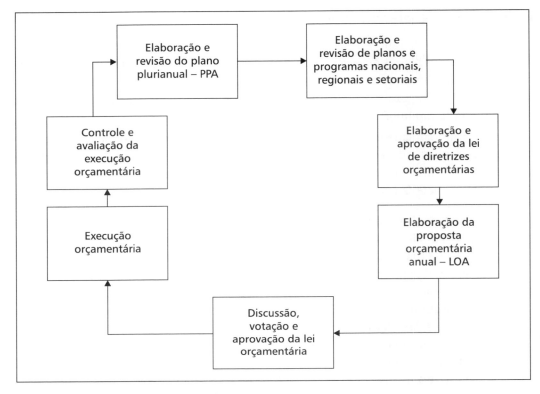

Diagrama 11.3   *Processo integrado de planejamento e orçamento.*

Embora os planos de desenvolvimento tenham proliferado e as técnicas por eles utilizadas sejam melhores, a taxa anual média de crescimento do produto interno real nos países menos desenvolvidos não demonstra qualquer melhoria sensível na América Latina desde os anos 50, chegando mesmo a declinar na Ásia Meridional e do Sudeste.[10]

A instabilidade política quase sempre presente nos países de baixa renda e a incerteza econômica seriam, na opinião de Albert Waterston, incompatíveis com o modelo de planejamento baseado em planos de longo e médio prazos. A isso devem-se somar, naturalmente, as deficiências técnicas, a falta de dados e a inexistência de sistemas administrativos adequados. Esse modelo de planejamento, então, seria viável apenas no pressuposto da existência de "estabilidade" política e econômica. Como essa não é a realidade da maioria dos países em desenvolvimento, o autor recomenda o abandono dos planos globais de longo e médio prazos e a adoção de sistema que dê ênfase ao plano anual associado a programas setoriais plurianuais.[11]

---

[10] WATERSTON, Albert. Um método prático de planejar o desenvolvimento. *Finanças e desenvolvimento*. Washington: FMI/BIRD, 1970. p. 21.

[11] Idem, ibidem. p. 21-22.

Capítulo 11 • Sistema e Processo Orçamentário **205**

Em outro estudo, Waterston volta a criticar esse tipo de planejamento, por ele denominado "convencional". Em sua nova tese, considera que *não* são satisfatórios os resultados do planejamento, seja urbano, regional ou nacional. Segundo o autor:

> Isso se deve, em parte, à deficiência de método e, em parte, também ao ambiente desfavorável em que com frequência o planejamento convencional opera; mas a razão mais importante é que o planejamento convencional não satisfaz às necessidades sociais. Talvez seja nesse último sentido que existem maiores razões para se afirmar que o planejamento convencional tem fracassado, pois é aí que costuma ser maior o abismo entre as aspirações e os resultados obtidos.[12]

Geralmente, os objetivos e as metas formulados pelos planos convencionais são idealizações da realidade: se alcançados, resolveriam indiretamente os problemas. Exemplificando: os planos globais tendem a definir como objetivo-síntese determinada taxa de crescimento da renda nacional superior ao crescimento demográfico; isso determinaria uma renda *per capita* mais elevada, não resolvendo, todavia, a questão básica, que é a crescente desigualdade de renda.[13]

Para Waterston, a solução está em aplicar um método de planejamento centrado nos problemas que devem ser resolvidos. Objetivando mostrar em que seu método difere do planejamento convencional, o autor montou o seguinte quadro:

Quadro 11.1   *Etapas do processo de planejamento.*[14]

Convencional	Concentrado nos Problemas
1. Estabelecimentos de objetivos.	1. Determinação dos problemas sociais básicos que devem ser resolvidos.
2. Fixação de metas (objetivos quantificados).	2. Adaptação dos recursos disponíveis a esses problemas.
3. Formulação da estratégia para alcançar as metas.	3. Seleção de projetos e políticas que contribuem para a resolução de problemas.
4. Seleção de políticas e projetos.	4. Formulação da estratégia para resolver problemas.
5. Conciliação dos recursos com as necessidades.	5. Fixação de metas (e prazos de tempo).
6. Solução de problemas sociais básicos.	6. Seleção de objetivos gerais, conforme problemas sociais que devem ser resolvidos.

---

[12] WATERSTON, Albert. Os dilemas do planejamento. *Revista de Administração Municipal.* Rio de Janeiro, v. 20, n. 117, p. 39-40, mar./abr. 1973.

[13] Idem, ibidem. p. 48.

[14] Idem, ibidem. p. 50.

Para Aaron Wildavsky, provavelmente o mais importante crítico do método que integra o orçamento ao planejamento, "o principal fator determinante do tamanho e do conteúdo do orçamento deste ano é o orçamento do ano passado".[15] Existiria, com isso, pouca flexibilidade quando da elaboração de cada novo orçamento. Decisões tomadas há bastante tempo incluíram programas no orçamento, os quais tendem a se perpetuar. A cada novo exercício, além de não cederem lugar a outros, esses programas acabam levando vantagem na luta por eventuais recursos novos em processo de apropriação.

Na terminologia de Wildavsky, a elaboração orçamentária é essencialmente "incremental", isto é, os orçamentos repetem-se e o de cada ano é igual ao do ano anterior, com certo "incremento" de recursos jogados, na maior parte, sobre programas que vêm de orçamentos anteriores.

O incrementalismo orçamentário é a negação da desejada integração entre o planejamento e o orçamento. Os órgãos e as agências que dependem de recursos de um orçamento central sempre têm uma expectativa de quanto deve ser sua fatia no orçamento em elaboração. Essa fatia compreende tanto os recursos para os programas e projetos antigos que, anualmente, a agência espera manter no orçamento quanto os recursos adicionais para novos programas e ampliação dos existentes.[16] A "base" do orçamento, que é formada pelos programas que entraram no orçamento e aí se perpetuam, envolve sempre a grande parte dos recursos orçamentários.

Enquanto o planejamento, por natureza, é um criador de programas e, consequentemente, um demandador de recursos, o processo orçamentário dá clara prioridade para a "base". Nesse sentido, a viabilização do planejamento seria possível se os "incrementos" fossem maiores do que efetivamente são.

---

[15] WILDAVSKY, Aaron. *The politics of the budgetary process*. 2nd ed. Boston: Little, Brown and Company, 1974. p. 13.

[16] Idem, ibidem. p. 17.

12

Elaboração da Proposta Orçamentária

De acordo com o modelo de integração entre planejamento e orçamento, o orçamento anual constitui-se em instrumento, de curto prazo, que operacionaliza os programas setoriais e regionais de médio prazo, os quais, por sua vez, cumprem o marco fixado pelos planos nacionais em que estão definidos os grandes objetivos e metas, os projetos estratégicos e as políticas básicas. Nesse sentido, os principais elementos e informações a serem utilizados na elaboração da proposta orçamentária são buscados em componentes do sistema de planejamento.

Este capítulo está organizado em duas seções. Na primeira, são identificados os aspectos da legislação geral aplicada ao planejamento e ao orçamento dos diversos entes da federação. A segunda seção aborda as mesmas questões segundo a norma aplicada à esfera federal de governo.

I - Norma geral

A. Antecedentes

Diferentemente dos temas orçamentários, nos quais, desde o final da década de 1930, compete à União formular as normas gerais a serem observadas por todos os entes da federação, a obrigatoriedade da adoção sistemática do planejamento, nas várias esferas de governo, tornou-se realidade apenas com a Constituição de 1988. Na falta, até então, de normas gerais sobre o planejamento, cada ente da federação exercitava a competência legislativa nesse campo, de acordo com suas necessidades e peculiaridades.

Anteriormente a 1988, o que mais se aproximou da ideia de plano ou programa plurianual a ser implementado por todas as esferas de governo foram o *Quadro de Recursos e de Aplicação de Capital* (QRAC) e o *Orçamento Plurianual de Investimentos* (OPI). Criação da Lei nº 4.320/64,[1] o QRAC apresentava as seguintes características: (i) compreendia as Receitas e Despesas de Capital; (ii) era aprovado por decreto do Poder Executivo; (iii) cobria, no mínimo, um triênio; (iv) era anualmente reajustado, com o acréscimo de mais um exercício; e (v) sempre que possível, os programas deviam estar correlacionados a metas objetivas em termos de realização de obras e de prestação de serviços.

A Constituição de 1967 e a Emenda Constitucional nº 1, de 1969, introduziram o OPI[2] caracterizado, por meio de legislação reguladora, como expressão financeira da programação dos Planos Nacionais de Desenvolvimento federais.[3] Estendido aos Estados, aos Municípios e ao Distrito Federal, o OPI praticamente mantinha o modelo do QRAC da Lei nº 4.320/64, agora não mais aprovado por decreto, e sim por lei.

Apesar de a experiência com a elaboração e a execução do OPI ter sido longa – cerca de 20 anos –, o referido mecanismo constituía-se em mera formalidade, não cumprindo a função de guia plurianual que dele se esperava. Entre as razões que explicam os parcos resultados alcançados, estão as seguintes:

- apenas as Despesas de Capital constituíam o OPI. Sabe-se que, em grande parte dos programas, tanto a decisão de realizar como a avaliação dos resultados necessitam considerar, conjuntamente, os gastos de capital e os gastos correntes a eles associados;
- a programação integrante do OPI não tinha caráter de autorização plurianual para a realização das despesas. Estas continuavam a depender das autorizações concedidas, ano a ano, por intermédio da lei orçamentária anual;
- por não portar autorização e ser anualmente revisto e atualizado, o OPI era elaborado de maneira burocrática e sem maior empenho. A lei do OPI era vista como sem valor intrínseco.

A Constituição Federal (CF) de 1988 trouxe diretrizes inovadoras de grande significado para a gestão pública. Em primeiro lugar, cabe destacar a criação dos novos instrumentos: o *plano plurianual* e a *lei de diretrizes orçamentárias*. Com os novos instrumentos, valoriza-se o planejamento, as administrações obrigam-se a elaborar planos de médio prazo e estes mantêm vínculos estreitos com os orçamentos anuais. Em segundo lugar, ao definir detalhadamente a composição da Lei Orçamentária Anual (LOA), a Constituição criou condições objetivas para a efetiva observância do *princípio da universalidade*, ou seja, a inclusão de todas as receitas e despesas no processo orçamentário comum.

Apesar de, algumas vezes, referirem-se à União, as disposições constitucionais sobre matéria orçamentária têm caráter de norma geral, devendo, no que for aplicável, serem observadas por todos os entes da federação.

---

[1]   Arts. 23 a 26.

[2]   Constituição Federal de 1967: art. 63, parágrafo único, e Emenda Constitucional nº 1, de 1969: art. 60, parágrafo único.

[3]   Lei Complementar nº 3, de 7-12-1967, e Ato Complementar nº 43, de 29-1-1969.

Capítulo 12 • Elaboração da Proposta Orçamentária **209**

B. Lei do Plano Plurianual (PPA)

Como uma das principais novidades do novo marco constitucional, o Plano Plurianual (PPA) passa a se constituir na síntese dos esforços de planejamento de toda a administração pública, orientando a elaboração dos demais planos e programas de governo, assim como do próprio orçamento anual.

Conteúdo

De acordo com a Constituição Federal, a lei que instituir o PPA estabelecerá,

- de forma regionalizada,
- as diretrizes, objetivos e metas da administração pública federal,
- para as despesas de capital e
- outras delas decorrentes e
- para os programas de duração continuada.[4]

Na falta da lei complementar prevista no art. 165, § 9º, da CF, que disporá, entre outros assuntos, sobre a organização do PPA, a correta interpretação das categorias e elementos indicados tem se constituído em permanente desafio. Em que bases, por exemplo, deve se dar a regionalização? No caso do PPA federal: segundo as regiões? Por Estados? A regionalização seria única ou poderia ser diferenciada de acordo com as funções de governo? Como regionalizar o PPA estadual e municipal? Por outro lado, o que seriam despesas decorrentes das despesas de capital e, especialmente, como definir programas de duração continuada? Quando da elaboração dos planos, essas interrogações precisam ser respondidas.

Regionalização – Como tem sido resolvida, até agora, essa questão? O governo federal, nos vários planos plurianuais já executados, afora os casos de empreendimentos físicos localizados – estradas, energia etc. –, distribuiu a programação entre as cinco regiões em que, tradicionalmente, se divide o país.[5] Nos planos plurianuais estaduais, têm sido adotados critérios variados, por exemplo, regiões administrativas, núcleos de desenvolvimento, mesorregiões definidas pelo Instituto Brasileiro de Geografia e Estatística (IBGE), entre outros.

No caso dos Municípios, a regionalização do PPA representa desafios ainda maiores, cabendo a dúvida: é possível distribuir de maneira destacada, no espaço local, a programação e as metas do plano? Provavelmente, apenas os municípios de maior porte, com experiência em zoneamento e em administração descentralizada, poderão realizar, de maneira vantajosa, a regionalização do PPA.

A adoção de qualquer critério de regionalização de planos dependerá de vários requisitos, entre eles, a disponibilidade de pessoal técnico, existência de sistemas de informações regionalizadas com ênfase em indicadores sobre a realidade e sobre os efeitos que os gastos

---

[4] Constituição Federal: art. 165, § 1º.

[5] Nos planos plurianuais estaduais têm sido adotados critérios variados, por exemplo, regiões administrativas, núcleos de desenvolvimento, mesorregiões definidas pelo IBGE, entre outros.

públicos podem ter sobre essa realidade. As exigências vão além, pois será indispensável capacidade gerencial de monitoramento e avaliação da execução do plano. No Manual Técnico do Plano Plurianual do Governo Federal 2020-2023 há o claro reconhecimento dos desafios que os planos têm enfrentado desde o início de sua vigência. Para tanto:

> [a] fim de aperfeiçoar os mecanismos de regionalização (*ex ante*) do planejamento governamental, é possível vislumbrar quatro orientações importantes: a) pensar as políticas públicas a partir das necessidades e demandas específicas da sociedade distribuída no território; b) obedecer aos dispositivos constitucionais que estabelecem a importância do combate às desigualdades regionais; c) promover melhor utilização de identificadores regionais, de forma a localizar o destino específico (quando possível) dos recursos públicos e; d) incluir a regionalização de metas e indicadores, com foco macrorregional (caso factível), particularmente em políticas setoriais com grande incidência na redução de desigualdades regionais.[6]

Despesas de capital – Outra questão importante a ser respondida é a abrangência do plano, ou seja, quais ações da administração pública devem integrar o PPA? Conforme o dispositivo constitucional, as Despesas de Capital ocupam lugar central no plano. Desde a edição da Lei nº 4.320/64, Despesas de Capital é uma categoria de classificação de despesas incorporada aos orçamentos públicos. Compreende as subcategorias: Investimentos, Inversões Financeiras e Transferências de Capital, ou seja, os recursos transferidos a outros entes para aplicação em despesas de capital. Caberia indagar, ainda: todas as Despesas de Capital constariam do PPA? De conformidade com outro dispositivo constitucional,[7] pelo menos os investimentos cuja execução ultrapasse um exercício financeiro deverão, obrigatoriamente, integrar o PPA.

Despesas decorrentes das despesas de capital – Autêntica novidade é a exigência de que os *encargos decorrentes das Despesas de Capital* integrem o PPA. No Brasil, é conhecida a reverência dedicada aos investimentos, desconhecendo-se, quase sempre, que, a partir de sua conclusão, todo e qualquer investimento demandará, para sempre, recursos de operação e manutenção. Demonstrando sensibilidade para esse importante aspecto, o constituinte de 1988 introduziu regra capaz de aperfeiçoar tradicionais padrões e práticas decisórias.

Programas de duração continuada – De todos os componentes do PPA, esse é, provavelmente, o mais controvertido. Em rigor, com exceção dos investimentos, que têm prazos de início e conclusão, as demais ações governamentais inserem-se em programas de duração continuada. Por exemplo: operação, manutenção e conservação de serviços. Se correto esse entendimento, o PPA compreenderia, praticamente, todas as ações da administração pública.

Na área federal, interpreta-se essa categoria de forma mais restritiva, associando-se a programas de duração continuada apenas as ações de natureza finalística, ou seja, a prestação

---

6 BRASIL. Ministério da Economia. Subsecretaria de Planejamento Governamental. *Manual Técnico do Plano Plurianual 2020-2023*. Brasília, 2019. p. 25.

7 Constituição Federal: art. 167, § 1º. "Nenhum investimento cuja execução ultrapasse um exercício financeiro poderá ser iniciado sem prévia inclusão no plano plurianual, ou sem lei que autorize a inclusão, sob pena de crime de responsabilidade."

Capítulo 12 • Elaboração da Proposta Orçamentária **211**

de serviços à comunidade. Como ilustração, vejam-se quatro exemplos em que a expressão *programa de duração continuada* é conceituada.

> "[...] definidos como gastos correntes das atividades incluídas em subprogramas tipicamente voltados para as ações-fim" (Mensagem que acompanhou o PPA 1991/1995).[8]

> "[...] as ações que resultam em serviços prestados à comunidade passíveis de quantificação, excluídas as ações de manutenção administrativa" (art. 4º, § 2º, IV, do Projeto de Lei Complementar nº 222, de 1990, do Deputado José Serra).[9]

> "[...] os que resultem em prestação de serviços diretamente à comunidade, excluídos o pagamento de benefícios previdenciários e os encargos financeiros" (art. 10, § 3º, III, do Substitutivo ao Projeto de Lei Complementar nº 135, de 1996, da Comissão de Finanças e Tributação, da Câmara dos Deputados).

> "[...] os que resultem em serviços prestados à comunidade de forma contínua e permanente" (art. 7º, parágrafo único, III, do Substitutivo apresentado na Comissão de Constituição, Justiça e Cidadania do Senado Federal, ao Projeto de Lei do Senado (PLS) nº 229, de 2009).

Vincula-se, igualmente, ao conteúdo do PPA, a questão da integração deste com os demais planos da administração pública. De acordo com a norma constitucional, "os planos e programas nacionais, regionais e setoriais previstos nesta Constituição serão elaborados em consonância com o plano plurianual e apreciados pelo Congresso Nacional".[10] Considerando que são poucos os planos e programas previstos na Constituição, caberia indagar: por que apenas esses manterão consonância com o PPA? E os demais? Como estabelecer consonância entre o PPA e um plano com horizonte de prazo superior – o plano decenal da educação, por exemplo? Como ocorre com outros temas, esse, igualmente, carece de interpretação mais detalhada, o que será obtido com a futura lei complementar de que trata o art. 165, § 9º, da CF.

Prazos e vigência

Igualmente aqui, as regras definitivas serão estabelecidas na lei complementar de que trata o art. 165, § 8º, da CF. Na falta daquela norma, vigora o estabelecido no Ato das Disposições Constitucionais Transitórias (ADCT).

No que tange aos prazos, o ADCT estabelece que, no âmbito federal, o projeto de lei do PPA será encaminhado, pelo Poder Executivo, ao Congresso Nacional até quatro meses antes do encerramento do exercício – 31 de agosto – e devolvido para sanção até o encerramento

---

[8] BRASIL. Congresso Nacional. Projeto de Lei nº 20, de 1990 (CN). Dispõe sobre o Plano Plurianual para o quinquênio 1991/1995, e dá outras providências. *Diário do Congresso Nacional (da República Federativa do Brasil)*, Brasília, 12-9-1990, v. XLV, Suplemento "B" ao nº 64.

[9] BRASIL. Congresso Nacional. Projeto de Lei nº 222, de 1990 (CN). Estatui normas gerais de direito financeiro para elaboração e controle de planos, diretrizes, orçamentos e balanços da União, dos Estados, do Distrito Federal e dos Municípios. *Diário do Congresso Nacional (da República Federativa do Brasil)*, Brasília, 9-5-1990, p. 3990.

[10] Constituição Federal de 1988: art. 165, § 4º.

da sessão legislativa – 22 de dezembro.[11] Nos demais entes da federação, legislação própria poderá fixar outro calendário tendo em vista atender a peculiaridades locais.[12]

Quanto ao período de vigência, o ADCT estabelece que o PPA cobrirá o período compreendido entre o início do segundo ano do mandato presidencial e o final do primeiro exercício do mandato subsequente.[13] Essa regra, entendida como norma geral, é extensiva aos demais entes da federação. O PPA tem, portanto, a mesma duração do mandato do Chefe do Poder Executivo, embora não coincida integralmente com este.[14]

C. Lei de Diretrizes Orçamentárias (LDO)

O modelo de elaboração orçamentária, nas três esferas de governo, foi sensivelmente afetado pelas disposições introduzidas pela CF de 1988. Anualmente, o Poder Executivo encaminha ao Poder Legislativo projeto de LDO que, aprovado, estabelecerá metas, prioridades, metas fiscais e orientará a elaboração da proposta orçamentária.

Conteúdo

O conteúdo da LDO é estabelecido em dispositivos da CF[15] e, a partir de 2000, por meio da chamada Lei de Responsabilidade Fiscal. De conformidade com a Constituição, a LDO:

- compreenderá as metas e as prioridades da administração pública federal;
- estabelecerá as diretrizes de política fiscal e respectivas metas, em consonância com trajetória sustentável da dívida pública;
- orientará a elaboração da LOA;
- disporá sobre as alterações na legislação tributária; e
- estabelecerá a política de aplicação das agências financeiras oficiais de fomento.

A Constituição incumbe a LDO de disciplinar outros importantes assuntos, cuja definição antecipada representa importante apoio na preparação do projeto de lei orçamentária. Na LDO, deverão constar:

---

[11] Constituição Federal de 1988. ADCT: art. 35, § 2º, I.

[12] A Constituição do Estado do Rio Grande do Sul de 1989 – art. 152, § 8º, I, e § 9º, I – determina que o projeto de lei do PPA será encaminhado à Assembleia Legislativa até 1º de agosto e devolvido, para sanção, até 1º de outubro do primeiro ano do mandato do governador. Já a Lei Orgânica do Município de Porto Alegre de 1990 – art. 121, § 6º, I, e § 7º, I – estabelece os seguintes prazos a serem observados no primeiro ano do mandato do Prefeito Municipal: encaminhamento do projeto de lei do PPA à Câmara Municipal até 5 de junho e devolução do projeto para sanção até 15 de agosto do primeiro ano do mandato do prefeito.

[13] Constituição Federal de 1988. ADCT: art. 35, § 2º, I.

[14] O primeiro PPA federal elaborado – administração Collor de Melo – teve vigência quinquenal, porque o mandato presidencial era de cinco anos. Com a redução do mandato presidencial – Emenda Constitucional de Revisão nº 5, de 1994 –, o PPA passa a vigorar por quatro anos.

[15] Constituição Federal: arts. 51, IV; 52, XIII; 99, § 1º; 127, § 3º; 165, § 2º e § 12; e 169, § 1º, II.

Capítulo 12 • Elaboração da Proposta Orçamentária **213**

- parâmetros para iniciativa de lei de fixação das remunerações no âmbito do Poder Legislativo;
- limites para elaboração das propostas orçamentárias do Poder Judiciário e do Ministério Público;
- anexo com previsão de agregados fiscais e a proporção de recursos para investimentos que serão alocados na LOA para a continuidade daqueles em andamento para o exercício a que se refere e, pelo menos, para os dois exercícios subsequentes;
- autorização para a concessão de qualquer vantagem ou aumento de remuneração, para a criação de cargos, empregos e funções ou alteração de estrutura de carreiras, bem como para a admissão ou contratação de pessoal, a qualquer título, pelos órgãos e entidades da administração direta e indireta, ressalvadas as empresas públicas e sociedades de economia mista.

A Lei Complementar nº 101/2000 (Lei de Responsabilidade Fiscal – LRF) ampliou o significado e a importância da LDO ao atribuir-lhe a incumbência de disciplinar inúmeros temas específicos.[16] Assim, as leis de diretrizes orçamentárias passam a dispor, também, sobre:

- equilíbrio entre receitas e despesas;
- metas fiscais;
- riscos fiscais;
- programação financeira e o cronograma de execução mensal de desembolso, a serem estabelecidos pelo Poder Executivo 30 dias após a publicação da lei orçamentária;
- critérios e forma de limitação de empenho, a serem efetivados nas hipóteses de risco de não cumprimento das metas fiscais ou de ultrapassagem do limite da dívida consolidada;
- normas relativas ao controle de custos e à avaliação dos resultados dos programas financiados com recursos dos orçamentos;
- condições e exigências para transferências de recursos a entidades públicas e privadas;
- forma de utilização e montante da reserva de contingência a integrar a LOA;
- demonstrações trimestrais apresentadas pelo Banco Central sobre o impacto e o custo fiscal das suas operações;
- concessão ou ampliação de incentivo ou benefício de natureza tributária da qual decorra renúncia de receita.

A LDO deverá ser acompanhada pelos Anexos de Metas Fiscais e de Riscos Fiscais. O primeiro trará:

- metas anuais, em valores correntes e constantes, relativas a receitas, despesas, resultados nominal e primário e montante da dívida pública, para o exercício a que se referirem e para os dois seguintes;

---

[16] Lei Complementar nº 101, de 4-5-2000: art. 4º, I, *a*, *b*, *e*, *f*, § 1º e § 3º; art. 5º, III; art. 7º, § 2º; art. 8º; e art. 14.

- avaliação do cumprimento das metas relativas ao ano anterior;
- demonstrativo das metas anuais, instruído com memória e metodologia de cálculo que justifique os resultados pretendidos, comparando-as com as fixadas nos três exercícios anteriores e evidenciando a consistência delas com as premissas e os objetivos da política econômica nacional;
- evolução do patrimônio líquido, também nos últimos três exercícios, destacando a origem e a aplicação dos recursos obtidos com a alienação de ativos;
- avaliação da situação financeira e atuarial:
  - dos regimes geral de previdência social e próprio dos servidores públicos e do Fundo de Amparo ao Trabalhador;
  - dos demais fundos públicos e programas estatais de natureza atuarial;
- demonstrativo da estimativa e compensação da renúncia de receita e da margem de expansão das despesas obrigatórias de caráter continuado.

O Anexo de Riscos Fiscais, por seu turno, deverá trazer avaliação sobre os passivos contingentes e outros riscos capazes de afetar as contas públicas, informando as providências a serem tomadas, caso se concretizem.

No caso da LDO federal, a mensagem que encaminhar o projeto apresentará, em anexo específico, os objetivos das políticas monetária, creditícia e cambial, bem como os parâmetros e as projeções para seus principais agregados e variáveis, e ainda as metas de inflação, para o exercício subsequente.

Significando efetiva inovação no sistema orçamentário brasileiro, a LDO representa uma colaboração positiva no esforço de tornar o processo orçamentário mais transparente e, especialmente, contribui para ampliar a participação do Poder Legislativo no disciplinamento das finanças públicas.[17]

Efetivamente, da maneira como são estruturados os orçamentos brasileiros, apenas a tramitação legislativa da proposta orçamentária anual tende a não ensejar, ao legislador, o conhecimento da real situação das finanças do Estado, pois essa visão-síntese é obscurecida pela atenção que é concedida à programação detalhada que caracteriza as autorizações orçamentárias, na forma de uma miríade de créditos e dotações.

Uma lei de diretrizes, aprovada previamente, composta de definições sobre prioridades e metas, investimentos, metas fiscais, mudanças na legislação sobre tributos e políticas de fomento a cargo de bancos oficiais, possibilitará a compreensão partilhada entre Executivo e Legislativo sobre os vários aspectos da economia e da administração do setor público, facilitando sobremaneira a elaboração da proposta orçamentária anual e sua discussão e aprovação no âmbito legislativo.

---

[17] "A LDO corresponde, sem dúvida, à maior conquista na área da orçamentação governamental que foi propiciada ao Legislativo pela nova Carta." Ver SANCHES, Osvaldo M. A participação do Poder Legislativo na análise e aprovação do orçamento. *Revista de Informação Legislativa*. Brasília, v. 33, n. 131, p. 64, jul./set. 1996.

Capítulo 12 • Elaboração da Proposta Orçamentária **215**

Afora manter caráter de orientação à elaboração da LOA, a LDO progressivamente vem sendo utilizada como veículo de instruções e regras a serem cumpridas na execução do orçamento. Essa ampliação das finalidades da LDO tende a suprir a incapacidade, em face *ao princípio da exclusividade*, de a lei orçamentária disciplinar temas que não sejam os definidos pela CF.[18]

Prazos

Os prazos para encaminhamento, ao Poder Legislativo, do projeto de lei das diretrizes orçamentárias e sua devolução serão definidos na lei complementar que disporá sobre as questões orçamentárias em geral. Enquanto esta não entra em vigor, o ADCT determina que, no caso da União, o projeto da LDO deverá ser encaminhado ao Congresso Nacional até oito meses e meio antes do encerramento do exercício – 15 de abril –, e devolvido para sanção até o encerramento do primeiro período da sessão legislativa – 17 de julho.[19] Também, aqui, os demais entes da Federação poderão, por intermédio de normas próprias, adotar diferentes prazos para a tramitação legislativa do projeto de LDO, desde que a aprovação da LDO se dê a tempo de cumprir sua principal finalidade: orientar a elaboração do projeto de LOA.

D. Lei Orçamentária Anual (LOA)

Conteúdo

Conforme disposição constitucional, a LOA é constituída por três orçamentos: *fiscal, seguridade social* e *investimentos das empresas*.

Orçamento fiscal – Por sua abrangência e dimensão, o orçamento fiscal constitui-se no principal dos três orçamentos e refere-se aos poderes, seus fundos, órgãos e entidades da administração direta e indireta, inclusive fundações instituídas e mantidas pelo Poder Público.[20] Conforme já observado anteriormente, há evidente exagero na amplitude concedida pela CF ao conteúdo do orçamento fiscal. A administração indireta compreende quatro categorias de entidades: *autarquias, fundações públicas, empresas públicas* e *sociedades de economia mista*. Integram o orçamento fiscal as *autarquias*, as *fundações*, parte das *empresas públicas* e algumas *sociedades de economia mista*. As *autarquias*, devido a sua natureza de pessoa jurídica de direito público e por dependerem dos recursos

---

[18] Nesse sentido, a LDO estaria cumprindo papel similar ao da lei financeira italiana – *legge finanziaria* –, norma aprovada anualmente em paralelo à lei orçamentária.

[19] Constituição Federal de 1988. ADCT: art. 35, § 2º, II.

[20] Apesar de terem sido originalmente aplicados, pelo Decreto-lei nº 200/67, à esfera federal, os conceitos de *administração direta* e *indireta* passaram a ser empregados também nas demais esferas, para distinguir a administração centralizada daquelas unidades detentoras de personalidade jurídica própria e, consequentemente, de autonomia administrativa e financeira. Além disso, a partir de alteração do Decreto-lei nº 200/67, por intermédio da Lei nº 7.596, de 10-4-1987, a categoria *fundação* passa a integrar a *administração indireta* sob a denominação de *fundação pública*.

transferidos do Tesouro para sua manutenção. As *fundações públicas*, por contarem com mínima receita própria e dependerem de transferência de recursos do Tesouro. Por definição, as *empresas públicas* e as *sociedades de economia mista* seriam autossuficientes, ou seja, produziriam os recursos para sua operação. Quando isso não ocorre, a empresa passa a fazer parte do orçamento.

Orçamento da seguridade social – Conforme a definição constitucional, o orçamento da seguridade social abrange as entidades e os órgãos a ela vinculados – *saúde, previdência social* e *assistência social* – da administração direta e indireta, bem como os fundos e fundações instituídos e mantidos pelo poder público. Trata-se, aqui, de um orçamento de áreas funcionais, que cobre todas as *despesas* classificáveis como de seguridade social e não apenas as *entidades* e os *órgãos* da seguridade social. Nesse sentido, praticamente todos os órgãos e entidades que integram o orçamento fiscal também fazem parte, ainda que parcialmente, do orçamento da seguridade social, pois executam despesas de seguridade social: pagamento de inativos, assistência à saúde de servidores etc.

O orçamento da seguridade social representa uma dupla novidade. Em primeiro lugar, pelo destaque concedido às três funções, a ponto de separá-las das demais e juntá-las em peça orçamentária própria. Em segundo lugar, por submeter ao processo orçamentário comum os orçamentos das autarquias previdenciárias, cuja aprovação, no regime constitucional anterior, dava-se por decreto do Poder Executivo.

Orçamento de investimento das empresas – Outra novidade no direito orçamentário brasileiro, esse orçamento compreende os investimentos realizados pelas empresas em que o poder público, direta ou indiretamente, detenha a maioria do capital social com direito a voto. A criação do orçamento reflete a preocupação, dominante na década de 1980, com a dimensão alcançada pelo segmento empresarial público e a importância deste no quadro de dificuldades fiscais que caracterizava o Estado brasileiro.

Corretamente, o orçamento deixa de lado as receitas e despesas operacionais, abrangendo apenas os investimentos das empresas estatais. Afora o evidente significado político que caracteriza a programação de investimentos dessas empresas, as próprias fontes de recursos que viabilizam tais investimentos têm natureza de receita pública – dividendos retidos, aumento de capital por parte do poder público, transferências de recursos do orçamento, operações de financiamento com aval do poder público etc. –, o que reforça a necessidade de que essas ações tenham acompanhamento e controle públicos. Com o processo de desestatização, iniciado na década de 1990, o orçamento de investimentos das empresas estatais teve diminuídos sua importância e significado.

Universalidade da lei orçamentária

O tratamento concedido ao orçamento pela CF consagra e consolida os esforços realizados, durante a década de 1980, em busca da universalidade orçamentária. Apesar de estabelecido no marco legal anterior – Constituições de 1946, 1967, 1969 e Lei nº 4.320/64 –, o princípio da universalidade era sistematicamente desrespeitado. Em particular, o descumprimento do

Capítulo 12 • Elaboração da Proposta Orçamentária **217**

princípio era praticado pela esfera federal que disciplinava importantes parcelas de receita e despesa, não na lei orçamentária, mas no denominado *orçamento monetário*.[21]

Com a revalorização da peça orçamentária, ainda na segunda metade da década de 1980, e com as disposições da CF, o orçamento anual passou, efetivamente, a demonstrar todo o fluxo de receitas e despesas públicas. Têm especial significado, aqui: (i) o orçamento da seguridade social que submete, ao processo orçamentário geral, as receitas e despesas previdenciárias; (ii) o orçamento de investimento das empresas estatais; e (iii) a vedação de realização de despesa não amparada por autorização orçamentária.

Incentivos, benefícios e subsídios

A mesma preocupação dedicada à universalidade orçamentária levou o constituinte de 1988 a estabelecer outro dispositivo de grande significado. É o seguinte: "O projeto de lei orçamentária será acompanhado de demonstrativo regionalizado do efeito, sobre as receitas e despesas, decorrentes de isenções, anistias, remissões, subsídios e benefícios de natureza financeira, tributária e creditícia."[22]

Buscar e valorizar, em segmento pouco conhecido e obscuro, a transparência orçamentária é o principal mérito dessa disposição constitucional, marcada por originalidade e pioneirismo. Apesar de a maior parte dos entes federativos utilizarem, intensamente, esses mecanismos de apoio e incentivo nas diversas áreas de atividades, nunca houve, anteriormente à Constituição de 1988, efetivo interesse em contabilizar os custos que tais favorecimentos determinam para as finanças públicas. Outro aspecto a destacar é a abrangência dada ao conceito de benefício, alcançando-o em suas várias formas de representação – tributária, financeira e creditícia.

A efetiva observância dessa regra tem sido dificultada pela ausência de normas que fixem conceitos, definições, padrões e que estabeleçam classificações que atendam às inúmeras modalidades de benefícios existentes.[23]

Regionalização dos orçamentos

Os orçamentos fiscal e de investimento das empresas estatais, "compatibilizados com o plano plurianual, terão entre suas funções a de reduzir as desigualdades inter-regionais,

---

[21]   Ver no Capítulo 5: C. Princípio da Universalidade.

[22]   Constituição Federal de 1988: art. 165, § 6º.

[23]   Em levantamento de natureza operacional com o objetivo de conhecer e avaliar a estrutura de governança das renúncias tributárias, o Tribunal de Contas da União, no Acórdão nº 1205, de 2014, concluiu que "[a] equipe de auditoria identificou fragilidades na estrutura de governança das políticas públicas financiadas por meio de renúncias tributárias, tais como: ausência de normatização do processo de instituição de renúncias tributárias, ausência de acompanhamento e de avaliação das renúncias tributárias, deficiências de comunicação sobre os benefícios tributários entre Receita Federal e órgãos gestores, e ausência de regulamentação sobre a gestão das políticas públicas por parte do órgão gestor". Com base nessas constatações, o estudo "propôs recomendações com o intuito de aprimorar a estrutura de governança de renúncias tributárias condicionadas, bem como sugeriu a realização de auditorias de avaliação de controles internos existentes nos órgãos gestores associados às principais políticas públicas baseadas nesse mecanismo".

segundo critério populacional".[24] Com a ausência da lei complementar prevista no art. 165, § 9º, da CF, há, também, interrogações quanto ao correto entendimento dessa disposição constitucional. Por exemplo: (i) os orçamentos citados devem contribuir para a redução das desigualdades entre as regiões em seu sentido amplo ou, de forma restrita, aos aspectos econômicos?; (ii) o que teria levado o constituinte de 1988 a não comprometer também o orçamento da seguridade social com a redução das disparidades inter-regionais?; e (iii) o cumprimento da determinação constitucional implicaria regionalizar o orçamento?

Ao deixar fora o orçamento da seguridade social, em que a área da saúde ocupa papel destacado caso as diferenças inter-regionais sejam enfocadas em seu sentido amplo, e ao incluir o orçamento de investimento das empresas estatais, é lícito inferir que a regra constitucional enfatiza os aspectos econômicos do desenvolvimento regional equilibrado. Nessa hipótese, a regionalização dos investimentos públicos é mais importante do que a regionalização das atividades continuadas, isto é, da prestação de bens e serviços sociais – saúde, educação, segurança, justiça, assistência social etc.

No caso do orçamento federal, essa interpretação é questionável, tendo em vista o disposto no art. 35, § 1º, do ADCT. A referida regra transitória determina que, no período de 10 anos seguintes à promulgação da Constituição de 1988, os recursos orçamentários serão distribuídos entre as regiões macroeconômicas em razão proporcional à população. Consequentemente, para o atendimento do dispositivo, deve-se regionalizar as aplicações orçamentárias, não apenas as relativas aos investimentos, mas, igualmente, as ações de prestação e manutenção de serviços.[25] As questões levantadas evidenciam claramente a carência de regulação da matéria, inclusive no que tange a sua aplicabilidade por parte dos demais entes federativos.

Forma da proposta orçamentária

A norma geral que disciplina a apresentação da proposta e da lei orçamentária é ainda a Lei nº 4.320/64. Elaborada pelo Poder Executivo e apreciada e aprovada pelo Poder Legislativo, a proposta orçamentária deve estar assim organizada:[26]

> I – Mensagem, que conterá: exposição circunstanciada da situação econômico-financeira, documentada com demonstração da dívida fundada e flutuante, saldos de créditos especiais, restos a pagar e outros compromissos financeiros exigíveis; exposição e justificação da política econômico-financeira do Governo; justificação da receita e despesa, particularmente no tocante ao orçamento de capital.

---

[24] Constituição Federal de 1988: art. 165, § 7º.

[25] O § 1º do art. 35 estabelece que "Para aplicação dos critérios de que trata este artigo, excluem-se das despesas totais as relativas: I – aos projetos considerados prioritários no plano plurianual; II – à segurança e defesa nacional; III – à manutenção dos órgãos federais no Distrito Federal; IV – ao Congresso Nacional, ao Tribunal de Contas da União e ao Poder Judiciário; V – ao serviço da dívida da administração direta e indireta da União, inclusive fundações instituídas e mantidas pelo poder público federal."

[26] Lei nº 4.320/64: art. 22.

Capítulo 12 • Elaboração da Proposta Orçamentária **219**

II – Projeto de Lei de Orçamento.

III – Tabelas explicativas, das quais, além das estimativas de receita e despesa, constarão em colunas distintas e para fins de comparação:

a) a receita arrecadada nos três últimos exercícios anteriores àquele em que se elaborou a proposta;

b) a receita prevista para o exercício em que se elabora a proposta;

c) a receita prevista para o exercício a que se refere a proposta;

d) a despesa realizada no exercício imediatamente anterior;

e) a despesa fixada para o exercício em que se elabora a proposta; e

f) a despesa prevista para o exercício a que se refere a proposta.

IV – Especificação dos programas especiais de trabalho custeados por dotações globais, em termos de metas visadas, decompostas em estimativa do custo das obras a realizar e dos serviços a prestar, acompanhadas de justificação econômica, financeira, social e administrativa.

V – Descrição sucinta das principais finalidades de cada unidade administrativa, com indicação da respectiva legislação.

Por seu turno, a lei orçamentária anual terá, além do texto regulamentar, a seguinte composição:[27]

I – sumário geral da receita por fontes e da despesa por funções do Governo;

II – quadro demonstrativo da receita e despesa segundo as categorias econômicas;

III – quadro discriminativo da receita por fontes e respectiva legislação;

IV – quadro das dotações por órgãos do Governo e da Administração;

V – quadros demonstrativos da receita e planos de aplicação dos fundos especiais;

VI – quadros demonstrativos da despesa, na forma dos anexos nº 6 a 9 da Lei nº 4.320/64;

VII – quadro demonstrativo do programa anual de trabalho do Governo, em termos de realização de obras e de prestação de serviços.

Inicialmente, com a promulgação da Lei nº 4.320/64, certos elementos da proposta e da própria lei orçamentária – programas especiais de trabalho e programa anual de trabalho do governo[28] – eram interpretados mais como mecanismos que visavam à modernização dos orçamentos do que uma exigência a ser observada por todos os orçamentos públicos. Sem regulamentação, tais dispositivos não eram cumpridos. Apenas com a adoção, a partir de 1974, da classificação funcional-programática é que as inovações passaram a ter significado.

---

[27] Idem, art. 2º.

[28] Itens IV da proposta e VII da lei orçamentária.

Parte dos elementos que integram a proposta e a lei orçamentária deve ser adaptada como consequência de alterações sofridas pela Lei nº 4.320/64 ao longo do tempo, inicialmente, com a introdução da *classificação funcional-programática* da despesa, que determinou mudanças nas categorias classificatórias da despesa e nos anexos (plano de contas e tabelas).

O modelo de organização orçamentária estabelecido pela Lei nº 4.320/64 deve, igualmente, sofrer adaptações como consequência de inovações trazidas pela Constituição de 1988. Cabe, aqui, apenas recordar: (i) a estruturação da LOA em três orçamentos – *fiscal, seguridade social* e *investimento das empresas*; (ii) evidenciação de que a programação orçamentária enfrenta a questão das disparidades inter-regionais; e (iii) o demonstrativo sobre isenções, anistias, subsídios e benefícios.

Exclusividade da lei orçamentária

Afora os elementos específicos da organização dos orçamentos – classificações de receita e despesa, demonstrativos etc. –, o conteúdo geral da LOA sofre com as restrições determinadas pelo princípio da exclusividade. Incorporado ao marco jurídico brasileiro desde a reforma constitucional de 1926, o princípio recebeu, do constituinte de 1988, o seguinte tratamento: "A lei orçamentária anual não conterá dispositivo estranho à previsão da receita e à fixação da despesa, não se incluindo na proibição a autorização para a abertura de *créditos suplementares* e contratação de *operações de crédito*, ainda que por antecipação da receita, nos termos da lei"[29] (grifos nossos).

Os *créditos suplementares* configuram uma das modalidades de *créditos adicionais*, mecanismos de retificação do orçamento durante sua execução. O tema é abordado no Capítulo 14. No que tange às *operações de crédito*, o novo entendimento constitucional é mais amplo que o fixado pelas Constituições anteriores, que permitiam a inclusão na lei orçamentária de autorização apenas para a realização de *operações de crédito por antecipação da receita*.[30] Estas, como se deduz de sua denominação, são empréstimos destinados ao atendimento de insuficiências momentâneas de caixa. No regime constitucional anterior, essas operações não podiam exceder à quarta parte da receita total estimada e deviam ser liquidadas até 30 dias após o encerramento do exercício.[31] A Constituição de 1988 preferiu não regular o mecanismo, deixando o assunto para a lei complementar que tratará das inúmeras questões ligadas ao orçamento público.

Competência da elaboração do projeto de lei

A iniciativa da elaboração da proposta orçamentária anual é sempre do Poder Executivo. Nos entes federativos de maior porte – União, Estados e Municípios maiores –, onde a elaboração orçamentária assume maior complexidade, são constituídos órgãos especificamente

---

[29] Constituição Federal de 1988: art. 165, § 8º.

[30] Constituição Federal de 1946: art. 73, § 1º, I; Constituição Federal de 1967: art. 63, I; e Emenda Constitucional nº 1, de 1969: art. 60, I.

[31] Constituição Federal de 1967: art. 69, *caput*; e Emenda Constitucional nº 1, de 1969: art. 67, *caput*.

voltados para a elaboração orçamentária. Em nome da chefia do Poder Executivo, tais órgãos fixam instruções gerais, orientam a elaboração das propostas setoriais e consolidam-nas na forma de projeto de LOA.

No passado, a elaboração orçamentária, junto às funções de administração financeira e controle, cabiam aos órgãos de finanças – Ministério da Fazenda, Secretaria de Finanças etc. No bojo do forte movimento de reforma administrativa que tomou conta do setor público brasileiro no final dos anos 1960 e início dos anos 1970, difundiram-se, de forma extraordinária, os órgãos de planejamento que passaram a absorver a função orçamentária. A prática confirmava a teoria.

Prazos

Também aqui, os prazos de encaminhamento do projeto de LOA ao Poder Legislativo, bem como de sua devolução para sanção, estão estabelecidos nas Constituições – Federal e Estaduais – e nas Leis Orgânicas Municipais. No caso da esfera federal de governo, o projeto de lei deve ser encaminhado até quatro meses antes do encerramento do exercício – 31 de agosto – e devolvido para sanção até o encerramento da sessão legislativa – 22 de dezembro.[32] Cabe recordar que a lei complementar prevista no art. 165, § 9º, da CF disciplinará o assunto em definitivo, alcançando todos os entes federativos e, possivelmente, alterando as normas atuais sobre prazos.

II – Norma federal

A. Antecedentes

No Brasil, a esfera federal tem cerca de 50 anos de experiência na elaboração e execução de planos de governo – administrativos, econômicos e de desenvolvimento. Os resultados alcançados nessa trajetória evidenciam acertos e desacertos, êxitos e fracassos, consequência, em grande medida, da instabilidade política, institucional e econômica que caracterizou a história recente do país. Como ilustração, no Apêndice 12.1, apresentado no final deste capítulo, estão identificados, e rapidamente descritos, os principais planos elaborados pelo governo federal até a promulgação da Constituição de 1988.

A primeira norma federal a estabelecer obrigatoriedade na elaboração sistemática de planos de governo foi o Decreto-lei nº 200, de 25-2-1967. Dispondo sobre a organização da administração federal e estabelecendo diretrizes para a reforma administrativa, o referido decreto-lei define o *planejamento* como "princípio fundamental"[33] a ser obedecido na consecução de todas as atividades. As bases da institucionalização e da integração do planejamento com o orçamento e a execução financeira estão assim disciplinadas:[34]

---

[32]   Constituição Federal de 1988, ADCT: art. 35, § 2º, III.

[33]   Decreto-lei nº 200/67: art. 6º.

[34]   Idem, art. 7º.

A ação governamental obedecerá a *planejamento* que vise a promover o desenvolvimento econômico-social do País e a segurança nacional, norteando-se segundo planos e programas elaborados, na forma do Título III, e compreenderá a elaboração dos seguintes instrumentos básicos:

a)   *plano geral de governo*;

b)   programas gerais, setoriais e regionais, de duração plurianual;

c)   orçamento-programa anual;

d)   programação financeira de desembolso (grifos nossos).

O Título III mencionado trata das categorias citadas nas alíneas *b, c* e *d*, mas não traz maiores esclarecimentos sobre o *plano geral de governo*. A regulamentação desse ponto deu-se por meio do Ato Complementar nº 43, de 29-1-1969, e suas alterações posteriores.[35] O art. 1º do referido Ato Complementar estabelecia:

> O Poder Executivo elaborará Planos Nacionais de Desenvolvimento, de duração igual à do mandato do Presidente da República, os quais serão submetidos à deliberação do Congresso Nacional até 15 de setembro do primeiro ano do mandato presidencial.

Em outros artigos, eram disciplinadas questões como: prazo para o Congresso apreciar o Plano, alterações do Plano após o primeiro ano de vigência, Orçamento Plurianual de Investimento etc.

B. Planejamento na Constituição de 1988

De acordo com a CF, o Estado exercerá a função de planejamento, contando, para tanto, com duas modalidades de planos: *planos e programas nacionais, regionais e setoriais* e *planos plurianuais*. Os primeiros, determinantes para o setor público e indicativos para o setor privado,[36] seguem, em linhas gerais, o modelo concebido no Ato Complementar nº 43/69. A segunda modalidade é o *plano plurianual*,[37] que, ao portar "as diretrizes, objetivos e metas da administração pública federal", aproxima-se mais do *plano geral de governo* concebido pelo Decreto-lei nº 200/67.

As administrações federais do período pós-1988, provavelmente reconhecendo a incapacidade de o Estado atual assumir as responsabilidades do condutor do processo de desenvolvimento econômico, não elaboraram *planos nacionais de desenvolvimento*, nos moldes daqueles que caracterizavam o Estado desenvolvimentista. Igualmente, não vêm sendo elaborados os *planos regionais de desenvolvimento* que, nos termos da Constituição, devem integrar os *planos nacionais* e serem com eles aprovados.[38]

---

[35]   O Ato Complementar nº 43/69 foi alterado pelo Ato Complementar nº 76, de 21-10-1969, e pela Lei Complementar nº 9, de 11-12-1970.

[36]   Constituição Federal de 1988: arts. 21, IX, 48, IV, 165, § 4º, e 174, *caput* e § 1º.

[37]   Idem, art. 165, I e § 1º.

[38]   Idem, art. 43, § 1º, II.

Capítulo 12 • Elaboração da Proposta Orçamentária **223**

No que diz respeito aos *planos setoriais*, a Constituição menciona, explicitamente, os *planos nacionais de reforma agrária*[39] e *de educação*.[40] Ambos devem ser elaborados em consonância com o plano plurianual e apreciados pelo Congresso Nacional.[41] Na primeira década que se seguiu à promulgação da CF de 1988, não foi elaborada e encaminhada à consideração do Congresso Nacional proposta de *plano nacional de reforma agrária*.

A Lei de Diretrizes e Bases da Educação Nacional (LDB)[42] estabeleceu a vigência decenal para o primeiro PNE, período de vigência posteriormente confirmado pela Emenda Constitucional nº 59, de 2009, para os futuros planos.

C. Lei do Plano Plurianual (PPA)

Plano Plurianual para o quinquênio 1991/1995. Foi o primeiro plano elaborado em cumprimento às determinações da Constituição de 1988, ou seja, mais voltado à programação da ação do governo, sem as características de plano de desenvolvimento econômico-social, como os anteriores. A própria lei que dispôs sobre o plano estabelecia que este deveria sofrer uma primeira revisão, a ser encaminhada ao Congresso Nacional por ocasião da abertura da Sessão Legislativa de 1992. Tal foi efetivamente feito e a revisão do plano plurianual para o triênio 1993/1995 foi aprovada.[43] O novo governo, que ascendeu em face ao *impeachment* do presidente Collor de Melo, reviu as prioridades e as estratégias constantes do plano, produzindo nova revisão para o período 1994/1995. Enviada ao Congresso Nacional em 1993, a proposta não chegou a ser votada.

Afetado pelos desdobramentos institucionais que decorreram do *impeachment*, pelos planos econômicos de estabilização e pelas duas revisões, esse primeiro esforço de planejamento orçamentário de longo prazo não pode, e não deve, merecer uma avaliação rigorosa quanto a seus resultados.

Plano Plurianual para o período 1996/1999. Ao contrário do PPA anterior, de abrangência quinquenal, o plano plurianual da primeira administração F. H. Cardoso cobre um período de quatro anos, como consequência da alteração constitucional que reduziu o mandato presidencial.[44] O plano está estruturado em duas partes. Na primeira, estão identificadas três *estratégias*, cada uma decomposta em *diretrizes de ação de governo*. Entre as estratégias – *Construção de um Estado moderno e eficiente, Redução dos desequilíbrios especiais e sociais do país* e *Modernização produtiva da economia brasileira* –, as duas últimas dependem, em grande parte, de ações a cargo do setor privado, aspecto que aproxima o PPA dos planos de desenvolvimento econômico e social. Em sua segunda parte, o

---

[39] Idem, art. 188, *caput*.

[40] Idem, arts. 212, § 3º, e 214, *caput*.

[41] Idem, art. 165, § 4º.

[42] Lei nº 9.394, de 20-12-1996: arts. 9º, I, e 87, § 1º. A Lei nº 13.005, de 25-6-2014, aprovou o II Plano Nacional de Educação com vigência por 10 (dez) anos.

[43] O PPA 1991-1995 foi aprovado pela Lei nº 8.173, de 30-1-1991, e revisado pela Lei nº 8.446, de 21-7-1992.

[44] Lei nº 9.276, de 9-5-1996.

224 Orçamento Público • Giacomoni

plano relaciona, por área temática, os principais objetivos para o período e apresenta, em quadro anexo, *por subprogramas*, as metas quantificadas e distribuídas percentualmente entre as regiões.

A maior deficiência desse plano é a ausência total de representação financeira. A mensagem que acompanhou o projeto de lei trouxe algumas estimativas, de forma bastante agregada, dos montantes a serem aplicados e de suas fontes de financiamento. Ao se transformar em lei, o PPA acabou ficando sem nenhuma referência de ordem financeira, o que é paradoxal em se tratando de instrumento com características orçamentárias. Cabe, também, fazer restrições à solução metodológica adotada que desconsiderou, totalmente, as categorias estabelecidas na CF, ou seja, as despesas de capital, as despesas decorrentes destas e os programas de duração continuada.

Plano Plurianual para o período 2000-2003 – "Avança Brasil". Visualizada com bastante antecedência, a perspectiva de vitória nas eleições presidenciais e, em consequência, o segundo mandato, possibilitou à administração F. H. Cardoso iniciar, ainda em 1998, os estudos visando à elaboração do PPA para o período 2000-2003. O projeto de lei do PPA foi encaminhado ao Congresso Nacional no prazo legal – 31 de agosto de 1999 –, sendo aprovado em julho do ano seguinte.[45] O plano está organizado com base nos seguintes elementos básicos: (i) *orientação estratégica*; (ii) *macro-objetivos*; (iii) *agendas*; e (iv) *programas*.

A *orientação estratégica* compreende as seguintes estratégias, sendo as duas últimas incluídas pelo Congresso Nacional por meio da LDO para o exercício de 2000:

- Consolidar a Estabilidade Econômica com Crescimento Sustentado;
- Promover o Desenvolvimento Sustentável Voltado para a Geração de Empregos e Oportunidades de Renda;
- Combater a Pobreza e Promover a Cidadania e a Inclusão Social;
- Consolidar a Democracia e a Defesa dos Direitos Humanos;
- Reduzir as Desigualdades Inter-Regionais;
- Promover os Direitos de Minorias Vítimas de Preconceito e Discriminação.

Os *macro-objetivos*, em número de 28, formam um leque variado, onde constam intenções, como: sanear as finanças públicas, atingir US$ 100 bilhões de exportação até 2002, desenvolver a indústria cultural, melhorar a gestão ambiental, ofertar escola de qualidade para todos, combater a fome, reduzir a mortalidade infantil, promover a garantia dos direitos humanos, entre outros.

As *agendas* definidas são as seguintes: (i) Eixos Nacionais de Integração e Desenvolvimento; (ii) Gestão do Estado; (iii) Ambiental; (iv) Empregos e de Oportunidades de Renda; e (v) Informação e Conhecimento.

---

[45]   BRASIL. Lei nº 9.989, de 21 de julho de 2000. Dispõe sobre o Plano Plurianual para o período 2000/2003. *Diário Oficial (da República Federativa do Brasil)*, Brasília, Suplemento ao nº 141, 24 jul. 2000.

Capítulo 12 • Elaboração da Proposta Orçamentária **225**

O detalhamento da proposta dava-se por meio de 365 *programas,* os quais, por sua vez, compreendem *ações*. Há aspectos bastante positivos na metodologia adotada, devendo ser citados: a adoção do *programa* como centro da organização do plano, o esforço na busca de indicadores para a mensuração dos resultados dos *programas* e a preocupação em obter a integração entre o plano e os orçamentos anuais.

Plano Plurianual para o período 2004-2007 – "Brasil de Todos". Elaborado com o apoio em consultas públicas realizadas nos Estados com a participação de autoridades das três esferas de governo e de representantes da sociedade, o Projeto de Lei do PPA para o período 2004-2007 do presidente Luiz Inácio Lula da Silva foi encaminhado ao Congresso Nacional no prazo legal estabelecido no ADCT, ou seja, 31 de agosto de 2003. O documento que acompanha o projeto de Lei define assim a *estratégia de desenvolvimento*:

> Inclusão social e desconcentração de renda com vigoroso crescimento do produto e do emprego; crescimento ambientalmente sustentável, redutor das disparidades regionais, dinamizado pelo mercado de consumo de massa, investimentos, e por elevação da produtividade; redução da vulnerabilidade externa por meio da expansão das atividades competitivas que viabilizam esse crescimento sustentado; e fortalecimento da cidadania e da democracia.

A estratégia fornece os três *megaobjetivos* do plano: (i) inclusão social e redução das desigualdades sociais; (ii) crescimento com geração de emprego e renda, ambientalmente sustentável e redutor das desigualdades regionais; e (iii) promoção e expansão da cidadania e fortalecimento da democracia. Os *megaobjetivos* estão envolvidos em cinco *dimensões* – social, econômica, regional, ambiental e democrática – e sua concretização depende da superação de 30 *desafios*, dentre eles o combate à fome, a reforma urbana, o acesso universal à educação e à seguridade social, a geração de trabalho e renda, elevação da produtividade, incremento dos investimentos em infraestrutura etc.

Nos seus aspectos organizativos, o PPA 2004-2007 é bastante parecido com o PPA anterior. Estruturado em *programas* e *ações*, o plano consegue assim manter íntima articulação e integração com os orçamentos anuais. Quando de seu encaminhamento ao Congresso Nacional, o Projeto de Lei do PPA estava constituído por 374 *programas* e cerca de 4.300 *ações*.[46] Assim como ocorreu com o PPA "Avança Brasil", aprovado no meio do primeiro ano de vigência do plano, o PPA do presidente Lula foi aprovado pelo Congresso Nacional apenas em julho de 2004, ou seja, com bastante atraso em relação ao prazo legal, que era 15 de dezembro de 2003.[47]

Plano Plurianual para o período 2008-2011 – Na mensagem que acompanha o Projeto de Lei, o segundo PPA do governo Lula da Silva é apresentado como resposta ao desafio de acelerar o crescimento econômico, promover a inclusão social e reduzir as

---

[46]   BRASIL. Lei nº 10.933, de 11 de agosto de 2004. Dispõe sobre o Plano Plurianual para o período 2004-2007. *Diário Oficial da República Federativa do Brasil*, Brasília, 12 ago. 2004. Edição extra.

[47]   Ver, no Capítulo 6, Seção I – Norma Geral, C. Classificação por Programas, o tópico sobre a classificação por programas no plano plurianual, onde são descritas algumas das características dos *programas* e de sua forma de apresentação no PPA para o período 2008-2011.

desigualdades regionais. Para tanto, três são os eixos orientadores do plano: crescimento econômico, agenda social e educação de qualidade. E três são as agendas prioritárias: a agenda social, o Plano de Desenvolvimento da Educação (PDE) e o Programa de Aceleração do Crescimento (PAC).

Os desafios a serem enfrentados no período do PPA 2008-2011 são expressos em dez Objetivos do Governo Federal: (1) promover a inclusão social e a redução das desigualdades; (2) promover o crescimento econômico ambientalmente sustentável, com geração de empregos e distribuição de renda; (3) propiciar o acesso da população brasileira à educação e ao conhecimento com equidade, qualidade e valorização da diversidade; (4) fortalecer a democracia, com igualdade de gênero, raça e etnia, e a cidadania com transparência, diálogo social e garantia dos direitos humanos; (5) implantar uma infraestrutura eficiente e integradora do Território Nacional; (6) reduzir as desigualdades regionais a partir das potencialidades locais do Território Nacional; (7) fortalecer a inserção soberana internacional e a integração sul-americana; (8) elevar a competitividade sistêmica da economia, com inovação tecnológica; (9) promover um ambiente social pacífico e garantir a integridade dos cidadãos; e (10) promover o acesso com qualidade à Seguridade Social, sob a perspectiva da universalidade e da equidade, assegurando-se o seu caráter democrático e a descentralização.

Seguindo tendência iniciada no PPA 2004-2007, o novo PPA diminui a sua abrangência, deixando de discriminar alguns tipos de despesas. Exemplificando: deixam de integrar o PPA os programas destinados exclusivamente a operações especiais. Igualmente, ficam dispensadas de discriminação no plano as ações orçamentárias cuja execução restrinja-se a um único exercício financeiro. Da mesma forma, deixam de ser discriminados nos anexos: (1) as atividades e as operações especiais cujo valor total para o período do plano seja inferior a 75 milhões de reais; e (2) os projetos cujo custo total estimado seja inferior a 20 milhões de reais.

Cumprindo a praxe de ser votado fora do prazo estabelecido na Constituição, o Plano Plurianual 2008-2011 entrou em vigor por meio da Lei nº 11.653, de 7-4-2008.

Plano Plurianual para o período 2012-2015 – Sob a denominação de Plano Mais Brasil, o PPA do primeiro mandato de Dilma Rousseff pretendeu, conforme estabelece a mensagem de encaminhamento do Projeto de Lei, aprofundar o cenário de modernização, representado por políticas inovadoras que combinam crescimento econômico com redução das desigualdades sociais e regionais, por meio da recuperação da capacidade do Estado de planejar e agir visando, sobretudo, garantir os direitos dos que mais precisam. Para tanto, continua a mensagem, é necessário um Estado indutor e promotor das mudanças, a partir de políticas públicas construídas por meio do diálogo social e do pacto federativo.

O Plano compromete-se com as políticas dos dois mandatos anteriores ao fazer referência ao projeto de desenvolvimento inclusivo com políticas públicas de transferência de renda, à intensificação da extensão e do alcance dos programas sociais, a aumentos reais do salário-mínimo, à utilização de instrumentos de geração de emprego e renda com vistas à ampliação de um mercado de consumo de massa, e aos investimentos públicos em infraestrutura (PAC).

O Plano considera que a crise do modelo neoliberal ou do "pensamento único", que tomou conta das economias ocidentais na década de 1990, comprovou a importância do Estado na formulação de escolhas e de trajetórias para os países. Os mercados impulsionam e dinamizam o desenvolvimento, mas o Estado e sua "mão visível" devem indicar o futuro desejado e a conjugação dos diversos meios e recursos de governo, setor privado e sociedade.

Como visão de futuro, o Plano espera que o Brasil seja reconhecido:

- por seu modelo de desenvolvimento sustentável, bem distribuído regionalmente, que busca a igualdade social com educação de qualidade, produção de conhecimento, inovação tecnológica e sustentabilidade ambiental;
- por ser uma Nação democrática, soberana, que defende os direitos humanos e a liberdade, a paz e o desenvolvimento no mundo.

A visão de futuro está apoiada em sete valores: soberania; democracia; justiça social; sustentabilidade; diversidade cultural e identidade nacional; participação social; excelência na gestão. Em consonância com a visão de futuro, o plano elegeu 11 macrodesafios.

Plano Plurianual para o período 2016-2019 – O segundo mandato da presidente Dilma Rousseff teve início num cenário de crise na economia, em grande parte decorrente da difícil situação fiscal do país. O projeto do PPA foi elaborado e enviado ao Congresso Nacional sem ressalvar o efeito que as limitações financeiras produziriam sobre os objetivos e as metas do plano. Na metodologia e na organização, o plano é similar ao anterior. A mensagem presidencial que encaminha o projeto de lei faz referência a duas mudanças. Na primeira, houve a preocupação em reforçar o caráter estratégico do plano, onde a dimensão estratégica contém uma visão de futuro, o cenário macroeconômico e um conjunto de eixos e diretrizes estratégicas, previamente debatidas quando da elaboração dos Programas. A segunda mudança diz respeito ao conteúdo dos Programas Temáticos que passam a expressar melhor as escolhas estratégicas de cada área por meio de Objetivos e Metas.

Como visão de futuro, o plano pretende que o país seja reconhecido como:

- uma sociedade inclusiva, democrática e mais igualitária, com educação de qualidade, respeito e valorização da diversidade e que tenha superado a extrema pobreza;
- uma economia sólida, dinâmica e sustentável, capaz de expandir e renovar competitivamente sua estrutura produtiva com geração de empregos de qualidade e com respeito ao meio ambiente.

A situação macroeconômica é vista assim pelo plano:

Com um cenário interno de estabilidade e prioridade à elevação da produtividade, e um cenário externo incerto com ajuste suave das contas externas, estima-se que a economia comece a recuperar o crescimento em 2016 e mantenha trajetória de aceleração chegando a 2,50% de crescimento do PIB ao final do período. Em concomitância, a inflação prevista desacelera depois da correção dos preços administrados e da absorção dos choques de câmbio e alimentos que marcaram o biênio 2014-2015, mantendo-se no centro da meta a partir de 2017. Nessas condições, a taxa básica de juros experimenta movimento de queda no período, acomodando a recuperação gradual da atividade em meio à desaceleração de preços.

O PPA definiu ainda quatro Eixos Estratégicos e 28 Diretrizes Estratégicas que orientaram a elaboração dos Programas, especialmente os Temáticos que, ao lado dos Programas de Gestão, Manutenção e Serviços ao Estado, respondem pela Dimensão Tática do PPA. O texto da Lei nº 13.249, de 13-1-2016, que aprovou o PPA 2016/2019, trouxe três prioridades da administração pública federal para o período do plano: (i) as metas inscritas no Plano Nacional de Educação; (ii) o Programa de Aceleração do Crescimento – PAC, identificado nas leis orçamentárias por meio de atributo específico; e (iii) o Plano Brasil sem Miséria – PBSM, também identificado nos orçamentos anuais por meio de atributo específico. O texto da Lei do PPA aponta, também, oito diretrizes, das quais sete estão contempladas entre as 28 Diretrizes Estratégicas. A única diretriz indicada apenas no texto da Lei faz referência à garantia do equilíbrio das contas públicas.

Plano Plurianual para o período 2020-2023 – A mensagem presidencial que acompanhou o projeto de lei do PPA esclarece que a execução do plano se dará num cenário de recuperação fiscal do Estado e de retomada do desempenho da economia. Para tanto, medidas governamentais deverão: (i) garantir a estabilidade macroeconômica; (ii) promover uma alocação mais eficiente dos recursos de produção e do uso de recursos públicos; (iii) buscar a melhoria do ambiente de negócios e a promoção da concorrência e inovação.

A dimensão estratégica do PPA compreende treze *diretrizes* e quinze *temas* distribuídos em cinco eixos – institucional, social, ambiental, econômico, de infraestrutura – e na estratégia de defesa. As *diretrizes* fornecem as orientações prioritárias do governo, necessárias para o estabelecimento dos objetivos a serem alcançados durante a vigência do PPA. Os *temas* estão relacionados com a estrutura organizacional do governo, relacionando-se com as principais áreas setoriais envolvidas no alcance dos objetivos propostos.

A dimensão tática do Plano é formada por 66 *programas finalísticos* e *programas de gestão*. Cada programa finalístico é constituído por um objetivo e uma meta com os respectivos indicadores.

Na priorização dos investimentos plurianuais, foram observados os seguintes objetivos: (i) maximizar entregas e o impacto dos programas durante a vigência do PPA; (ii) inibir a pulverização de investimentos e os possíveis efeitos indesejáveis, como paralisações de obras e desperdício de recursos; e (iii) gerar incentivos para que os órgãos setoriais revisem os seus planos de investimento sob uma base fiscal mais realista, tendo como foco o horizonte temporal do plano. De acordo com os critérios de seleção, foram priorizados os investimentos: (i) em execução, com desembolso financeiro, acumulado até 30 de junho de 2019, ultrapassando 20% do valor total do investimento; (ii) que não tenham impedimentos para execução imediata ou com impedimento que possa ser sanado em 2020; e (iii) com conclusão prevista até o exercício de 2023.

D. Lei de Diretrizes Orçamentárias (LDO)

O marco normativo da elaboração das leis de diretrizes orçamentárias federais reside na CF e, a partir de 2000, também na LRF, tema analisado, neste capítulo, na seção sobre a Norma Geral. No período após a Constituição de 1988, foi possível produzir e aperfeiçoar um padrão de apresentação para os vários conteúdos de interesse da lei. Bastante semelhantes na estrutura, essas leis têm se diferenciado apenas nos detalhes, com a retirada – em menor número – e a inclusão – em maior número – de dispositivos específicos a cada nova edição.[48]

A estrutura da LDO para 2023 é a seguinte:

Capítulo I – Disposições preliminares

Capítulo II – Das metas e das prioridades da administração pública federal

Capítulo III – Da estrutura e da organização dos orçamentos

Capítulo IV – Das diretrizes para elaboração e execução dos orçamentos da União

Capítulo V – Das transferências

Capítulo VI – Da dívida pública federal

Capítulo VII – Das despesas com pessoal e encargos sociais e dos benefícios aos servidores, aos empregados e aos seus dependentes

Capítulo VIII – Da política de aplicação dos recursos das agências financeiras oficiais de fomento

Capítulo IX – Da adequação orçamentária das alterações na legislação

Capítulo X – Das disposições sobre a fiscalização pelo Poder Legislativo e sobre as obras e os serviços com indícios de irregularidades graves

Capítulo XI – Da transparência

Capítulo XII – Disposições finais.

A maior parte dos dispositivos que constituem as LDOs federais é dedicada a orientar a organização e a estruturação do projeto e da LOA – Capítulo III –, assim como a estabelecer diretrizes gerais e específicas para a elaboração e execução dos três orçamentos da União: fiscal, seguridade social e investimentos das empresas estatais – Capítulo IV. Parcela importante dos temas abordados nos referidos capítulos tem características de permanência devendo, no futuro, integrar a lei complementar prevista no art. 165, § 9º, da CF. No Capítulo III, por exemplo, as LDOs se obrigam a repetir a cada nova edição os inúmeros demonstrativos que devem integrar o projeto e a lei orçamentária e, até mesmo, critérios de classificação da despesa, em particular aqueles não estabelecidos pela Lei nº 4.320/64.

---

[48] A LDO para o exercício de 1990 foi aprovada com 59 artigos, a de 1995, com 71, a de 2000, com 98, a de 2007, com 132, a de 2015, com 146, a de 2020, com 154, e a de 2023, com 185 artigos.

O Capítulo IV, nominalmente dedicado às diretrizes para a elaboração e a execução orçamentária, estabelece, entre outros pontos: (i) orientações sobre medidas que garantam transparência à gestão fiscal; (ii) parâmetros para a elaboração das propostas orçamentárias dos Poderes Legislativo e Judiciário e do Ministério Público; (iii) normas para o encaminhamento pelo Poder Judiciário e para a inclusão de dotações de precatórios; (iv) proibição de realização de determinadas despesas;[49] (v) disposições sobre o orçamento de investimentos das empresas; (vi) autorização da edição, pelos próprios órgãos dos Poderes Legislativo, Judiciário e Ministério Público, de atos de abertura de créditos suplementares quando os recursos compensatórios forem das próprias unidades; (vii) autorização para a execução provisória do orçamento; e (viii) regras para a elaboração da programação financeira e para limitação de empenho.

A cada nova edição, as LDOs federais recebem aperfeiçoamentos como decorrência da crescente atenção dedicada a esse instrumento legal. Mesmo assim, alguns de seus conteúdos mais importantes ainda são tratados de forma deficiente. É o caso, por exemplo, da *seleção de prioridades e metas* indicadas em anexos das leis e que serão viabilizadas por meio de recursos consignados na LOA. As limitações existentes na organização do plano plurianual se transferem para a LDO e esta, em muitas oportunidades, apresentava longa listagem de metas físicas a serem produzidas, sem indicação dos resultados efetivos esperados. Afora isso, as LDOs federais não trazem indicações sobre os custos da programação, o que é indispensável para ajuizamento sobre prioridades.[50]

Deficiente, igualmente, vem sendo o tratamento dado pelas LDOs à *política de aplicação das agências financeiras oficiais de fomento*.[51] É possível que essas limitações

---

[49] Lei nº 14.436, de 9-8-2022 (LDO para 2023): "Art. 18. Não poderão ser destinados recursos para atender a despesas com: I – início de construção, ampliação, reforma voluptuária, aquisição, novas locações ou arrendamentos de imóveis residenciais funcionais; II – locação ou arrendamento de mobiliário e equipamento para unidades residenciais funcionais; III – aquisição de automóveis de representação; (...) VI – clubes e associações de agentes públicos ou quaisquer outras entidades congêneres; (...) Art. 87 § 4º A destinação de recursos a entidade privada não será permitida nos casos em que agente político dos Poderes Executivo, Legislativo e Judiciário ou do Ministério Público ou Defensores Públicos da União, tanto quanto dirigente de órgão ou entidade da administração pública, de qualquer esfera governamental, ou seu cônjuge ou companheiro, e parente em linha reta, colateral ou por afinidade, até o segundo grau, seja integrante de seu quadro dirigente, ressalvados os casos em que a nomeação decorra de previsão legal ou que sejam beneficiados: I – o Conselho Nacional de Secretários de Saúde, o Conselho Nacional de Secretarias Municipais de Saúde, os Conselhos de Secretarias Municipais de Saúde, o Conselho Nacional de Secretários de Educação, a União Nacional dos Dirigentes de Educação, o Colegiado Nacional de Gestores Municipais de Assistência Social e o Fórum Nacional de Secretarias de Assistência Social; II – as associações de entes federativos, limitada à aplicação dos recursos de capacitação e assistência técnica; ou III – os serviços sociais autônomos destinatários de contribuições dos empregadores incidentes sobre a folha de salários.

[50] Em exercícios recentes, o maior protagonismo do Congresso Nacional nas escolhas da programação tem provocado desentendimentos com o Poder Executivo. Na LDO para 2019, das 134 prioridades indicadas no projeto devolvido para sanção, 112 foram vetadas pelo presidente da República. Já na LDO para 2020, o anexo de prioridades e metas foi integralmente vetado.

[51] Para uma análise mais detalhada sobre esse tema, ver GIACOMONI, James. A Lei de Diretrizes Orçamentárias e a política de aplicação das agências financeiras oficiais de fomento. *Revista de Informação Legislativa*. Brasília, v. 35, n. 137, p. 265-279, jan./mar. 1998.

decorram da ausência de regulamentação do dispositivo, em particular da falta de definição precisa de termos como *política de aplicação*, *agências oficiais de fomento*, assim como das modalidades de recursos das agências oficiais a serem disciplinados na LDO. Com essas restrições, as LDOs limitam-se a indicar prioridades genéricas que devem ser observadas na concessão de empréstimos e financiamentos, sem, contudo, apontarem metas operacionais que possam balizar as aplicações e servir de base para as avaliações.

Para uma melhor abordagem na LDO, o tema das *alterações na legislação tributária* parece depender, também, de regulamentação. Qual é o exato sentido da expressão *disposições sobre alterações na legislação tributária*? Seriam as alterações em si, como criação ou majoração de tributos ou concessão ou ampliação de incentivos e benefícios fiscais? Ou apenas disposições gerais a serem observadas quando da apreciação de matérias tributárias? A antecipação das alterações de ordem tributária, pela LDO, teria a vantagem de possibilitar que a proposta orçamentária considere esses efeitos, seja no aumento da receita, seja na hipótese de tributos novos ou majorados, seja na redução da receita, no caso da concessão de incentivos e benefícios fiscais. Deve-se reconhecer, entretanto, que é muito difícil tratar tais temas na LDO, tendo em vista a antecedência com que essa lei é aprovada. Na maior parte das vezes, a política tributária no Brasil tem sido empregada como instrumento conjuntural de enfrentamento dos problemas fiscais, sendo pouco suscetível de tratamento estável e duradouro.[52]

Na atual fase em que as questões fiscais afetam de maneira crucial a gestão do Estado, as LDOs têm um papel fundamental, pois responsabilizam-se pela fixação das metas fiscais, no marco estabelecido pela LRF. No Anexo de Metas Fiscais constam:

- metas de resultado primário e nominal e de dívida pública para o exercício da LDO e para os dois seguintes;
- memória e metodologia de cálculo das metas anuais;
- metas fiscais dos três exercícios anteriores;
- avaliação do cumprimento das metas relativas ao exercício anterior;
- avaliação da evolução do patrimônio líquido da União, com destaque para origem e aplicação dos recursos obtidos com a alienação de ativos;
- avaliação financeira e atuarial dos regimes de previdência e dos fundos de natureza atuarial, como o FAT;
- demonstrativo da renúncia de receita e da margem de expansão das despesas obrigatórias de caráter continuado.

A título de ilustração, na Tabela 12.1, retirada da Lei de Diretrizes Orçamentárias da União para 2023, estão apresentadas as principais metas fiscais para 2023 e para os dois

---

[52] A longa antecedência, existente entre sua elaboração e aprovação e a vigência da lei no exercício seguinte, dificulta o cumprimento de outra atribuição da LDO que é a de autorizar medidas na área de pessoal que tenham repercussão financeira. Reconhecida essa dificuldade, as LDOs federais vêm autorizando, de maneira genérica, essas medidas desde que constem de anexo específico da LOA.

exercícios seguintes. Além dos dados a preços correntes, o anexo que acompanha a Lei apresenta as mesmas metas e projeções com base nos preços médios de 2022 calculados pelo IGP-DI.

Tabela 12.1 *Anexo de metas fiscais: metas e projeções para o governo federal.*

Discriminação	2023		2024		2025	
	R$ milhões	% PIB	R$ milhões	% PIB	R$ milhões	% PIB
I. Receita Primária Líquida	1.800.902	17,20	1.917.475	17,07	2.041.885	16,99
II. Despesa Primária Total	1.866.808	17,83	1.945.365	17,32	2.008.184	16,71
III. Resultado Primário Governo Central (I – II)	-65.906	-0,63	-27.980	-0,25	33.701	0,28
IV. Result. Primário Empr. Estatais Federais	-3.003	-0,03	-3.221	-0,03	-3.447	-0,03
V. Result. Primário Governo Federal (III + IV)	-68.909	-0,66	-31.111	-0,28	30.253	0,25
VI. Result. Primário Estados e Municípios	-100	0,00	-6.000	-0,05	1.000	0,01
VII. Result. Primário Setor Público (V - VI)	-69.008	-0,66	-37.111	-0,33	31.253	0,26

Fonte: Lei nº 14.436, de 9-8-2022 (LDO para exercício de 2023).

As LDOs vêm acompanhadas, também, de um Anexo de Riscos Fiscais e de objetivos, parâmetros e projeções para os principais agregados e variáveis das políticas monetária, creditícia e cambial.

Um dos importantes conteúdos atribuídos às LDOs pela LRF é dispor sobre normas relativas ao controle de custos e à avaliação dos resultados dos programas financiados com recursos dos orçamentos. A adoção do cálculo de custos é um dos grandes desafios no âmbito da administração pública. Para que haja efetivos avanços nessa área é fundamental que as LDOs façam exigências claras e exequíveis e criem condições favoráveis para que essa prática possa se tornar realidade. No caso da União, as LDOs não têm conseguido cumprir esse papel.[53]

---

[53] A LDO para 2023, por exemplo, repete determinações constantes nas LDOs anteriores, sem que resultados concretos possam ser percebidos. "Art. 16. Além de observar as demais diretrizes estabelecidas nesta Lei, a alocação dos recursos na Lei Orçamentária de 2023 e nos créditos adicionais, e a sua execução, deverão: (...) II – propiciar o controle dos valores transferidos conforme o disposto no Capítulo V e dos custos das ações. (...) Parágrafo único. O controle de custos de que trata o inciso II do *caput* será orientado para o estabelecimento da relação entre a despesa pública e o resultado obtido, de forma a priorizar a análise da eficiência na alocação dos recursos, permitindo o acompanhamento das gestões orçamentária, financeira e patrimonial." Lei nº 14.436, de 9-8-2022 (LDO para 2023).

E. Lei Orçamentária Anual (LOA)

Conteúdo e forma da proposta orçamentária

Na esfera federal, as bases principais da organização da proposta orçamentária, assim como da LOA, estão fixadas na Lei nº 4.320/64. Entretanto, a defasagem sofrida por essa norma geral, como decorrência do tempo e das inovações introduzidas pela Constituição de 1988, vem sendo compensada pelas LDOs. Em face da ausência da lei complementar de que trata o art. 165, § 9º, da CF, as LDOs, anualmente, trazem as atualizações necessárias, bem como introduzem classificações e outros detalhes de organização específicos para o orçamento federal.[54]

A forma de tratamento e disposição dos três orçamentos que constituem a LOA – fiscal, seguridade social e investimento das empresas estatais – é, igualmente, estabelecida nas LDOs. Enquanto o *orçamento de investimento das empresas* é individualizado, constituindo documento separado, os outros dois – *fiscal* e *seguridade social* – são tratados como categorias classificatórias de receita e despesa, e apresentados conjuntamente no mesmo documento. Essa solução tem merecido críticas, pois a falta de separação clara entre os citados orçamentos deixaria pouco transparentes os valores de um e outro. De qualquer forma, como praticamente todas as entidades federais têm encargos classificáveis nos dois orçamentos, a metodologia utilizada é a mais recomendável.

Competência da elaboração

Na União, a elaboração do orçamento anual desenvolve-se no âmbito do *Sistema de Planejamento e de Orçamento Federal*, cujo órgão central é o Ministério da Economia.[55] Neste, a responsabilidade pela coordenação, consolidação e supervisão da elaboração orçamentária é da Secretaria de Orçamento Federal (SOF). As unidades de orçamento dos ministérios civis, militares e dos órgãos da Presidência da República constituem-se em *órgãos setoriais* do sistema e mantêm com a SOF íntima articulação nas questões orçamentárias. Integram ainda o sistema as *unidades orçamentárias*, responsáveis, em última análise, pela programação e execução orçamentária.

O governo federal desenvolve o processo de elaboração orçamentária por meio do Sistema Integrado de Planejamento e Orçamento (SIOP) que substituiu o anterior Sistema Integrado de Dados Orçamentários (Sidor) e sua versão para a Internet (Sidornet). Com vantagem em relação ao Sidor, o SIOP suporta os dois processos de elaboração – orçamento e PPA –, favorecendo a necessária integração que deve existir entre as duas peças.

---

[54] Conforme demonstrado no Capítulo 6, no início da década de 1990 a União rompeu o sistema padronizado de classificações orçamentárias implantado pela Lei nº 4.320/64 e introduziu as categorias classificatórias por *grupo* e *modalidade de aplicação*. Em 2001, por meio da Portaria Interministerial nº 163, o modelo federal foi estendido aos demais entes e o padrão foi restabelecido. Algumas classificações adotadas pela União – *identificador de uso, identificador de resultado primário* e *fontes de recursos* – continuam sendo disciplinadas por intermédio das LDOs.

[55] Lei nº 10.180, de 6-2-2001: arts. 3º e 4º.

Etapas do processo de elaboração

Tendo em vista os inúmeros interesses em jogo, os montantes financeiros envolvidos, o grande número e variedade de entidades participantes, a quantidade de pessoas mobilizadas, os fluxos de informações produzidos etc., é fácil compreender a complexidade do processo de elaboração orçamentária da União. Ainda que esquematicamente, é possível ilustrar esse processo a partir das etapas descritas no processo de elaboração da proposta orçamentária federal para o exercício de 2023 apresentadas no Quadro 12.1.

Quadro 12.1 *Etapas, responsáveis e produtos do processo de elaboração do PLOA.*

Etapas	Responsáveis	Produtos
Planejamento do processo de elaboração	SOF	Definição da estratégia do processo de elaboração; etapas, produtos e agentes responsáveis no processo; papel dos agentes; metodologia de projeção de receitas e despesas; fluxo do processo; instruções para detalhamento da proposta setorial; publicação de Portaria com os principais prazos e procedimentos do processo
Definição de macrodiretrizes e parâmetros fiscais	SOF; Órgãos Técnicos; Ministério da Economia (ME); Casa Civil da Presidência da República (PR)	Diretrizes para a elaboração do PLOA: LDO – parâmetros macroeconômicos; metas fiscais; riscos fiscais; objetivos das políticas monetária, creditícia e cambial; demonstrativo da estimativa da margem de expansão das despesas obrigatórias de caráter continuado
Proposta qualitativa: revisão da estrutura programática e funcional	SOF e SEST; Órgãos Setoriais; UOs	Estrutura programática e funcional do orçamento
Avaliação da NFGC para a proposta orçamentária	SOF; Órgãos Técnicos; ME; Casa Civil/PR	Estimativa das receitas e das despesas que compõem a NFGC, para a proposta orçamentária
Estudo, definição e divulgação dos referenciais monetários para a proposta setorial	SOF; ME; Casa Civil/PR	Divulgação dos limites para apresentação da proposta orçamentária dos órgãos setoriais[56]
Captação da proposta quantitativa do Poder Executivo	UOs; Órgãos Setoriais	Proposta quantitativa dos órgãos setoriais detalhada no SIOP

---

[56] O estabelecimento de limites a serem observados pelos órgãos e unidades na elaboração das propostas setoriais é uma providência indispensável em face da crônica escassez de recursos. Os limites distribuídos pelo órgão central de orçamento têm por objetivo garantir às unidades recursos para o atendimento das despesas obrigatórias e daquelas necessárias à manutenção das atividades no nível atual de atendimento, bem como para o prosseguimento de projetos e obras iniciados. Apesar de não haver referência entre as etapas do processo de elaboração da proposta, o órgão central não poderá furtar-se de receber solicitação de recursos, além do limite, destinados a financiar novos projetos e à expansão de atividades.

Etapas	Responsáveis	Produtos
Captação da proposta quantitativa dos demais Poderes	UOs; Órgãos Setoriais	Proposta quantitativa dos órgãos dos Poderes Legislativo e Judiciário, do MPU e da DPU detalhada no SIOP
Análise e ajuste da proposta quantitativa	SOF	Proposta orçamentária analisada, ajustada e definida
Fechamento, compatibilização e consolidação da proposta orçamentária	SOF; ME; Casa Civil/PR	Proposta orçamentária aprovada pelo ME e pela PR, fonteada, consolidada e compatibilizada em consonância com a CF/88, o PPA, a LDO e a LRF, e exigências dos órgãos de controle
Elaboração e formalização da mensagem presidencial e do PLOA	SOF e SEST; Órgãos Técnicos; Casa Civil/PR	Mensagem presidencial, texto e anexos do PLOA, elaborados e entregues ao Congresso Nacional
Elaboração e formalização das informações complementares ao PLOA	SOF e SEST; Área Econômica; Órgãos Setoriais; Casa Civil/PR	Informações complementares ao PLOA, elaboradas e entregues ao Congresso Nacional

Fonte: Ministério da Economia. SOF. *Manual Técnico de Orçamento MTO 2023*. 5ª versão. Disponível no endereço: www1.siop.planejamento.gov.br/mto/doku.php/mto2023.

Proposta orçamentária dos poderes

Até aqui, foram descritos e caracterizados procedimentos típicos cumpridos pelos órgãos e pelas entidades do Poder Executivo. Sendo una, a proposta e a lei orçamentária compreendem, também, a programação dos Poderes Legislativo e Judiciário e do Ministério Público. Em face da independência e da autonomia desses Poderes, o Poder Executivo não poderia exigir deles a observância de regras e limitações. Por outro lado, tais órgãos não poderiam exorbitar ao elaborar as respectivas propostas orçamentárias. A Constituição disciplina adequadamente a questão estabelecendo que as propostas parciais dos Poderes Legislativo e Judiciário e do Ministério Público serão elaboradas dentro dos limites estipulados na LDO.[57] Nos últimos exercícios, as LDOs têm estabelecido o prazo de 15 de agosto para que os demais poderes encaminhem à SOF, por meio do SIOP, as respectivas propostas orçamentárias, para fins de consolidação do projeto de lei orçamentária.

Calendário da elaboração

As facilidades proporcionadas pela informatização têm possibilitado o encurtamento dos prazos dedicados à elaboração orçamentária, particularmente das etapas finais. O Quadro 12.2 ilustra esse aspecto, indicando as principais atividades e respectivas datas fixadas no calendário de preparação do projeto de lei orçamentária da União para o exercício de 2023.

---

[57] Constituição Federal: arts. 51, IV; 52, XIII; 99, § 1º; e 127, § 3º.

Quadro 12.2 *Cronograma de elaboração da proposta orçamentária da União para o exercício de 2023.*

Prazo	Aplicável a	Subprocesso do PLOA-2023	Atividade
15/3	Todos os Poderes e órgãos	Receita	Divulgação da 1ª previsão de receitas.
15/3 a 25/3		Receita	1ª captação no SIOP da base externa de receita.
11/4 a 15/6		Qualitativo	Captação no SIOP das propostas setoriais para a programação qualitativa do PLOA-2023.
Até 30/4	Órgãos do Poder Judiciário	Sentenças Judiciais: Precatórios	Encaminhamento pelo Poder Judiciário à SOF/SETO/ME da relação dos débitos constantes de precatórios judiciários e da relação dos precatórios objetos de acordos diretos, além do montante dos precatórios expedidos em anos anteriores e pendentes de pagamento em razão do limite de que trata o § 1º do art. 107-A do ADCT.
30/4 a 31/7	Órgãos do Poder Executivo	Sentenças Judiciais: Precatórios	Divulgação ao Poder Judiciário da distribuição dos limites para as despesas com precatórios por ramos de justiça, de forma proporcional, sucessivamente ao estoque de 2022 e ao novo Banco de Precatórios para o exercício de 2023.
9/5 a 17/6	Todos os Poderes e órgãos	Sentenças Judiciais: Demais	Comunicação à SOF/SETO/ME pelos órgãos setoriais das informações sobre as demais sentenças judiciais (sentenças de empresas estatais dependentes, acordos homologados em juízo, e demais).
Até 10/5		Sentenças Judiciais: Precatórios	Comunicação à SOF/SETO/ME, pelos órgãos e entidades devedores de precatórios, sobre eventuais divergências verificadas entre a relação dos débitos constantes de precatórios judiciários a serem incluídos no PLOA.
3/6	Órgãos do Poder Executivo	Quantitativo	Divulgação pela SOF/SETO/ME dos referenciais monetários para a Fase I da proposta aos órgãos setoriais do Poder Executivo.
3/6 a 24/6		Quantitativo	Captação no SIOP da Fase I da proposta dos órgãos setoriais do Poder Executivo para o PLOA-2023.
3/6 a 6/6		Quantitativo: despesas com pessoal, encargos e benefícios	Divulgação pela SEAFI/SOF/SETO/ME dos referenciais monetários referentes à Fase I da proposta do PLOA-2023, referentes às despesas obrigatórias com pessoal e encargos sociais, benefícios obrigatórios aos servidores e seus dependentes, indenização e benefícios e pensões especiais de caráter indenizatório.
3/6 a 24/6		Quantitativo: despesas com pessoal, encargos e benefícios	Encaminhamento à SOF/SETO/ME pelos órgãos setoriais das planilhas relativas aos detalhamentos das despesas com pessoal e encargos sociais, benefícios obrigatórios aos servidores e seus dependentes, indenização e benefícios e pensões especiais de caráter continuado, com os ajustes necessários.
15/6	Todos os Poderes e órgãos	Receita	Divulgação da 2ª previsão de receitas.
15/6 a 23/6		Receita	2ª captação no SIOP da base externa de receita.

Capítulo 12 • Elaboração da Proposta Orçamentária 237

Prazo	Aplicável a	Subprocesso do PLOA-2023	Atividade
Até 15/6	Órgãos do Poder Executivo	Sentenças Judiciais: Demais	Encaminhamento à SOF/SETO/ME de informações contendo a necessidade de recursos orçamentários para 2023, segregadas por beneficiário, para fins de definição dos limites orçamentários para atender ao pagamento dos valores retroativos devidos a anistiados políticos como reparação econômica, segregadas por beneficiário, para fins de definição dos limites orçamentários.
Até 15/6	Órgãos do Poder Executivo	Sentenças Judiciais: Demais	Encaminhamento à SOF/SETO/ME de informações contendo a necessidade de recursos orçamentários para 2023 destinados ao atendimento de despesas com a concessão de reparações e indenizações às vítimas de violações de direitos humanos ou a seus familiares, decorrentes de sentenças judiciais.
Até 15/6	Órgãos do Poder Executivo	Sentenças Judiciais: Demais	Encaminhamento à SOF/SETO/ME de informações contendo a necessidade de recursos orçamentários para 2023, para fins de definição dos limites orçamentários para atender ao pagamento de pensões indenizatórias decorrentes de decisões judiciais e de Sentenças Judiciais de empresas estatais dependentes.
11/7 a 5/8	Todos os Poderes e órgãos	Operações de Crédito	Captação das informações relativas à Dívida Contratual, no SAOC do SIOP, relativas ao PLOA-2023.
Até 15/7	Órgãos singulares, responsáveis pela projeção de despesas	Quantitativo: demais Despesas obrigatórias sem controle de fluxo	Envio à SOF/SETO/ME da projeção de demais despesas obrigatórias sem controle de fluxo.
15/7	Todos os Poderes e órgãos	Receita	Divulgação da 2ª previsão consolidada para elaboração do PLOA-2023.
15/7 a 18/7		Receita	Revisão e ajuste pelos setoriais de suas previsões de receita para o PLOA-2023.
15/7 a 18/7		Receita	Agendamento e realização de reunião entre SOF/SETO/ME e unidades orçamentárias recolhedoras para discussão da projeção de receitas próprias e vinculadas para o PLOA-2023.
Até 15/7		Operações de Crédito	Data limite para autorização de carta-consulta de operação de crédito externa pela Cofiex visando constar do PLOA-2023.
15/7	Órgãos dos Poderes Legislativo e Judiciário, do MPU e da DPU	Quantitativo	Divulgação dos referenciais monetários para os órgãos dos Poderes Legislativo e Judiciário, do MPU e da DPU.
15/7 a 19/8		Quantitativo	Apresentação pelos órgãos dos Poderes Legislativo e Judiciário, do MPU e da DPU à SOF/SETO/ME do detalhamento da programação pretendida relativa aos limites distribuídos para despesas com pessoal relativas à concessão de quaisquer vantagens, aumentos de remuneração, criação de cargos, empregos e funções, alterações de estrutura de carreiras, bem como admissões ou contratações a qualquer título.

Prazo	Aplicável a	Subprocesso do PLOA-2023	Atividade
15/7 a 12/8	Órgãos dos Poderes Legislativo e Judiciário, do MPU e da DPU	Quantitativo	Envio no SIOP das propostas orçamentárias dos Poderes Legislativo e Judiciário, do MPU e da DPU.
		Projetos Orçamentários	Captação das informações referentes a projetos orçamentários em módulo específico no SIOP.
29/7	Ministério da Economia	Quantitativo	Divulgação dos referenciais monetários para o Ministério da Economia das despesas a serem alocadas no Fundo Constitucional do Distrito Federal (FCDF).
4/8	Órgãos do Poder Executivo	Quantitativo	Divulgação dos referenciais monetários dos órgãos setoriais do Poder Executivo para a Fase II da proposta do PLOA-2023.
4/8 a 5/8		Quantitativo: despesas com pessoal, encargos e benefícios	Divulgação pela SEAFI/SOF/SETO/ME dos referenciais monetários referentes à Fase II da proposta do PLOA-2023, referentes às despesas obrigatórias com pessoal e encargos sociais, benefícios obrigatórios aos servidores e seus dependentes, indenização e benefícios e pensões especiais de caráter indenizatório.
4/8 a 12/8		Quantitativo	Captação no SIOP do detalhamento da Fase II da proposta orçamentária dos órgãos setoriais do Poder Executivo.
4/8 a 12/8		Projetos Orçamentários	Captação das informações referentes a projetos orçamentários em módulo específico no SIOP.
4/8 a 31/8	Todos os Poderes e órgãos	Informações Complementares	Captação no SIOP das Informações Complementares ao PLOA-2023.
Até 12/8	Órgãos dos Poderes Legislativo e Judiciário, do MPU e da DPU	Quantitativo	Prazo final para a publicação de ato conjunto relativo à compensação entre os órgãos, no âmbito dos Poderes Legislativo e Judiciário, e do MPU, dos limites individualizados de que trata o art. 107 do ADCT da Constituição Federal.
1/9 a 5/9	Todos os Poderes e órgãos	Informações Complementares	Atualização das Informações Complementares ao PLOA-2023 informadas pelos órgãos setoriais, conforme a proposta enviada ao CN.
Até 28/9	Órgãos do Poder Judiciário e do MPU	Formalização	Encaminhamento pelos órgãos do Poder Judiciário e do MPU à CMO, com cópia para a SOF/SETO/ME, do parecer do CNJ e do CNMP sobre as propostas orçamentárias para 2023 dos órgãos do Poder Judiciário e do MPU, respectivamente.

Fonte: Portaria SOF/ME nº 2.929, de 4-4-2022. Estabelece procedimentos e prazos para a elaboração das propostas orçamentárias para o Projeto de Lei Orçamentária de 2023.

Apêndice 12.1
A Experiência Brasileira de Planejamento

No Brasil, a esfera federal tem cerca de 50 anos de experiência na elaboração e execução de planos de governo – administrativos, econômicos e de desenvolvimento. Os resultados alcançados nessa trajetória evidenciam acertos e desacertos, êxitos e fracassos, consequências, em grande medida, da instabilidade política, institucional e econômica que caracterizou a história recente do país. Como ilustração, a seguir estão identificados, e rapidamente descritos, os principais planos elaborados pelo Governo Federal até a promulgação da Constituição de 1988.

a) **Plano Quinquenal de Obras e Reaparelhamento da Defesa Nacional**. Elaborado em 1939. Conforme Mello e Souza, o plano foi gerado objetivando preparar o país para a eventualidade de participar da Segunda Guerra Mundial, sendo mais um "mecanismo político-administrativo de defesa que de desenvolvimento econômico-social".[58] Segundo Robert Daland: "Não sendo realmente um plano, o projeto era meramente uma lista de investimentos. No entanto, sua contribuição ao conceito de planejamento residia na sua duração de cinco anos e sua característica como orçamento especial".[59] Não existem registros quanto a sua implementação integral.

b) **Plano de Obras e Equipamentos**. Aprovado em 1943, o plano era igualmente quinquenal e dava ênfase à programação de obras públicas de infraestrutura e à criação de indústrias básicas. Sua duração efetiva foi de dois anos, sendo extinto em 1946, como decorrência da queda do governo Vargas.[60]

c) **Plano Salte**. Elaborado no período 1946-1947, o plano cobria quatro setores: saúde, alimentação, transporte e energia. O Congresso Nacional aprovou recursos para o início de sua execução em 1949, mas só autorizou o plano em 1950, para um período de cinco anos (1950-1954). Inúmeros problemas administrativos, operacionais e burocráticos entravaram a execução dos programas do plano, que parece ter sido razoavelmente cumprido apenas em 1949-1950.[61] Na opinião de Mello e Souza, "O Plano Salte, como plano, constituiu-se numa realidade puramente retórica, sem nenhuma eficácia executiva, sendo talvez o mais espetacular desastre das tentativas de planificação no Brasil."[62]

d) **Programa de Metas**. Cobriu o período do governo Juscelino Kubitschek (1956-1960), sendo mais uma reunião de programas setoriais do que um plano econômico global. O programa fixava 30 metas específicas nas áreas de energia, transportes, alimentação,

---

[58] MELLO E SOUZA, Nelson. O planejamento econômico no Brasil: considerações críticas. *Revista de Administração Pública*, Rio de Janeiro, n. 4, 2º sem. p. 66, 1968.

[59] DALAND, Robert T. *Estratégia e estilo do planejamento brasileiro*. Rio de Janeiro: Lidador, 1969. p. 26.

[60] MELLO E SOUZA, N. Op. cit. p. 66-69.

[61] Idem, ibidem. p. 69-74 e DALAND, R. T. Op. cit. p. 28-33.

[62] MELLO E SOUZA, N. Op. cit. p. 70.

indústrias básicas e educação.[63] Para Mello e Souza, o Programa de Metas não foi um plano, nem sequer planejamento, mas pode ser visto como "um esforço válido de tomada consciente de decisões em favor da aceleração do processo de desenvolvimento econômico através da complementação do sistema industrial brasileiro".[64]

e) **Plano Trienal de Desenvolvimento Econômico e Social**. Elaborado pelo então ministro Extraordinário para o Planejamento, Celso Furtado, para cobrir o período 1963-1965. "Em síntese, o Plano Trienal visava à manutenção de uma taxa elevada de crescimento do produto nacional, redução gradativa da pressão inflacionária, redução do custo social do desenvolvimento, melhor distribuição de seus benefícios e redução das desigualdades regionais e de níveis de vida."[65] O momento era dominado pela crise econômica e política e as propostas do plano sofreram restrições das mais diversas ordens, impedindo que o governo conseguisse apoio político para respaldar a execução de suas diretrizes. Combatido por todos os lados, o Plano Trienal conseguiu sobreviver apenas até meados de 1963, quando todo o ministério do governo João Goulart foi substituído.[66]

f) **Programa de Ação Econômica do Governo (PAEG)**. Foi elaborado às pressas, visando dar consistência às estratégias de reformas econômicas do primeiro governo do Golpe Militar de 1964 (Castelo Branco). Apresentado ao Congresso em agosto de 1964, o plano cobriu três anos, inclusive 1964. Segundo Robert Daland, "em grande parte, são abordados os mesmos assuntos no Plano Trienal e no Programa de Ação. No entanto, aparecem no Programa algumas novas ou grandemente expandidas áreas de interesse, tais como habitação, bem-estar social, política salarial e política tributária".[67]

g) **Plano Decenal de Desenvolvimento Econômico e Social**. Por intermédio do Decreto nº 57.464/65, o governo federal instituiu, sob a coordenação do Escritório de Pesquisa Econômica Aplicada (EPEA), do então Ministério do Planejamento e Coordenação Econômica, uma série de Grupos de Coordenação integrados por representantes dos diversos ministérios, de órgãos regionais e estaduais e do setor privado. A missão desses grupos era a realização de estudos, em termos de diagnósticos e programas, com vistas à montagem de um Plano Decenal a ser cumprido pela área federal no período 1967-1976. A apresentação do plano, ainda em versão preliminar, para discussão técnica, em março de 1967, coincidiu com a posse do novo governo, que acabou não encampando plano de tão longo prazo.

h) **Programa Estratégico de Desenvolvimento (PED)**. Na apresentação do plano – um conjunto de 15 volumes – ao presidente Costa e Silva, o então ministro do Planejamento e Coordenação Geral, Hélio Beltrão, afirmava: "É mais do que um Plano de Governo. Contém, além da programação das atividades governamentais no triênio 1968-1970, correspondente ao restante do seu mandato, *uma nova estratégia para o desenvolvimento nacional*, cujos

---

[63] MELLO E SOUZA, N. Op. cit. p. 74-95 e DALAND, R. T. Op. cit. p. 37-38.

[64] MELLO E SOUZA, N. Op. cit. p. 92.

[65] MELLO E SOUZA, N. Op. cit. p. 96.

[66] DALAND, R. T. Op. cit. p. 151-162.

[67] Idem, ibidem. p. 66.

Capítulo 12 • Elaboração da Proposta Orçamentária **241**

efeitos se projetarão sobre o futuro"[68] (grifos do original). Essa última pretensão determinou o rótulo de Programa Estratégico. Os três objetivos básicos do plano eram:

- aceleração do desenvolvimento econômico, com redução progressiva da taxa inflacionária (6% ao ano, no mínimo, para o crescimento do produto);
- progresso social; e
- aumento das oportunidades de emprego (expansão da taxa de emprego de 2,6% ao ano em 1968 para 3,3 a 3,5% ao ano, em 1973).[69]

i) **Metas e Bases para a Ação de Governo**. O governo chefiado pelo presidente Emílio Médici assumiu com a disposição de dar continuidade aos dois governos revolucionários anteriores, não pretendendo, imediatamente, elaborar um novo plano global. No próprio documento "Metas e Bases [...]" apresentado em setembro de 1970, constava que sua complementação se daria por meio do I Plano Nacional de Desenvolvimento Econômico e Social, que cobriria o período de 1972/1974 e seria apresentado ao Congresso Nacional em 1971.[70]

j) **I Plano Nacional de Desenvolvimento Econômico e Social (1972-1974)**. Foi o primeiro plano elaborado de acordo com o modelo de planejamento idealizado pelo Decreto-lei nº 200/67 e formalmente criado pelo Ato Complementar nº 43/69. Sua característica trienal deveu-se às exigências legais de que o último ano dos planos deveria coincidir com o primeiro ano de uma nova administração que, nesse período, prepararia seu próprio plano.

k) **II Plano Nacional de Desenvolvimento Econômico e Social (1975-1979)**. O II PND cobriu os quatro anos restantes do governo Ernesto Geisel e o primeiro do governo Figueiredo. Como síntese, o plano fixou uma série de metas quantitativas a serem atingidas em 1979 (crescimento do PIB, investimento bruto fixo, produção industrial e agrícola, emprego, exportações etc.).[71] Em consequência da crise econômica que tomava conta de boa parte da economia mundial, os resultados da execução do plano ficaram bem aquém do esperado. As próprias avaliações oficiais passaram a ser feitas reduzindo a importância dos indicadores quantitativos.[72]

l) **III Plano Nacional de Desenvolvimento Econômico e Social (1980-1985)**. Quando o III PND foi elaborado – 1979 –, já não existia o clima de euforia desenvolvimentista que impregnou os PND anteriores. O país começou a sofrer as consequências da crise econômica internacional e o governo federal, alegando que a instabilidade econômica generalizada impediria qualquer programação de mais longo prazo, optou por montar toda sua estratégia

---

[68] BRASIL. Ministério do Planejamento e Coordenação Geral. *Programa Estratégico de Desenvolvimento –* Apresentação, Brasília, 1968.

[69] BRASIL. Ministério do Planejamento e Coordenação Geral. *O desafio brasileiro e o Programa Estratégico*. Brasília, (s.d.), p. 3.

[70] BRASIL. Leis, Decretos etc. *Metas e bases para a ação de governo*. Brasília, set. 1970. Nova impressão, jan. 1971. p. 16.

[71] BRASIL. Leis, Decretos etc. *II Plano Nacional de Desenvolvimento* (1975-1979). Lei nº 6.151, de 14-12-1974, Brasília, p. 31.

[72] VEJA. *O que se fez*. São Paulo, 27-12-1978. p. 82.

em cima de medidas de curto e curtíssimo prazos. Exemplo disso foram os "pacotes" econômicos baixados em diversas oportunidades. O III PND foi elaborado e aprovado pelo Congresso visando mais ao cumprimento da norma legal do que a sua utilidade como guia para a ação de governo.

m) **I Plano Nacional de Desenvolvimento da Nova República (1986-1989)**. As condições da economia nacional nos anos 1980 em muito diferiram daquelas da década anterior, e isso, como é compreensível, refletiu-se nos planos. Na apresentação do projeto de lei do I PND-NR, seus autores salientam as diferenças do plano em relação aos anteriores:

> Difere em sua concepção. Em virtude da circunstância em que vivemos no campo econômico-social e devido à nova orientação do governo sobre as funções do setor público, associada ao decisivo estímulo para que o setor privado assuma papel de liderança no processo de crescimento, este não é um plano de investimentos públicos, nem uma proposta acabada e compulsória de direcionamento dos investimentos empresariais.
>
> Este não é um plano de gastos, mas um programa de ajuste e reorientação do setor público, com ênfase nas prioridades sociais.[73]

Em função das dificuldades de reorientar a questão financeira no âmbito do setor público, aliada aos problemas de administração das dívidas externa e interna, o país, ao longo desse período, conviveu com inúmeras crises que se refletiam na substituição dos ministros da área econômica, todos amplamente dominados por questões de curtíssimo prazo, por exemplo, a taxa da inflação, a autorização de aumentos de preços, a administração do caixa, os salários do funcionalismo etc. Nesse contexto, o planejamento de médio e longo prazos não poderia mesmo prosperar. O ministro da Fazenda, Maílson da Nóbrega, coerente com a prevalência do curto prazo no gerenciamento da economia brasileira, chegou a batizá-lo com a denominação de "política do feijão com arroz".

Obviamente, a experiência brasileira de planejamento não é só constituída de planos globais elaborados no âmbito do governo central. O planejamento setorial teve extraordinário desenvolvimento no Brasil, especialmente a partir da criação, em 1952, do Banco Nacional de Desenvolvimento Econômico (BNDE), que forçou o surgimento de equipes técnicas especializadas em projetos e planejamento.[74] Planos de médio prazo têm sido elaborados e executados em quase todos os setores, não só guiando a ação e os investimentos públicos, mas também orientando o setor privado. Os Planos Diretores da Superintendência do Desenvolvimento do Nordeste (Sudene) podem ser citados como exemplo de planos regionais regulares.

---

[73] BRASIL. Leis, Decretos etc. *I Plano Nacional de Desenvolvimento da Nova República – 1986-1989*. Projeto de lei. Versão preliminar. Brasília, set. 1985. p. 1.

[74] MELLO E SOUZA, N. Op. cit. p. 61.

13

Discussão, Votação e Aprovação da Lei do Orçamento

A segunda etapa do processo orçamentário trata da tramitação do projeto de lei do orçamento no âmbito do Poder Legislativo e de sua aprovação. Este capítulo, assim como o anterior, compreende duas seções. Na primeira, dá-se destaque às normas gerais do processo legislativo aplicado ao orçamento. Amparadas na Constituição Federal (CF), tais regras são de observância obrigatória por todos os entes governamentais. A outra seção é dedicada à descrição das principais características e eventos que marcam a apreciação legislativa e a aprovação da lei orçamentária anual da União.

I - Norma geral

As disposições sobre o orçamento e sobre o processo orçamentário, na vigência da CF de 1967 e da Emenda Constitucional nº 1/69, eram estendidas aos Estados[1] e a doutrina determinava o mesmo aos Municípios.[2] Atualmente, compete à União, aos Estados e ao Distrito Federal legislar concorrentemente sobre o orçamento, limitando-se à União estabelecer normas gerais e cabendo aos Estados exercer competência suplementar.[3] Os Municípios, apesar de lhes faltar competência para legislar concorrentemente sobre orçamento, poderão suplementar a legislação federal e estadual no que couber.[4] Em outro de seus dispositivos, a CF estabelece que se aplicam, aos projetos de lei do plano plurianual, das diretrizes orçamentárias e do orçamento anual, no que não contrariar o disposto na Seção, as

---

[1] Constituição Federal de 1988: art. 13, III e IV, e Emenda Constitucional nº 1/69: art. 13, III e IV.

[2] No caso dos Municípios, apesar de a extensão não estar prevista na Constituição, ela "tem sido admitida pela doutrina, com fundamento aliás na Lei nº 4.320, de 1964". Ver SILVA, José Afonso da. *Orçamento-programa no Brasil*. São Paulo: Revista dos Tribunais, 1973. p. 296.

[3] Constituição Federal de 1988: art. 24, II e §§ 1º e 2º.

[4] Idem, art. 30, II.

demais normas relativas ao processo legislativo.[5] Assim, naquilo que não for aplicável apenas à União, as demais normas constitucionais sobre o processo legislativo do orçamento aplicam-se a todos os entes.

A. Iniciativa e prazo de apresentação do projeto de lei

A iniciativa da apresentação do projeto de lei orçamentária é privativa do chefe do Poder Executivo. Isso a torna, na expressão jurídica, uma "lei de iniciativa reservada".[6] Conforme observado anteriormente, a lei complementar prevista no art. 165, § 9º, da CF deverá disciplinar a questão do prazo de encaminhamento do projeto de Lei Orçamentária Anual (LOA) ao Poder Legislativo. No aguardo da lei complementar, a União adota o prazo fixado no Ato das Disposições Constitucionais Transitórias (ADCT), enquanto os Estados e os Municípios cumprem prazos estabelecidos em normas locais, em especial nas constituições estaduais e nas leis orgânicas municipais.

O Projeto de Lei Complementar aprovado no Senado Federal e que se encontra na Câmara dos Deputados estabelece novos prazos para o encaminhamento aos órgãos legislativos dos projetos de lei do sistema orçamentário. No caso do plano plurianual, independentemente do ente da Federação, o chefe do Poder Executivo encaminhará o projeto de lei até o dia 30 de abril do primeiro ano de seu mandato. Já o projeto de Lei de Diretrizes Orçamentárias (LDO) será encaminhado até o dia 30 de abril do exercício anterior àquele a que a lei de diretrizes se refere. No caso do projeto de LOA, há diferentes datas de encaminhamento ao Poder Legislativo: (a) 31 de agosto, para a União; (b) 15 de setembro, para os Estados e o Distrito Federal; e (c) 30 de setembro, para os Municípios.[7]

Ressalte-se que o chefe do Poder Executivo poderá encaminhar mensagem retificativa para propor modificações no projeto de lei. Isso, entretanto, só será possível enquanto não iniciada a votação, na comissão encarregada, da parte cuja alteração é proposta.[8]

B. Emendas

Na apreciação das matérias orçamentárias, os integrantes das casas Legislativas cumprem variada agenda que envolve estudos e análises, discussões e consultas, solicitações de informações e participação em audiências públicas realizadas com autoridades e especialistas

---

[5]   Idem, art. 166, § 7º.

[6]   SILVA, José Afonso da. Op. cit. p. 277.

[7]   PLP nº 295, de 2016. Estabelece, com amparo nos arts. 163 e 165, § 9º, da Constituição Federal, normas gerais sobre planejamento, orçamento, fundos, contabilidade, controle e avaliação na administração pública; altera a Lei Complementar nº 101, de 4 de maio de 2000; e revoga a Lei nº 4.320, de 17 de março de 1964.
   A Lei Complementar nº 101/2000 (Lei de Responsabilidade Fiscal) foi aprovada no Congresso Nacional, fixando, para todos os entes, o prazo de 15 de agosto para o encaminhamento ao Poder Legislativo do projeto de LOA (art. 5º, § 7º). O presidente da República, por considerar, entre outros argumentos, que essa solução contraria o interesse público, já "que não leva em consideração a complexidade, as particularidades e as necessidades de cada ente da Federação, inclusive os pequenos municípios", vetou o dispositivo, veto esse nunca apreciado.

[8]   Constituição Federal de 1988: art. 166, § 5º."

Capítulo 13 • Discussão, Votação e Aprovação da Lei do Orçamento **245**

com o objetivo de esclarecer a matéria em apreciação. A síntese de todo o trabalho está particularmente representada nas emendas propostas pelos parlamentares que, de forma similar ao projeto do Poder Executivo, serão objeto de avaliação e parecer.

A CF de 1946 não impunha restrições ao Poder Legislativo quanto à apresentação de emendas ao projeto de lei orçamentária. Entretanto, doutrinadores defendiam não ser possível emendas substanciais, isto é, capazes de alterar o conteúdo, em projetos de lei de iniciativa reservada.[9] Muitas discussões aconteceram até que a Lei nº 4.320/64 disciplinou assim a questão:

Não se admitirão emendas ao projeto de lei de orçamento que visem:

- alterar a dotação solicitada para despesa de custeio, salvo quando provada, nesse ponto, a inexatidão da proposta;
- conceder dotação para início de obra cujo projeto não esteja aprovado pelos órgãos competentes;
- conceder dotação para instalação ou funcionamento de serviço que não esteja anteriormente criado;
- conceder dotação superior aos quantitativos previamente fixados em resolução do Poder Legislativo para concessão de auxílios e subvenções.[10]

A lei, portanto, passou a reconhecer a doutrina. A CF de 1967, de forma categórica, restringiu o poder dos legisladores em emendar o projeto de lei orçamentária. Rezava o § 1º do art. 65 da Emenda Constitucional nº 1/69:

Não será objeto de deliberação a emenda de que decorra aumento de despesa global ou de cada órgão, fundo, projeto ou programa, ou que vise a modificar-lhe o montante, a natureza ou o objetivo.

Não foram poucos os que se debruçaram sobre esse dispositivo, buscando encontrar caminhos que contornassem as restrições e possibilitassem a ação parlamentar na elaboração orçamentária por meio de emendas. Os esforços foram em geral infrutíferos e as emendas possíveis de terem curso eram apenas as de ordem formal ou as que corrigiam erros e defeitos da proposta do Poder Executivo.[11]

A CF de 1988 restabeleceu a capacidade legislativa de emendar o projeto de LOA, particularmente com relação ao aumento ou à criação de novas despesas. Dispõe o § 3º do art. 166:

As emendas ao projeto de lei do orçamento anual ou aos projetos que o modifiquem somente podem ser aprovadas caso:

---

[9] SILVA, José Afonso da. Op. cit. p. 280.

[10] Lei nº 4.320/64: art. 33.

[11] MACHADO JR., José Teixeira. A Câmara e o orçamento plurianual. *Revista de Administração Municipal.* Rio de Janeiro, v. 17, n. 103, p. 66-67, nov./dez. 1970. Ver também SILVA, José Afonso da. Op. cit. p. 282 e 284.

I – sejam compatíveis com o plano plurianual e com a lei de diretrizes orçamentárias;

II – indiquem os recursos necessários, admitidos apenas os provenientes de anulação de despesa, excluídas as que incidem sobre:

    a) dotações para pessoal e seus encargos;

    b) serviço da dívida;

    c) transferências tributárias constitucionais para Estados, Municípios e Distrito Federal; ou

III – sejam relacionadas:

    a) com a correção de erros ou omissões; ou

    b) com os dispositivos do texto do projeto de lei.

O detalhamento que caracteriza esse longo parágrafo evidencia que o próprio constituinte tratou o assunto com muitos cuidados. A questão mais sensível – a possibilidade de o parlamentar propor emendas de despesa – foi resolvida segundo uma fórmula rígida:

- emendas de despesa serão aceitas desde que indicados os recursos para viabilizá-las;
- apenas a anulação de dotações da proposta proporciona recursos para viabilizar emendas; e
- não poderão ser anuladas dotações que envolvem gastos com pessoal e encargos, serviço da dívida e transferências tributárias intergovernamentais.

C. Aprovação e publicação da lei do orçamento

Aprovação

Aprovado na comissão própria, o relatório proposto pelo relator do projeto de lei orçamentária traz um substitutivo ao projeto de lei encaminhado pelo Poder Executivo. O substitutivo, resultado da fusão do projeto de lei com as emendas aprovadas, será, então, discutido e votado pelo plenário da casa legislativa.

Como ocorre com as demais leis, a aprovação do orçamento é formalizada por meio dos seguintes atos:

- *decretação* pelo Poder Legislativo;
- *sanção* pelo chefe do Poder Executivo; e
- *promulgação* por um ou outro poder.

A *decretação* "[...] revela toda decisão ou *resolução*, tomada por uma pessoa ou por uma instituição, a que se conferem *poderes especiais* e próprios para *decidir* ou *julgar*, *resolver* ou *determinar*"[12] (grifos do original).

---

[12] SILVA, De Plácido e. *Vocabulário jurídico*. 2. ed. Rio de Janeiro: Forense, 1967. v. 2. p. 483.

Capítulo 13 • Discussão, Votação e Aprovação da Lei do Orçamento **247**

A *sanção* representa a concordância do chefe do Poder Executivo com os termos da lei *decretada* pelo Legislativo. "É o ato por que o chefe do Executivo *confirma* a lei votada pelo Legislativo, para levar à promulgação e à publicação"[13] (grifos do original).

A *promulgação* "é o ato que sucede à decretação ou à sanção como elemento indispensável ao início da *exigibilidade* das regras e princípios contidos na lei que se divulga. É a própria divulgação ou a publicação do texto legal, de modo solene".[14]

Publicação

A publicação da lei orçamentária não é um ato de aprovação, mas é exigência para que a lei possa surtir seus efeitos.[15] Conforme José Afonso da Silva, "[a] *publicação* oficial é exigência da executoriedade do ato que tenha que produzir efeitos externos"[16] (grifo do original). Os entes governamentais de maior porte possuem meios de divulgação das leis e dos demais atos formais de seu interesse. São os diários oficiais. Independentemente de outras formas de publicidade utilizada, a lei de orçamento deve ser publicada nos jornais oficiais quando houver. No caso dos pequenos Municípios que não contam com esse recurso, devem ser produzidas algumas cópias da lei orçamentária de maneira a facilitar sua divulgação entre todos os interessados.

D. Vetos e rejeição do projeto de lei orçamentária

Vetos

De conformidade com as normas do processo legislativo aplicado à União, o presidente da República recebe o projeto de lei aprovado e julgando-o, no todo ou em parte, inconstitucional ou contrário ao interesse público, deve *vetá-lo*, *total* ou *parcialmente*. Para isso, o presidente terá o prazo de 15 dias úteis a contar da data do recebimento do projeto, além de 48 horas para comunicar ao presidente do Senado Federal as razões do veto. O veto parcial ou total deverá ser apreciado em sessão do Congresso Nacional e votado num prazo não superior a 30 dias. Com o voto da maioria absoluta dos deputados e senadores em escrutínio secreto, o veto será rejeitado, e o projeto aprovado anteriormente pelo Legislativo retornará ao Executivo para *promulgação*. No caso de manutenção de veto parcial, o projeto será promulgado pelo presidente sem a parte vetada.[17]

---

[13] Idem, ibidem. v. 4. p. 1.403.

[14] Idem, ibidem. v. 3. p. 1.240.

[15] De acordo com a Constituição Federal (art. 37, *caput*), a publicidade é um princípio da administração pública.

[16] SILVA, José Afonso da. *Curso de direito constitucional positivo*. 15. ed. São Paulo: Malheiros, 1998. p. 648.

[17] Constituição Federal de 1988: art. 66, §§ 1º, 2º, 3º, 4º e 5º. Ainda sobre o assunto: (a) se o Congresso não deliberar sobre o veto no prazo de 30 dias, ele será colocado na ordem do dia da sessão imediata até sua votação final; (b) se o presidente da República não promulgar a lei em 48 horas nos casos dos §§ 3º e 5º, o presidente do Senado a promulgará, e, se este não o fizer em igual prazo, caberá ao vice-presidente do Senado fazê-lo (idem, §§ 6º e 7º).

248 Orçamento Público • Giacomoni

Na área federal, no caso de projetos vetados parcialmente, tem sido praxe a promulgação da lei sem os vetos. Tal procedimento se justifica, pois eventuais vetos não devem impedir que a lei entre em vigor e cumpra seus efeitos. Particularmente no caso da lei orçamentária, justifica-se a imediata promulgação da lei em face aos prazos exíguos existentes entre a votação da matéria e o início do exercício.

Na vigência da Constituição de 1967 e de sua Emenda nº 1/69, o projeto de lei do orçamento, conforme se viu, era pouco suscetível de sofrer emendas no Poder Legislativo, sendo, consequentemente, pequena a possibilidade de vetos por parte da chefia do Executivo.

Com as novas disposições constitucionais que autorizam alterações no projeto orçamentário, o chefe do Poder Executivo poderá utilizar, efetivamente, a prerrogativa do veto àquelas emendas que julgar inconstitucionais ou contrárias ao interesse público.

Rejeição

A possibilidade de o Poder Legislativo rejeitar o projeto de lei orçamentária é outra questão que tem interessado a doutrinadores e estudiosos dos aspectos jurídicos do orçamento público. De acordo com a Constituição de 1946, "[se] o orçamento não tiver sido enviado à sanção até 30 de novembro, prorrogar-se-á para o exercício seguinte o que estiver em vigor".[18] Parece claro, nesse caso, que o projeto de lei orçamentária poderia ser rejeitado. Os tratadistas, especialmente das áreas não jurídicas, viam nesse dispositivo constitucional um grave defeito. Se o orçamento, principalmente aquele que adota formas modernas, representa a programação de trabalho do governo, como é possível que ele seja prorrogado? Teria sentido executar um mesmo projeto duas vezes? É meridiano que isso não seria possível. Claro está que a Constituição de 1946 disciplinava um tipo de orçamento público marcadamente tradicional, estruturado com base em tetos financeiros nas diversas unidades orçamentárias. Prorrogar tal tipo de orçamento pelos transtornos consequentes não deveria acontecer, mas era algo possível e lógico: se a nova proposta orçamentária não obtém aprovação, prorroga-se o orçamento vigente já aceito pelo Legislativo.

Nos últimos anos de vigência da Constituição de 1946, quando já existiam orçamentos mais elaborados, passou a ser problemática a observância do dispositivo prorrogacionista. A Constituição que se sucedeu à de 1946 mudou substancialmente o entendimento da questão. De acordo com a Emenda Constitucional nº 1/69:

> O projeto de lei orçamentária anual será enviado pelo presidente da República ao Congresso Nacional para votação conjunta das duas Casas, até quatro meses antes do início do exercício financeiro seguinte; se, *até 30 dias* antes do encerramento do exercício

---

[18] Constituição Federal de 1946: art. 74.

Capítulo 13 • Discussão, Votação e Aprovação da Lei do Orçamento **249**

financeiro, o Poder Legislativo não o devolver para sanção, *será promulgado como lei* (grifos nossos).[19]

Grande parte dos analistas, com base na parte final do dispositivo transcrito, passou a entender que o Poder Legislativo não poderia rejeitar o projeto de lei do orçamento.[20] José Afonso da Silva, entretanto, defendia a possibilidade da rejeição. Em sua opinião, "seria um absurdo submeter um projeto de lei ao Legislativo para apenas e obrigatoriamente ser aprovado, especialmente tendo em vista que praticamente não pode emendá-lo, conforme já vimos".[21] A partir de 1972, a discussão passou a se dar apenas no plano doutrinário, já que o Supremo Tribunal Federal, julgando representação da Procuradoria-Geral da República contra a Assembleia Legislativa de São Paulo, decidiu por unanimidade que o Legislativo não poderia rejeitar o projeto de lei orçamentária.[22]

A partir da Constituição de 1988, o tema da rejeição do projeto de lei orçamentária assume novos contornos. Dois dispositivos têm interesse para a presente discussão. São eles:

> O projeto de lei orçamentária da União será encaminhado até quatro meses antes do encerramento do exercício financeiro e *devolvido para sanção* até o encerramento da sessão legislativa (grifo nosso).[23]
>
> Os recursos que, em decorrência de veto, emenda ou *rejeição do projeto de lei orçamentária anual*, ficarem sem despesas correspondentes poderão ser utilizados, conforme o caso, mediante créditos especiais ou suplementares, com prévia e específica autorização legislativa (grifo nosso).[24]

Ao fixar prazo para a devolução do projeto de lei, a Constituição busca garantir a existência de orçamento aprovado ainda antes do início do exercício. É da própria natureza do orçamento que sua elaboração e aprovação se deem previamente ao exercício ao qual se refere. Qualquer retardamento colocará em risco esse objetivo.

Apesar de a Constituição prever a possibilidade da rejeição do projeto de lei orçamentária, a opção por essa solução radical trará certamente graves consequências, em face da

---

[19]   Emenda Constitucional nº 1, de 1969: art. 66.

[20]   LOYOLA, Cleuler de Barros. Constitucionalidade da prorrogação do orçamento. *Revista de Administração Municipal*. Rio de Janeiro, v. 15, n. 86, p. 48-54, jan./fev. 1968. CARVALHO, J. Antunes de. Projeto de lei orçamentária – rejeição e veto. *Revista de Administração Municipal*. Rio de Janeiro, v. 25, n. 148, p. 76-79, jul./set. 1978. A deduzir-se da passagem abaixo, esse entendimento parece ser também de Pontes de Miranda: "A data do encerramento do exercício financeiro é de grande relevância, porque, trinta dias antes dela, ou (a) o Poder Legislativo remete o projeto emendado ou não ao Presidente da República para que o sancione (promulgue no todo ou em parte, com veto, ou o vete) ou (b) tem-se como promulgado, automaticamente." MIRANDA, Pontes de. *Comentários à Constituição de 1967 com a Emenda Constitucional nº 1, de 1969*. 2. ed. São Paulo: Revista dos Tribunais, 1973. tomo III, p. 217.

[21]   SILVA, José Afonso da. Op. cit. p. 301.

[22]   MACHADO JR., J. T.; REIS, H. C. *A Lei nº 4.320 comentada*. 26. ed. Rio de Janeiro: Ibam, 1995. p. 70.

[23]   Constituição Federal de 1988, ADCT: art. 35, § 2º, III.

[24]   Idem, art. 166, § 8º.

inexistência de tempo hábil para que um novo projeto de lei possa ser apresentado pelo Poder Executivo – detentor da iniciativa – e apreciado pelo Poder Legislativo.

Adilson Dallari cita sentença, confirmada pelo Tribunal de Justiça do Estado de São Paulo, na qual se lê: "Ora, se deve o projeto de lei orçamentária ser devolvido para sanção claro está que não poderá ser devolvido totalmente rejeitado".[25] Esposando a tese de que cabe apenas a rejeição do projeto de lei orçamentária, a sentença – publicada em 1991 – conclui que o ato de promulgar o projeto de lei rejeitado não viola a ordem constitucional vigente.[26]

No marco constitucional anterior, quando se negava ao parlamentar intervir no processo da formação da lei orçamentária, a rejeição do projeto de lei orçamentária poderia ser aceita como um recurso final que impossibilitasse a adoção de um orçamento eivado de equívocos e incorreções. Atualmente, inexistem razões para a rejeição pura e simples do projeto de lei orçamentária. Além de propor a incorporação de novas despesas e o cancelamento de créditos integrantes da proposta do Executivo, o parlamentar tem ilimitado espaço para propor e aprovar a correção de erros e omissões eventualmente identificados no projeto de lei. Como a Constituição não estabelece limites para a ação parlamentar na correção desses erros e omissões, deve-se admitir que, independentemente de suas falhas, qualquer proposta orçamentária poderá ser corrigida e aperfeiçoada, não se justificando a rejeição.

Felizmente, a ocorrência de rejeição do projeto de lei orçamentária é episódio incomum e, quase sempre, circunscrito aos Municípios. Menos os aspectos jurídicos e técnicos da proposta orçamentária, e mais as divergências políticas entre os vereadores e o prefeito municipal têm sido os motivos da rejeição do projeto de lei orçamentária.

II – Norma federal

Na União, a etapa da apreciação e da aprovação das matérias orçamentárias é disciplinada na CF e nas normas de constituição e funcionamento da Comissão Mista de Planos, Orçamentos Públicos e Fiscalização.[27]

---

[25]   DALLARI, Adilson Abreu. Lei orçamentária – Processo legislativo. Peculiaridades e decorrências. *Revista de Informação Legislativa*. Brasília, v. 33, n. 129, p. 160, jan./mar. 1996.

[26]   Idem, ibidem. p. 161. Dallari lembra, também, as reiteradas decisões do Procurador-Geral da Justiça do Estado de São Paulo negando pedidos de solicitação de ação direta de inconstitucionalidade de leis orçamentárias municipais promulgadas apesar da rejeição do projeto de lei. Numa dessas decisões, o Procurador-Geral assim se manifestou: "Dispondo o Legislativo do poder de incluir, modificar ou excluir recursos orçamentários, com exceção das dotações para pessoal e seus encargos e serviço da dívida, não há justificativa para a rejeição total do projeto, mormente tendo-se em conta não apenas a natureza jurídica do orçamento, como 'ato condição', de caráter predominantemente administrativo, mas a sua indispensabilidade para a governabilidade do Município." Ver DALLARI, A. A. Op. cit. p. 161.

[27]   Resolução nº 1, de 2006, do Congresso Nacional, alterada pelas Resoluções nº 3, de 2008-CN, nº 3, de 2013, e nº 3, de 2015-CN, e Regulamento Interno da Comissão.

Capítulo 13 • Discussão, Votação e Aprovação da Lei do Orçamento 251

Anualmente, o projeto de lei orçamentária[28] é enviado pelo presidente da República ao Congresso Nacional até quatro meses antes do encerramento do exercício financeiro.[29] Como esse coincide com o ano civil, o último prazo para encaminhamento do projeto de lei é 31 de agosto de cada ano. Conforme foi observado na seção anterior, o presidente da República poderá encaminhar mensagem com retificações ao projeto de lei enviado anteriormente. Tal providência, entretanto, só será possível enquanto não iniciada a votação, na Comissão Mista, da parte cuja alteração é proposta.[30]

A. Principais eventos

Os principais eventos da apreciação do projeto da LOA no Congresso Nacional estão listados a seguir, e a marcha e o calendário podem ser visualizados no Diagrama 13.1, na página seguinte.

- elaboração de Relatório da Receita pelo Relator da Receita;
- discussão e aprovação do Parecer da Receita pela Comissão Mista;
- elaboração de Relatório Preliminar pelo Relator-Geral do projeto de LOA;
- discussão e aprovação do Parecer Preliminar pela Comissão Mista;
- apresentação de emendas junto às Áreas Temáticas;
- elaboração de relatório pelo Relator Setorial de cada área temática;
- discussão e aprovação dos Pareceres Setoriais pela Comissão Mista;
- elaboração de Relatório Final pelo Relator-Geral;
- discussão e aprovação do Parecer Final pela Comissão Mista; e
- discussão e votação do Parecer Final (substitutivo) pelo Congresso Nacional.

---

[28] Sobre o conteúdo e a forma da proposta orçamentária, ver Capítulo 12, Seção II – Norma Federal, E. Lei Orçamentária Anual (LOA). Para análise mais detalhada, ver as leis de diretrizes orçamentárias da União.

[29] Constituição Federal de 1988, ADCT: art. 35, § 2º, III.

[30] Idem, art. 166, § 5º. Disposição similar fazia parte da Constituição de 1967 e da Emenda Constitucional nº 1/69. Nos últimos anos, o Executivo Federal tem-se utilizado dessa prerrogativa, contribuindo para o atraso na votação da matéria no Congresso Nacional. O que ocorreu com o orçamento para 1994 é francamente inusitado. Em 28-12-1993, o Poder Executivo encaminhou sua primeira mensagem retificativa; em 1994, a partir de maio foram encaminhadas mais quatro mensagens, sendo a última em 22 de julho. Com isso, a lei orçamentária acabou sendo promulgada em 9 de novembro, a menos de dois meses do encerramento do exercício (Lei nº 8.933/94). O mais recente episódio ocorreu com a proposta orçamentária para 1999, encaminhada pelo Poder Executivo no prazo regulamentar – 31-8-1998 – e substituída por outra em 9-11-1998. Sob a justificativa de que o país deveria se preparar para enfrentar os efeitos da grave crise que atingiu os países asiáticos e a Rússia, a nova proposta, entre outras alterações, reduzia as despesas do projeto original em R$ 8,7 bilhões. Com diminuto prazo para apreciação ainda em 1998, o novo projeto de lei passou para o exercício seguinte, sendo a lei orçamentária promulgada em 23-2-1999 (Lei nº 9.789).

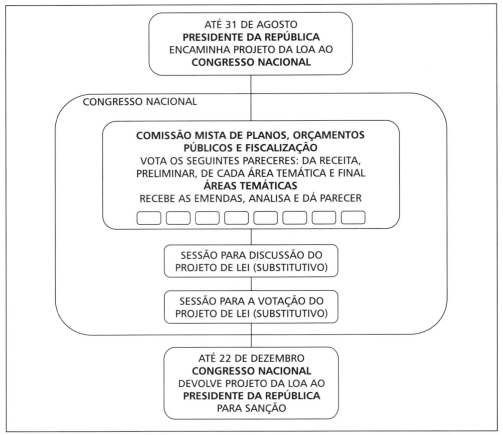

Diagrama 13.1 *Marcha e calendário da discussão, votação e aprovação do projeto de Lei Orçamentária Anual da União.*

B. Comissão Mista

Recebido no Congresso Nacional, o projeto de LOA é imediatamente encaminhado à Comissão Mista de Planos, Orçamentos Públicos e Fiscalização (CMO).

Atribuições – Além de examinar e emitir parecer sobre o projeto de lei orçamentária, a CMO cumpre as seguintes finalidades:[31]

- examinar e emitir parecer sobre os projetos de lei do plano plurianual, das diretrizes orçamentárias e de créditos adicionais;
- examinar e emitir parecer sobre os planos e programas nacionais, regionais e setoriais previstos na CF;
- examinar e emitir parecer sobre as contas apresentadas anualmente pelo presidente da República que incluirão, além das suas próprias, as dos presidentes

---

[31] Resolução nº 1, de 2006-CN: art. 2º.

Capítulo 13 • Discussão, Votação e Aprovação da Lei do Orçamento **253**

dos órgãos dos Poderes Legislativo e Judiciário e do chefe do Ministério Público;

* exercer o acompanhamento e a fiscalização orçamentária.

Constituição – A CMO é constituída por 40 membros titulares, sendo 30 deputados e 10 senadores, com igual número de suplentes.[32] Em fevereiro de cada ano, iniciada a sessão legislativa, a mesa do Congresso Nacional estabelecerá as representações dos partidos ou blocos parlamentares na Comissão Mista, respeitado o critério da proporcionalidade partidária. No início do mês de março, as lideranças partidárias ou dos blocos indicarão os que integrarão as respectivas bancadas na Comissão. É vedada a designação, para membros titulares ou suplentes, de parlamentares membros titulares ou suplentes que integraram a Comissão anterior.[33]

Direção – A direção da Comissão Mista é constituída por um presidente e três vice-presidentes, eleitos por seus pares, com mandato anual e serão exercidas, a cada ano, alternadamente, por representantes do Senado Federal e da Câmara dos Deputados. A primeira eleição, no início de cada legislatura, para presidente e 2º vice-presidente, recairá em representantes do Senado Federal, e a de 1º e 3º vice-presidentes, em representantes da Câmara dos Deputados.

Relatores – A indicação e a designação dos Relatores observarão as seguintes disposições: (i) as lideranças partidárias indicarão o relator-geral e o relator da Receita do projeto de LOA, o relator do projeto de LDO e o relator do projeto de lei do plano plurianual; (ii) o relator do projeto de lei do plano plurianual será designado, alternadamente, dentre representantes do Senado Federal e da Câmara dos Deputados, não podendo pertencer ao mesmo partido ou bloco parlamentar do presidente; (iii) o relator do projeto de LDO e o relator-geral do projeto de LOA não poderão pertencer à mesma Casa, partido ou bloco parlamentar do presidente; e (iv) as funções de relator-geral do projeto de LOA e relator do projeto de LDO serão exercidas, a cada ano, alternadamente, por representantes do Senado Federal e da Câmara dos Deputados. Cada parlamentar somente poderá, em cada legislatura, exercer uma vez uma das seguintes funções: relator-geral, relator da receita e relator setorial do projeto da LOA; e relator do projeto da LDO e do Plano plurianual (PPA).

---

[32] Idem, art. 5º. Anteriormente, a CMO era constituída por 84 membros titulares, sendo 63 deputados e 21 senadores. A redução do número de integrantes tem por objetivo facilitar a obtenção de *quorum* e melhorar a dinâmica dos trabalhos. De acordo com estudo das consultorias técnicas da CMO, "O menor número de integrantes da Comissão reduzirá, de um lado, o número mínimo de parlamentares presentes para abertura dos trabalhos ou para a votação de matérias, criando condições mais favoráveis ao debate e à formação de maiorias. De outro, porém, a redução aumentará ainda mais a disputa por uma vaga na CMO e exigirá de seus membros maior empenho e participação em face do elevado número de matérias que tramitam nesse órgão." Ver TANNO, C. R. et al. *Nova resolução orçamentária*: principais aspectos e inovações. Nota Técnica Conjunta nº 01, de 2007. Brasília: COFF-CD e CONORF-SF, 2007. p. 6-7.

[33] Resolução nº 1, de 2006: art. 7º, § 1º. Esta disposição estabelece mandato anual, proibida a recondução na sessão legislativa seguinte. Há vantagens e desvantagens nessa solução. Beneficia-se a renovação, mas perde-se experiência.

Áreas temáticas – O projeto de LOA será dividido em áreas temáticas,[34] cujos relatórios ficarão a cargo dos respectivos relatores setoriais. Estes serão indicados pelas lideranças partidárias segundo os critérios da proporcionalidade partidária e da proporcionalidade dos membros de cada Casa na Comissão Mista. Os relatores setoriais serão indicados dentre os membros das Comissões Permanentes afetas às respectivas áreas temáticas ou dentre os que tenham notória atuação parlamentar nas respectivas políticas públicas. Na designação dos relatores setoriais será adotado critério de rodízio de forma que não seja designado, no ano subsequente, membro de mesmo partido para relator da mesma área temática.

Comitês – O relator-geral e os relatores setoriais contarão com o apoio de quatro comitês permanentes: (i) Comitê de Avaliação, Fiscalização e Controle da Execução Orçamentária; (ii) Comitê de Avaliação da Receita; (iii) Comitê de Avaliação das Informações sobre Obras e Serviços com Indícios de Irregularidades Graves; e (iv) Comitê de Exame da Admissibilidade de Emendas. Os comitês serão constituídos por no mínimo cinco e no máximo dez membros, indicados pelos líderes. O número de membros de cada comitê será definido pelo presidente da CMO, ouvidas, também, as lideranças. A designação do conjunto dos membros e coordenadores dos comitês permanentes obedecerá ao critério da proporcionalidade partidária e ao da proporcionalidade dos membros de cada Casa na Comissão Mista. Poderão ser constituídos até dois comitês de assessoramento ao relator-geral, ao seu critério, com o mínimo de três e o máximo de dez integrantes, por ele indicados. A designação dos membros e dos coordenadores dos comitês obedecerá ao critério da proporcionalidade partidária e ao da proporcionalidade dos membros de cada Casa na CMO.

Audiências públicas – A Comissão Mista de Orçamento realizará audiências públicas para o debate e o aprimoramento dos projetos do PPA, da LDO e da LOA, bem como para o cumprimento de suas atribuições no acompanhamento e na fiscalização da execução orçamentária e financeira. As audiências públicas que tiverem como objeto o debate de assuntos relacionados com os campos temáticos regimentais das Comissões Permanentes do Senado Federal e da Câmara dos Deputados serão realizadas sob a coordenação da CMO, na forma de reuniões conjuntas. Poderão ser realizadas audiências públicas regionais para debater o projeto, quando de interesse de Estado ou região geográfica.

Calendário – As normas que dispõem sobre a CMO e sobre a tramitação das matérias orçamentárias – PPA, LDO, LOA, créditos adicionais e prestação de contas do presidente da República – estabelecem calendário com prazos para os principais eventos desenvolvidos no Congresso Nacional. No caso do projeto de lei orçamentária, a título de exemplo, o calendário destaca prazos para: publicação e distribuição em avulsos, a partir do recebimento do projeto; realização de audiências públicas; apresentação de emendas à receita e de

---

[34] Até que a resolução do Congresso Nacional altere a relação constante dos incisos I a XVI do art. 26 da Resolução nº 01, de 2006 – CN, a Comissão Mista de Planos, Orçamentos Públicos e Fiscalização (CMO) através da Instrução Normativa nº 01, de 2019, estabeleceu a seguinte relação de áreas temáticas: I – Infraestrutura; II – Saúde; III – Desenvolvimento Regional; IV – Educação; V – Cidadania, Cultura e Esporte; VI – Agricultura; VII – Turismo; VIII – Defesa; IX – Justiça e Segurança Pública; X – Economia; XI – Ciência & Tecnologia e Comunicações; XII – Meio Ambiente; XIII – Presidência e Relações Exteriores; XIV – Minas e Energia –; XV – Poderes; e XVI – Mulheres, Família e Direitos Humanos.

Capítulo 13 • Discussão, Votação e Aprovação da Lei do Orçamento **255**

renúncia de receitas ao projeto; publicação e distribuição de avulsos das emendas à receita e de renúncia de receitas; apresentação, publicação e distribuição do relatório da receita; votação do relatório da receita e suas emendas; apresentação, publicação e distribuição do relatório preliminar; apresentação de emendas ao relatório preliminar; votação do relatório preliminar e suas emendas; apresentação de emendas ao projeto; publicação e distribuição de avulsos das emendas; apresentação, publicação, distribuição e votação dos relatórios setoriais; apresentação, publicação, distribuição e votação do relatório do relator-geral; encaminhamento do parecer da CMO à Mesa do Congresso Nacional; implantação das decisões do plenário do Congresso Nacional e geração dos autógrafos, a partir da aprovação do parecer pelo Congresso Nacional.

C. Emendas

Ao projeto de LOA cabe a apresentação de três tipos de emendas:

- *texto* – altera o texto do projeto de lei ou seus quadros e tabelas;
- *receita* – altera a estimativa da receita. Estão incluídas aqui as emendas que propõem a redução da receita estimada em decorrência da aprovação de projeto de lei;
- *despesa* – acresce valor às dotações do projeto de lei; inclui novas programações e respectivas dotações; e cancela dotações do projeto de lei orçamentária.

Poderá ser apresentada emenda de renúncia de receita, decorrente de projeto de lei de iniciativa do Congresso Nacional, em tramitação em qualquer das suas Casas. A emenda que altera a estimativa da receita somente será aprovada caso indique os recursos compensatórios necessários, provenientes de anulação de despesas ou de acréscimo de outra receita.

São três as modalidades de emendas à despesa:

- *remanejamento* – propõe acréscimo ou inclusão de dotações e, simultaneamente, como fonte exclusiva de recursos, a anulação equivalente de dotações constantes do projeto, exceto as da Reserva de Contingência. A emenda de remanejamento somente poderá ser aprovada com a anulação das dotações indicadas na própria emenda, observada a compatibilidade das fontes de recursos;
- *apropriação* – propõe acréscimo ou inclusão de dotações e, simultaneamente, como fonte de recursos, a anulação equivalente de recursos integrantes da Reserva de Recursos e de outras dotações;
- *cancelamento* – propõe, exclusivamente, a redução de dotações constantes do projeto de lei orçamentária.

Quanto à iniciativa, as emendas são de comissão, de bancada estadual e individual.

Emendas de comissão – As comissões permanentes do Senado Federal e da Câmara dos Deputados, e as comissões mistas permanentes do Congresso Nacional, no âmbito de suas competências regimentais, poderão apresentar até oito emendas por comissão, sendo quatro de *apropriação* e quatro de *remanejamento*. Já as Mesas Diretoras do Senado Federal e da Câmara dos Deputados poderão apresentar até quatro emendas de *apropriação* e até quatro de *remanejamento*.

As emendas de *remanejamento* somente poderão propor acréscimos e cancelamentos em dotações de caráter institucional e de interesse nacional, no âmbito do mesmo órgão orçamentário e mesmo grupo de natureza de despesa, observada a compatibilidade das fontes de recursos.

Emendas de bancada estadual – Relativas a matérias de interesse de cada Estado ou Distrito Federal, as bancadas estaduais no Congresso Nacional poderão apresentar no mínimo 15 e no máximo 20 emendas de *apropriação*, além de três emendas de *remanejamento*:[35]

- as bancadas estaduais com mais de 11 parlamentares, além do mínimo de 15 emendas, poderão apresentar uma emenda de *apropriação* para cada grupo completo de dez parlamentares da bancada que exceder a 11 parlamentares;
- nas bancadas estaduais integradas por mais de 18 parlamentares, caberá à representação do Senado Federal a iniciativa da apresentação de três emendas de *apropriação*.

Os projetos constantes de LOA, oriundos de aprovação de emendas de bancada estadual, uma vez iniciados, deverão ser, anualmente, objeto de emendas apresentadas pela mesma bancada estadual até a sua conclusão, salvo se: (i) constem do projeto de lei orçamentária; ou (ii) a execução física não tiver alcançado 20% (vinte por cento) do total da obra; ou (iii) houver comprovado impedimento legal à continuidade da obra; ou (iv) houver decisão em contrário da unanimidade da bancada.[36]

As emendas de *remanejamento* somente poderão propor acréscimos e cancelamentos em dotações no âmbito da respectiva Unidade da Federação, mesmo órgão e mesmo grupo de natureza de despesa, observada a compatibilidade das fontes de recursos.

Emendas individuais – As emendas individuais ao projeto de lei orçamentária serão aprovadas no limite de 2% (dois por cento) da receita corrente líquida do exercício anterior ao do encaminhamento do projeto, observado que a metade desse percentual será destinada a ações e serviços de saúde. Do limite de 2%, 1,55% caberá às emendas de deputados, e 0,45%, às de Senadores. Cada parlamentar poderá apresentar até 25 (vinte e cinco) emendas ao projeto de LOA.

---

[35] As emendas de bancada estadual deverão ser propostas junto à ata da reunião que decidiu por sua apresentação, aprovada por três quartos dos deputados e dois terços dos senadores da respectiva Unidade da Federação.

[36] Na sistemática anterior, boa parte das emendas de bancada estadual apresentava o grave defeito de designar genericamente a finalidade, favorecendo as transferências para mais de um Município ou instituição, o que, na prática, as transformava em emendas individuais. Na nova regra, a emenda de bancada deve identificar de forma precisa o seu objeto, sendo vedada a designação genérica de programação que possa contemplar obras distintas ou possam resultar, na execução, em transferências voluntárias, convênios ou similares para mais de um ente federativo ou entidade privada. No caso de projetos, a emenda de bancada deverá contemplar, alternativamente, o projeto de grande vulto, conforme definido na lei do plano plurianual ou projeto estruturante, nos termos do parecer preliminar, especificando-se o seu objeto e a sua localização. Ver Resolução nº 1, de 2006-CN: art. 47.

As emendas individuais deverão: (i) atender às disposições contidas na LDO e na legislação aplicável; e (ii) no caso de projetos, resultar, em seu conjunto, em dotação suficiente para conclusão da obra ou da etapa do cronograma de execução a que se refere.

As disposições sobre emendas, no que couber, aplicam-se aos projetos do PPA, da LDO e de créditos adicionais, com as seguintes diferenças quanto aos quantitativos:

- ao anexo de metas e prioridades da LDO: até cinco emendas para cada uma das comissões permanentes do Senado Federal e da Câmara dos Deputados; até cinco emendas para cada bancada estadual no Congresso Nacional; e até cinco emendas por parlamentar;
- ao projeto de lei do PPA: até cinco emendas para cada uma das comissões permanentes do Senado Federal e da Câmara dos Deputados; até cinco emendas para cada bancada estadual no Congresso Nacional; e até dez emendas por parlamentar;
- aos projetos de lei de créditos adicionais: até dez emendas por parlamentar.

Emendas de relator – As primeiras resoluções sobre o funcionamento da CMO trataram de limitar o poder dos relatores de propor e aprovar emendas aos projetos de leis orçamentárias. O relator-geral detém grande poder por elaborar os principais relatórios, além de dar e alterar os pareceres sobre as emendas apresentadas. Nesse sentido, era razoável que apenas emendas que corrigiam erros ou omissões ou de ajustes técnicos ou legais ficassem a cargo dos relatores.

Mudança importante ocorreu com a entrada em vigor da Resolução nº 1, de 2001-CN, que autorizou os relatores a apresentar emendas que atendessem a disposições constantes do parecer preliminar (parpre). Nos exercícios seguintes, os parpres passaram a apontar número crescente de disposições a serem atendidas por emendas de relator, em especial emendas do relator-geral. Além das tradicionais emendas formais e de ajuste, eram aprovadas emendas substantivas – de mérito – que incluíam despesas novas ou que aumentavam os valores de ações constantes do projeto de lei orçamentária. Essa prática acabou por produzir o chamado "orçamento secreto". Ver ao final deste capítulo o Apêndice 13.1 com a descrição do surgimento e da dimensão que assumiu o "orçamento secreto".

D. Relatórios e pareceres

Na apreciação do projeto de LOA, produzem-se *relatórios* e *pareceres*. O *relatório* – constituído de histórico, análise e voto – é elaborado e apresentado pelo relator. Aprovado, o *relatório* se transforma em *parecer* da subcomissão ou comissão que o apreciou. Os principais tipos de *relatórios* e *pareceres* serão identificados aqui, ainda que rapidamente.

Parecer da receita – Elaborado pelo *relator da Receita*, com o auxílio do Comitê de Avaliação da Receita, esse parecer inaugura o *processo de apreciação do projeto de lei orçamentária*. Entre outros elementos, o parecer deverá conter: (i) análise da evolução da arrecadação das receitas e da sua estimativa no projeto, com ênfase na metodologia e nos parâmetros utilizados; (ii) avaliação, em separado, das receitas próprias das entidades da administração indireta, em especial as pertencentes às agências reguladoras; (iii) demonstrativo das receitas reestimadas, comparando-as com as do projeto, classificadas por natureza e fonte; (iv) demonstrativo das propostas de pareceres às emendas à receita e de renúncia de receitas; (v) o montante de eventuais recursos adicionais decorrentes da reestimativa das receitas, discriminando as variações positivas e negativas por natureza e fonte de recursos; e (vi) indicação dos montantes de despesa a serem reduzidos no Parecer Preliminar, quando necessário. Anteriormente à Resolução nº 1, de 2006, as eventuais reestimativas da receita eram de responsabilidade do *relator-geral* que acabava detendo, quase sempre ao final do processo de apreciação do projeto de lei, montantes expressivos para o atendimento de emendas. Com as novas regras, antes mesmo da apresentação das emendas serão conhecidos os montantes de recursos oriundos das reestimativas de arrecadação, os quais poderão ser distribuídos pelo *parecer preliminar* entre as diferentes modalidades de emendas.

Parecer preliminar – Elaborado pelo *relator-geral*, o *parecer preliminar* é constituído de duas partes. A primeira é dedicada à análise das finanças públicas da União, dos grandes números do novo orçamento e do atendimento, por parte da proposta, do que dispõe o PPA e a LDO. Nessa parte, o parecer destaca os pressupostos macroeconômicos – taxa de crescimento do PIB, taxa de inflação etc. – levados em consideração nas estimativas da receita, assim como comparações entre os valores executados no exercício anterior, os da lei orçamentária em execução e os da proposta. Na segunda parte, o *parecer preliminar* estabelece as orientações a serem seguidas na apresentação das emendas, assim como os parâmetros e os critérios a serem obedecidos pelos relatores setoriais e pelo relator-geral na apresentação e na apreciação de emendas e na elaboração dos relatórios.

Parecer setorial – O *relatório setorial* é constituído também de duas partes. A primeira traz a apreciação da proposta orçamentária dos órgãos que constituem a área temática, com destaque para os grandes agregados da despesa e para comparações entre os valores da proposta e dos exercícios anteriores. A segunda parte é reservada ao pronunciamento do *relator setorial* sobre cada uma das emendas relacionadas com a área temática. Apresentado, discutido e votado em sessão da CMO, o *relatório setorial* incorporará outras deliberações do plenário e se transformará em *parecer setorial*.

Parecer final – Sob a responsabilidade do *relator-geral*, os *pareceres setoriais* das áreas temáticas sofrerão consolidação e adequação, dando origem ao *relatório geral* a ser submetido ao plenário da Comissão Mista. O *relatório geral* será acompanhado de demonstrações contendo a proposta do Poder Executivo com as alterações determinadas pelas emendas aprovadas, na forma de um substitutivo ao projeto de lei orçamentária. Aprovado na Comissão Mista, o *parecer final* sofrerá sistematização e posterior encaminhamento para discussão e votação no plenário do Congresso Nacional.

E. Recursos para atendimento de emendas

Recordando, a regra constitucional estabelece que as *emendas de despesa* somente serão aprovadas caso indiquem os recursos necessários, admitidos apenas os provenientes de anulação de despesa. Assim dispondo, a Constituição não concede aos autores de emendas

Capítulo 13 • Discussão, Votação e Aprovação da Lei do Orçamento **259**

a prerrogativa de apontar novos recursos – aumento da arrecadação ou realização de empréstimos – como forma de viabilizar as emendas. Para serem aprovadas, as emendas devem substituir outras programações constantes da proposta orçamentária. A intenção do constituinte parece ter sido responsabilizar o autor da emenda com a indicação da despesa a ser cancelada. Ao lado do bônus, haveria também um ônus. Na prática, isso tem sido difícil observar. Em primeiro lugar, há os aspectos operacionais: em várias emendas seria indicada a mesma programação para cancelamento, podendo os valores indicados ultrapassar o próprio valor total da dotação. Em segundo lugar, há com frequência falta de critério na indicação da dotação a ser cancelada; ou seja, o autor escolhe aleatoriamente dotações para anulação, sem considerar prioridades, necessidades etc.

Essas limitações levaram a CMO a adotar prática peculiar no tratamento dessa exigência constitucional. Para cumprir a formalidade, o autor da emenda – individual ou coletiva – indica dotação ou dotações da proposta orçamentária para cancelamento. Os relatores não consideram essas indicações e escolhem eles próprios as dotações a serem canceladas e nos montantes necessários ao atendimento de todas as emendas. Por esse mecanismo, autorizado no parecer preliminar, tanto os *relatores setoriais* como o *relator-geral* possuem seu próprio "banco de fontes", alimentado com cancelamentos realizados segundo algumas regras.

Com a entrada em vigor da Resolução nº 1, de 2006, espera-se que a prática, que perdurou bastante tempo, mude sensivelmente. Em primeiro lugar, como resultado da criação da emenda de *remanejamento* que, como visto, só pode ser aprovada com a anulação das dotações indicadas na própria emenda. Essa exigência obriga o autor de emenda a ponderar com cuidado e atenção os cancelamentos. Outra importante alteração está representada na criação da Reserva de Recursos, que será composta dos eventuais recursos provenientes da reestimativa das receitas, da Reserva de Contingência e outros definidos no parecer preliminar.

O montante total atribuído a cada parlamentar para distribuir entre as suas emendas individuais continuará a ser definido no parecer preliminar que, igualmente, indicará origem dos recursos destinados ao atendimento dessas emendas. Outro avanço da nova sistemática é o estabelecimento, no parecer preliminar, do valor mínimo por bancada estadual para atendimento das emendas de *apropriação*. A prévia determinação de um valor mínimo será muito útil para que as bancadas elaborem emendas com maior critério.

As novas regras vão além ao estabelecer o seguinte destino para os recursos líquidos da Reserva de Recursos destinados ao atendimento de emendas coletivas de *apropriação*:

- vinte e cinco por cento para as emendas de bancada estadual, dos quais, cinquenta por cento com base nos critérios estabelecidos para o Fundo de Participação dos Estados e do Distrito Federal (FPE); quarenta por cento com base na média histórica de atendimento das respectivas bancadas estaduais nos últimos três anos; e dez por cento com base na população residente estimada pelo Instituto Brasileiro de Geografia e Estatística (IBGE);
- cinquenta e cinco por cento aos relatores setoriais, para as emendas de bancada estadual e as de comissão; e
- vinte por cento ao relator-geral, para alocação, entre as emendas de bancada estadual e de comissão.

F. Destaques

Como ocorre com as demais matérias, também nas votações do projeto de lei orçamentária é permitida aos parlamentares a apresentação de *destaques para votação em separado*. Requerido apenas por membro da Comissão Mista durante as sessões de discussão e votação das matérias, o destaque é um recurso que o parlamentar utiliza para propor a alteração: (i) de emenda ou parte de emenda; (ii) de parte do substitutivo; e (iii) de parte do projeto. Os efeitos pretendidos pelo destaque são de várias ordens: redução, acréscimo, remanejamento, recomposição, aprovação, exclusão ou correção de erro material. No caso do projeto de LOA, a maior parte dos destaques tem por objetivo obter, junto aos relatores, novos recursos além daqueles já concedidos quando da apreciação das emendas.

G. Devolução do projeto de lei para sanção

Conforme visto, o Congresso Nacional deve devolver o projeto de LOA para sanção até o encerramento da sessão legislativa. Durante o período autoritário, quando a tramitação do orçamento não apresentava maior interesse aos parlamentares pela impossibilidade de alterar a proposta do Poder Executivo, compreensivelmente não ocorriam atrasos na devolução do projeto de lei. Após a Constituição de 1988, a retomada de prerrogativas de apresentação de emendas tornou mais complexa e demorada a apreciação legislativa do orçamento. No âmbito federal, passou a ser comum a votação do projeto de lei não mais no prazo regulamentar, mas no próprio exercício de execução do orçamento. Nessa situação, como realizar despesas sem existência de créditos orçamentários devidamente autorizados?

A solução adotada tem sido a inclusão, nas LDOs, de disposição prevendo a hipótese de atrasos e autorizando a realização das despesas necessárias no período compreendido entre o início do exercício e a promulgação da lei orçamentária.

Para os exercícios de 1990 a 1996, as LDOs respectivas autorizavam a execução das dotações da proposta orçamentária à razão de um doze avos por mês até a promulgação da lei orçamentária. As características da autorização traziam algumas variações. Em quatro LDOs desse período, apenas as despesas de custeio, do serviço da dívida e de investimentos já iniciados seriam executadas em duodécimos a cada mês. Em outras LDOs, a autorização era mais ampla: sem limite para algumas despesas, especialmente pessoal e encargos sociais e serviço da dívida, e na proporção de um doze avos, em cada mês, para as demais despesas.

A partir de 1997, as LDOs aumentaram as restrições para a execução provisória do orçamento. A LDO para esse exercício autorizava a execução de despesas, à razão de um doze avos em cada mês, apenas durante os três primeiros meses do exercício.[37] Nos exercícios de 1998 e 1999, a autorização alcançava apenas o primeiro mês do ano. A LDO para 2000 trouxe duas novidades: deixou de fixar prazo para a execução provisória e o limite foi aumentado para dois doze avos do total de cada dotação.[38] Cabe observar que, nos exer-

---

[37]   Lei nº 9.293, de 15-7-1996: art. 53.

[38]   Lei nº 9.811, de 28-7-1999: art. 84.

cícios a partir de 1997, um grande número de despesas obrigatórias – pessoal, benefícios previdenciários, serviço da dívida, transferências constitucionais, pagamentos na área do Sistema Único de Saúde, bolsas de estudos, entre outras – não ficava submetido aos limites autorizados nas LDOs.

Para o exercício de 2001, a LDO inovou novamente ao não trazer autorização genérica para a execução de despesas em duodécimos. Apenas autorizou, sem prazo, a execução das seguintes modalidades de despesas, independentemente da existência de lei orçamentária aprovada: (i) pessoal e encargos sociais; (ii) pagamento de benefícios previdenciários e prestações de duração continuada a cargo do Ministério da Previdência e Assistência Social; (iii) pagamento do serviço da dívida; e (iv) transferências constitucionais e legais por repartição de receitas a Estados, Distrito Federal e Municípios.[39]

A regra era restritiva, pois todas as demais despesas não poderiam ser realizadas já a partir do início do novo ano. Certamente preocupado com as possíveis consequências, o Congresso Nacional agilizou o trâmite do projeto de lei orçamentária, votando-o antes do final de dezembro de 2000.

Nos exercícios mais recentes, a execução provisória do orçamento federal voltou a ser flexibilizada. Junto às despesas obrigatórias, a LDO passou a autorizar a execução, à razão de um doze avos por mês, das despesas correntes de caráter inadiável. Assim estabelecido, restam fora da autorização provisória apenas as despesas de capital e as despesas correntes não inadiáveis. As primeiras, como se sabe, são mínimas e a definição do que é ou não inadiável só pode ser feita pelo próprio gestor, que é, ao mesmo tempo, o maior interessado na realização dessas despesas.

O Congresso Nacional renuncia a uma das suas mais importantes atribuições ao autorizar por meio da LDO a execução de despesas sem orçamento aprovado. Além do mais, a solução adotada é de duvidosa legalidade. A CF estabelece precisamente que o projeto de lei orçamentária deve ser devolvido para sanção até o encerramento da sessão legislativa e não há indicações de que entre os conteúdos da LDO está o de autorizar a execução provisória do orçamento.[40] Considerações de ordem prática estão, também, envolvidas aqui, pois o mecanismo que a LDO federal acabou por institucionalizar vem ajudando a tornar rotineiro o atraso na votação do projeto de LOA. Já que as despesas podem ser realizadas mesmo sem o orçamento aprovado, deixam de existir razões para acelerar o processo de apreciação e votação da lei orçamentária. Das leis orçamentárias da década de 1990, apenas a do exercício de 1998 foi promulgada antes do início do exercício. Na maior parte dos anos recentes, a promulgação da lei orçamentária deu-se no decorrer do mês de janeiro; grandes atrasos, entretanto, também ocorreram: a promulgação deu-se em 11/5 no ano 2000; 16/5 em 2006; 24/3 em 2008; 4/4 em 2013; e 20/4 em 2015.

---

[39] Lei nº 9.995, de 25-7-2000: art. 81.

[40] Na Itália e na Alemanha, a execução provisória do orçamento é prevista, mas está autorizada em disposições constitucionais: art. 81, na Constituição italiana, e art. 111, na Constituição alemã.

H. Execução obrigatória das emendas parlamentares

Como decorrência das várias situações que ocorrem durante o exercício, aliadas ao caráter autorizativo ao orçamento, parte dos créditos consignados nas leis orçamentárias não são executados a cada ano.[41] Desde há bastante tempo, os parlamentares reclamavam do poder discricionário concedido ao Poder Executivo de decidir pela realização ou não das despesas autorizadas nas leis orçamentárias. Por oportuno, ressalte-se que a parcela autorizativa dos orçamentos se reduziu bastante em decorrência da aprovação de inúmeras leis que garantem obrigatoriedade na execução de despesas.[42]

A não execução de autorizações orçamentárias aprovadas, especialmente por meio de emendas parlamentares, tem sido um ponto sensível na relação entre os Poderes Legislativo e Executivo na temática do orçamento. Estudos no âmbito da ciência política demonstram que as emendas ao orçamento têm importante papel na barganha política com o objetivo de manter a coalizão governamental, bem como o apoio de parlamentares na votação de proposições de interesse do governo.[43]

Reação contra o papel subalterno do Congresso Nacional nas formulações sobre a execução do orçamento começou com a Proposta de Emenda Constitucional (PEC) nº 22, apresentada em 2000 no Senado Federal. O centro da medida era a adaptação ao caso brasileiro do *rescission*, mecanismo implantado em 1974 no sistema orçamentário federal norte-americano, que obriga o presidente a obter, de uma das casas do Congresso, aprovação para os casos em que, no entendimento do Poder Executivo, a despesa autorizada no orçamento não deve ser executada.[44] De acordo com a PEC nº 22, excluídas as despesas obrigatórias, as demais autorizações orçamentárias, portanto, discricionárias, ficavam sujeitas ao mecanismo do cancelamento apenas nos casos de aprovação pelo Congresso Nacional, o que incluía as emendas parlamentares.

---

[41] Para um resumo de várias interpretações sobre a natureza jurídica do orçamento, na qual se insere a controvérsia sobre o caráter autorizativo, ver a Seção C do Capítulo 5 de GIACOMONI, James. *Orçamento governamental.* Teoria, sistema e processo. São Paulo: GEN/Atlas, 2019.

[42] Com a adoção, no orçamento federal, do identificador das despesas primárias obrigatórias e discricionárias e das despesas financeiras, bem como do anexo das LDOs que relaciona as despesas de execução obrigatória, é possível concluir que a parcela discricionária (autorizativa) do orçamento fica por volta de 10% ou menos das despesas primárias. Considere-se, também, que as despesas financeiras são de execução obrigatória e de que, entre as despesas discricionárias, há uma parcela importante de despesas quase-obrigatórias.

[43] Para uma aprofundada análise dessa relação, ver PEREIRA, Carlos; MUELLER, Bernardo. Comportamento estratégico em presidencialismo de coalizão: as relações entre Executivo e Legislativo na elaboração do orçamento brasileiro. *Dados – Revista de Ciências Sociais*, Rio de Janeiro, v. 45, n. 2, p. 265-301, 2002.

[44] Aprovado pelo *The Impoundment Control Act* de 1974, o *rescission* significa o cancelamento de crédito orçamentário previamente aprovado pelo Congresso. De acordo com a norma, o presidente norte-americano pode propor ao Congresso que recursos autorizados no orçamento sejam cancelados (rescindidos). Se ambas as Casas (Câmara de Representantes e Senado) não aprovarem o cancelamento por lei no prazo de 45 dias de sessões, os fundos retidos devem ser disponibilizados para empenho. Ver: https://www.senate.gov/reference/glossary_term/rescission.htm.

Capítulo 13 • Discussão, Votação e Aprovação da Lei do Orçamento **263**

O Poder Executivo não via com bons olhos a medida em gestação e dificultava a tramitação da PEC. Apenas em 2006 a matéria foi aprovada e encaminhada à Câmara dos Deputados. Na nova Casa, as dificuldades de aprovação seriam maiores, o que levou as lideranças a redirecionarem o mecanismo apenas às emendas individuais inseridas no orçamento. Visto que o grande interesse dos deputados era ter as suas emendas executadas, uma emenda constitucional nesse sentido venceu a pressão contrária exercida pelo governo. Aprovada na Câmara na forma de substitutivo, a PEC retornou ao Senado em agosto de 2013, sendo devolvida em novembro desse ano à Câmara. Tramitou nessa Casa no decorrer de 2014 e foi promulgada em 17-3-2015, como a Emenda Constitucional nº 86.[45]

As principais características da nova regra são as seguintes:

- As emendas individuais ao projeto de lei orçamentária serão aprovadas no limite de 1,2% da receita corrente líquida prevista no projeto encaminhado pelo Poder Executivo, e a metade desse percentual será destinada a ações e serviços públicos de saúde.
- A execução do montante destinado a ações e serviços públicos de saúde, inclusive custeio, será computada para fins do cumprimento do inciso I do § 2º do art. 198, vedada a destinação para pagamento de pessoal ou encargos sociais.[46]
- Salvo impedimentos de ordem técnica, é obrigatória a execução orçamentária e financeira das programações decorrentes das emendas individuais, em montante correspondente a 1,2% da receita corrente líquida realizada no exercício anterior, conforme os critérios para a execução equitativa da programação definidos na lei complementar prevista no § 9º do art. 165 da Constituição.

No caso de impedimentos de ordem técnica para a execução de emendas individuais, a Emenda nº 86 estabelecia um calendário para o encaminhamento ao Congresso Nacional de justificativas visando ao remanejamento dos recursos.

A aprovação da PEC do chamado orçamento impositivo, ainda que aplicado apenas às emendas individuais, estimulou os parlamentares a buscar idêntica solução para as emendas de bancada estadual, modalidade que representa a alocação de importantes recursos para os estados, o Distrito Federal e os municípios. No novo caso, a tramitação da matéria foi mais rápida. A PEC original foi apresentada na Câmara dos Deputados em fevereiro de 2015 e aprovada em março de 2019. A partir daí, a velocidade da tramitação aumentou. Em pouco mais de uma semana foi aprovada no Senado Federal e devolvida à Casa de origem. Aprovado o substitutivo na Câmara Federal, a PEC foi promulgada em 26-6-2019 como a Emenda Constitucional nº 100.

---

[45] A Emenda 86 introduziu um inciso no § 9º do art. 165, dez novos §§ no art. 166, além de disposições sobre aplicações em ações e serviços de saúde.

[46] Constituição Federal: art. 198, § 2º "A União, os Estados, o Distrito Federal e os Municípios aplicarão, anualmente, em ações e serviços públicos de saúde recursos mínimos derivados da aplicação de percentuais calculados sobre: I – no caso da União, a receita corrente líquida do respectivo exercício financeiro, não podendo ser inferior a 15% (quinze por cento)".

264 Orçamento Público • Giacomoni

A Emenda alterou e revogou dispositivos da Emenda nº 86, de 2015, e introduziu novos nos arts. 165 e 166 da CF. De maneira sintética, as inovações foram as seguintes:

- A obrigatoriedade de execução das emendas individuais aplica-se também às programações incluídas pelas emendas de iniciativa de bancada de parlamentares de Estado ou do Distrito Federal, no montante de até um por cento da receita corrente líquida realizada no exercício anterior.
- As emendas individuais e de bancada estadual não serão de execução obrigatória nos casos dos impedimentos de ordem técnica.
- Os órgãos de execução deverão observar, nos termos da LDO, cronograma para análise e verificação de eventuais impedimentos das programações e demais procedimentos necessários à viabilização da execução dos respectivos montantes.
- Quando a transferência obrigatória da União para a execução das emendas individuais e de bancada estadual for destinada a Estados, ao Distrito Federal e a Municípios, independerá da adimplência do ente federativo destinatário e não integrará a base de cálculo da receita corrente líquida para fins de aplicação dos limites de despesa de pessoal de que trata o *caput* do art. 169 da CF.[47]
- Os restos a pagar provenientes das programações orçamentárias poderão ser considerados para fins de cumprimento da execução financeira até o limite de 0,6% (seis décimos por cento) da receita corrente líquida realizada no exercício anterior, para as programações das emendas individuais, e até o limite de 0,5% (cinco décimos por cento) para as programações das emendas de bancada estadual.
- Se for verificado que a reestimativa da receita e da despesa poderá resultar no não cumprimento da meta de resultado fiscal estabelecida na LDO, os montantes previstos para as emendas individuais e de bancada estadual poderão ser reduzidos em até a mesma proporção da limitação incidente sobre o conjunto das demais despesas discricionárias.
- Considera-se equitativa a execução das programações de caráter obrigatório que observe critérios objetivos e imparciais e que atenda de forma igualitária e impessoal às emendas apresentadas, independentemente da autoria.
- As programações aprovadas por emendas de bancada estadual, quando versarem sobre o início de investimentos com duração de mais de um exercício financeiro ou cuja execução já tenha sido iniciada, deverão ser objeto de emenda pela mesma bancada estadual, a cada exercício, até a conclusão da obra ou do empreendimento.
- A lei complementar prevista no § 9º da CF deverá dispor sobre critérios para a execução equitativa, além de procedimentos que serão adotados quando houver impedimentos legais e técnicos, cumprimento de restos a pagar e limitação das

---

[47] Constituição Federal: art. 169. "A despesa com pessoal ativo e inativo da União, dos Estados, do Distrito Federal e dos Municípios não poderá exceder os limites estabelecidos em lei complementar". Os referidos limites estão estabelecidos na Lei Complementar nº 101, de 2000 (Lei de Responsabilidade Fiscal).

Capítulo 13 • Discussão, Votação e Aprovação da Lei do Orçamento **265**

programações de caráter obrigatório, para a realização das programações previstas por emendas individuais e de bancada estadual.

Considerando o novo regime fiscal introduzido pela Emenda Constitucional nº 95, de 2016, a Emenda nº 100 flexibilizou o cumprimento da meta de aplicação em emendas de bancada estadual até o último exercício do referido regime. Assim:

- O montante previsto para aplicação em emendas de bancada (um por cento da receita corrente líquida) será de oito décimos por cento no exercício de 2020.
- A partir do terceiro ano posterior à promulgação da Emenda nº 100, até o último exercício de vigência do novo regime fiscal, o montante das emendas de bancada a ser executado corresponderá ao montante de execução obrigatória para o exercício anterior, corrigido pela variação do Índice Nacional de Prelos ao Consumidor Amplo (IPCA).

A nova realidade criada com a obrigatoriedade de execução das emendas individuais tornou necessário estabelecer regras e disciplinas para as transferências e o uso dos recursos por parte dos entes federados. Por meio de novo artigo introduzido na CF (166-A), a Emenda Constitucional nº 105, de 12-12-2019, trouxe, resumidamente, os seguintes acréscimos:

- As emendas individuais impositivas apresentadas ao projeto de LOA poderão alocar recursos a Estados, ao Distrito Federal e a Municípios por meio de: (I) *transferência especial*; ou (II) *transferência com finalidade definida*.
- Os recursos transferidos não integrarão a receita do ente federado para fins de repartição e para o cálculo dos limites da despesa com pessoal ativo e inativo e de endividamento do ente federado, vedada, em qualquer caso, a aplicação dos recursos no pagamento de: (I) despesas com pessoal e encargos sociais relativas a ativos e inativos, e com pensionistas; e (II) encargos referentes ao serviço da dívida.
- Na *transferência especial*, os recursos: (I) serão repassados diretamente ao ente federado beneficiado, independentemente de celebração de convênio ou de instrumento congênere; (II) pertencerão ao ente federado no ato da efetiva transferência financeira; e (III) serão aplicadas em programações finalísticas das áreas de competência do Poder Executivo do ente federado beneficiado.
- O ente federado beneficiado da *transferência especial* poderá firmar contratos de cooperação técnica para fins de subsidiar o acompanhamento da execução orçamentária na aplicação dos recursos.
- Na *transferência com finalidade definida*, os recursos serão: (I) vinculados à programação estabelecida na emenda parlamentar; e (II) aplicados nas áreas de competência constitucional da União.
- Pelo menos setenta por cento das *transferências especiais* deverão ser aplicadas em despesas de capital, excluídas as despesas com amortização da dívida.
- No primeiro semestre do exercício de 2020, fica assegurada a transferência financeira em montante mínimo equivalente a sessenta por cento dos recursos na forma de *transferência especial*.

Apêndice 13.1
Emendas de Relator-Geral e "Orçamento Secreto"

A CPMI do Orçamento de 1993-94 (CPMI dos "anões" do orçamento)

Nos anos de 1993 e 1994, o país acompanhou com grande interesse as sessões da Comissão Parlamentar Mista do Orçamento (CPMI). Várias conclusões e recomendações foram feitas com o objetivo de aperfeiçoar o processo de apreciação do projeto de lei orçamentária no Congresso Nacional. Na CMO, mereceu atenção especial a questão das emendas parlamentares, dentre elas, as emendas de relator. O item 5.1.2 do relatório final da CPMI, com todas as letras, chamava a atenção para um dos graves problemas diagnosticados: "A chamada 'emenda de relator' era componente vital do esquema. Não se prendendo às formalidades da publicação prévia, era forte instrumento de poder do Relator-Geral, que centralizava todas as decisões até, praticamente, o término do prazo disponível".

Emendas de relator-geral do orçamento

Desde as primeiras resoluções sobre o funcionamento da CMO, um dos cuidados foi com as atribuições dos relatores, em especial do relator-geral do orçamento, personagem detentor de grande poder por ser o responsável final pelos pareceres às emendas e pela elaboração do substitutivo do orçamento a ser votado no plenário do Congresso Nacional. Com essa preocupação, a Resolução nº 2, de 1995-CN, foi aprovada vedando ao relator-geral a apresentação de emenda que incluísse ações novas na proposta orçamentária. A Resolução seguinte – nº 1, de 2001-CN – voltou a tratar das regras de funcionamento da CMO e trouxe novidades sobre emendas de relator. Manteve a proibição de inclusão de subtítulos novos, bem como de acréscimo de valor em dotações constantes no projeto de lei orçamentária, e inovou ao ressalvar que emendas de relator podem corrigir erros ou omissões e atender a disposições constantes do parecer preliminar.

Os pareceres preliminares (parpres), documento aprovado no início da fase de apreciação do projeto de lei orçamentária na CMO, passaram a estabelecer as atribuições dos relatores, dentre eles, do mais importante, o relator-geral. A título de exemplo, o parpre para o exercício de 2002 deixava claro a vedação de emendas de relator com o objetivo de incluir programação nova ou aumentar os valores de programações do projeto de lei orçamentária, mas admitia emendas com a finalidade de corrigir erros e omissões de ordem constitucional, legal ou técnica, bem como para atender despesas decorrentes (i) do aumento do salário-mínimo, (ii) do reajuste geral dos salários dos servidores públicos e (iii) das aplicações obrigatórias em ações e serviços públicos de saúde. A rigor, essas autorizações fazem parte de um conjunto grande de ajustes que, de maneira automática, devem ser feitos na elaboração dos orçamentos como consequência de legislação ordinária previamente aprovada. Nesses casos, não há apreciação decisória e o relator-geral apenas cumpre o que determina a lei.

Os parpres dos exercícios seguintes renovavam essas autorizações e outras de mesmo sentido, mas, também, cada vez em maior número, emendas que introduziam despesas discricionárias novas. O parpre para o exercício de 2011 fornece bons exemplos. Ao contrário de apenas as três situações previstas para 2003, menciona 19 áreas a serem atendidas por emendas de relator-geral, parte delas formais e de ajuste, mas outras que introduziam novas ações ou aumentavam o valor de ações existentes. Entres essas últimas, cabe mencionar: (a) recursos para ações relacionadas com a realização da Copa do Mundo de Futebol de 2014; (b) manutenção das atividades mínimas necessárias ao cumprimento da missão constitucional da Marinha do Brasil; (c) alocação de recursos para ações que promovessem a elevação do *per capita* dos recursos transferidos ao Sistema Único de Saúde (SUS); e (d) reforço de dotações, no âmbito do Comando do Exército, a fim de possibilitar a incorporação normal de 70 mil recrutas, tendo em vista atender ao cumprimento da missão constitucional.

A partir do exercício de 2008, os pareceres preliminares passaram a indicar o montante de recursos destinados ao atendimento das emendas de relator-geral. Nos primeiros exercícios, os montantes foram os seguintes: R$ 3,6 bilhões em 2008; R$ 540 milhões (2009); R$ 13,6 bilhões (2010); R$ 12,3 bilhões (2011); R$ 13,5 bilhões (2012); R$ 9,5 bilhões (2013); R$ 5,5 bilhões (2014); e R$ 11,4 bilhões (2015).

A ausência de um padrão nos valores aprovados decorre dos tipos e do número de casos indicados no parpre a serem atendidos por emendas de relator-geral. Para o exercício de 2017, o parpre autorizou o relator-geral a alocar R$ 9,7 bilhões em trinta e duas (32) diferentes modalidades de despesas. Apesar da menção ao caráter nacional das emendas, muitas das autorizações eram bastante genéricas e garantiam especial poder decisório ao relator-geral. Alguns exemplos: (a) promoção do desenvolvimento regional e territorial, no Ministério da Integração Nacional; (b) construção, reforma e reaparelhamento de aeroportos de interesse regional; (c) realização de investimentos de infraestrutura logística, social e urbana; (d) apoio à política nacional de desenvolvimento urbano; (e) abastecimento de água para municípios de até 50 mil habitantes; (f) ampliação, adequação e modernização do sistema prisional; (g) fomento à pesquisa e ao desenvolvimento em ciência e tecnologia; e (h) financiamento de projetos do setor produtivo no âmbito dos fundos de desenvolvimento da Amazônia, do Nordeste e do Centro-Oeste. Para 2018, foram 26 as áreas autorizadas; 14 áreas em 2019; 28, em 2020; 22, em 2021; e 22, também em 2022.

Emendas de relator-geral e o "orçamento secreto"

Pode-se afirmar que o "orçamento secreto" nasceu junto às primeiras emendas substantivas – sem o caráter de correção formal ou de ajustes – que o relator-geral elaborou e passou a incluir nas leis orçamentárias. As emendas resultavam de solicitações e demandas por recursos trazidas ao relator-geral por parlamentares, governadores, prefeitos, instituições privadas e por órgãos e entidades do próprio governo federal. A discricionariedade do relator-geral era total na escolha dos pleitos a atender e quanto a finalidades e montantes atribuídos a cada emenda. Ao contrário das demais modalidades – emendas individuais, de bancada estadual e de comissões permanentes –, reguladas em detalhe nas normas da CMO, as emendas de relator ocupavam um vácuo normativo, configurando desrespeito aos princípios da impessoalidade, da transparência e da publicidade.

268 Orçamento Público • Giacomoni

Para muitos parlamentares esse processo não era bem conhecido porque as emendas de relator-geral passavam a fazer parte da lei orçamentária sem identificação. Além disso, a possibilidade de ver pleitos atendidos em algum momento era suficiente para o apoio às emendas de relator apesar da ausência de isonomia.

A não identificação das emendas de relator-geral na lei orçamentária criava dificuldades na negociação com o Poder Executivo para a liberação dos recursos. Por iniciativa das lideranças da Câmara dos Deputados e do Senado Federal, o projeto da LDO para 2020 foi aprovado e encaminhado para sanção com uma nova classificação de despesa, o RP-9, identificando as emendas de relator-geral. Apesar de a novidade ter sido vetada pelo presidente da República e o veto não ter sido derrubado pelo Congresso Nacional, a Lei Orçamentária de 2020 foi publicada com o identificador RP-9, configurando irregularidade. A inclusão do RP-9 na LDO para 2021 foi novamente vetada pelo presidente da República, entretanto, nesse caso, o veto foi derrubado. Os Projetos de LDO para 2022 e 2023 foram aprovados pelo Congresso Nacional com o identificador RP-9 sem veto, significando a aceitação do mecanismo por parte do presidente da República.

A adoção do identificador RP-9 a partir de 2020 tem utilidades importantes: conhece-se cada emenda substantiva do relator-geral, sua finalidade – quase sempre muito ampla –, o órgão e a unidade orçamentária executora e o montante de recursos atribuído a cada emenda. Entretanto, trata-se de uma parcela "secreta" do orçamento anual, pois desconhece-se quem demandou e solicitou o recurso, qual a justificativa para o pleito e quais os critérios para o atendimento e para o estabelecimento dos valores atribuídos a cada emenda. Na etapa de execução do orçamento, as emendas de relator-geral continuarão "secretas", pois negociação entre lideranças do Congresso Nacional e Poder Executivo estabelecerá o fracionamento das emendas amplas e, assim, concretamente, serão identificados os que receberão os recursos e/ou os que serão beneficiados com a aplicação dos recursos.

Tamanho e a composição do "orçamento secreto"

O sistema de dados do Senado Federal – Siga Brasil – disponibiliza na internet dados atualizados sobre as emendas de relator-geral aprovadas, bem como os valores empenhados e pagos. Números e valores das emendas nos três exercícios constam na Tabela 13.1.

Tabela 13.1 *Emendas de relator-geral em 2020, 2021 e 2022: número de emendas, valor total aprovado e empenhos pagos.*

(Em R$ bilhões)

Ano	Número de emendas	Valor total emendas	Empenhos pagos			
			2020	2021	2022	Total
2020	377	20,1	7,0	4,0	1,9	12,9
2021	58	16,9		6,4	2,5	8,9
2022	64	16,5			7,0	7,0

Fonte: BRASIL. Senado Federal. *Sistema Siga Brasil*. Disponível em: https://www12.senado.leg.br/orcamento/sigabrasil.

"Orçamento secreto" de 2020

No exercício de 2020, os R$ 20,1 bilhões das 377 emendas de relator-geral estiveram assim distribuídos: R$ 6 bilhões (30%) na função *Urbanismo*, R$ 4 bilhões (20%) na função *Saúde*, R$ 2 bilhões (10%) na função *Educação* e os 40% restantes em outras funções. Nesses 40% estão aplicações em funções de reconhecida importância e que foram beneficiadas com percentuais bem menores: *Saneamento* (2,26%), *Organização Agrária* (1,40%), *Cultura* (0,80%), *Ciência e Tecnologia* (0,23%) e *Habitação* (0,11%). As áreas da *Saúde* e de *Educação* não são destinações de recursos preferenciais dos parlamentares porque são setores que contam com a garantia de aplicações mínimas obrigatórias. Entretanto, as emendas parlamentares são obrigadas a destinar recursos a essas áreas por determinação das LDOs e dos parpres.

Dos R$ 6 bilhões destinados à área de *Urbanismo*, mais da metade (55%) estranhamente foi classificada como *Assistência Comunitária*, que é uma subfunção de *Assistência Social*, e 37% na subfunção *Infraestrutura Urbana*. Solução igualmente estranha foi a reunião dos gastos das duas subfunções no programa 2217 denominado *Desenvolvimento Regional, Territorial e Urbano*, a cargo do Ministério do Desenvolvimento Regional. No Projeto da LOA para 2020, encaminhado pelo Poder Executivo ao Congresso Nacional para apreciação e aprovação, o programa 2217 *Desenvolvimento Regional, Territorial e Urbano*, na parte vinculada ao referido Ministério, estava contemplado com apenas R$ 186 milhões. Depreende-se que os seus órgãos e unidades estavam preparados para executar esses valores, entretanto, por meio das emendas do Relator-Geral, receberam autorização para gastar quase 30 vezes mais, isto é, R$ 5,5 bilhões.

Considerando o grande volume de recursos do "orçamento secreto" em 2020, certamente há curiosidade em saber como se deu a execução dessa programação. Dos R$ 20,1 bilhões aprovados, foram pagos no próprio exercício valor bem menor, cerca de R$ 7 bilhões. Dos *restos a pagar* desses empenhos, em 2021 foram pagos outros R$ 4 bilhões e pouco menos de R$ 2 bilhões em 2022 até o mês de dezembro. O sistema Siga Brasil do Senado Federal proporciona outros dados interessantes. Dos R$ 6 bilhões aprovados em emendas na função *Urbanismo*, no programa 2217 *Desenvolvimento Regional, Territorial e Urbano*, apenas 7% (R$ 413 milhões) foram pagos em 2020. Supõe-se que essas emendas sejam preferenciais para grande parte dos parlamentares e para o próprio Ministério, pois representam recursos a serem aplicados nas bases eleitorais.

O baixo valor dos pagamentos dessas emendas em 2020 – 7% – pode ser uma boa notícia. Significaria que, apesar do protagonismo de lideranças do Congresso Nacional na aprovação do "orçamento secreto", a gestão orçamentária e financeira do Poder Executivo ainda funciona e consegue manter ativos mecanismos de controle. As emendas do "orçamento secreto" para áreas de aplicação obrigatória alcançaram maiores pagamentos em 2020: na função *Saúde*, 52%, e na função *Educação*, 26%. É igualmente boa notícia que emendas sobre aplicações obrigatórias sejam executadas, com a ressalva de que nelas persistem alguns dos vícios de origem das emendas de relator-geral: ausência de isonomia entre os parlamentares privilegiados, não identificação dos parlamentares beneficiados e identificação dos beneficiários finais dos recursos em negociações obscuras entre lideranças do Congresso Nacional e setores do Poder Executivo.

"Orçamento secreto" de 2021

O "orçamento secreto" de 2021 foi aprovado com valores menores do que os do ano anterior. Foram apenas 58 emendas do Relator-Geral que somaram quase R$ 17 bilhões. Construída ao longo do tempo e aumentada no período mais recente com a obrigatoriedade de execução das emendas individuais e de bancada estadual, a rigidez do orçamento federal torna bastante difícil encontrar fontes de receita para financiar novas despesas, inclusive as criadas pelas emendas de relator-geral. Essa dificuldade pode explicar a redução do "orçamento secreto" de 2021 em comparação com o do ano anterior.

Em 2021, duas áreas foram contempladas com mais de 80% dos recursos das emendas do Relator-Geral: *Saúde*, com 46%, e *Urbanismo,* com 35%. Os quase R$ 8 bilhões de emendas em *Saúde*, como comentado anteriormente, não são aplicações preferenciais dos parlamentares, mas se impõem pelo compromisso constitucional de aplicações mínimas em serviços públicos de saúde. Custeio dos serviços de atenção primária à saúde e de assistência hospitalar e ambulatorial foram as duas ações custeadas com praticamente o total dos R$ 8 bilhões. Das emendas de *Saúde* empenhadas, 90% foram pagas ainda no exercício de 2021, o que comprova a necessidade desses recursos no setor e de cumprimento da regra constitucional.

Assim como ocorreu no ano anterior, em 2021 as emendas do Relator-Geral na função *Urbanismo* também foram divididas entre as subfunções *Assistência Comunitária* e *Infraestrutura Urbana*, em montantes praticamente iguais: pouco menos de R$ 2 bilhões e 900 milhões em cada uma. Igualmente, como em 2020, esses quase R$ 6 bilhões foram consignados no programa 2217 *Desenvolvimento Regional, Territorial e Urbano*, a cargo do Ministério do Desenvolvimento Regional. No programa, os recursos se distribuíram em duas ações principais: *Apoio a Projetos de Desenvolvimento Sustentável Local Integrado* e *Apoio à Política Nacional de Desenvolvimento Urbano Voltado à Implantação e Qualificação Viária*. Uma parcela menor de recursos (R$ 200 milhões) foi alocada na ação *Apoio a Projetos e Obras de Reabilitação, de Acessibilidade e Modernização Tecnológica em Áreas Urbanas*.

Ao contrário do que ocorreu com o pagamento das emendas na função *Saúde* (90% dos valores empenhados), no exercício de 2021, o pagamento dos valores empenhados na função *Urbanismo* foi de apenas 0,42% (dos R$ 6 bilhões empenhados foram pagos R$ 27 milhões). Enquanto as emendas destinadas à *Saúde* (atenção básica e atendimento ambulatorial e hospitalar) fazem parte de programação já consolidada com beneficiários indicados e parâmetros definidos e, por isso, são pagas no próprio exercício, a execução das emendas do Relator-Geral classificadas na função *Urbanismo*, ainda que haja parlamentares interessados e facilitadores, depende do cumprimento de uma série de requisitos formais estabelecidos nas normas. Deve-se ainda considerar que essas emendas são produzidas de maneira artificial no Congresso Nacional e, portanto, descasadas das políticas públicas formuladas pelo Poder Executivo.

"Orçamento secreto" de 2022

No exercício de 2022, o "orçamento secreto" aprovado é bastante parecido com o do ano anterior, o que pode significar a busca de um padrão, ou seja, emendas que atendem ao interesse tanto dos que demandam recursos como do relator-geral. As 64 emendas aprovadas somaram R$ 16,5 bilhões assim distribuídos em funções de governo: R$ 8,26 bilhões (50%) em *Saúde*; R$ 4,22 bilhões (26%) em *Urbanismo*; R$ 1,5 bilhão (9%) em *Assistência Social*; R$ 780 milhões (4,7%) em *Agricultura*; R$ 492 milhões (3%) em *Defesa Nacional*; R$ 488 milhões (3%) em *Educação*; e o valor restante em outras nove funções.

Praticamente todos os recursos das emendas na *Saúde* foram alocados nas subfunções *Atenção Básica* e *Assistência Hospitalar e Ambulatorial*, e quase 90% do valor total das emendas foram pagos no decorrer do exercício (R$ 6,3 bilhões). Como nos dois anos anteriores, as emendas na função *Urbanismo* contemplaram recursos para *Assistência Comunitária* (R$ 1,7 bilhão) e *Infraestrutura Urbana* (R$ 2,5 bilhões) como apoio aos programas 2217 *Desenvolvimento Regional, Territorial e Urbano* e 2219 *Mobilidade Urbana*.

Excetuados os pagamentos de emendas de despesas obrigatórias – *Saúde*, especialmente –, a baixa proporção de empenhos pagos nas demais áreas pode ser explicada, também, pelas restrições determinadas pelo Supremo Tribunal Federal (STF) no final do exercício de 2021, conforme descrito mais adiante neste Apêndice.

O Tribunal de Contas da União e as emendas de relator-geral – RP-9

As controvérsias que cercavam a legalidade das emendas de relator-geral, desde pelo menos o ano de 2020, quando foi criado o identificador RP-9, estavam a exigir um posicionamento do Tribunal de Contas da União (TCU). Ainda que a Constituição lhe atribua o papel de órgão auxiliar do Congresso Nacional nas tarefas de controle externo, o TCU deve ter um olhar especialmente atento sobre as iniciativas das Casas do Congresso Nacional que envolvam a aplicação de recursos públicos repassados pela União.

Tendo o STF sido provocado a respeito da constitucionalidade das emendas de relator-geral, o TCU aproveitou o parecer prévio acerca das contas prestadas anualmente pelo presidente da República para posicionar-se. No documento relativo ao exercício de 2020, foram feitas as seguintes observações:

- "Não foram identificados os critérios objetivos e os referenciais de equidade que nortearam a distribuição das emendas RP-9 entre as capitais que receberam valores mais significativos. Foi verificado que, em 2020, 26 capitais, 7 cidades das regiões Norte e Nordeste e um município do Estado de São Paulo, beneficiados com repasses superiores a R$ 50 milhões, cuja soma das transferências representou 38% (R$ 4,38 bilhões) do total de repasse de emendas RP-9 aos entes subnacionais (R$ 11,6 bilhões). As regiões Norte e Centro-Oeste foram as mais favorecidas na distribuição das referidas emendas";
- "Não foram apresentadas evidências quanto à uniformização da sistemática adotada para a distribuição de recursos federais entre os entes subnacionais

beneficiários de emendas de relator-geral, ou de bens adquiridos pela União com tais recursos, de forma que fosse assegurada a equitativa distribuição de bens e recursos de emendas RP-9, mediante procedimentos transparentes e uniformes da formalização das demandas parlamentares aos órgãos setoriais dos ministérios e entidades da administração indireta";

- "O TCU recomendou ao Poder Executivo federal que adote providências no sentido de assegurar a ampla publicidade, em plataforma centralizada de acesso público, dos documentos encaminhados aos órgãos e entidades federais que embasaram as demandas para distribuição das emendas de relator-geral do ano de 2020 (RP-9)".

No Parecer Prévio sobre as contas de 2021, o Tribunal indicou os seguintes fatores considerados críticos nas programações aprovadas pelas emendas classificadas como RP-9:

- "A sistemática de inclusão de novas programações no PLOA pela via do RP9 levou à supressão de programações necessárias e suficientes para a União honrar despesas obrigatórias (R$ 7,4 bilhões) e despesas discricionárias, inclusive as priorizadas pela LRF para preservação do patrimônio público";
- "A distribuição de emendas RP9 para as áreas de Saúde e Assistência Social não atende critérios objetivos previstos constitucional e legalmente para alocação dos recursos da União nessas áreas";
- "Não há evidência de observância de critérios objetivos nas escolhas alocativas e dos pressupostos que orientam o planejamento governamental, fatores críticos que comprometem a governança orçamentária, com risco potencial de afetar, em razão de disfunções do processo orçamentário, a igualdade de oportunidades entre candidatos nos pleitos eleitorais".

O Supremo Tribunal Federal e o "orçamento secreto"

Deputados e senadores se beneficiavam do "orçamento secreto", entretanto, o apoio ao mecanismo não era unânime. Em junho de 2021, separadamente, três partidos políticos (P-SOL, Cidadania e PSB) entraram, junto ao STF, com Arguição de Descumprimento de Preceito Fundamental (ADPF). As postulações solicitavam a concessão de medida liminar suspendendo a execução das verbas com o Identificador de Resultado Primário RP-9 da Lei Orçamentária de 2021. As emendas do relator-geral classificadas como RP-9 configurariam efetiva agressão aos princípios da publicidade e da transparência, devendo ser declaradas inconstitucionais.

A ministra Rosa Weber, após requisitar informações prévias ao presidente da República, ao Senado Federal, à Câmara dos Deputados e ao ministro do Desenvolvimento Regional e dar vistas ao Advogado-Geral da União e ao Procurador-Geral da República, em 5 de novembro de 2021, deferiu o pedido de medida cautelar *ad referendum* do plenário da Corte; determinou ainda a tramitação conjunta das três ADPF por terem idêntico

Capítulo 13 • Discussão, Votação e Aprovação da Lei do Orçamento **273**

objeto. Em 11 de novembro daquele ano, o STF, por maioria, deferiu o pedido de medida cautelar e determinou:

> "(a) quanto ao orçamento dos exercícios de 2020 e de 2021, que seja dada ampla publicidade, em plataforma centralizada de acesso público, aos documentos encaminhados aos órgãos e entidades federais que embasaram as demandas e/ou resultaram na distribuição de recursos das emendas de relator-geral (RP-9), no prazo de 30 dias corridos";

> "(b) quanto à execução das despesas indicadas pelo classificador RP-9 (despesas decorrentes de emendas do relator do projeto de lei orçamentária anual), que sejam adotadas as providências necessárias para que todas as demandas de parlamentares voltadas à distribuição de emendas de relator-geral, independentemente da modalidade de aplicação, sejam registradas em plataforma eletrônica centralizada mantida pelo órgão central do Sistema de Planejamento e Orçamento Federal, (...) à qual assegurado amplo acesso público, com medidas de fomento à transparência ativa, assim como sejam garantidas a comparabilidade e a rastreabilidade dos dados referentes às solicitações/pedidos de distribuição de emendas e sua respectiva execução, em conformidade com os princípios da publicidade e transparência, (...) também no prazo de trinta dias corridos"; e

> "(c) quanto ao orçamento do exercício de 2021, que seja suspensa integral e imediatamente a execução dos recursos orçamentários oriundos do identificador de resultado primário nº 9 (RP-9), até o final julgamento de mérito desta arguição de descumprimento".

O posicionamento firme do STF, em especial a suspenção da execução das emendas de relator-geral, provocou a reação das lideranças da Câmara dos Deputados e do Senado Federal. Rapidamente, medidas foram aprovadas visando atender às determinações do Tribunal, em especial a criação das emendas de relator-geral nas normas da CMO. O Ato Conjunto das Mesas da Câmara dos Deputados e do Senado Federal nº 1, de 2021, estabeleceu procedimentos para assegurar maior publicidade e transparência à execução das despesas classificadas com o identificador RP-9 das Leis Orçamentárias Anuais de 2020 e de 2021. O detalhamento da execução das despesas passaria a ser publicado no Diário da Câmara dos Deputados e no Diário do Senado Federal, por emenda, órgão orçamentário, dotação atualizada, empenhada, liquidada e paga.

A CMO ficou encarregada de acompanhar a execução das despesas classificadas com o identificador RP-9 constantes da Lei Orçamentária de 2021 e de adotar as providências necessárias a assegurar ampla publicidade e transparência em relação a cada emenda indicada pelo Relator-Geral, mediante:

(a) disponibilização de relatórios atualizados periodicamente com a execução por emenda, contendo a identificação do beneficiário, do instrumento jurídico, do objeto, das respectivas notas de empenho e dos valores empenhados, liquidados e pagos;

(b) disponibilização de relatórios atualizados periodicamente com a identificação dos entes subnacionais beneficiários das programações com o identificador RP-9 das Leis Orçamentárias de 2020 e de 2021, e os partidos políticos de seus governantes em exercício (governadores e prefeitos); e

(c) *link* de acesso à consulta personalizada na Plataforma Mais Brasil, que permite o acompanhamento da execução orçamentária das emendas do relator-geral e demais recursos decorrentes de transferências voluntárias da União, por meio de diversos filtros, tais como ano da proposta, unidade da Federação, município, órgão superior e situação do convênio ou da proposta.

As solicitações que fundamentam as indicações a serem realizadas pelo relator-geral, a partir da vigência do Ato Conjunto, passariam a ser publicadas em sítio eletrônico pela CMO e encaminhadas ao Poder Executivo.

Além do Ato Conjunto, o Congresso Nacional aprovou a Resolução nº 2, de 2021, alterando a Resolução nº 1, de 2006, e autorizando o relator-geral a apresentar emendas que tenham por objetivo a inclusão de programação ou o acréscimo de valores em programações constantes do projeto de lei orçamentária, com base em solicitações recebidas de parlamentares, de agentes públicos ou da sociedade civil. Contribuindo para o atendimento das exigências do STF, o presidente da República editou o Decreto nº 10.888, de 8-2-2021, criando instrumentos para assegurar a publicidade e a transparência das comunicações realizadas entre os órgãos, fundos e entidades do Poder Executivo federal e o relator-geral do orçamento sobre a execução de recursos decorrentes de emendas parlamentares.

Em atenção às informações que apontavam para o grave prejuízo que a interrupção da execução orçamentária imporia à efetivação de diversas políticas públicas, e reconhecendo que as providências adotadas pelo Congresso Nacional e pela presidência da República e as diligências solicitadas ao relator-geral do orçamento mostravam-se suficientes, a ministra relatora, Rosa Weber, acolheu o pedido:

> [...] para afastar a suspensão determinada pelo item 'c' da decisão anteriormente proferida, autorizando, dessa forma, a continuidade da execução das despesas classificadas sob o indicador RP 9, devendo ser observadas, para tanto, no que couber, as regras do Ato Conjunto das Mesas da Câmara dos Deputados e do Senado Federal nº 1, de 2021, e a Resolução nº 2/2021CN.

Ainda, a ministra concordou com a prorrogação do prazo anteriormente fixado para cumprimento das demais medidas determinadas, estendendo-o para 90 dias corridos, a contar do último pronunciamento.

Em sessão virtual concluída em 17 de dezembro de 2021, o STF concedeu medida cautelar afastando a suspensão determinada pelo item "c" da decisão anterior, autorizando a continuidade da execução das despesas classificadas sob o identificador RP-9, devendo ser observadas, para tanto, no que couber, as regras do Ato Conjunto das Mesas da Câmara dos Deputados e do Senado Federal nº 1, de 2021, e a Resolução nº 2/2021-CN.

Em 17 de março de 2022, frente à solicitação das chefias do Senado Federal e da Câmara dos Deputados por novo prazo para dar publicidade aos documentos que embasaram a distribuição dos recursos das emendas de Relator-Geral (RP-9) no período correspondente aos exercícios de 2020 e 2021, a ministra relatora indeferiu o pedido por não vislumbrar "razões legítimas e motivos razoáveis para prorrogar, mais uma vez, o prazo estabelecido para o cumprimento das determinações veiculadas pelo Plenário desta Corte, ainda mais considerada a ausência de fato novo capaz de justificar a adoção de tal medida extraordinária". Em apoio à decisão, a ministra lembrou que:

> [...] todas as circunstâncias apontadas pelo Congresso Nacional como fundamentos para a dilação do prazo já foram consideradas por esta Suprema Corte à época do julgamento ocorrido em 17-12-2021, no qual o Plenário desta Casa definiu como lapso temporal adequado e suficiente o prazo de 90 (noventa) dias para a conclusão dos trabalhos necessários à implementação das medidas determinadas por este Supremo Tribunal.

Em dezembro de 2022, a ministra Rosa Weber, relatora das ADPFs e presidente da Corte, marcou a sessão para o julgamento final da matéria. Por maioria – cinco ministros acompanharam a ministra-relatora –, as emendas de relator-geral aos projetos de leis orçamentárias anuais da União foram consideradas inconstitucionais. Os votos dos demais cinco ministros consideraram que as emendas poderiam ser admitidas desde que atendessem aos princípios da administração aplicados à despesa pública, como eficiência, transparência, publicidade e isonomia. Em detalhes, foi a seguinte a decisão do STF:

> "(a) declarar incompatíveis com a ordem constitucional brasileira as práticas orçamentárias viabilizadoras do chamado 'esquema do orçamento secreto', consistentes no uso indevido das emendas do Relator-Geral do orçamento para efeito de inclusão de novas despesas públicas ou programações no projeto de lei orçamentária anual da União";

> "(b) declarar a inconstitucionalidade material do art. 4º do Ato Conjunto das Mesas da Câmara dos Deputados e do Senado Federal nº 1/2021 e do inteiro teor da Resolução CN nº 2/2021";

> "(c) conferir interpretação conforme às leis orçamentárias anuais de 2021 (Lei nº 14.144/2021) e de 2022 (Lei nº 14.303/2022), vedando a utilização das despesas classificadas sob o indicador orçamentário RP 9 para o propósito de atender a solicitações de despesas e indicações de beneficiários realizadas por Deputados Federais, Senadores da República, Relatores da Comissão Mista de Orçamento (CMO) e quaisquer 'usuários externos' não vinculados aos órgãos da Administração Pública Federal, independentemente de tal requisição ter sido formulada pelos sistemas formais ou por vias informais (cabendo, ainda, aos Ministros de Estado titulares das pastas beneficiadas com recursos consignados sob a rubrica RP 9 orientarem a execução desses montantes em conformidade com os programas e projetos existentes nas respectivas áreas, afastado o caráter vinculante das indicações formuladas pelo relator-geral do orçamento, nos moldes do art. 2º, § 1º, do Decreto nº 10.888/2021)";

"(d) determinar, a todas as unidades orçamentárias e órgãos da Administração Pública em geral que realizaram o empenho, liquidação e pagamento de despesas classificadas sob o indicador orçamentário RP 9, nos exercícios financeiros de 2020 a 2022, a publicação dos dados referentes aos serviços, obras e compras realizadas com tais verbas públicas, assim como a identificação dos respectivos solicitadores e beneficiários, de modo acessível, claro e fidedigno, no prazo de 90 (noventa) dias".

A decisão do STF pela inconstitucionalidade das emendas de relator-geral determinou a alteração do relatório e do substitutivo do projeto de lei orçamentária para 2023, pronto para votação na CMO e no Congresso Nacional. Para tanto, dispositivos foram incluídos na Emenda Constitucional nº 126, aprovada em dezembro de 2022 e apreciada de maneira célere a pedido do governo que assumiu em janeiro de 2023. Os R$ 19,4 bilhões que constavam como emendas de relator-geral foram divididos em duas partes: metade foi compor o montante destinado às emendas individuais e a outra metade será alocada pelo relator-geral em ações constantes do projeto de lei do orçamento.

14

Execução Orçamentária e Financeira

Nesta terceira etapa do processo da gestão pública, as decisões e as escolhas expressas na lei orçamentária assumem natureza financeira na forma de fluxos de recursos que entram e saem do Tesouro.

As organizações privadas, como regra geral, mantêm a execução financeira – receitas e despesas – de forma autônoma em relação ao orçamento. Este, quando existe, cumpre o papel de orientador geral, andando, porém, num circuito paralelo. Nesse sentido, é naturalmente aceito que o orçamento da organização sofra mudanças de rumo, acompanhando, por assim dizer, o comportamento real das finanças.

Na finança governamental, não há semelhante flexibilidade, pelo menos no que diz respeito aos gastos. O orçamento de despesa não é apenas uma peça de orientação; a execução financeira das despesas deve ter sempre como marco definidor as autorizações constantes do orçamento. O comportamento financeiro da instituição pública é produto da execução de determinada programação, a qual se reveste da forma orçamentária.

Neste capítulo, são descritas as principais etapas que caracterizam a execução da despesa e da receita públicas. Para tanto, os assuntos aparecem divididos em duas seções principais. Na seção I – Norma geral, as etapas são abordadas segundo a legislação geral, aplicada às três esferas de governo, particularmente as disposições constitucionais e a Lei nº 4.320/64. Por envolver maior número de questões, a despesa recebeu maior atenção: são descritos seus três passos genéricos iniciais – o detalhamento do orçamento, o registro dos créditos e dotações e a aprovação da programação de desembolso –, a etapa da licitação, os três estágios e a mecânica de retificação do orçamento durante a execução. Na sequência, são feitas rápidas observações sobre a execução da receita, especialmente sobre o tratamento que é dado a ela pela legislação tributária. Na seção II – Norma federal, parte desses mesmos temas serão apreciados sob a ótica da legislação aplicada à esfera federal de governo.

I - Norma geral
A. Exercício financeiro

No Brasil, o exercício financeiro observado pelo setor público coincide com o ano civil;[1] portanto, os orçamentos anuais são executados no período de 1º de janeiro a 31 de dezembro de cada ano.

Nem sempre foi assim. No passado, era praxe oficializar-se a extensão do exercício em alguns meses, de modo a permitir a realização de operações de receita e despesa não ultimadas dentro do ano financeiro. Com isso, *ano financeiro* e *exercício financeiro* passavam a ser categorias diferentes: o *ano financeiro* durava 12 meses, coincidindo ou não com o ano civil, enquanto o *exercício financeiro* iniciava com o ano financeiro e encerrava já no ano seguinte.[2]

No centro da questão da extensão do exercício está a opção pelo regime contábil do *exercício (competência)*, em lugar do regime de *caixa*.[3] Na França do século XIX, onde se levou a extremos a preocupação com a contabilização por *exercício*, era comum os livros contábeis ficarem abertos durante vários anos, até que se finalizassem todas as operações de receita e de despesa relativas a cada exercício. Tais exageros provocavam muitas críticas ao sistema francês e posturas favoráveis ao sistema de *gestão financeira (caixa)*, tradicionalmente adotado na Inglaterra. No Brasil, com exceção dos períodos 1828-1840 e 1931-1932, quando vigorou o regime contábil de *caixa* para receitas e despesas,[4] adotou-se sempre o regime contábil do *exercício*, ainda que, a partir da Lei nº 4.320/64, apenas aplicado às despesas.

Atualmente, apesar de a norma legal não prever a extensão do exercício, isso ocorre, de fato, por meio do recurso de manter em aberto, na contabilidade, a data de 31 de dezembro para a realização dos lançamentos e registros retardatários. Adequada ilustração dessa prática é o Decreto Federal nº 1.802 que, datado de 2-2-1996, estabelece as regras para a inscrição dos restos a pagar do exercício de 1995.

De acordo com a Constituição Federal (CF), caberá à lei complementar dispor sobre o exercício financeiro.[5] De tempos em tempos, ressurge a ideia de alterar o início do exercício para 1º de julho, aparentemente menos com o objetivo de auxiliar as tarefas próprias

---

[1] Lei nº 4.320, de 17-3-1964: art. 34.

[2] De 1829 a 1886, o ano financeiro de 12 meses iniciava em 1º de julho. No Império e na República até 1914, o exercício financeiro era de 18 meses, ou seja, estendia-se por mais seis meses após o encerramento do ano financeiro. Na primeira metade do século XX, o período do exercício financeiro variou de 21, 16 e 13 meses. A partir de 1949, o ano financeiro passa a coincidir com o exercício: 1º de janeiro a 31 de dezembro.

[3] Esses conceitos estão desenvolvidos mais adiante no tópico D. Regime da Contabilidade, desta Seção.

[4] No tópico F. Inscrição em Restos a Pagar, da Seção II – Norma federal, discute-se a questão do regime da despesa na norma brasileira. A Lei nº 4.320/64 estabelece que pertence ao exercício a despesa nele empenhada. Considerando que o empenho deve ser prévio, isto é, antecede a realização da despesa, é forçoso reconhecer que esse estágio não atende adequadamente ao regime da competência.

[5] Constituição Federal de 1988: art. 165, § 9º, I. Os vários anteprojetos e projetos de lei complementar, inclusive o de tramitação mais adiantada – PLC nº 135, de 1996 –, propõem a manutenção da atual regra para o exercício financeiro.

Capítulo 14 • Execução Orçamentária e Financeira **279**

do processo orçamentário e financeiro, e mais visando viabilizar mudanças na legislação tributária. "Trata-se", segundo José Serra, "de uma ideia estapafúrdia que, se fosse levada a sério, só faria aumentar a tremenda confusão fiscal que prevalece no Brasil, além de contribuir para o enorme abatimento nacional. Isso, apesar das boas intenções de seus autores ou propagadores".[6] Como ilustração, cabe recordar que, de 1830 a 1887, isto é, durante praticamente todo o período imperial, o país teve longa experiência de execução do exercício financeiro no período compreendido entre 1º de julho e 30 de junho.

B. Execução da despesa

Detalhamento do orçamento ou orçamento analítico

Caso determine a legislação local ou mesmo os normativos internos, a administração, com base nos limites da lei orçamentária, aprovará quadros com maior discriminação na classificação da despesa e/ou da receita. Presentemente, inexistem normas gerais disciplinando o mecanismo, mas, no passado, o tema chegou a ser objeto de tratamento na Constituição de 1937.[7] A aprovação, por meio de decreto executivo, de quadros com maior detalhamento nos gastos, passava a ser necessária, já que a despesa se apresentava, na lei orçamentária, sob a forma de *verbas globais*, ou seja, discriminada por meio de poucas categorias, particularmente *unidades administrativas* e *elementos* (*pessoal fixo, pessoal variável, material permanente* etc.).

Quando da adoção do Decreto-lei nº 2.416/40, o entendimento, formalizado para a área federal pela Constituição do Estado Novo, foi estendido aos Estados e aos Municípios, não por dispositivo expresso no referido decreto-lei, mas por intermédio das instruções expedidas, visando orientar a elaboração dos orçamentos locais do ano de 1942. Um dos itens das referidas instruções estabelecia:

> A fim de facilitar à administração pública o ajustamento da previsão com as necessidades administrativas, recomenda-se que a discriminação detalhada das dotações orçamentárias, como quadro de pessoal, designação de escolas, especificação de materiais etc., conste de *tabelas explicativas que deverão ser objeto de decretos executivos*[8] (grifo nosso).

---

[6] SERRA, José. *Orçamento no Brasil*: as raízes da crise. São Paulo: Atual, 1994. p. 47.

[7] Constituição de 1937: art. 69. "A discriminação ou especialização da despesa far-se-á por serviço, departamento, estabelecimento ou repartição. § 1º Por ocasião de formular a proposta orçamentária, o Departamento Administrativo organizará, para cada serviço, departamento, estabelecimento ou repartição, o quadro da discriminação ou especialização, por itens, da despesa que cada um deles é autorizado a realizar. Os quadros em questão devem ser enviados à Câmara dos Deputados juntamente com a proposta orçamentária, a título meramente informativo ou como subsídio ao esclarecimento da Câmara na votação das verbas globais. § 2º Depois de votado o orçamento, se alterada a proposta do Governo, serão, na conformidade de vencido, modificados os quadros a que se refere o parágrafo anterior; e, mediante proposta fundamentada do Departamento Administrativo, o Presidente da República poderá autorizar, no decurso do ano, modificações nos quadros de discriminação ou especialização por itens, desde que para cada serviço não sejam excedidas as verbas globais votadas pelo Parlamento."

[8] COSTA, Affonso Almiro R. da. *Técnica orçamentária (estados e municípios)*. São Paulo: Atlas, [1948?]. p. 32.

O tema da discriminação ou especialização das despesas – assim como das receitas públicas – ocupa uma posição destacada na doutrina e no direito orçamentário.[9] Aspectos positivos e negativos envolvidos na questão não devem ser descurados. Por um lado, o maior detalhamento na identificação das origens dos recursos (receita) e de sua aplicação (despesa) facilita o exercício das competências do Poder Legislativo na avaliação da proposta orçamentária, em sua aprovação e nas atividades de fiscalização e de controle da execução do orçamento. Além disso, possibilita ao próprio Poder Executivo melhores elementos de apoio à contabilização e ao controle interno. Por outro lado, não cabe transformar as unidades executoras em reféns de uma programação orçamentária excessivamente detalhada, especialmente quando a retificação dessa programação depende de demorados procedimentos burocráticos e legais.

O orçamento analítico[10] ou o quadro de detalhamento das despesas aprovado por ato da chefia do Poder é uma boa solução para resolver o dilema mencionado. Juntando-se a discriminação constante da lei orçamentária com aquela do orçamento analítico, tem-se o grau de especialização das contas julgado necessário por todos os participantes do processo de elaboração, aprovação, execução, controle e avaliação das receitas e despesas públicas. Ao mesmo tempo, o detalhamento, no âmbito do orçamento analítico, não cria maiores óbices quanto à flexibilização da gestão, pois as eventuais necessidades de retificação das contas – remanejamentos, transposições etc. – serão realizadas por ato do Poder Executivo ou equivalente.

Registro dos créditos e dotações

Considerando que é a programação de trabalho constante do orçamento que condiciona a execução financeira da instituição pública, como providência preliminar são preparados registros, em âmbito analítico, que possibilitam a classificação e o lançamento de cada despesa nos títulos orçamentários apropriados.

A lei orçamentária é organizada na forma de *créditos orçamentários*, aos quais estão consignadas *dotações*. Em consequência da imprecisão com que são utilizadas na legislação, é comum o emprego das expressões *crédito orçamentário* e *dotação* como sinônimos. Na realidade, o *crédito orçamentário* é constituído pelo conjunto de categorias classificatórias e contas que especificam as ações e operações autorizadas pela lei orçamentária. No âmbito do orçamento federal brasileiro, a partir do exercício de 2000, o *crédito orçamentário* individualizado compreende o seguinte conjunto de categorias classificatórias presentes na lei orçamentária: Grupo de Despesa, Identificador de Uso, Fonte de Recursos, Modalidade de Aplicação, Categoria Econômica, Subtítulo, Projeto ou Atividade ou Operação Especial, Programa, Função, Unidade Orçamentária e Órgão.[11] Por seu turno, *dotação* é o montante

---

[9]   Ver, no Capítulo 5, G. Princípio da Discriminação ou Especialização.

[10]   "Orçamento executivo" e "Tabelas explicativas" são outras expressões aplicadas ao detalhamento da lei orçamentária. Ver MOOJEN, Guilherme. *Orçamento público*. Rio de Janeiro: Edições Financeiras, 1959. p. 139.

[11]   Conforme demonstrado no Capítulo 6, a partir de 1990, a União rompeu o padrão orçamentário estabelecido pela Lei nº 4.320/64, alterando a classificação orçamentária da despesa. As categorias classificatórias que cons-

Capítulo 14 • Execução Orçamentária e Financeira **281**

de recursos financeiros com que conta o *crédito orçamentário*. Teixeira Machado & Heraldo Reis possuem o mesmo entendimento e assim clareiam a questão: "o *crédito orçamentário* seria portador de uma dotação e esta o limite de recurso financeiro autorizado"[12] (grifo do original).

A título exemplificativo, o emprego correto dessa nomenclatura dá-se assim: na lei orçamentária ("o crédito orçamentário 'tal' possui uma dotação de 'n' reais") e durante a execução do orçamento ("o saldo da dotação do crédito orçamentário 'tal' é de 'x' reais").

O segundo passo da execução orçamentária trata exatamente de registrar os *créditos orçamentários* e as respectivas *dotações* de forma a possibilitar o acompanhamento da evolução dos saldos das dotações e, assim, da própria programação do orçamento. Há inúmeros métodos que permitem a realização desse acompanhamento, desde os lançamentos manuais e mecânicos em fichas até o uso de processamento eletrônico, hoje em dia cada vez mais difundido.

Programação de desembolso

As dotações consignadas aos créditos orçamentários e adicionais representam autorizações de despesas válidas para utilização no período de vigência da Lei Orçamentária Anual (LOA). Para que as despesas possam ser efetivamente realizadas, é necessário que os recursos financeiros estejam disponíveis no momento devido para quitar a obrigação. Como não ocorre automaticamente o ajuste entre a entrada efetiva das receitas e as necessidades de pagamento das despesas, o administrador deve precaver-se, programando a realização dos gastos de forma harmonizada com o comportamento do fluxo de entrada dos recursos.

Com essa finalidade, a norma brasileira determina que o Poder Executivo, no prazo de até 30 dias após a publicação da lei orçamentária, estabelecerá a *programação financeira* e o *cronograma de execução mensal de desembolsos*.[13]

Na fixação da programação, particularmente das cotas mensais, devem ser considerados os créditos adicionais e as operações extraorçamentárias, em especial os *restos a pagar*. Esse cuidado permite que a programação funcione, também, como um autêntico fluxo de caixa, ajustando a realização futura das despesas com o comportamento esperado das receitas.

A flexibilidade, no entanto, deve ser uma característica da programação de desembolso. Assim, o cronograma poderá ser alterado durante o exercício, tendo em vista modificações nas prioridades e, especialmente, no comportamento da arrecadação. Nesse aspecto, é importante ter presentes as seguintes regras da Lei de Responsabilidade Fiscal (LRF):[14]

---

tituem o *crédito orçamentário*, segundo a Lei nº 4.320/64, são as seguintes: Elemento, Subcategoria Econômica, Categoria Econômica, Projeto ou Atividade, Subprograma, Programa, Função, Unidade Orçamentária e Órgão.

[12] MACHADO JR., José Teixeira; REIS, Heraldo da Costa. *A Lei nº 4.320 comentada*. 26. ed. Rio de Janeiro: Ibam, 1995. p. 20.

[13] Lei Complementar nº 101/2000: art. 8º. A regra anterior, estabelecida nos arts. 47 a 50 da Lei nº 4.320/64, previa a programação com base em cotas trimestrais.

[14] Lei Complementar nº 101/2000: arts. 9º e 13; e Lei Complementar nº 177/2021: art. 1º.

- no prazo de 30 dias após a publicação da lei orçamentária, as receitas previstas serão desdobradas, pelo Poder Executivo, em metas bimestrais de arrecadação, com a especificação, em separado, quando cabível, das medidas de combate à evasão e à sonegação, da quantidade e valores de ações ajuizadas para cobrança da dívida ativa, bem como da evolução do montante dos créditos tributários passíveis de cobrança administrativa;
- se verificado, ao final de um bimestre, que a realização da receita poderá não comportar o cumprimento das metas de resultado primário ou nominal estabelecidas no Anexo de Metas Fiscais, os poderes e o Ministério Público promoverão, por ato próprio e nos montantes necessários, nos 30 dias subsequentes, limitação de empenho e movimentação financeira, segundo os critérios fixados pela LDO;
- no caso de restabelecimento da receita prevista, ainda que parcial, a recomposição das dotações cujos empenhos foram limitados dar-se-á de forma proporcional às reduções efetivadas;
- não serão objeto de limitação as despesas que constituam obrigações constitucionais e legais do ente, inclusive aquelas destinadas ao pagamento do serviço da dívida, as relativas à inovação e ao desenvolvimento científico e tecnológico custeadas por fundo criado para tal finalidade e as ressalvadas pela lei de diretrizes orçamentárias;
- até o final dos meses de maio, setembro e fevereiro, o Poder Executivo demonstrará e avaliará o cumprimento das metas fiscais de cada quadrimestre, em audiência pública na comissão mista de orçamento ou equivalente nas Casas Legislativas estaduais e municipais.

Até que ponto as normas sobre programação de desembolso são aplicáveis, indistintamente, a todos os Poderes? A matéria é controversa e, apesar do que estabelece a LRF, tais regras tendem a valer apenas para o Poder Executivo.

Em primeiro lugar, há que considerar a autonomia administrativa e financeira dos Poderes Legislativo e Judiciário e do Ministério Público consagrada constitucionalmente. Igualmente, disposição constitucional determina que os recursos destinados "aos órgãos dos Poderes Legislativo e Judiciário e do Ministério Público, ser-lhes-ão entregues até o dia 20 de cada mês".[15] Se a parcela mensal devida aos órgãos dos Poderes Legislativo e Judiciário e do Ministério Público for simplesmente o produto da divisão da dotação orçamentária anual por 12 ou se a liberação dos recursos de tais órgãos se sujeitar ao comportamento da receita geral, é questão a ser disciplinada, conforme o mesmo art. 168 da CF, pela lei complementar prevista no art. 165, § 9º. Sintomática, entretanto, é a decisão liminar concedida pelo Supremo Tribunal Federal (STF) suspendendo o § 3º do art. 9º da LRF, que autoriza o Poder Executivo a limitar os valores financeiros dos demais Poderes na hipótese de eles não promoverem, no prazo de 30 dias, a devida limitação de

---

[15] Constituição Federal de 1988: art. 168.

Capítulo 14 • Execução Orçamentária e Financeira **283**

empenho e de movimentação financeira necessária quando do risco de descumprimento das metas fiscais.[16]

A forma e a sistemática de acompanhamento e controle do cumprimento da programação de desembolso variam de acordo com o tamanho e o grau de descentralização das entidades estatais. No caso de entidades de pequeno e médio portes, o próprio órgão de contabilidade controlará a observância das cotas mensais, utilizando, para tal, o próprio mecanismo de acompanhamento da execução da despesa.

Licitação

A realização das despesas no âmbito da administração pública, particularmente com a aquisição de bens e a contratação de serviços e obras, depende do cumprimento das regras da licitação.

No Brasil, são antigas as determinações legais que objetivam a lisura na execução dos gastos públicos e a busca da preservação dos interesses do erário.[17] O Código de Contabilidade da União, datado de 1922, dedicava diversos artigos ao princípio da concorrência pública. A Lei nº 4.320/64 estabelece, em seu art. 70, que "A aquisição de material, o fornecimento e a adjudicação de obras e serviços serão regulados em lei, respeitado o princípio da concorrência." Posteriormente, o Decreto-lei nº 200/67 criou outras modalidades além da concorrência e passou a denominar esse processo de *licitação*.[18]

Presentemente, o principal marco jurídico da licitação é fornecido pelo seguinte inciso do art. 37 da Constituição de 1988:

> XXI – ressalvados os casos especificados na legislação, as obras, serviços, compras e alienações serão contratados mediante processo de licitação pública que assegure igualdade de condições a todos os concorrentes, com cláusulas que estabeleçam obrigações de pagamento, mantidas as condições efetivas da proposta, nos termos da lei, o qual somente permitirá as exigências de qualificação técnica e econômica indispensáveis à garantia do cumprimento das obrigações.

Em 1º de abril de 2023, entrou em vigor a nova norma geral sobre licitações e contratos a ser observada pelo setor público brasileiro.[19] Após tramitar durante oito anos nas Casas do Congresso Nacional, em 1º de abril de 2021 foi aprovada a Lei nº 14.133, estabelecendo

---

[16] Liminar concedida dia 22-2-2001 na ação direta de inconstitucionalidade nº 2.238.

[17] Ver, a título de ilustração, os seguintes dispositivos, com a grafia original: "Em caso nenhum poderá o Governo innovar as concessões de subvenções para as linhas de navegação que não prescindirem dellas, sem preceder concurrencia publica" (Lei nº 126 B, de 21-11-1892: art. 6º, XX) e "O Governo abrirá concurrencia, semestralmente, na Capital Federal, e nas dos Estados, para o fornecimento de fardamentos, equipamentos e arreios" (Lei nº 490, de 16-12-1897: art. 8º, § 6º).

[18] Decreto-lei nº 200, de 25-2-1967: arts. 125 a 144. Como a referida norma era aplicável apenas à União, seus dispositivos sobre licitações foram estendidos aos Estados e aos Municípios pela Lei nº 5.546, de 20-6-1968.

[19] Durante longo período, a matéria foi disciplinada pela Lei nº 8.666, de 21-6-1993. Mais tarde, a modalidade licitatória do *pregão* foi introduzida pela Lei nº 10.520, de 17-7-2002. Atendendo a diversas situações, em particular à realização de obras das Olimpíadas e da Copa do Mundo de Futebol de 2014, foi instituído o Regime Diferenciado de Contratações Públicas (RDC) pela Lei nº 12.462, de 2011.

normas gerais de licitação e contratação para as administrações públicas diretas, autárquicas e fundacionais da União, dos estados, do Distrito Federal e dos municípios e prevista para entrar em vigor após dois anos da promulgação.[20]

No que diz respeito às licitações, as características principais do novo modelo são as seguintes:

Modalidades de licitação: *pregão, concorrência, concurso, leilão e diálogo competitivo.*

- A *concorrência* e o *pregão* seguem o rito procedimental comum, adotando-se o pregão sempre que o objeto possuir padrões de desempenho e qualidade que possam ser objetivamente definidos pelo edital, por meio de especificações usuais de mercado.
- O *pregão* não se aplica às contratações de serviços técnicos especializados de natureza predominantemente intelectual e de obras e serviços de engenharia.
- O *concurso* observará as regras e condições previstas em edital, que indicará: a qualificação exigida dos participantes, as diretrizes e formas de apresentação do trabalho, as condições de realização e o prêmio ou remuneração a ser concedida ao vencedor.
- O *leilão* poderá ser cometido a leiloeiro oficial ou a servidor designado pela autoridade competente da Administração, e regulamento deverá dispor sobre seus procedimentos operacionais.
- A modalidade *diálogo competitivo* é restrita a contratações em que a Administração: (a) vise a contratar objeto que envolva inovação tecnológica ou técnica, impossibilidade de o órgão ou entidade ter sua necessidade satisfeita sem a adaptação de soluções disponíveis no mercado e impossibilidade de as especificações técnicas serem definidas com precisão suficiente pela Administração; e (b) verifique a necessidade de definir e identificar os meios e as alternativas que possam satisfazer suas necessidades, com destaque para a solução técnica mais adequada, os requisitos técnicos aptos a concretizar a solução já definida e a estrutura jurídica ou financeira do contrato.
- A lei estabelece valores limites nas modalidades de licitação e em outras situações, que serão anualmente reajustados por decreto do presidente da República.

Critérios de julgamento das propostas: *menor preço; maior desconto; melhor técnica ou conteúdo artístico; técnica e preço; maior lance, no caso do leilão; e maior retorno econômico.*

- O julgamento por *menor preço* ou *maior desconto* e, quando couber, por *técnica e preço* considerará o menor dispêndio para a Administração, atendidos os parâmetros mínimos de qualidade definidos no edital de licitação.

---

[20] De acordo com o art. 191 da Lei nº 14.133, de 2021, até a data de 1º-4-2023, as administrações poderão optar por licitar ou contratar diretamente de acordo com esta Lei ou de acordo com as leis anteriores, e a opção escolhida deverá ser indicada expressamente no edital ou no aviso ou instrumento de contratação direta, vedada a aplicação combinada dessa Lei com as anteriores.

Capítulo 14 • Execução Orçamentária e Financeira **285**

- O julgamento por *maior desconto* terá como referência o preço global fixado no edital de licitação, e o desconto será estendido aos eventuais termos aditivos.
- O julgamento por *melhor técnica ou conteúdo artístico* considerará exclusivamente as propostas técnicas ou artísticas apresentadas pelos licitantes, e o edital deverá definir o prêmio ou a remuneração que será atribuída aos vencedores.
- O julgamento por *técnica e preço* considerará a maior pontuação obtida a partir da ponderação, segundo fatores objetivos previstos no edital, das notas atribuídas aos aspectos de técnica e de preço da proposta.
- O julgamento por *maior retorno econômico*, utilizado exclusivamente para a celebração de contrato de eficiência, considerará a maior economia para a Administração, e a remuneração deverá ser fixada em percentual que incidirá de forma proporcional à economia efetivamente obtida na execução do contrato.

Prazos mínimos, contados a partir da data de divulgação do edital de licitação

- Para aquisição de bens: oito (8) dias úteis, quando adotados os critérios de julgamento de *menor preço* ou de *maior desconto*; quinze (15) dias úteis, nos demais critérios de julgamento.
- No caso de serviços e obras: dez (10) dias úteis, quando adotados os critérios de julgamento de *menor preço* ou de *maior desconto*, no caso de serviços comuns e de obras e serviços comuns de engenharia; vinte e cinco (25) dias úteis, quando adotados os critérios de julgamento de *menor preço* ou de *maior desconto*, no caso de serviços especiais e de obras e serviços especiais de engenharia; sessenta (60) dias úteis, quando o regime de execução for de contratação integrada; trinta e cinco (35) dias úteis, quando o regime de execução for o de contratação semi-integrada ou nas hipóteses não abrangidas nas três situações acima; (15) quinze dias úteis para licitação em que se adote o critério de julgamento de *maior lance*; e (35) trinta e cinco dias úteis para licitação em que se adote o critério de julgamento de *técnica e preço* ou de *melhor técnica ou conteúdo artístico*.

Dispensa de licitação: alguns exemplos entre os citados na lei em que a dispensa é admitida:

- no caso de compras e outros serviços, de obras e serviços de engenharia ou de manutenção de veículos automotores cuja contratação envolva valores inferiores aos estabelecidos, anualmente, em decreto de presidente da República;[21]
- para contratação que tenha por objeto: (a) produtos para pesquisa e desenvolvimento, limitada a contratação, no caso de obras e serviços de engenharia, ao valor

---

[21] De acordo com o Decreto nº 10.922, de 30-12-2021, é dispensada a licitação no caso de obras e serviços de engenharia ou de serviços de manutenção de veículos automotores até o valor de R$ 108.040,82 e na contratação de outros serviços e compras até o valor de R$ 54.020,41.

estabelecido, anualmente, em decreto do presidente da República;[22] (b) bens ou serviços produzidos ou prestados no país que envolvam, cumulativamente, alta complexidade tecnológica e defesa nacional; (c) aquisição ou restauração de obras de arte e objetos históricos, de autenticidade certificada, desde que inerente às finalidades do órgão ou com elas compatível; e (d) aquisição de medicamentos destinados exclusivamente ao tratamento de doenças raras definidas pelo Ministério da Saúde;

- nos casos de guerra, estado de defesa, estado de sítio, intervenção federal ou de grave perturbação da ordem;
- nos casos de emergência ou de calamidade pública;
- quando a União tiver que intervir no domínio econômico para regular preços ou normalizar o abastecimento; e
- para contratação de profissionais para compor a comissão de avaliação de critérios de técnica, quando se tratar de profissional técnico de notória especialização.

Inexigibilidade de licitação: é inexigível a licitação quando inviável a competição. Alguns exemplos entre os citados na lei:

- aquisição de materiais, de equipamentos ou de gêneros ou contratação de serviços que só possam ser fornecidos por produtor, empresa ou representante comercial exclusivos;
- contratação de profissional do setor artístico, diretamente ou por meio de empresário exclusivo, desde que consagrado pela crítica especializada ou pela opinião pública;
- contratação dos seguintes serviços técnicos especializados de natureza predominantemente intelectual com profissionais ou empresas de notória especialização, vedada a inexigibilidade para serviços de publicidade e divulgação. Exemplos, entre os citados na lei: (a) estudos técnicos, planejamentos, projetos básicos ou projetos executivos; (b) pareceres, perícias e avaliações em geral; (c) treinamento e aperfeiçoamento de pessoal; (d) restauração de obras de arte e de bens de valor histórico; e
- aquisição ou locação de imóvel cujas características de instalações e de localização tornem necessária sua escolha.

Sistema de Registro de Preços (SRP)

Previsto no art. 15 da Lei nº 8.666, de 1993, e anteriormente regulado por decretos do Poder Executivo federal, o Sistema de Registro de Preços (SRP) integra a nova lei como um dos procedimentos auxiliares aos processos licitatórios. Resumidamente, o SRP pode ser assim descrito:

---

[22] Idem. É dispensada a licitação na contratação de produtos para pesquisa e desenvolvimento no valor até R$ 324.122,46.

- O edital de licitação para registro de preços disporá sobre (a) as especificidades da licitação e de seu objeto, inclusive a quantidade máxima de cada item que poderá ser adquirida; (b) a quantidade mínima a ser cotada de unidades de bens ou, no caso de serviços, de unidades de medida; (c) a possibilidade de prever preços diferentes; e (d) o critério de julgamento da licitação, que será o de *menor preço* ou o de *maior desconto* sobre tabela de preços praticada no mercado.
- O sistema de registro de preços poderá ser usado para a contratação de bens e serviços, inclusive de obras e serviços de engenharia, observadas as seguintes condições: (a) realização prévia de ampla pesquisa de mercado; (b) seleção de acordo com os procedimentos previstos em regulamento; (c) desenvolvimento obrigatório de rotina de controle; (d) atualização periódica dos preços registrados; (e) definição do período de validade do registro de preços; e (f) inclusão, em ata de registro de preços, do licitante que aceitar cotar os bens ou serviços em preços iguais aos do licitante vencedor na sequência de classificação da licitação e inclusão do licitante que mantiver sua proposta original.
- O prazo de vigência da ata de registro de preços será de um ano e poderá ser prorrogado, por igual período, desde que comprovado o preço vantajoso.
- A Administração poderá contratar a execução de obras e serviços de engenharia pelo sistema de registro de preços, desde que atendidos os seguintes requisitos: (a) existência de projeto padronizado, sem complexidade técnica e operacional; e (b) necessidade permanente ou frequente de obra ou serviço a ser contratado.
- O órgão ou entidade gerenciadora deverá, na fase preparatória do processo licitatório, para fins de registro de preços, realizar procedimento público de intenção de registro de preços para, nos termos de regulamento, possibilitar, pelo prazo mínimo de oito dias úteis, a participação de outros órgãos ou entidades na respectiva ata e determinar a estimativa total de quantidades da contratação.
- Será vedada aos órgãos e entidades da administração pública federal a adesão à ata de registro de preços gerenciada por órgão ou entidade estadual, distrital ou municipal.

Portal Nacional de Contratações Públicas (PNCP)

Entre as inovações da Lei nº 14.133, de 2021, está a criação do Portal Nacional das Contratações Públicas (PNCP), destinado à divulgação centralizada e obrigatória dos atos exigidos pela Lei e à realização facultativa das contratações pelos órgãos e entidades dos Poderes Executivo, Legislativo e Judiciário de todos os entes federativos.

Gerido por comitê gestor da Rede Nacional de Contratações Públicas, o PNCP manterá as seguintes informações sobre contratações: (a) planos de contratação anuais; (b) catálogos eletrônicos de padronização; (c) editais de credenciamento e de pré-qualificação, avisos de contratação direta e editais de licitação e respectivos anexos; (d) atas de registro de preços; (e) contratos e termos aditivos; e (f) notas fiscais eletrônicas, quando for o caso.

Entre outras funcionalidades, o PNCP deverá oferecer: (a) sistema de registro cadastral unificado; (b) painel para consulta de preços, banco de preços em saúde e acesso à base

288 Orçamento Público • Giacomoni

nacional de notas fiscais eletrônicas; (c) sistema de planejamento e gerenciamento de contratações, incluído o cadastro de atesto de cumprimento de obrigações; (d) sistema eletrônico para a realização de sessões públicas; (e) acesso ao Cadastro Nacional de Empresas Inidôneas e Suspensas (Ceis) e ao Cadastro Nacional de Empresas Punidas (Cnep); e (f) sistema de gestão compartilhada com a sociedade de informações referentes à execução do contrato.

Estágios da despesa

Após a observância, se for o caso, do processo licitatório, a despesa orçamentária será efetivada por meio do cumprimento de três estágios: *empenho, liquidação* e *pagamento*.[23]

Empenho

O *empenho* é legalmente definido como "o ato emanado de autoridade competente que cria para o Estado obrigação de pagamento pendente ou não de implemento de condição". Rigorosamente, o *empenho* cumpre outras finalidades além desta. Ele é o principal instrumento com que conta a administração pública para acompanhar e controlar a execução de seus orçamentos. Empenhar a despesa significa enquadrá-la no crédito orçamentário apropriado e deduzi-la do saldo da dotação do referido crédito. Além de possibilitar tal controle, o *empenho* constitui uma garantia ao credor de que os valores empenhados têm respaldo orçamentário.[24]

A norma veda a realização de despesa sem prévio empenho, ou seja, o *empenho* deve anteceder a data da aquisição do bem ou da prestação do serviço. Tal disposição faz com que só possam ser realizadas despesas que tenham amparo e enquadramento orçamentário.[25]

Nota de empenho – O art. 61 da Lei nº 4.320/64 complementa: "Para cada empenho será extraído um documento denominado 'nota de empenho', que indicará o nome do credor, a especificação e a importância da despesa, bem como a dedução desta do saldo da dotação própria".

A exigência da *nota de empenho*, com todos seus requisitos, dá a medida exata do grau de formalização do *empenho*.[26] Esse formulário, após ser preenchido, em grande parte dos

---

23   Esta matéria é disciplinada nos arts. 58 a 70 da Lei nº 4.320/64.

24   Teixeira Machado Jr. e Heraldo Reis lembram que o "Congresso Nacional, ao derrubar o veto presidencial às palavras 'ou não', no texto do artigo (58), deu uma elasticidade um tanto perigosa ao conceito de empenho. De fato, aparentemente, empenhada a importância, parece estar o Estado obrigado a pagar. Isto seria absurdo e a própria lei no seu artigo 62, distinguindo entre empenho e pagamento, ressalva o direito de o Estado apenas pagar quando satisfeitos os *implementos de condição* [...]" (grifos do original) MACHADO JR., J. T.; REIS, H. C. Op. cit. p. 117.

25   Por meio do *prévio empenho da despesa*, viabiliza-se o cumprimento das seguintes disposições da Constituição Federal: art. 167. "São vedados: I – o início de programas ou projetos não incluídos na lei orçamentária anual; e II – a realização de despesas ou a assunção de obrigações diretas que excedam os créditos orçamentários ou adicionais."

26   A Lei nº 4.320/64 estabelece, no art. 59, § 1º, que a emissão da *nota de empenho* pode ser dispensada em casos especiais previstos na legislação específica. O Substitutivo ao Projeto de Lei Complementar nº 135/96, apresentado ao amparo do art. 165, § 9º, da Constituição Federal, prevê no art. 108, § 2º, as seguintes hipóteses

Capítulo 14 • Execução Orçamentária e Financeira **289**

casos, com dados extraídos da licitação, passa pelo órgão de contabilidade, que o utilizará para efetivar o empenho propriamente dito no Sistema de Acompanhamento da Execução da Despesa. Somente após essas providências – emissão da *nota de empenho* e dedução da despesa do saldo da dotação – é que o fornecedor entregará o bem ou prestará o serviço, extraindo o documento formalizador da operação (nota fiscal, recibo etc.).

A autoridade competente para autorizar os empenhos, isto é, o "ordenador da despesa" é sempre o administrador principal da instituição: presidente da República, governador e prefeito. Como exigência descentralizadora, a ordenação da despesa, por meio de normas apropriadas, é delegada a outras autoridades dentro da linha hierárquica: ministros de Estado, secretários-gerais de Ministérios, secretários de Estado, presidentes ou diretores ou superintendentes de Autarquias, secretários de Município etc.

Modalidades de empenho – São três as modalidades de *empenho*: *ordinário*, *global* e *por estimativa*.

O empenho é *ordinário* quando o valor exato da despesa é conhecido e cujo pagamento se dá de uma só vez. Já o empenho *global* se aplica no caso de despesas que, devidamente empenhadas, são pagas de forma parcelada. Essa modalidade é utilizada no empenho de despesas de pessoal, assim como de contratos de prestação de serviços e de realização de obras.

O empenho *por estimativa* é utilizado quando não se pode determinar previamente o montante exato da despesa. Essa modalidade diz respeito a inúmeros tipos de gastos operacionais das repartições, que ocorrem regularmente, mas de valor variável, por exemplo, as despesas com o consumo de energia elétrica, água, serviços telefônicos, fretes, passagens etc. Na hipótese de se configurar insuficiente o valor empenhado, este deverá sofrer complementação. Por outro lado, se o valor empenhado *por estimativa* apresentar saldo, o valor não utilizado será anulado, revertendo o recurso para o crédito de origem.

Liquidação

Empenhada a despesa e após a entrega do bem ou a prestação do serviço, processa-se o segundo estágio. A *liquidação* consiste na verificação do direito adquirido pelo credor, tomando-se por base os títulos e documentos que comprovam o respectivo crédito. A verificação deverá apurar: (I) a origem e o objeto do que se deve pagar; (II) a importância exata a pagar; e (III) a quem se deve pagar a importância, isto é, o credor. A *liquidação* deverá considerar ainda: (I) o contrato, ajuste ou acordo respectivo; (II) a nota de empenho; e (III) os comprovantes da entrega do material ou da prestação efetiva do serviço.

Nesse estágio, são procedidas as verificações e avaliações sobre o cumprimento, por parte do credor, das condições previamente acertadas (na licitação, no contrato,

---

em que a emissão da *nota de empenho* é facultativa: I – despesas com pessoal e seus encargos; II – contribuições compulsórias; III – despesas com amortização, juros e outros encargos da dívida pública; IV – despesas decorrentes de contratos e aquelas definidas na lei como despesas sob o regime de adiantamento ou suprimento de fundos; V – despesas provenientes de transferências por força de mandamento constitucional e da Lei Orgânica municipal; VI – despesas provenientes da execução de convênios, consórcios, contratos, acordos ou ajustes, entre entidades de direito público; VII – outras despesas que vierem a ser definidas na legislação de cada esfera de governo.

no empenho etc.). Dependendo do objetivo da transação, a *liquidação* pode exigir um conjunto bastante amplo de verificações. No caso da execução de obra contratada por empreitada global, com pagamentos por etapas, sujeitos a reajustamentos, a *liquidação* de cada etapa considerará uma série de aspectos, tais como: cumprimento dos prazos por parte do empreiteiro, testes de verificação da qualidade do material e do serviço, adequação dos índices de reajustamento aplicados etc. Numa situação dessas, a responsabilidade pela *liquidação* será dividida entre um número variado de funcionários, de diversos níveis hierárquicos.

Pagamento

O estágio do *pagamento* é desenvolvido em dois momentos distintos: (a) a emissão da *ordem de pagamento*; e (b) o pagamento propriamente dito.

A *ordem de pagamento* da despesa, que só será emitida após a liquidação, constitui-se em despacho exarado por autoridade competente, determinando que a despesa seja paga. A *ordem de pagamento*, assim como a ordenação da despesa (no empenho), é da competência da principal autoridade de cada entidade governamental ou órgão público. Também aqui poderá haver delegação de competência com vistas à agilização dos trâmites administrativos que desafogam os canais superiores da hierarquia.

A realização da despesa encerra-se com o pagamento propriamente dito. Este será efetuado por tesouraria ou pagadoria regularmente instituídas, bem como por estabelecimentos bancários credenciados e, em casos excepcionais, por meio de adiantamento. Hoje, os serviços bancários são utilizados tanto na arrecadação da receita pública como no pagamento das despesas, tornando desnecessários os serviços próprios de tesouraria e pagadoria.

O regime de *adiantamento* consiste na entrega de numerário a servidor para o atendimento de despesas quando não for possível observar o processo normal de realização dessas. Além disso, a legislação local deverá, expressamente, definir os casos de despesas em que o *adiantamento* será utilizado.

Mecanismos retificadores do orçamento

Seria impraticável se, durante sua execução, o orçamento não pudesse ser retificado, visando atender a situações não previstas quando de sua elaboração ou, mesmo, viabilizar a execução de novas despesas, que só se configuraram como necessárias durante a própria execução orçamentária. Há soluções para isso e o mecanismo a ser invocado é o do *crédito adicional*.[27] Na definição da lei, "são créditos adicionais as autorizações de despesa não computadas ou insuficientemente dotadas na Lei de Orçamento".

Os *créditos adicionais* resolvem as duas situações clássicas de imprevisão na elaboração orçamentária: na primeira, o orçamento contém o crédito adequado, mas a dotação respectiva apresenta saldo insuficiente para o atendimento de despesas necessárias; na segunda, não existe o crédito orçamentário para atender às despesas a serem realizadas.

---

[27] O tema é tratado no Título V da Lei nº 4.320/64: arts. 40 a 46.

Os *créditos adicionais* classificam-se em *suplementares, especiais* e *extraordinários*. O *crédito suplementar* destina-se a reforçar dotações orçamentárias; é a solução para a primeira das situações indicadas. Por seu turno, o *crédito especial* é destinado ao atendimento de despesas para as quais a lei orçamentária não conta com crédito específico;[28] é a modalidade que visa atender à segunda das situações apontadas. Já o *crédito extraordinário* tem por finalidade atender a despesas imprevisíveis e urgentes, como as decorrentes de guerra, comoção interna ou calamidade pública;[29] igualmente destinado a atender a despesas naturalmente imprevisíveis, o *crédito extraordinário* exige tramitação diversa da aplicada ao *crédito especial*.

Autorização legislativa. A abertura de *créditos suplementares* e *especiais* depende de prévia autorização legislativa.[30] A própria LOA poderá ser utilizada para autorizar o Poder Executivo a abrir, durante o exercício, *créditos suplementares* até determinado montante, em geral representado por meio de percentual da despesa autorizada. Tal possibilidade, cujo amparo reside no art. 7º da Lei nº 4.320/64 e no art. 165, § 8º, da CF, busca garantir certo grau de flexibilidade à execução orçamentária, tornando desnecessária a autorização legislativa em todos os casos de retificação na modalidade de suplementação. Já a autorização para a abertura de *crédito especial* só pode ser concedida por meio de lei específica.

Tendo em vista que o *crédito extraordinário* é indicado para as situações em que a intervenção estatal deve dar-se rapidamente, não caberia aguardar-se o provimento legislativo prévio. Assim, de conformidade com a Lei nº 4.320/64, os *créditos extraordinários* são abertos por decreto do Poder Executivo, que informará de imediato ao Poder Legislativo sobre a providência tomada. Já a Constituição de 1988 trouxe duas novidades nessa questão: ampliou as situações possíveis de ser atendidas por meio do *crédito extraordinário* e estabeleceu a *medida provisória* como instrumento legal de abertura do crédito.[31]

Recursos para a abertura de *créditos adicionais*. Assim como na lei orçamentária, em que a receita estimada (recursos) possibilita que a despesa seja autorizada, também nas retificações orçamentárias são necessários recursos para que os *créditos adicionais* possam ser autorizados e abertos. De acordo com a norma geral, essa exigência é dispensada apenas para os *créditos extraordinários*.

---

[28]   Ao definir, no art. 41, I, créditos especiais como "os destinados a despesas para as quais não haja dotação orçamentária específica", a Lei nº 4.320/64 emprega a expressão *dotação* no sentido de *crédito* orçamentário.

[29]   Definição retirada do art. 167, § 3º, da Constituição Federal. Conforme o art. 41, III, da Lei nº 4.320/64, créditos extraordinários são "os destinados a despesas urgentes e imprevistas, em caso de guerra, comoção intestina ou calamidade pública".

[30]   Constituição Federal: art. 167. "São vedados: [...] V – a abertura de crédito suplementar ou especial sem prévia autorização legislativa e sem indicação dos recursos correspondentes"; e Lei nº 4.320/64: art. 42. "Os créditos suplementares e especiais serão autorizados por lei e abertos por decreto executivo."

[31]   Análise e implicações dessas modificações são abordadas no tópico E. Retificação e Alteração da Lei Orçamentária – da Seção II – Norma federal –, deste capítulo.

Os recursos a serem utilizados na abertura de *créditos suplementares* e *especiais* são os seguintes:

- superávit financeiro apurado em balanço patrimonial do exercício anterior;
- os provenientes de excesso de arrecadação;
- os resultantes de anulação parcial ou total de dotações orçamentárias ou de créditos adicionais;
- produto de operações de crédito.

O *superávit financeiro apurado em balanço patrimonial do exercício anterior* é a diferença positiva entre o ativo financeiro e o passivo financeiro. A utilização dessa modalidade de recurso deve considerar os saldos dos créditos adicionais transferidos do exercício anterior e as operações de crédito a eles vinculadas. Apesar de a norma geral não disciplinar, a apuração e a utilização do superávit financeiro devem respeitar os vínculos, estabelecidos na legislação específica, existentes entre parcelas da receita e determinadas despesas. O encerramento do exercício e a apuração de seus resultados são eventos incapazes de desfazer as afetações da receita determinadas pela lei. Exemplos de receitas cujo compromisso de vínculo com a despesa deve ser respeitado no novo exercício são as contribuições, o produto da arrecadação tributária a ser compartilhada e as receitas de fundos especiais.

O *excesso de arrecadação* é constituído pelo saldo positivo das diferenças, acumuladas mês a mês, entre a arrecadação prevista e a realizada. De acordo com a norma geral, deve considerar-se, no cômputo dos recursos do excesso de arrecadação, a tendência de comportamento futuro da receita, assim como a dedução dos valores dos créditos extraordinários abertos no exercício. A utilização desse recurso exige cuidados especiais e avaliações criteriosas, caso contrário, produzir-se-ão déficits. Em primeiro lugar, só há a ocorrência de excesso de arrecadação quando se considera a receita orçamentária total, pois a arrecadação a maior de determinada fonte pode ser compensada com a arrecadação a menor de outra fonte. Em segundo lugar, também aqui é necessário o respeito aos vínculos entre receita e despesa estabelecidos na lei. Se o excesso de arrecadação identificado na receita total foi determinado por itens de receita que se destinam a atender a determinadas despesas, é claro que tal excesso só poderá ser empregado na abertura de créditos adicionais naquelas finalidades previstas na legislação que criou a vinculação.

A *anulação parcial ou total de dotações orçamentárias ou de créditos adicionais* é a modalidade de recurso mais utilizada na abertura de créditos adicionais. No passado, quando os orçamentos públicos se estruturavam em moldes tradicionais, com ênfase na classificação da despesa por objeto e item, a anulação parcial ou total de dotações não produzia maiores consequências. Hoje, com orçamentos do tipo programado, as implicações determinadas por anulações são evidentemente mais sérias. A argumentação é de Teixeira Machado & Heraldo Reis: visando reforçar a dotação de um Projeto ou Atividade qualquer, o Poder Executivo poderá indicar, como recurso, a anulação de dotações orçamentárias, isto é, outros Projetos ou Atividades. Os autores citados acreditam incorreto tal procedimento, pois o crédito orçamentário anulado representa objetivos concretos expressos na lei e, consequentemente, de interesse da comunidade. O Poder Executivo poderia, com base em

Capítulo 14 • Execução Orçamentária e Financeira **293**

prioridades, retirar parte das dotações do Projeto ou Atividade menos prioritária, mas não anular pura e simplesmente.[32]

O *produto de operações de crédito* constitui recurso para a abertura de créditos adicionais se houver autorização para a realização da operação e se existirem condições jurídicas que possibilitem ao Poder Executivo realizá-las. Assim, não basta a autorização genérica eventualmente concedida no texto da própria lei orçamentária ao amparo ao art. 165, § 8º, da CF. É necessário que a operação apontada conte com amparo nas normas específicas e atenda às exigências da legislação local.[33] Também, é necessário que a operação seja efetivamente viável, ou seja, que exista a linha de financiamento e agente disposto a realizar a operação e que as condições – montante, prazos, encargos, carências etc. – atendam aos interesses superiores da instituição.

Abertos, os *créditos adicionais* serão acompanhados como os demais créditos orçamentários. Os *especiais* e *extraordinários*, por serem créditos novos, devem sofrer o registro inicial. No caso de abertura de *crédito suplementar*, ocorrerá o reforço de dotação de crédito orçamentário existente. Claro está que só se deve cogitar em suplementar um crédito quando todas as cotas estiverem liberadas.

Vigência dos créditos adicionais. Os créditos adicionais vigerão no exercício financeiro em que foram abertos, salvo expressa disposição legal em contrário, quanto aos *créditos especiais* e *extraordinários*.[34] A Constituição de 1988 manteve a regra da Constituição anterior, estabelecendo que os *créditos especiais* ou *extraordinários*, autorizados nos últimos quatro meses do exercício, poderão ser reabertos no exercício seguinte, nos limites de seus saldos.[35]

Novos mecanismos retificadores? Alguns especialistas interpretam o inciso VI do art. 167 da CF como introdutor de um novo mecanismo retificador do orçamento, independentemente dos créditos adicionais. Por meio do referido dispositivo, a Constituição veda:

> [...] a *transposição*, o *remanejamento* ou a *transferência de recursos* de uma categoria de programação para outra ou de um órgão para outro, sem prévia autorização legislativa (grifo nosso).

O Projeto de Lei Complementar nº 166, de 1993, elaborado por grupo de estudo no âmbito do Conselho Federal de Contabilidade e apresentado pelo Deputado Benedito de

---

[32]   MACHADO JR., J. T.; REIS, H. C. Op. cit. p. 91-92.

[33]   Conforme a Constituição Federal – art. 52, V a IX –, compete ao Senado estabelecer limites e outras condições para a realização de operações de crédito de interesse da União, dos Estados, do Distrito Federal e dos Municípios. No que tange às operações de crédito interno e externo dos Estados, do Distrito Federal e dos Municípios, o Senado Federal, por meio da Resolução nº 78, de 1998, disciplina, detalhadamente, as modalidades de operações de crédito, vedações e exceções, limites, apresentação de solicitações, critérios e condições de aprovação das solicitações, responsabilidades do Banco Central etc. Cabe, igualmente, recordar que a CF – art. 167, III – veda a realização de operações de crédito que excedam o montante das despesas de capital.

[34]   Lei nº 4.320/64: art. 45.

[35]   Emenda Constitucional nº 1/69: art. 62, § 4º, e Constituição Federal de 1988: art. 167, § 2º.

294 Orçamento Público • Giacomoni

Figueiredo, tem claro esse entendimento, ao abrir, no título das Alterações Orçamentárias, um capítulo para os Créditos Adicionais e outro para o Remanejamento, Transposição e Transferências.

Outra corrente é de opinião que *transposição, remanejamento* ou *transferência de recursos* não seriam outra coisa que retificações orçamentárias implementadas por meio dos créditos suplementares. Afora essa questão, a ser resolvida em última análise pela lei complementar prevista no art. 165, § 9º, da CF, outro ponto de variada interpretação é o conceito de *categoria de programação*.

Em geral, vinha-se associando tal expressão à classificação funcional-programática, uma das classificações orçamentárias da despesa. No sentido que lhe dá a Constituição, *categoria de programação* deve ser interpretada como o conjunto das classificações de despesa da lei orçamentária até seu menor nível. Assim, no caso do orçamento federal, além da categoria de menor nível da classificação funcional-programática – subprojeto ou subatividade –, a *categoria de programação* compreende: a *esfera* – fiscal ou seguridade –, o *grupo*, a *modalidade de aplicação*, a *fonte de recurso* e o *identificador de uso*. Interpretar *categoria de programação* no âmbito exclusivo da classificação funcional-programática significaria aceitar alterações entre categorias da natureza da despesa constantes da lei orçamentária – *grupos* e *modalidades de aplicação* – sem a necessidade de autorização legislativa. Este último entendimento, além de contrariar fundamentos do próprio processo legislativo, não obtém amparo na norma geral – Lei nº 4.320/64 – e nas leis de diretrizes orçamentárias da União.

C. Execução da receita

Ao contrário da despesa, cuja execução é caracterizada por várias etapas e estágios, cheios de particularidades e cuidados, a execução da receita compreende processamento mais simples, o que determina menor número de questões de interesse.

A maior simplicidade do processo de execução da receita decorre de sua própria natureza, cujas diferenças com a despesa podem ser analisadas por três prismas: centralização/descentralização, previsão/fixação e regime de caixa/competência.

Enquanto a despesa é executada de forma amplamente descentralizada, por meio de uma miríade de unidades executoras, a receita, em particular das principais fontes, é realizada de maneira altamente centralizada. Salvo as receitas de alguns fundos e as diretamente arrecadadas por entidades detentoras de autonomia administrativa e financeira, a execução da maior parte da receita pública é de responsabilidade do órgão fazendário – Ministério da Fazenda ou de Finanças e seus equivalentes nos demais níveis de governo: secretarias ou departamentos – que cumpre o papel de Erário ou Tesouro.

Outra diferença entre receita e despesa reside no caráter normativo cumprido por uma e outra na lei orçamentária. A questão foi analisada no Capítulo 7 e diz respeito à natureza meramente estimativa dos valores da receita, enquanto a despesa é fixada – autorizada – na lei orçamentária. Segundo a norma brasileira, o valor constante em cada item da receita orçamentária constitui-se em mera previsão, podendo, como resultado

Capítulo 14 • Execução Orçamentária e Financeira 295

da execução, ficar aquém ou ultrapassar o valor estimado. Além disso, a inexistência de determinado item – rubrica – na lei orçamentária não inibe que a receita correspondente seja arrecadada.

A terceira diferença diz respeito ao regime de contabilização adotado para a receita e despesa, visando à apuração dos resultados do exercício. No Brasil, adota-se regime contábil misto: de caixa para as receitas e de competência para as despesas.[36] Assim, são contabilizadas como receitas do exercício apenas aquelas que foram nele arrecadadas, ou seja, as que efetivamente deram entrada junto ao Erário.

O que são receitas orçamentárias? Com exceção de operações de crédito por antecipação de receita, de emissões de papel-moeda e de outras entradas compensatórias no ativo e passivo financeiros, todas as receitas, inclusive as de operações de crédito autorizadas em lei, constarão da LOA. Em decorrência dessa regra, todas as receitas arrecadadas, inclusive as provenientes de operações de crédito, ainda que não previstas no orçamento, serão classificadas, sob rubricas próprias, como receita orçamentária.[37]

A multiplicidade das receitas orçamentárias – tributos, contribuições, rendas patrimoniais e de serviços, operações de crédito etc. – de variada natureza jurídica, impede que elas cumpram estágios de execução formalmente padronizados, como ocorre na despesa.[38]

Entretanto, considerando que a maior parte da receita orçamentária é oriunda da cobrança de tributos e contribuições, cujo disciplinamento corre por conta de legislação específica, geralmente, admite-se, neste âmbito, a existência de três estágios: *lançamento, arrecadação* e *recolhimento*.

Execução da receita tributária

Lançamento

De conformidade com a norma tributária,[39] a autoridade administrativa deve proceder ao *lançamento* do crédito tributário, entendido como o procedimento administrativo que: (i) verifica a ocorrência do fato gerador da obrigação correspondente; (ii) determina a matéria tributável; (iii) calcula o montante do tributo devido; (iv) identifica o sujeito passivo; e (v) propõe, se for o caso, a aplicação da penalidade cabível.

---

[36] Lei nº 4.320/64: art. 35.

[37] Idem, art. 3º, parágrafo único, e art. 57.

[38] O Regulamento do Código de Contabilidade da União, hoje revogado, buscou estabelecer estágios padronizados para a receita, determinando, no art. 139, que toda receita do Estado percorre três estágios: fixação, arrecadação e recolhimento aos cofres públicos. Considerando, entretanto, as diferentes modalidades de receitas, o mesmo artigo ressalva que, para algumas espécies de receitas, os referidos estágios podem ser simultâneos e reduzir-se a dois ou ainda a um só. Ver Decreto nº 15.783, de 8-11-1922.

[39] Lei nº 5.172, de 25-10-1966 (Código Tributário Nacional): art. 142. A maior amplitude que a norma tributária – arts. 142 ss – concedeu ao tema do *lançamento* tornou ultrapassados os arts. 52 e 53 da Lei nº 4.320/64.

São três as modalidades de *lançamento*:[40] por declaração, de ofício e por homologação. O *lançamento por declaração* ocorre quando o sujeito passivo, ou terceiro, presta à autoridade administrativa informações indispensáveis à efetivação do lançamento; exemplo dessa modalidade é o imposto sobre a renda. O *lançamento de ofício* é efetuado pela administração sem a participação do contribuinte, sendo bons exemplos os impostos sobre a propriedade. O *lançamento por homologação*, ou autolançamento como é também conhecido, é realizado pelo sujeito passivo, que antecipa o pagamento sem prévio exame da autoridade administrativa. Exemplos, aqui, são os impostos sobre a produção e a circulação de bens.

Arrecadação

Segundo José Afonso da Silva, *"arrecadar* é ação de pôr em recato, em guarda, é a ação de pôr em custódia e segurança, e por extensão *cobrar, receber, tomar posse"*[41] (grifos do original). Nos casos dos tributos, é por meio da *arrecadação* que o contribuinte – sujeito passivo – quita (paga) suas obrigações junto ao Estado.

A *arrecadação* dá-se de forma *direta* e *indireta*. A *arrecadação* é *direta* quando realizada por repartição administrativa do Estado – coletorias, recebedorias, tesourarias etc. – ou por agência bancária credenciada. Este último mecanismo é, hoje, o mais utilizado.[42] A *arrecadação indireta* ocorre quando entidades depositárias – empregadores, bancos etc. – retêm valores dos contribuintes, providenciando, posteriormente, o recolhimento.

Recolhimento

O terceiro estágio da execução da receita é o recolhimento dos valores arrecadados aos cofres públicos (Tesouro). Apesar de parecer providência óbvia, decorrente da própria arrecadação, o destaque concedido ao *recolhimento* tem razão de ser em consequência do grande número de agentes arrecadadores – repartições fazendárias e, especialmente, agências bancárias.

O *recolhimento* de todas as receitas deve observar o princípio da unidade de tesouraria, vedada a fragmentação dos recursos em caixas especiais.[43] Consagrando a "caixa única", a norma geral brasileira visa racionalizar a gestão financeira, obtendo ganhos operacionais e viabilizando, particularmente, a execução da programação dos desembolsos.

Os órgãos fazendários, em cada nível de governo, têm por praxe aprovarem um *calendário fiscal*, por meio do qual os contribuintes são orientados sobre os prazos de recolhimento dos diversos tributos e contribuições. Além de sua evidente utilidade para o contribuinte, o calendário permite organizar o fluxo das receitas públicas, assim como a programação dos desembolsos.

---

[40]   Lei nº 5.172, de 25-10-1966: arts. 147 a 150.

[41]   SILVA, José Afonso da. *Orçamento-programa no Brasil*. São Paulo: Revista dos Tribunais, 1973. p. 331.

[42]   Decreto-lei nº 200, de 25-2-1967: art. 74. "Na realização da receita e da despesa pública será utilizada a via bancária, de acordo com as normas estabelecidas em regulamento."

[43]   Lei nº 4.320/64: art. 56.

Capítulo 14 • Execução Orçamentária e Financeira **297**

Execução da receita não tributária

Salvo o *lançamento*, procedimento próprio do âmbito da receita tributária, os estágios da *arrecadação* e do *recolhimento*, como regra geral, aplicam-se às demais modalidades de receita orçamentária. Conforme José Afonso da Silva:

> Com efeito, não se pode falar em *lançamento* em relação à receita não tributária. [...] Haverá, é certo, sua *arrecadação*, que é sua percepção efetiva, seu recebimento e guarda, e seu *recolhimento* no mesmo sentido indicado no número anterior. Rigorosamente só cabe falar em duas fases nessa hipótese[44] (grifos do original).

Dívida ativa

Vencido o prazo fixado para pagamento, o crédito da Fazenda Pública será inscrito, na repartição administrativa competente, como *dívida ativa*.[45] Apesar da expressão *dívida*, trata-se aqui, na realidade, de *resíduos ativos* ou *restos a receber*.[46]

A *dívida ativa* divide-se em:[47]

a) *tributária*, proveniente de obrigação legal relativa a tributos e respectivos adicionais e multas; e

b) *não tributária*, os demais créditos da Fazenda Pública, tais como os provenientes de empréstimos compulsórios, contribuições estabelecidas em lei, multas de qualquer origem ou natureza, exceto as tributárias, foros, laudêmios, aluguéis ou taxas de ocupação, custas processuais, preços de serviços prestados por estabelecimentos públicos, indenizações, reposições, restituições, alcances dos responsáveis definitivamente julgados, bem assim os créditos decorrentes de obrigações em moeda estrangeira, de sub-rogação de hipoteca, fiança, aval ou outra garantia, de contratos em geral ou de outras obrigações legais.

Tendo em vista o regime de caixa observado na contabilização da receita, as estimativas de recebimento da *dívida ativa* constarão da lei orçamentária. No passado, as receitas de

---

[44] SILVA, J. A. Op. cit. p. 333. Nem sempre o estágio do *lançamento* esteve circunscrito apenas à receita tributária. O Código de Contabilidade da União estabelecia, no art. 143, as receitas que seriam objeto de *lançamento*: (i) impostos diretos; (ii) outras receitas com vencimentos determinados em leis especiais, regulamentos ou contratos; (iii) aluguéis, arrendamentos, foros e qualquer outra prestação periódica, relativa aos bens patrimoniais da União; (iv) serviços industriais da União; e (v) outras rendas, taxas e proventos que decorram de direitos preexistentes do Estado contra terceiros.

[45] Lei nº 5.172, de 25-10-1966 (Código Tributário Nacional): art. 201; e Lei nº 4.320, de 17-3-1964: art. 39, § 1º (redação dada pelo Decreto-lei nº 1.735, de 20-12-1979). No caso da União, a dívida ativa será apurada e inscrita na Procuradoria da Fazenda Nacional (Lei nº 4.320/64: art. 39, § 5º).

[46] Empregada tradicionalmente, a expressão *dívida ativa* consta da legislação brasileira desde, pelo menos, o início deste século. Hipótese para a origem da expressão, em rigor inapropriada, seria a busca de paralelismo entre as expressões resíduo/dívida com ativo/passivo. Assim, já que resíduo passivo e dívida passiva são sinônimos, resíduo ativo seria a mesma coisa que *dívida ativa*.

[47] Lei nº 4.320/64: art. 39, § 2º.

298 Orçamento Público • Giacomoni

dívida ativa tributária e não tributária eram consideradas como Outras Receitas Correntes (1.9.0.0.0). Numa das reformas da classificação da receita segundo a natureza, os valores arrecadados da dívida ativa passaram a integrar a origem e a espécie da receita, conforme o seguinte exemplo:

1.0.0.0.00.0.0	Receitas Correntes
1.1.0.0.00.0.0	Impostos, Taxas e Contribuições de Melhoria
1.1.1.0.00.0.0	Impostos
1.1.1.1.00.0.0	Impostos sobre o Comércio Exterior
1.1.1.1.01.0.0	Imposto sobre Importação
1.1.1.1.01.0.1	Imposto sobre Importação – Principal
1.1.1.1.01.0.3	Imposto sobre Importação – Dívida Ativa
1.1.1.1.01.0.8	Imposto sobre Importação – Juros da Dívida Ativa

D. Regime da contabilidade

Regime da despesa

Empenho como estágio da competência

Despesa empenhada num exercício e paga no seguinte, a qual dos dois exercícios pertence? De acordo com a norma geral brasileira, pertencem ao exercício financeiro "as despesas nele legalmente *empenhadas*".[48] Assim, para efeito de apuração das contas do exercício, considera-se despesa executada a que cumpriu o estágio do *empenho*, configurando, dessa forma, o chamado regime de exercício ou de competência. Ainda de conformidade com a mesma lei, as despesas *empenhadas*, mas não pagas até o dia 31 de dezembro, serão inscritas em *restos a pagar*, em cuja condição a despesa superará os estágios restantes, em particular o *pagamento*.

Essa solução, antiga e tradicional, vigente no próprio Código de Contabilidade da União de 1922, em geral, vinha sendo interpretada como a mais adequada para representar a execução da despesa e, consequentemente, sua contabilização.[49] Nos últimos anos, a fórmula perdeu a unanimidade e tornou-se centro de controvérsia, em grande parte, como resultado das providências adotadas pelo Poder Executivo Federal, visando limitar os empenhos de final de exercício, que, como se sabe, em boa medida, tratam de despesas que serão executadas, liquidadas e pagas no exercício seguinte.[50]

---

[48] Lei nº 4.320/64: art. 35, II.

[49] Segundo Teixeira Machado Jr. e Heraldo Reis, "depois de longos anos de discussões e tentativas sobre vários sistemas para contabilizar a execução do orçamento da receita e da despesa, parece que este procedimento satisfaz melhor as necessidades de registro, de controle e de análise das receitas e despesas públicas". Ver MACHADO JR., J. T.; REIS, H. C. Op. cit. p. 80.

[50] Ver, neste capítulo, na Seção II – Norma federal, o tratamento dado ao estágio da competência no âmbito da União.

Restos a pagar

Conforme visto, os resíduos passivos do exercício denominam-se *restos a pagar* e compreendem as despesas empenhadas e não pagas até o dia 31 de dezembro.[51] Constituindo modalidade de dívida pública flutuante, os *restos a pagar* são registrados por exercício e credor e distinguem as despesas em *processadas* e *não processadas*.[52]

Na ausência de definição por parte da Lei nº 4.320/64, essas novas categorias têm sido caracterizadas por norma federal:[53] despesas *processadas* são as despesas *liquidadas*, ou seja, aquelas cujos implementos de condição foram verificados e satisfeitos, estando em condições de pagamento. Já as *não processadas* são as despesas *empenhadas* que se encontram em fase de execução, sem condições ainda de se submeterem ao estágio da *liquidação*, ou seja, da verificação do direito adquirido pelo credor. A referida distinção é especialmente importante, já que as despesas *não processadas* – *não liquidadas* – não se constituíram ainda como obrigações reais, cabendo às demonstrações contábeis evidenciar essa situação.[54]

De conformidade com o normativo editado para a área federal e que vigorou por um longo período, a inscrição de despesas em *restos a pagar* tinha validade até 31 de dezembro do ano subsequente. Alterações na regra fixaram esse prazo apenas para os *restos a pagar não processados* e *não liquidados* posteriormente. Derradeira alteração estabelece a data de 30 de junho do segundo ano subsequente ao da inscrição como prazo de validade para essa modalidade de *restos a pagar* ressalvados alguns tipos de despesas.[55] Cabe lembrar que, de acordo com disposições do Código Civil Brasileiro, os direitos dos credores de *restos a pagar* prescrevem após cinco anos.[56] Quando a habilitação do credor se der após o cancelamento dos *restos a pagar*, o pagamento da despesa dar-se-á por meio do crédito de *despesas de exercícios anteriores*.

Despesas de exercícios anteriores

O atendimento de despesas relativas a exercícios já encerrados dependerá da existência de crédito específico na lei orçamentária ou em crédito adicional. A norma geral brasileira estabelece três situações passíveis de enquadramento:[57]

---

[51] Lei nº 4.320/64: art. 36.

[52] Lei nº 4.320/64: art. 92 e parágrafo único.

[53] Decreto-lei nº 836, de 8-9-1969: art. 4º, §§ 1º e 2º, e Decreto nº 93.872, de 23-12-1986: art. 67, §§ 1º e 2º.

[54] Ver MACHADO JR., J. T.; REIS, H. C. Op. cit. p. 159.

[55] Decreto nº 93.872, de 23-12-1986: arts. 68 a 70. De acordo com o § 3º do art. 68 do citado Decreto, com a redação dada pelo Decreto nº 7.654, de 2011, permanecem válidos, após a data de 30 de junho do segundo ano subsequente ao da inscrição, os restos a pagar não processados que: I – refiram-se às despesas executadas diretamente pelos órgãos e entidades da União ou mediante transferência ou descentralização aos Estados, Distrito Federal e Municípios, com execução iniciada até a data prevista no § 2º; II – sejam relativos às despesas: *a)* do Programa de Aceleração do Crescimento (PAC); *b)* do Ministério da Saúde; ou *c)* do Ministério da Educação financiadas com recursos da Manutenção e Desenvolvimento do Ensino.

[56] Art. 178, § 10, VI.

[57] Lei nº 4.320/64: art. 37.

300 Orçamento Público • Giacomoni

- as despesas de exercícios encerrados, para as quais o orçamento respectivo consignava crédito próprio, com saldo suficiente para atendê-las, que não se tenham processado na época própria;
- os Restos a Pagar com prescrição interrompida; e
- os compromissos reconhecidos após o encerramento do exercício correspondente.

Quando de sua edição, a Lei nº 4.320/64 previa a ocorrência de despesas de exercícios encerrados apenas no âmbito das despesas de custeio. Para tanto, trazia, no classificador do Anexo nº 4, o *elemento* 3.1.5.0 – Despesas de Exercícios Anteriores. Como tais despesas podem referir-se a quaisquer categorias econômicas, em revisão posterior,[58] o governo federal transformou a referida conta em *subelemento* integrante das várias subcategorias econômicas: *despesas de custeio, transferências correntes, investimentos, inversões financeiras* e *transferências de capital*.[59]

Regime da receita

Em dois de seus dispositivos, a norma brasileira estabelece que pertencem ao exercício as receitas nele *arrecadadas*.[60] A *arrecadação* configura o segundo estágio da execução da receita orçamentária, ou seja, quando o valor devido é entregue pelo devedor à repartição administrativa do Estado ou à entidade depositária. Assim, diferentemente do que ocorre com a despesa, o regime contábil da receita orçamentária é *caixa* ou *gestão*, conforme a nomenclatura empregada no passado.

II – Norma federal

Alguns dos principais temas abordados na seção anterior passam agora a ser analisados segundo o tratamento a eles concedido na órbita federal. Viu-se, anteriormente, que a execução orçamentária se reveste de forma financeira e que esta se dá de conformidade com o estabelecido na programação orçamentária. Os elementos básicos da integração entre a execução orçamentária e financeira da despesa federal estão transcritos, de forma esquemática, no Diagrama 14.1.

A. Detalhamento do orçamento

Quadro de Detalhamento de Despesa (QDD). Na União, o detalhamento da lei orçamentária, visando maior discriminação e especialização das despesas, era tradicionalmente realizado por meio do QDD, elaborado e publicado no âmbito de cada Poder e do Ministério Público.[61]

---

[58] Portaria Seplan nº 38, de 5-6-1978, da Secretaria de Planejamento da Presidência da República e Portaria SOF/Seplan nº 15, de 20-6-1978, da Secretaria de Orçamento e Finanças da Secretaria de Planejamento da Presidência da República.

[59] Ver o Anexo nº 4 da Lei nº 4.320/64 – Apêndice 6.2, apresentado no final do Capítulo 6.

[60] Lei nº 4.320/64: arts. 35, I, e 39, *caput*.

[61] Por disposição das LDOs, os QDDs referentes aos Poderes Legislativo e Judiciário e ao Ministério Público eram aprovados mediante atos dos presidentes da Câmara dos Deputados, do Senado Federal, do Tribunal de

Até 1990, quando o orçamento federal observava os critérios e as categorias classificatórias da Lei nº 4.320/64, o QDD aumentava o detalhamento constante da lei orçamentária, subdividindo alguns *subelementos* em *itens*, particularmente em Pessoal e nas Transferências. Nessa fase, o QDD já associava a cada crédito a respectiva *fonte de recurso*.

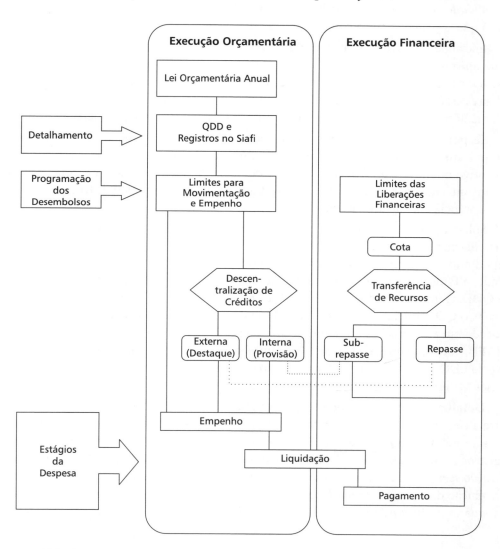

Diagrama 14.1   *Integração entre a execução orçamentária e financeira da despesa.*

Contas da União, do Supremo Tribunal Federal e dos Tribunais Superiores, do Tribunal de Justiça do Distrito Federal e do Procurador-Geral da República. Até o exercício de 1992, os QDDs dos referidos órgãos eram publicados de forma consolidada com o do Poder Executivo. A partir de 1993, a publicação dos QDDs passou a ser feita de forma autônoma. No caso do Poder Executivo, a aprovação do QDD e de suas retificações era feita por portaria do ministro encarregado do orçamento.

A partir de 1990, a apresentação do QDD passou a refletir as alterações realizadas pela União na classificação da despesa. Conforme visto anteriormente,[62] a adoção da classificação *segundo a natureza* não representou nova classificação, mas o rearranjo das classificações *econômica* e *por elementos*, passando a compreender quatro categorias: *econômica, grupo, modalidade de aplicação* e *elemento*. Igualmente, o QDD trazia a *fonte de recurso*, classificação que já se apresentava com as características atuais.

Inicialmente, das novas categorias, apenas os *grupos de despesa* apareciam na lei orçamentária, constando as demais no QDD. Nos exercícios seguintes, no afã de diminuir o poder de discricionariedade com que contava o Executivo no manejo das autorizações orçamentárias, o Congresso Nacional logrou, por meio de emendas aprovadas aos projetos de leis de diretrizes orçamentárias, que a maior parte das novas categorias passasse a integrar a lei orçamentária.[63]

Se, por um lado, as novas exigências introduzidas pelo Congresso Nacional não chegaram a aumentar o controle parlamentar sobre a execução orçamentária, já que o Poder Executivo manteve a prerrogativa de proceder a alterações nas novas categorias por meio de atos internos, por outro lado, é inegável que os novos componentes trouxeram maior transparência à lei orçamentária.

Sob o argumento de que as exigências ligadas à elaboração e à publicação do QDD e, particularmente, às alterações deste, durante o exercício, traziam prejuízos para a gestão, impedindo que os procedimentos formais de execução da despesa tivessem a desejada agilidade, o Poder Executivo passou a defender a dispensa da formalização e da publicação do QDD. Como resultado dessa disposição, a LDO do exercício de 1997 determinou que apenas o QDD inicial fosse publicado, devendo as unidades orçamentárias responsáveis procederem as alterações diretamente no Sistema Integrado de Administração Financeira (SIAFI).[64] A partir do exercício de 1998, também a publicação inicial do QDD foi dispensada pela LDO, ficando todo o processamento do detalhamento orçamentário – implantação inicial e alterações – a ser desenvolvido no âmbito do SIAFI.

Detalhamento do orçamento diretamente no SIAFI. Além da discriminação que sofre a *classificação segundo a natureza*, com a introdução do *elemento de despesa*, antes por intermédio do QDD e agora diretamente no SIAFI, são realizados, por intermédio de registros nesse sistema, outros detalhamentos, podendo ser apontados: (a) ainda na *classificação segundo a natureza*, a adoção do *subelemento*; (b) na *classificação institucional*, a introdução da categoria *unidade gestora*,[65] podendo ser tanto *unidade orçamentária* como *unidade administrativa* a ela vinculada, a *unidade gestora* passa a ser a categoria institucional

---

[62] Ver no Capítulo 6: Seção II – Norma federal, A. Classificação da Despesa segundo sua Natureza.

[63] A partir do exercício de 1999, apenas a classificação por *elementos* continuou fora da lei orçamentária.

[64] Lei nº 9.293, de 15-7-1996: art. 56, *caput* e § 3º.

[65] Conforme o Manual do SIAFI, *unidade gestora* é a "Unidade Orçamentária ou Administrativa que realiza atos de gestão orçamentária, financeira e/ou patrimonial, cujo titular, em consequência, está sujeito à tomada de contas anual na conformidade do disposto nos artigos 81 e 82 do Decreto-lei nº 200, de 25 de fevereiro de 1967." Ver o Glossário do Manual no endereço: https://conteudo.tesouro.gov.br/manuais/index.php?option=com_content&view=article&id=1529:010400-glossario&catid=743&Itemid=700.

Capítulo 14 • Execução Orçamentária e Financeira **303**

principal nas várias fases do processo de execução financeira do governo federal; e (c) a utilização, de forma facultativa, do chamado *plano interno*, definido como "Instrumento de planejamento e de acompanhamento da ação programada, usado como forma de detalhamento de um projeto/atividade, de uso exclusivo de cada Ministério ou Órgão, podendo desdobrar-se ou não em etapas".[66]

B. Programação dos desembolsos

Na União, a programação da execução da despesa tem como principal norma disciplinadora o Decreto-lei nº 200/67, que define a *programação financeira de desembolso* como instrumento básico do planejamento.[67] Sob a vigência da Lei nº 4.320/64, a programação de desembolso era aprovada sob a forma de cotas trimestrais. A LRF mudou o procedimento com a adoção de um cronograma mensal de desembolso.

As LDOs federais disciplinam a programação financeira, estabelecendo que cada Poder e o Ministério Público, em face da autonomia administrativa e financeira, devem elaborar os respectivos cronogramas anuais de desembolso mensal por órgão, no prazo de 30 dias após a publicação da lei orçamentária. Ressalte-se que a CF, ao determinar que os recursos correspondentes às dotações orçamentárias destinados aos órgãos dos Poderes Legislativo e Judiciário e do Ministério Público ser-lhes-ão entregues até o dia 20 de cada mês, em duodécimos, acaba por definir o cronograma mensal de desembolso desses órgãos.[68] A programação orçamentária e financeira inicial e as alterações durante o exercício para os órgãos e entidades do Poder Executivo são estabelecidas por decreto e portarias.

C. Descentralização de créditos

A *descentralização de créditos* caracteriza-se pela cessão de crédito orçamentário entre *unidades orçamentárias* ou *unidades gestoras*.[69] Representação esquemática dessa modalidade pode ser visualizada nos Diagramas 14.1 e 14.2. Na definição do Manual do SIAFI, *descentralização orçamentária* é a "Transferência (externa ou interna) concedida por uma Unidade Orçamentária – UO ou Unidade Administrativa – UA, para outra Unidade, do

---

[66] Ver o Glossário do Manual no endereço: https://conteudo.tesouro.gov.br/manuais/index.php?option=com_content&view=article&id=1529:010400-glossario&catid=743&Itemid=700.

[67] Os principais dispositivos do citado Decreto-lei voltados à programação dos desembolsos são: "Art. 17. Para ajustar o ritmo de execução do orçamento-programa ao fluxo provável de recursos, o Ministério do Planejamento e Coordenação Geral e o Ministério da Fazenda elaborarão, em conjunto, a programação financeira de desembolso de modo a assegurar a liberação automática e oportuna dos recursos necessários à execução dos programas anuais de trabalho" e "Art. 72. Com base na lei orçamentária, créditos adicionais e seus atos complementares, o órgão central da programação financeira fixará as cotas e prazos de utilização de recursos pelos órgãos da Presidência da República, pelos ministérios e pelas autoridades dos Poderes Legislativo e Judiciário, para atender à movimentação dos créditos orçamentários ou adicionais".

[68] Constituição Federal: art. 168.

[69] A base legal do mecanismo é o Decreto nº 825, de 28-5-1993: art. 2º e parágrafo único; anteriormente, o tema era tratado no Decreto nº 93.872, de 23-12-1986: art. 20.

poder de utilizar créditos orçamentários ou adicionais que estejam sob a sua supervisão ou lhe tenham sido dotados ou transferidos".[70]

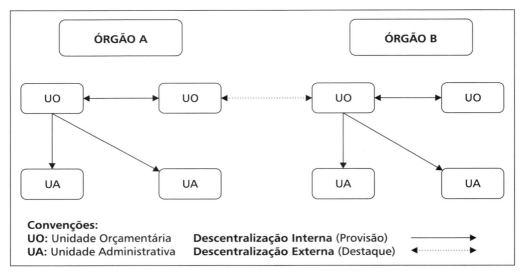

Diagrama 14.2 *Descentralização de créditos orçamentários e adicionais.*

- *Descentralização interna* ou *provisão* é a denominação dada à cessão de crédito orçamentário entre *unidades orçamentárias* ou *unidades gestoras* do mesmo *órgão* (ministério) ou entidade integrante dos orçamentos fiscal e da seguridade social.
- *Descentralização externa*, ou *destaque*, é a cessão de crédito orçamentário entre *unidades orçamentárias* ou *unidades gestoras* integrantes de diferentes *órgãos* (ministérios) ou entidades.

O mecanismo da *descentralização de créditos* aplica-se, igualmente, às empresas públicas federais que não integram os orçamentos fiscal e da seguridade fiscal, mas que, ao atuarem como agentes financeiros de programas governamentais, poderão receber créditos em descentralização, com vistas a viabilizar a consecução de objetivos previstos no orçamento.

A unidade que utilizar o crédito deverá respeitar fielmente as classificações que caracterizam a dotação, empregando os recursos na concretização do objeto pretendido pelo programa de trabalho pertinente.

Seria a *descentralização de crédito* uma forma disfarçada de alteração da lei orçamentária, realizada sem autorização legal? Procede esse questionamento, tendo em vista a disposição constitucional do art. 167, VI, que veda "a transposição, o remanejamento ou a *transferência de recursos* de uma categoria de programação para outra ou de um *órgão para outro, sem prévia autorização legislativa*" (grifos nossos).

---

[70] Ver o Glossário do Manual no endereço: https://conteudo.tesouro.gov.br/manuais/index.php?option=com_content&view=article&id=1529:010400-glossario&catid=743&Itemid=700.

As normas internas do Poder Executivo buscam descaracterizar a *descentralização* como *transferência de crédito* entre unidades, salientando que se trata de cessão ou transferência do direito de utilização de crédito autorizado na lei orçamentária. Coerente com esse entendimento, a *descentralização de crédito* não produz nenhuma alteração em relação ao aprovado na lei orçamentária. Da mesma forma, os dados e os registros da execução orçamentária não evidenciam a *descentralização de crédito*. A unidade cedente continua detentora do crédito, cuja execução passa a ser responsabilidade da unidade recebedora.

A descentralização de crédito é mecanismo adequado e perfeitamente aceitável para a distribuição de parcelas do crédito orçamentário entre *unidades administrativas* ou *unidades gestoras* que constituem determinada *unidade orçamentária*. O mesmo não pode ser dito em relação às cessões de créditos entre *unidades orçamentárias* de mesmo *órgão* e, principalmente, de *órgãos* diversos. Mesmo havendo o cuidado de não se formalizar a transferência do crédito entre *unidades orçamentárias*, esta, de fato, ocorre, configurando desrespeito à norma constitucional e à legislação que disciplina as retificações orçamentárias.

D. Liberação de recursos financeiros

Apesar de o dispositivo disciplinador do Decreto-lei nº 200/67, art. 17, pretender, com a programação financeira de desembolso, "assegurar a liberação automática e oportuna dos recursos necessários à execução dos programas anuais de trabalho", na área federal, as *unidades gestoras* recebem os recursos financeiros na forma de liberações mensais, após solicitação e aprovação das propostas financeiras. Os passos que constituem esse processo estão detalhados no Diagrama 14.3.

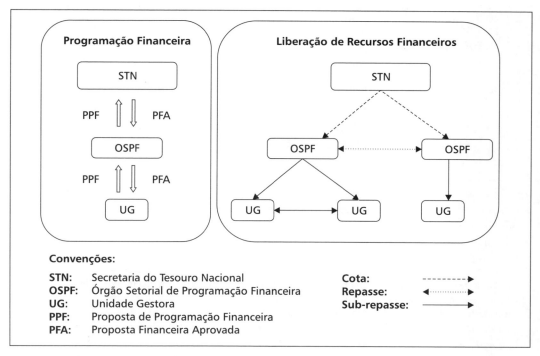

Diagrama 14.3 *Programação e liberação de recursos financeiros.*

306 Orçamento Público • Giacomoni

De conformidade com a norma federal aplicada ao Poder Executivo, a atividade de administração financeira integra o Sistema de Administração Financeira Federal, cujo órgão central é a Secretaria do Tesouro Nacional (STN).[71] Nos eventos que constituem a gestão financeira federal, a nomenclatura aplicada às instituições participantes é diversa da utilizada na fase orçamentária. Em lugar de *Órgão* e *Unidade Orçamentária* (*UO*), na etapa financeira tem-se *Órgão Setorial de Programação Financeira* (*OSPF*) e *unidade gestora* (*UG*).[72]

Solicitações. Mensalmente, a *UG* encaminha sua *Proposta de Programação Financeira* (*PPF*) ao respectivo *OSPF*. Este reúne as propostas recebidas e encaminha a *PPF* setorial à *STN*. A *PPF* tem as seguintes características: (a) é uma solicitação de recursos; (b) apresentada na forma de registro contábil no SIAFI; (c) elaborada por categorias principais de despesas (Pessoal, Dívida Externa, Dívida Interna, Outros Custeios e Capital e Restos a Pagar). A *STN* atenderá às solicitações – *PPF* – por intermédio de registro contábil no SIAFI denominado *Programação Financeira Aprovada* (*PFA*). A *PFA* representa a concessão de limite financeiro mensal para cada *OSPF* e respectivas *UG*, nas mesmas categorias de despesa estabelecidas na *PPF*.

Tanto na formulação da *PPF* pela *UG* e pelo *OSPF* como no atendimento das solicitações pela *STN* por intermédio da *PFA*, deverão ser consideradas prioritárias para pagamento, em qualquer fonte, as despesas com: (a) pessoal e encargos sociais; (b) aposentadorias e pensões da Previdência Social; (c) serviço da dívida pública federal; e (d) contrapartida de empréstimos externos.[73]

Liberações. A disponibilização de recursos financeiros às *UG* é realizada por intermédio de três mecanismos: *cota, repasse* e *sub-repasse*.[74]

- *Cota* é o montante de recursos financeiros que, em cada período, a *STN* coloca à disposição dos *OSPF*.

- *Repasse* dá-se:
  - do *OSPF para* entidades da administração indireta, e entre estas; e
  - da entidade da administração indireta para órgão da administração direta, ou entre estes, se de outro órgão ou Ministério.

- *Sub-repasse* representa a liberação financeira do *OSPF* para as *UG* de sua jurisdição e entre *UG* de um mesmo ministério, órgão ou entidade.

---

[71] Sobre a organização do Sistema de Administração Financeira Federal, ver arts. 10 a 13 da Lei nº 10.180, de 6-2-2001; sobre a estrutura do Ministério da Economia e competências da STN, ver Anexo I do Decreto nº 9.745, de 8-4-2019.

[72] Segundo o Manual do SIAFI, *OSPF* é a "Unidade que responde pela consolidação das propostas e elaboração do Cronograma de Desembolso Setorial, para apresentação à STN, de acordo com as diretrizes fixadas em Decreto e as normas gerais emanadas do Órgão Central". Já *unidade gestora* é a "Unidade Orçamentária ou Administrativa que realiza atos de gestão orçamentária, financeira e/ou patrimonial, cujo titular, em consequência, está sujeito à tomada de contas anual na conformidade do disposto nos artigos 81 e 82 do Decreto-lei nº 200, de 25-2-1967". Ver o Glossário do Manual no endereço: https://conteudo.tesouro.gov.br/manuais/index.php?option=com_content&view=article&id=1529:010400-glossario&catid=743&Itemid=700.

[73] Decreto nº 825, de 28-5-1993: art. 21.

[74] Idem, art. 19.

Uma das características do *repasse* e *sub-repasse* é constituírem-se em correspondência financeira, respectivamente, dos mecanismos orçamentários de descentralização de crédito, *destaque* e *provisão*.[75] As liberações financeiras são, primeiramente, feitas em nome das unidades detentoras dos créditos orçamentários autorizados. Tendo ocorrido a descentralização do crédito, a unidade cedente repassará ou sub-repassará os recursos financeiros correspondentes.

E. Retificação e alteração da lei orçamentária

Por seu significado no universo da retificação dos orçamentos federais durante sua execução, três pontos devem ser destacados: (a) autorização para a abertura de créditos suplementares obtida na própria lei orçamentária; (b) abertura de créditos extraordinários por meio de medida provisória; e (c) alterações nas novas categorias classificatórias – modalidade de aplicação, fonte de recursos etc.

Autorização para a abertura de créditos suplementares. Conforme dispõe a CF no art. 165, § 8º, a LOA poderá trazer autorização para a abertura de créditos suplementares. Com base nessa autorização, certas retificações orçamentárias serão procedidas, durante a execução orçamentária, por intermédio de atos baixados no âmbito de cada Poder.

A decisão do legislador em conceder autorização genérica para retificações orçamentárias, dispensado o provimento legislativo em cada caso, é amparada em duas classes de razões: (a) por ser realizada com razoável antecedência, a elaboração orçamentária convive com o risco da imprevisibilidade, sendo de bom senso permitir ao executor do orçamento certa margem de flexibilidade na utilização das dotações, dentro de determinadas condições; e (b) como consequência das inúmeras vinculações legais existentes entre modalidades de receitas e despesas específicas, certas retificações do orçamento se impõem de forma praticamente automática.

A concessão de autorização genérica para a abertura de créditos suplementares tem sido tradicional nos orçamentos federais, especialmente nos últimos anos, quando o mecanismo vem sendo empregado de forma ampla e variada.

Os créditos extraordinários na área federal: Na seção anterior, sobre a Norma geral,[76] foi mencionado que a Constituição de 1988 trouxe duas novidades em relação aos *créditos extraordinários*: ampliou as situações em que pode ser utilizada essa modalidade de crédito e estabeleceu a *medida provisória* como o instrumento legal de abertura do crédito.

A legislação orçamentária brasileira, pelo menos desde a Constituição de 1934, vinha estabelecendo que caberia o *crédito extraordinário* na hipótese de necessidade urgente ou imprevista, em caso de guerra, comoção interna e calamidade pública. A Constituição de 1988 manteve a redação tradicional do dispositivo, mas tornou essas três situações, antes consideradas como únicas justificativas para o *crédito extraordinário*, como meramente

---

[75] Ver Diagrama 14.1.

[76] Ver neste capítulo: Seção I – Norma geral, B. Execução da Despesa, Mecanismos Retificadores do Orçamento, Autorização Legislativa.

exemplificativas. Essa flexibilização é perigosa, pois permite a utilização do mecanismo em situações em que a pretensa urgência é discutível.

Por outro lado, o emprego de *medida provisória* para a abertura do *crédito extraordinário* não é certamente uma boa solução.[77] Ao ser apreciada, a *medida provisória* poderá receber emendas, com objetivos contrários aos pretendidos com a medida, e até mesmo ser rejeitada. O fundamento do *crédito extraordinário* é a urgência da ação governamental, não devendo se cogitar em prévia autorização legislativa para a realização das despesas correspondentes. Careceria de sentido, portanto, emendar e rejeitar um *crédito extraordinário*.[78] Como o problema está, também, na excessiva flexibilidade concedida na utilização do mecanismo, dever-se-ia retornar ao modelo anterior ao da Constituição de 1988, ou seja, a abertura do *crédito extraordinário* dar-se-ia apenas em caso de guerra, comoção interna ou calamidade pública, por meio de Decreto do Poder Executivo, com imediata comunicação ao Poder Legislativo.

Alterações nas novas categorias classificatórias. As leis de diretrizes orçamentárias federais estabelecem o grau de detalhamento ou discriminação da despesa a ser observado nas leis orçamentárias anuais. De acordo com a LDO, para o exercício de 2020, os orçamentos fiscal, da seguridade social e de investimento das empresas estatais discriminarão a despesa por unidade orçamentária, com suas categorias de programação detalhadas no menor nível, com as respectivas dotações, especificando a esfera orçamentária, o grupo de natureza de despesa, o identificador de resultado primário, a modalidade de aplicação, o identificador de uso e a fonte de recursos.[79]

Quais disciplinamentos devem ser observados quando da realização de alterações nessas várias categorias durante a execução do orçamento? Viu-se, na seção I deste capítulo,[80] que as normas gerais trazem o *crédito adicional* como o instrumento básico das retificações. Considerando que parcelas das citadas categorias foram criadas recentemente, fora, portanto, do regime instituído pela Lei nº 4.320/64, cabe indagar se o mecanismo do *crédito adicional* poderia viabilizar todas as necessidades de alterações.

Conforme a definição da Lei nº 4.320/64, utiliza-se o *crédito adicional* para autorizar despesas não computadas ou insuficientemente dotadas na lei orçamentária. O *crédito adicional* constitui-se, assim, em solução para problemas existentes no âmbito das dotações,

---

[77]   O emprego da *medida provisória* para a abertura de *crédito extraordinário* é matéria controversa. Para Sanches, a interpretação de que o art. 167, § 3º, da Constituição Federal, ao invocar o art. 62, exige a *medida provisória* na abertura do *crédito extraordinário* é equivocada. "Dado que pela absoluta funcionalidade do procedimento tradicional, o entendimento mais razoável para a referência ao art. 62 da Constituição, contida no § 3º supra, seria o de haver necessidade de convocação do Congresso Nacional no caso da abertura do crédito extraordinário ocorrer durante período de recesso, [...]." Ver SANCHES, Osvaldo M. Processo orçamentário federal: problemas, causas e indicativos de solução. *Revista de Administração Pública*, Rio de Janeiro, v. 29, n. 3, p. 146-147, jul./set. 1995.

[78]   Ver SCHETTINI, Francisco de Paula. Emendas a projetos de lei de crédito adicional. *Revista de Informação Legislativa*, Brasília, v. 34, n. 135, p. 197-202, jul./set. 1997.

[79]   Lei nº 13.898, de 11-11-2019: art. 6º, *caput*.

[80]   Ver neste Capítulo: Seção I – Normal geral, B. Execução da Despesa, tópico Mecanismos Retificadores do Orçamento.

por meio da autorização para a abertura de novos créditos ou para a suplementação de dotações de créditos existentes. Para a abertura de novo crédito ou suplementação de dotação existente é necessária a indicação de recursos em valor correspondente.

No caso de alterações em certas categorias que constituem o crédito orçamentário, em particular *modalidade de aplicação*, *fonte de recurso* e *identificador de uso*, não estão em jogo valores (dotação) a serem autorizados e recursos que os viabilizem, mas a substituição de um título por outro integrante da mesma categoria. Isso ocorre, por exemplo, quando se substitui, em determinado *subtítulo*, a *modalidade de aplicação* 90 (Aplicação Direta) pela 40 (Transferências Intergovernamentais a Municípios), ou a *fonte de recursos* 012 (Manutenção e Desenvolvimento do Ensino) pela 000 (Recursos Livres da União). Pode ocorrer que, do total da dotação, uma parte sofra alteração de *modalidade de aplicação* ou de *fonte de recursos* ou de *identificador de uso*. Tal particularidade, entretanto, não muda essencialmente a questão, já que os valores alocados no crédito não sofrem alteração em seu total.

Aceita a argumentação exposta, os *créditos adicionais* não se constituiriam em mecanismo apropriado para a retificação de algumas categorias classificatórias de despesa durante a execução orçamentária da União. Como consequência dessa limitação, eventuais retificações não poderiam ser autorizadas no texto da lei orçamentária, ao amparo do art. 165, § 8º, da CF (autorização para a abertura de créditos suplementares). As LDOs federais têm suprido a ausência de norma permanente disciplinadora dessa questão e vêm autorizando modificações naquelas categorias não cobertas pelos *créditos adicionais*. A título de exemplo, a LDO para 2020[81] autoriza a modificação para as *fontes de recursos*, observadas as vinculações previstas na legislação, para os *identificadores de uso* e *de resultado primário* e para as esferas orçamentárias por meio de portaria da Secretaria de Orçamento Federal do Ministério da Economia. As alterações das *modalidades de aplicação* serão realizadas diretamente no SIAFI pela *unidade orçamentária (UO)*.

F. Inscrição em restos a pagar

Viu-se, conforme a norma geral – Lei nº 4.320/64 –, que as despesas empenhadas e não pagas até o final do exercício são inscritas em *restos a pagar*.

Deve-se reconhecer que dita regra apresenta limitações importantes. Uma delas está em definir o empenho – um estágio jurídico – como o momento da despesa na apuração das contas do exercício. A fase do empenho certamente não configura adequadamente a competência do exercício, que é caracterizado quando da realização efetiva da despesa. Outra limitação da norma geral é fomentar o descompasso entre a execução orçamentária e a financeira, ou seja, a despesa é gravada num exercício, mas seus efeitos financeiros ocorrem no seguinte. Essas disfunções são potencializadas negativamente pelas práticas, comuns na gestão pública brasileira, de concentrar as liberações financeiras no final do exercício e de produzir grande número de empenhos, visando ao aproveitamento dos créditos. Nessas

---

[81] Lei nº 13.898, de 11-11-2019: art. 44, § 1º, III. Apesar de expressamente exigidas pelas LDOs, em geral, as modificações têm sido publicadas desacompanhadas da competente justificação.

310 Orçamento Público • Giacomoni

condições, não há tempo para a realização efetiva da despesa, restando promover, em grande volume, a inscrição de saldos de empenhos não processados em *restos a pagar*.[82]

Com o objetivo de diminuir a contaminação do exercício seguinte com a transferência de muitos compromissos de anos anteriores, o governo federal, por meio de decretos, busca estabelecer limites para inscrição em restos a pagar de despesas não pagas até 31 de dezembro. Decreto de junho de 2018, por exemplo, alterou o conhecido Decreto nº 98.872, de 1986, que dispõe sobre despesas inscritas em *restos a pagar não processados*, estabelecendo que os saldos de *restos a pagar*, inscritos ou reinscritos até o exercício de 2016 na condição de não processados e que não forem liquidados até 31 de dezembro de 2019, serão cancelados pela STN nessa data.[83] A representatividade dos *restos a pagar* no conjunto dos encargos financeiros do governo federal está demonstrada nos dados da Tabela 14.1.

Tabela 14.1 *União: histórico da composição dos estoques de restos a pagar 2008-2022.*

(Em R$ bilhões)

Exercício	Total				Processados				Não Processados			
	Inscritos e reinscritos	Cancelados	Pagos	A pagar	Inscritos e reinscritos	Cancelados	Pagos	A pagar	Inscritos e reinscritos	Cancelados	Pagos	A pagar
2008/09	**94,6**	16,3	48,3	30,0	26,9	7,6	15,2	4,2	67,7	8,7	33,2	25,8
2009/10	**115,0**	14,8	61,9	38,2	22,9	1,4	17,8	3,7	92,1	13,4	44,2	34,5
2010/11	**128,9**	16,6	74,1	38,3	25,5	1,5	19,8	4,2	103,4	15,1	54,3	34,1
2011/12	**141,2**	12,7	79,5	49,0	24,1	0,9	18,2	5,0	117,1	11,8	61,3	44,0
2012/13	**177,0**	17,2	88,7	71,1	26,3	0,9	20,5	4,9	150,7	16,3	68,2	66,2
2013/14	**219,1**	21,2	111,8	86,1	33,6	0,7	27,9	5,0	185,5	20,5	83,9	81,1
2014/15	**228,0**	34,6	121,6	71,9	38,5	1,7	32,2	4,6	189,5	32,9	89,3	67,3
2015/16	**185,7**	21,2	105,6	58,9	45,2	0,7	40,1	4,3	140,5	20,5	65,5	54,6
2016/17	**148,2**	17,1	76,2	55,0	22,9	0,4	18,7	3,8	125,3	16,6	57,5	51,2
2017/18	**155,3**	19,4	83,0	53,0	26,8	0,8	23,0	3,0	128,5	18,5	60,0	49,9
2018/19	**189,6**	29,8	114,9	44,8	59,7	0,6	56,3	2,8	129,9	29,2	58,6	42,0
2019/20	**181,2**	18,4	117,8	44,9	72,4	1,4	62,2	8,8	108,7	17,0	55,6	36,2
2020/21	**227,9**	40,2	139,8	47,8	74,0	1,8	64,5	7,7	153,9	38,4	75,3	40,2
2021/22	**233,7**			233,7	74,7			74,7	159,0			159,0

Fonte: BRASIL. Secretaria do Tesouro Nacional/ME. *Relatório de Avaliação dos Restos a Pagar*. 2022.

---

[82] "Como são pagas em exercício diverso do originalmente orçado e empenhado, as despesas executadas em restos a pagar concorrem, financeiramente, com as despesas do exercício em que são pagas, podendo, assim, afetar a regular execução orçamentária. Além disso, afetam negativamente o resultado fiscal primário, que é calculado pelo regime de caixa, o qual considera todos os pagamentos realizados no exercício em comparação com o conjunto de receitas arrecadadas no mesmo período." BRASIL. Tribunal de Contas União. *Relatório sobre as Contas do Presidente da República*. Exercício de 2019. Brasília, p. 105.

[83] Decreto nº 9.428, de 28-6-2018: art. 3º.

Capítulo 14 • Execução Orçamentária e Financeira **311**

Mudanças efetivas no tratamento a ser dado às despesas em processamento no encerramento do exercício depende de alteração da norma há muito tempo estabelecida na Lei nº 4.320/64. O projeto de LRF apresentado pelo Poder Executivo[84] se constituiu numa importante tentativa nesse sentido. Além de manter a restrição quanto ao prazo para a liquidação da despesa – 31 de janeiro –, determinava que o montante das inscrições em *restos a pagar* ficava limitado, em relação a cada um dos Poderes, de cada ente da federação, ao valor resultante da soma:

- do saldo da disponibilidade financeira do respectivo Poder, existente no último dia do exercício; e
- do valor equivalente a 5% (cinco por cento) do total das despesas correntes do respectivo Poder, efetivamente pagas no exercício.

No Congresso Nacional, a proposta foi interpretada como muito radical e o projeto aprovado e enviado para sanção, observados os limites globais de empenho e movimentação financeira, determinava que seriam inscritas em *restos a pagar*:

- as despesas legalmente empenhadas e liquidadas, mas não pagas no exercício;
- as despesas empenhadas e não liquidadas que correspondam a compromissos efetivamente assumidos em virtude de: (a) normas legais e contratos administrativos; (b) convênio, ajuste, acordo ou congênere, com outro ente da federação, já assinado, publicado e em andamento, ou seja, cujo objeto esteja sendo alcançado no todo ou em parte.

Após deduzido, das disponibilidades de caixa, o montante das inscrições realizadas na forma já descrita, poderiam ser inscritas as demais despesas empenhadas, até o limite do saldo remanescente. Os empenhos não liquidados e não inscritos seriam cancelados.[85] A solução proposta pelo Congresso Nacional não foi aceita pelo presidente da República, que vetou integralmente o dispositivo, veto este nunca apreciado.[86]

---

[84] PLP nº 18, de 1999.

[85] Redação final do Projeto de Lei Complementar nº 18-E, de 1999: art. 41 e §§ 1º a 3º.

[86] As razões do veto foram as seguintes: "A exemplo de vários outros limites e restrições contidos no projeto de lei complementar, o sentido original da introdução de uma regra para Restos a Pagar era promover o equilíbrio entre as aspirações da sociedade e os recursos que esta coloca à disposição do governo, evitando déficits imoderados e reiterados. Neste intuito, os Restos a Pagar deveriam ficar limitados às disponibilidades de caixa como forma de não transferir despesa de um exercício para outro sem a correspondente fonte de despesa. A redação final do dispositivo, no entanto, não manteve esse sentido original que se assentava na restrição básica de contrapartida entre a disponibilidade financeira e a autorização orçamentária. O dispositivo permite, primeiro, inscrever em Restos a Pagar várias despesas para, apenas depois, condicionar a inscrição das demais à existência de recursos em caixa. Tal prática fere o princípio do equilíbrio fiscal, pois faz com que sejam assumidos compromissos sem a disponibilidade financeira necessária para saldá-los, cria transtornos para a execução do orçamento e, finalmente, ocasiona o crescimento de Restos a Pagar que equivale, em termos financeiros, a crescimento de dívida pública. Assim, sugere-se oposição de veto a este dispositivo por ser contrário ao interesse público".

O Projeto de Lei Complementar que atende ao disposto no art. 165, § 9º, da CF, aprovado no Senado Federal e que se encontra na Câmara dos Deputados para apreciação (PLP nº 295, de 2016) constitui-se em possibilidade concreta de aprovação de novo tratamento para os restos a pagar. As determinações dos arts. 44 e 45 do projeto podem ser assim sintetizadas:

A despesa empenhada e não paga até o final do exercício poderá ser inscrita em *restos a pagar*, desde que atendidas as seguintes condições:

- observância do disposto no art. 42 da LRF;[87]
- inscrições de despesas financiadas por vinculação não ultrapasse o saldo da disponibilidade financeira da referida vinculação no exercício financeiro;
- preferência para a inscrição da despesa empenhada e liquidada antes do encerramento do exercício, até o montante estabelecido no item anterior;
- o empenho não liquidado até o final do exercício e que não tenha sido inscrito em restos a pagar será automaticamente cancelado;
- no caso de empenho cancelado, havendo o interesse da administração ou direito do credor, o encargo poderá ser atendido no exercício seguinte como despesa de exercício anterior.

Serão automaticamente cancelados os *restos a pagar* inscritos no encerramento de exercício financeiro relativos a despesas:

- correntes que não tiverem sido pagas até o final do terceiro mês seguinte ao do encerramento do exercício;
- de capital que não tiverem sido pagas até o final do sexto mês seguinte ao do encerramento do exercício, ressalvados aqueles que compreendem projetos de investimentos plurianuais, quando o prazo será o encerramento do segundo exercício financeiro subsequente ao de sua inscrição;
- financiadas por operações de crédito efetivamente realizadas, desde que não enquadradas no disposto no item anterior, quando o prazo será o encerramento do exercício financeiro seguinte ao de sua inscrição;
- Em caráter excepcional, poderão ser ressalvados dos prazos estabelecidos anteriormente as despesas cujo fato gerador já tenha ocorrido.

Na data de fechamento desta edição do livro, o PLP nº 295/2016 passou a tramitar em conjunto com o PLP nº 25/2022, igualmente destinado a estabelecer normas gerais de finanças públicas. Anteriormente, em novembro de 2016, foi determinada a criação de comissão especial para dar parecer sobre o Projeto. A tramitação da matéria não avançou e,

---

[87] Lei Complementar nº 101, de 4-5-2000 (Lei de Responsabilidade Fiscal): "Art. 42. É vedado ao titular de Poder ou órgão referido no art. 20, nos últimos dois quadrimestres do seu mandato, contrair obrigação de despesa que não possa ser cumprida integralmente dentro dele, ou que tenha parcelas a serem pagas no exercício seguinte sem que haja suficiente disponibilidade de caixa para este efeito. Parágrafo único. Na determinação da disponibilidade de caixa serão considerados os encargos e despesas compromissadas a pagar até o final do exercício".

em abril de 2019, requerimento apresentado no plenário da Câmara dos Deputados voltou a propor a criação da comissão especial.

Sobre as regras de encerramento do exercício e *restos a pagar* há uma tentativa recente que deve ser mencionada. A Lei Complementar nº 178, de 2021, foi aprovada no Congresso Nacional dando nova redação ao art. 42 da LRF (Lei Complementar nº 101/2000):

> Art. 42. É vedado ao titular do Poder ou do órgão referido no art. 20 contrair obrigação de despesa:
>
> I – independentemente da execução orçamentária correspondente, da qual resulte saldo de restos a pagar para o exercício seguinte maior do que o existente no início do exercício financeiro;
>
> II – nos dois últimos quadrimestres do mandato que tenha parcelas a serem pagas no exercício seguinte sem que haja suficiente disponibilidade de caixa para este efeito na data de encerramento de cada exercício financeiro.
>
> § 1º Na determinação da disponibilidade de caixa serão considerados os encargos e as despesas compromissadas a pagar até o final do exercício.
>
> § 2º O descumprimento do disposto no *caput* pelo Poder Executivo impede a contratação de operação de crédito com garantia da União. (NR)

O presidente da República vetou a alteração por considerar excessiva a ampliação temporal da vedação – dois últimos exercícios em lugar de dois últimos quadrimestres do mandato. O planejamento de médio prazo – representado pelo plano plurianual – seria prejudicado, bem como reduziria a discricionariedade do Executivo na elaboração da lei orçamentária. O mandato de dois anos por parte de outros titulares de Poder ou órgão foi também apontado como justificativa para o veto, não apreciado até a elaboração dos originais desta edição do livro.

15

Controle e Avaliação da Execução Orçamentária

> [...] o controle será sempre o primeiro problema de qualquer processo orçamentário.
>
> Allen Schick[1]

Recordando, o orçamento público surgiu com a finalidade precípua de ser instrumento de controle. Uno e envolvendo o universo das receitas e despesas, o orçamento desde o início constituiu-se numa fórmula eficaz de controle político dos órgãos de representação sobre os executivos. Durante algum tempo, a função de controle pode ser exercida por meio da própria elaboração do orçamento que, na maioria dos casos, era de competência do Parlamento ou, então, recebia desse grande influência.[2]

Com o crescimento das funções executivas do governo e, consequentemente, de suas receitas e despesas, assim como em decorrência da perda da ascendência dos legisladores sobre a elaboração orçamentária, a ênfase do controle passou a ser dirigida à execução do orçamento. Situando historicamente o início efetivo da fiscalização parlamentar sobre a execução orçamentária, na França em 1822 e 1831 e na Inglaterra em 1866, Newton C. Ramalho afirma:

> Essas datas são significativas. Indicam, com efeito, que as assembleias políticas passaram a interessar-se na execução orçamentária precisamente na época em que os serviços públicos começaram a expandir-se e a apresentar utilidade social.[3]

---

[1]   SCHICK, Allen. Uma morte na burocracia: o passamento do PPB federal. *Revista ABOP*, Brasília, v. 4, n. 2, p. 131-159, maio/ago. 1978.

[2]   A experiência federal norte-americana é bom exemplo de controle parlamentar por meio da elaboração orçamentária, pois foi apenas a partir de 1921 que o presidente passou a encaminhar projeto de orçamento ao Congresso.

[3]   RAMALHO, Newton Corrêa. *Instituições orçamentárias fundamentais*. Rio de Janeiro: Fundação Getulio Vargas, 1955. p. 41.

316 Orçamento Público • Giacomoni

Inicialmente, ao atender às ainda fortes concepções liberais que consideravam o gasto público como um desperdício a ser minimizado, o controle parlamentar tratava de garantir a observância dos quantitativos financeiros alocados no orçamento por objeto de despesa, bem como de fiscalizar a arrecadação. Tal modalidade de controle externo enfatizava os aspectos financeiro e jurídico da gestão pública, especialmente quanto à legalidade dos atos dos agentes da administração governamental. Essa concepção passou a ser amplamente aceita, predominando até hoje nos modelos de controle parlamentar, inclusive no Brasil.

De nenhuma forma se deve diminuir a importância dos controles legais que visam preservar a correção, a lisura e a honestidade nos procedimentos administrativo-financeiros públicos; é perfeitamente sabido que os agentes funcionais do governo devem colocar o interesse público acima de quaisquer outros subalternos. Toda a sociedade deve ter na moralidade administrativa um pressuposto ético a ser buscado permanentemente por todos os meios, inclusive pelo aperfeiçoamento dos mecanismos de controle.

A nova realidade da administração estatal nos últimos 50 anos, caracterizada por crescentes demandas e maior número de funções, por formas de atuação mais complexas e por situações fiscais difíceis, exige, por sua vez, enfoques de controle preocupados com a avaliação dos *resultados* econômicos e sociais da ação governamental. As práticas tradicionais de controle, dirigidas principalmente aos *meios*, não são dispensadas e passam a ter até mesmo maior sentido, pois se transformam em instrumentos de avaliação dos *fins* (resultados).

No Estado moderno, o controle parlamentar comprova-se, também, insuficiente. A grande dimensão do aparelho estatal exige que cada um dos Poderes estabeleça estrutura e métodos de controle, fiscalização e auditoria dos trabalhos em seus diversos escalões.

J. Diamond observa que a função de controle, tradicionalmente percebida como parte da gestão financeira, é vista cada vez mais como mecanismo para a melhoria do desempenho do setor público.

> O controle cumpre uma ampla gama de atividades com objetivos distintos. Tradicionalmente tem sido um mecanismo tendente a assegurar, ao governo e aos seus ministérios (controle interno) e ao Poder Legislativo (controle externo), que os recursos públicos sejam arrecadados e aplicados de acordo com as dotações orçamentárias e outras leis relevantes (controle de conformidade) e que o uso dado aos recursos de acordo com a administração representa total e exatamente a sua posição financeira (controle financeiro). A função de controle foi evoluindo em muitos países até adquirir uma visão mais completa das consequências econômicas e sociais das operações governamentais – aquilo que geralmente se denomina de "valor por dinheiro" ou controle de resultados.[4]

Fiel ao escopo do livro, este capítulo concentra-se no controle e na avaliação da execução orçamentária e financeira, cujas bases se encontram na Constituição Federal (CF) e nas Leis nº 4.320, de 1964, e Complementar nº 101, de 2000 (Lei de Responsabilidade Fiscal – LRF). A primeira parte do capítulo – norma geral – apresenta o marco jurídico

---

[4] DIAMOND, Jack. El papel de la auditoria interna en la gestión financiera dentro del sector público: panorama internacional. *Revista Internacional de Presupuesto Público*, Buenos Aires, ano XXXI, n. 51, p. 119, mar./abr. 2003.

Capítulo 15 • Controle e Avaliação da Execução Orçamentária **317**

do controle aplicado ao conjunto dos entes da federação, e a segunda parte – norma federal – destaca as principais normas e instrumentos de controle externo e interno aplicados na União, destacando o papel do Tribunal de Contas da União (TCU) e da Controladoria-Geral da União (CGU).

I – Norma geral

De acordo com a Lei nº 4.320/64, o controle da execução orçamentária compreenderá:[5]

- a legalidade dos atos de que resultem a arrecadação da receita ou a realização da despesa, o nascimento ou a extinção de direitos e obrigações;
- a fidelidade funcional dos agentes da administração responsáveis por bens e valores públicos;
- o cumprimento do programa de trabalho, expresso em termos monetários e em termos de realização de obras e prestação de serviços.

As duas primeiras modalidades de controle – legalidade e fidelidade funcional dos agentes – tratam da observância de normas e de determinações legais da gestão, de longa tradição, conforme foi visto. Já a avaliação do cumprimento do programa de trabalho representa uma evolução nas concepções do controle, possibilitada pelas modernas formas de estruturação do orçamento. Obviamente, o orçamento tradicional não permitia o controle do cumprimento do programa de trabalho, já que não o expressava.

Ainda de acordo com a Lei nº 4.320/64, há dois sistemas de controle da execução orçamentária: interno e externo. A atual Constituição mantém essa concepção e dá-lhe sentido ainda mais amplo. É o que estabelece o *caput* do art. 70:

> A fiscalização contábil, financeira, orçamentária, operacional e patrimonial da União e das entidades da administração direta e indireta, quanto à legalidade, legitimidade, economicidade, aplicação das subvenções e renúncia das receitas, será exercida pelo Congresso Nacional, mediante *controle externo,* e pelo sistema de *controle interno* de cada Poder (grifos nossos).[6]

Enquanto a Constituição anterior – 1967-1969 – enfatizava a fiscalização financeira e orçamentária, a atual ampliou o conceito, passando a abranger, também, as áreas operacional e patrimonial, além de cobrir de forma explícita o controle da aplicação de subvenções e a própria política de isenções, estímulos e incentivos fiscais. Ficou demonstrada, igualmente de forma clara, a abrangência do controle constitucional sobre as entidades de administração indireta, questão controversa na sistemática anterior.

---

[5] Lei nº 4.320/64: art. 75.

[6] Mesmo que referida à União, essa é uma norma geral, e nos termos do art. 24, § 1º, da Constituição, deve ser observada pelos demais entes da Federação. Esse entendimento é reforçado pela regra do art. 31, *caput*, da Constituição, que estende aos municípios esse duplo sistema de controle: "A fiscalização do Município será exercida pelo Poder Legislativo Municipal, mediante controle externo, e pelos sistemas de controle interno do Poder Executivo Municipal, na forma da lei".

A. Controle externo

Finalidades e competência

Conforme já referido, a Constituição dá ao Poder Legislativo a titularidade do *controle externo*. Aplicam-se a todos os entes da federação, com as adaptações devidas, os seguintes dispositivos:

É da competência exclusiva do Congresso Nacional:[7]

- julgar anualmente as contas prestadas pelo Presidente da República e apreciar os relatórios sobre a execução dos planos de governo;
- fiscalizar e controlar, diretamente, ou por qualquer de suas Casas, os atos do Poder Executivo, incluídos os da administração indireta.

Compete privativamente à Câmara dos Deputados: "proceder à tomada de contas do Presidente da República, quando não apresentadas ao Congresso Nacional dentro de sessenta dias após a abertura da sessão legislativa".[8]

Essas disposições constitucionais consagram o estabelecido pela Lei nº 4.320/64, que prevê os seguintes papéis para o Poder Legislativo no tocante ao *controle externo*:

> O controle da execução orçamentária, pelo Poder Legislativo, terá por objetivo verificar a *probidade da administração*, a *guarda e legal emprego dos dinheiros públicos* e o *cumprimento da Lei de Orçamento* (grifos nossos).[9]

Com esses dispositivos, a Lei Maior e a norma geral sobre orçamento e contabilidade – a Lei nº 4.320/64 – evidenciam que as questões centrais de interesse do *controle externo* são os aspectos legais ligados à arrecadação e aplicação dos dinheiros públicos e à observância dos limites financeiros consignados no orçamento.

A LRF (LC nº 101, de 2000), elaborada e recebida como instrumento capaz de produzir um novo padrão de gestão fiscal, encarrega o Poder Legislativo, diretamente ou com o auxílio dos tribunais de contas, e o sistema de controle interno de cada Poder e do Ministério Público de fiscalizar o cumprimento da Lei, consideradas as normas de padronização metodológica editadas pelo conselho de que trata o art. 67, com ênfase no que se refere a: (i) atingimento das metas estabelecidas na Lei de Diretrizes Orçamentárias (LDO); (ii) limites e condições para realização de operações de crédito e inscrição em Restos a Pagar; (iii) medidas adotadas para o retorno da despesa total com pessoal ao respectivo limite; (iv) providências tomadas para recondução dos montantes das dívidas consolidada e mobiliária aos respectivos limites; (v) destinação de recursos obtidos com a alienação de ativos, tendo em vista as restrições constitucionais e as da própria Lei Complementar; e (vi) cumprimento do limite de gastos totais dos legislativos municipais, quando houver.[10]

---

[7] Constituição Federal de 1988: art. 49, *caput*, IX e X.

[8] Idem, art. 51, *caput* e II.

[9] Lei nº 4.320/64: art. 81.

[10] Lei Complementar nº 101, de 4-5-2000: art. 59, *caput* e incisos, e Lei Complementar nº 178, de 13-1-2021. O art. 67 da Lei Complementar nº 101 trata do Conselho de Gestão Fiscal, ainda não instituído.

Capítulo 15 • Controle e Avaliação da Execução Orçamentária **319**

As atividades de controle e fiscalização possuem tantas especificidades que o seu exercício pelo Poder Legislativo dependerá de suporte e auxílio técnico especializado. A Constituição reconhece essa realidade e estabelece que o *controle externo* será exercido com o auxílio de tribunais de contas.[11]

Tribunais de contas

Os países democráticos optam entre dois formatos institucionais de apoio ao controle externo: *tribunais de contas* ou *controladorias*. Os *tribunais* ou *cortes de contas* são integrados por ministros ou conselheiros e as decisões são coletivas; nas *controladorias*, a autoridade está concentrada no controlador-geral e as decisões têm caráter unipessoal.

Os dois sistemas são originários da Europa, predominando o modelo de tribunais de contas nos países de origem latina, e o de controladorias nos países de origem ou que sofreram influência anglo-saxônica.[12] De acordo com A. R. Citadini, além do formato organizacional, os dois sistemas possuem, também, diferenças de enfoque quanto ao controle. Os tribunais de contas tradicionalmente concentram maior atenção no controle de legalidade da gestão financeira. Já as controladorias não deixam de lado esse aspecto, mas valorizam o chamado *controle de mérito*, ou seja, a verificação do cumprimento da missão, objetivos e finalidades por parte das instituições públicas.[13]

Na opinião de J. Lyra Filho, a mais antiga representação dos atuais tribunais de contas estaria na Grécia antiga, no trabalho dos dez *logistas*, eleitos pelo povo com a finalidade de fiscalizar os atos de gestão financeira e patrimonial e o cumprimento das deliberações do Senado.[14]

A criação da Câmara de Contas de Paris ainda na Idade Média constituiu-se em importante passo na instituição de estruturas de controle. No início do século XIV, foram fixadas as competências da mencionada Corte, com atribuições, inicialmente, no âmbito do controle administrativo e, posteriormente, jurisdicional.[15] As Câmaras de Contas provinciais, instituídas posteriormente, foram extintas a partir do século XVI devido ao seu funcionamento descoordenado, passando as suas atribuições para a Câmara de Contas de Paris.

As reformas que se sucederam não produziram uma instituição que verdadeiramente uniformizasse e centralizasse a apuração e o julgamento das contas públicas. Por meio da Lei Orgânica de 16-9-1807, o Imperador Napoleão criou finalmente uma Corte de

---

[11] No caso da União: Constituição Federal, art. 71, *caput*.

[12] Adotam o sistema de *tribunais de contas* os seguintes países: Argélia, Alemanha, Áustria, Bélgica, Brasil, República da China, Coreia do Sul, Espanha, França, Grécia, Itália, Portugal e Uruguai. Já *controladorias* funcionam na África do Sul, Austrália, Bolívia, Chile, Colômbia, Costa Rica, Dinamarca, Estados Unidos, Índia, Irlanda, Israel, México, Inglaterra e Venezuela. Ver CITADINI, Antonio Roque. *O controle externo da administração pública*. São Paulo: Max Limonad, 1995. p. 13.

[13] Idem, ibidem. p. 16-21.

[14] LYRA FILHO, João. *Controle das finanças públicas*. Rio de Janeiro: Livro, 1966. p. 50.

[15] Idem, ibidem. p. 51.

Contas possuidora de dupla competência: "[...] um juízo de contas e um corpo de controle administrativo".[16] A feição moderna do modelo francês de controle, com os aperfeiçoamentos incorporados no decorrer do século XIX, influenciou a criação de cortes congêneres em outros países, especialmente os europeus.

No Brasil Imperial, tentou-se, em 1828 e 1845, sem sucesso, instituir um tribunal de contas. Por meio do Decreto nº 966-A, de 7-11-1890, de iniciativa de Ruy Barbosa, finalmente foi criado o TCU. A primeira Constituição Republicana (1891) referendou o importante ato assim:

> Art. 89. É instituído um tribunal de contas para liquidar as contas da receita e despesa e verificar a sua legalidade, antes de serem prestadas ao Congresso. Os membros deste Tribunal serão nomeados pelo Presidente da República, com aprovação do Senado, e somente perderão os seus lugares por sentença.

Nas Constituições que se seguiram, os tribunais de contas mereceram sempre crescente atenção, assim como aumentaram suas atribuições. Em escrito anterior à Constituição de 1988, J. A. da Silva acredita que a criação do sistema de controle interno por meio da Constituição de 1967 configura diminuição do prestígio alcançado pelos tribunais de contas na Constituição de 1946.[17]

Também se referindo à Constituição de 1967 e à Emenda nº 1, de 1969, R. O. Lima chama a atenção para a tendência de se "submeter a Administração Pública ao controle político",[18] pois aos tribunais de contas compete representar ao Poder Legislativo sobre as irregularidades verificadas, ficando a deliberação sob a responsabilidade destes. A observação é válida, também, para a Constituição de 1988, que no caso das contas prestadas pelos chefes de Poder, os tribunais de contas oferecem parecer prévio ao Poder Legislativo. Noutros campos da ação fiscalizadora, como será visto adiante, a Constituição ampliou as competências dos tribunais de contas, inclusive no julgamento das contas dos administradores e na aplicação de penalidades.

No passado, em respeito ao modelo federativo brasileiro, o disciplinamento do controle nos Estados e nos Municípios estava a cargo das constituições estaduais, como exemplifica o dispositivo a seguir da CF de 1946:

> Art. 22. A administração financeira, especialmente a execução do orçamento, será fiscalizada na União pelo Congresso Nacional, com o auxílio do Tribunal de Contas, e nos Estados e Municípios pela forma que for estabelecida nas Constituições estaduais.

Seguindo tendência esboçada na norma constitucional anterior (1967), a CF de 1988 sacrificou a autonomia de Estados e Municípios ao estabelecer que as normas sobre a organização, composição e fiscalização do TCU se aplicam aos congêneres estaduais e

---

[16] Idem, ibidem. p. 59.

[17] SILVA, José Afonso da. *Orçamento-programa no Brasil*. São Paulo: Revista dos Tribunais, 1973. p. 371.

[18] LIMA, Rubem de Oliveira. O controle externo. *Revista ABOP*, Brasília, v. 1, n. 2, p. 65. set./dez. 1975.

municipais. Além disso, a CF veda a criação de tribunais, conselhos ou órgãos de contas municipais.[19]

Os tribunais de contas dos Estados estão organizados e operam de maneira similar ao da União,[20] tendo, porém, como encargo adicional o assessoramento às Câmaras Municipais nas tarefas de controle externo.[21] De acordo com o art. 31, § 2º, da CF, "o parecer prévio, emitido pelo órgão competente sobre as contas que o Prefeito deve anualmente prestar, só deixará de prevalecer por decisão de dois terços dos membros da Câmara Municipal". Com essa precaução, as questões políticas pesam menos no controle externo realizado no âmbito municipal.

B. Controle interno

Finalidades

Os Poderes Legislativo, Executivo e Judiciário manterão, de forma integrada, um sistema de *controle interno* com a finalidade de:[22]

- avaliar o cumprimento das metas previstas no plano plurianual, a execução dos programas de governo e dos orçamentos da União;
- comprovar a legalidade e avaliar os resultados, quanto à eficácia e à eficiência, da gestão orçamentária, financeira e patrimonial nos órgãos e entidades da administração federal, bem como da aplicação de recursos públicos por entidades de direito privado;
- exercer o controle das operações de crédito, avais e garantias, bem como dos direitos e haveres da União;
- apoiar o controle externo no exercício de sua missão institucional.

Há, aqui, claro avanço em relação aos dispositivos da Constituição anterior. Em primeiro lugar, porque todos os Poderes se obrigam a manter *controle interno* e não só o Poder Executivo como na Emenda Constitucional nº 1, de 1969; e, especialmente, porque determina a realização de avaliações relativamente ao cumprimento dos objetivos e das metas constantes dos diversos instrumentos de planejamento: plano plurianual, programas e orçamentos.

Ao contrário do que ocorria no passado, quando a ênfase do *controle interno* residia, exclusivamente, nas questões ligadas ao cumprimento dos aspectos legais do gasto público, os novos dispositivos trazem positivas inovações no campo do controle substantivo. É exatamente o caso da disposição que estabelece como uma das finalidades do controle a

---

[19]   Constituição Federal: art. 75, *caput*, e art. 31, § 4º.

[20]   A Constituição do Estado do Rio Grande do Sul de 1989, por exemplo, praticamente transcreve os dispositivos da Constituição Federal de 1988, relativamente à fiscalização financeira e orçamentária.

[21]   Em alguns poucos Estados brasileiros, além do Tribunal de Contas do Estado, há o Tribunal de Contas dos Municípios. Há tribunais de contas municipais singulares apenas nas capitais dos Estados de São Paulo e do Rio de Janeiro.

[22]   Constituição Federal: art. 74.

avaliação dos resultados das gestões orçamentária, financeira e patrimonial, segundo os conceitos de eficiência e eficácia.

Para reforçar a exigência de articulação entre os controles – também finalidade do *controle interno* –, outra disposição do mesmo artigo determina que "Os responsáveis pelo controle interno, ao tomarem conhecimento de qualquer irregularidade ou ilegalidade, dela darão ciência ao Tribunal de Contas da União, sob pena de responsabilidade solidária".[23]

A LRF trouxe novidades ao fixar as competências do organismo responsável pelo *controle interno*. Numa das mais importantes, o responsável firmará, junto à autoridade financeira e eventualmente outras definidas em ato próprio de cada Poder, o Relatório de Gestão Fiscal emitido pelos titulares de Poder e de órgãos dotados de autonomia, como o Ministério Público e os Tribunais de Contas.[24] De periodicidade quadrimestral, o relatório apresenta dados sobre o cumprimento dos limites que a LRF estabelece, particularmente, para a despesa com pessoal, dívidas consolidada e mobiliária, concessão de garantias e operações de crédito. Ultrapassado qualquer dos limites, o Relatório deverá indicar as medidas corretivas adotadas. No relatório do último quadrimestre de cada exercício, os demonstrativos indicarão as disponibilidades de caixa no dia 31 de dezembro e as despesas liquidadas e as não liquidadas inscritas em Restos a Pagar.[25] Apesar de a unidade de controle interno não integrar a estrutura encarregada dos atos de gestão, a exigência de que o seu titular assine o Relatório de Gestão Fiscal tem grande significado, pois representa a responsabilização, também, do setor que deve vigiar e atestar a correção da ação administrativa.

Na seção anterior sobre *controle externo*, viu-se que as unidades de *controle interno* deverão prestar auxílio ao Poder Legislativo na fiscalização do cumprimento das normas da LRF.[26]

Competência

Quem são os responsáveis pelo *controle interno*? Como organizar o exercício dessa atividade? Onde localizar a unidade responsável na estrutura administrativa? Qual é a autonomia ou independência concedida aos responsáveis pelo controle interno em face das autoridades do Poder Executivo? Devido à ausência de normas gerais que orientem o exercício do *controle interno* por parte dos entes da federação, não há respostas precisas a essas indagações. Mesmo exigida na Lei nº 4.320/64 e na CF, essa modalidade de controle, em boa parte dos órgãos públicos, proporcionava quase nenhum ou, então, mínimos resultados, exatamente pela ausência de ordenamentos precisos para a atividade.[27]

---

[23] Idem, art. 74, § 1º.

[24] Lei Complementar nº 101, de 2000: art. 54 e parágrafo único.

[25] Idem, art. 55.

[26] Idem, art. 59.

[27] Alguns tribunais de contas dos Estados são atuantes e cobram dos municípios a aprovação de leis instituindo unidades de controle interno.

Capítulo 15 • Controle e Avaliação da Execução Orçamentária **323**

Além das competências da unidade de *controle interno*, a Lei nº 4.320/64 responsabiliza, na ausência de outro indicado na legislação, o órgão incumbido da elaboração da proposta orçamentária de verificar o cumprimento do programa de trabalho. Quando for o caso, tal controle levará em conta unidades de medida, previamente estabelecidas para cada atividade.[28]

É natural que órgãos centrais se responsabilizem pela avaliação, especialmente, das realizações e dos resultados da gestão. Essa tarefa, porém, não lhes é exclusiva. Assim como ocorre com a programação, a avaliação deve ser parte central das preocupações de cada unidade responsável pela execução do trabalho. No parágrafo único do mesmo artigo, encontra-se outra faceta modernizadora da Lei nº 4.320/64, isto é, a utilização de unidades de medida como base para a realização do controle. Para que isso se concretize, entretanto, é necessário que a linguagem orçamentária, ao lado da representação financeira, passe a adotar indicadores e metas físicas.

Ainda que não tenha criado empecilhos para eventuais avanços, a Lei nº 4.320/64 não exige a incorporação ampla de metas físicas e de trabalho no orçamento. Faz indicações nesse sentido no caso das despesas de capital e dos programas custeados por dotações globais.[29] Como resultado, as unidades de governo continuaram optando pelas práticas e processos tradicionais de organização do orçamento. Uma interpretação possível, talvez, é de que não basta a facilidade propiciada pela lei; seria necessário que a própria norma legal fosse indutora dos aperfeiçoamentos, exigindo o cumprimento de determinados requisitos qualificadores em prol da melhoria do orçamento. Tal estratégia, de implantação progressiva, traria como resultado o aprendizado e a aceitação dos novos conceitos e metodologias por parte das equipes técnicas que lidam com os orçamentos públicos.

Há exemplos de avanços decorrentes de medidas institucionais. A incorporação na Lei nº 4.320/64 da classificação funcional-programática, por meio da Portaria nº 9/74, da Seplan/PR, foi clara a indicação do interesse da área federal em fomentar a modernização do orçamento brasileiro em seus diversos níveis. Após um longo hiato de tempo, outro importante passo foi dado com a instituição do plano plurianual na CF de 1988 e, especialmente, com a adoção dos programas no PPA 2000-2003 e nos orçamentos anuais a partir do exercício de 2000.

Ainda que, na maior parte das situações, o exercício do controle compreenda avaliações e levantamentos realizados *a posteriori*, a Lei nº 4.320/64 determina que a verificação da legalidade dos atos de gestão será prévia, concomitante e subsequente.[30]

---

[28]   Lei nº 4.320/64: art. 79, *caput* e parágrafo único.

[29]   Nas previsões plurianuais, os programas constantes do Quadro de Recursos e de Aplicação de Capital, sempre que possível, serão correlacionados a metas objetivas em termos de realização de obras e de prestação de serviços. Por outro lado, a proposta orçamentária especificará os programas especiais de trabalho custeados por dotações globais, em termos de metas visadas, decompostas em estimativa do custo das obras a realizar e dos serviços a prestar, acompanhadas de justificação econômica, financeira, social e administrativa. Ver Lei nº 4.320/64, art. 25, *caput*, e art. 22, IV.

[30]   Lei nº 4.320/64: art. 77.

324 Orçamento Público • Giacomoni

O orçamento constitui-se no mais eficaz instrumento de *verificação prévia*, já que apenas as despesas autorizadas nas leis orçamentárias podem ser realizadas; no capítulo anterior, viu-se que o momento oportuno para o controle das autorizações orçamentárias é o *empenho prévio*, primeiro dos estágios da despesa. Relatórios de andamento, balancetes periódicos etc. são instrumentos que permitem a realização de *verificações concomitantes*. A *verificação subsequente* terá por base os relatórios, balanços, prestações de contas e auditorias elaborados após a execução de ações e empreendimentos ou encerramento do exercício.

C. Lei de acesso à informação

Com a difusão dos partidos políticos, das eleições periódicas e do sufrágio universal, os direitos políticos dos cidadãos conquistados no século XIX, ao longo do tempo, vêm sendo ampliados e aperfeiçoados com a criação de outros espaços de participação, além dos episódios eleitorais. No caso brasileiro, podem ser identificados inúmeros mecanismos que favorecem a participação das pessoas na formulação, na gestão e no controle de políticas públicas por meio de conselhos cuja composição, em alguns casos, paritária, reúne representação governamental, categorias técnicas e população diretamente interessada.[31] Outro exemplo, cada vez mais presente no âmbito dos três níveis de governo, é a exigência legal de realização de audiências públicas antecedendo alterações ou adoção de novas políticas.

Essa maior presença dos cidadãos na vida política recebe a denominação genérica de controle social. Decisões governamentais têm tamanha importância e significado, que não devem ficar restritas ao aparelho administrativo de Estado e aos órgãos de representação. As pessoas interessadas, individualmente ou em comunidades, precisam participar e, para tanto, necessitam utilizar espaços e canais de preferência institucionalizados.

A maior e mais efetiva participação certamente dependerá do grau de conhecimento e informação que o cidadão possui sobre as competências e as realizações da administração pública. A CF fornece o marco legal básico para avanços na busca de maior simetria de informações. Reza o *caput* do art. 37: "A administração pública direta e indireta de qualquer dos Poderes da União, dos Estados, do Distrito Federal e dos Municípios obedecerá aos princípios de legalidade, impessoalidade, moralidade, *publicidade* e eficiência [...]" (grifos nossos). Um dos objetivos aqui é claro: a *publicidade* dos atos da administração é um *princípio* que sujeita os agentes públicos de todos os níveis.

Prossegue o texto constitucional no § 3º do mesmo artigo:

> A lei disciplinará as formas de participação do usuário na administração pública direta e indireta, regulando especialmente: I – as reclamações relativas à prestação dos serviços públicos em geral, asseguradas a manutenção de serviços de atendimento ao usuário

---

[31] A Constituição Federal estabelece inúmeras áreas de atuação da administração pública onde está prevista a participação dos interessados ou da comunidade sob diversas formas, inclusive de conselhos. Entre as áreas cabe mencionar: educação, saúde, assistência, social, política, cultural, crianças, adolescentes, jovens, idosos e índios.

Capítulo 15 • Controle e Avaliação da Execução Orçamentária **325**

e a avaliação periódica, externa e interna, da qualidade dos serviços; II – o acesso dos usuários a registros administrativos e a informações sobre atos de governo, observado o disposto no art. 5º, X e XXXIII;

No inciso XXXIII do art. 5º, a Constituição garante:

todos têm direito a receber dos órgãos públicos informações de seu interesse particular, ou de interesse coletivo ou geral, que serão prestadas no prazo da lei, sob pena de responsabilidade, ressalvadas aquelas cujo sigilo seja imprescindível à segurança da sociedade e do Estado.

No marco legal dessas disposições da Constituição foi aprovada a denominada Lei de Acesso à Informação.[32] Conforme o estabelecido no art. 7º, o direito ao acesso inicia com o recebimento de orientação sobre os procedimentos para a consecução de acesso, bem como sobre o local onde poderá ser encontrada ou obtida a informação almejada. Deverão ser disponibilizadas informações:

- contidas em registros ou documentos, recolhidos ou não a arquivos públicos;
- produzidas ou custodiadas por pessoa física ou entidade privada decorrente de qualquer vínculo com seus órgãos ou entidades;
- primárias, íntegras, autênticas e atualizadas;
- sobre atividades exercidas pelos órgãos e entidades, inclusive as relativas à sua política, organização e serviços;
- pertinentes à administração do patrimônio público, utilização de recursos públicos, licitação, contratos administrativos;
- relativas à implementação, acompanhamento e resultados dos programas, projetos e ações dos órgãos e entidades públicas, bem como metas e indicadores propostos; e
- relativas ao resultado de inspeções, auditorias, prestações e tomadas de contas realizadas pelos órgãos de controles interno e externo, incluindo prestações de contas relativas a exercícios anteriores.

Estão subordinados ao regime da Lei:

- os órgãos públicos integrantes da administração direta dos Poderes Executivo, Legislativo, incluindo os cortes de contas, e Judiciário e do Ministério Público;
- as autarquias, as fundações públicas, as empresas públicas, as sociedades de economia mista e demais entidades controladas direta ou indiretamente pela União, pelos Estados, pelo Distrito Federal e pelos Municípios;
- as entidades privadas sem fins lucrativos que recebam, para realização de ações de interesse público, recursos públicos diretamente do orçamento ou mediante subvenções sociais, contrato de gestão, termo de parceria, convênios, acordo, ajustes ou outros instrumentos congêneres.

---

[32] Lei nº 12.527, de 18-11-2011. O Regulamento foi aprovado pelo Decreto nº 7.724, de 16-5-2012.

II – Norma federal

A. Tribunal de Contas da União (TCU)

Jurisdição

O TCU tem jurisdição própria e privativa em todo o território nacional sobre um conjunto bastante variado de agentes. O maior segmento é formado pelas pessoas físicas, órgãos ou entidades que utilizem, arrecadem, guardem, gerenciem ou administrem dinheiros, bens e valores públicos ou pelos quais a União responda, ou que, em nome desta, assuma obrigações de natureza pecuniária. Igualmente, são visados pelos mecanismos de fiscalização do TCU: (i) os dirigentes de empresas públicas e sociedades de economia mista constituídas com recursos da União; (ii) os responsáveis pela aplicação de quaisquer recursos repassados pela União, mediante convênio, acordo, ajuste ou outros instrumentos congêneres, a Estado, ao Distrito Federal ou a Município; (iii) os responsáveis por entidades dotadas de personalidade jurídica de direito privado que recebam contribuições parafiscais e prestem serviço de interesse público ou social; e (iv) os dirigentes ou liquidantes das empresas encampadas ou sob intervenção e os responsáveis pelas contas nacionais das empresas supranacionais de cujo capital social a União participe, de forma direta ou indireta. A jurisdição do Tribunal alcança também aqueles que derem causa a perda, extravio ou outra irregularidade de que resulte dano ao Erário e todos os que lhe devam prestar contas ou cujos atos estejam sujeitos à sua fiscalização por expressa disposição de lei.[33]

Organização

O TCU tem sede no Distrito Federal e compõe-se de nove ministros, três auditores e representação do Ministério Público. São órgãos do Tribunal: o Plenário, a Primeira e a Segunda Câmaras, o Presidente, as comissões, de caráter permanente ou temporário, e a Secretaria.[34]

Ministros

Os ministros serão nomeados dentre brasileiros que satisfaçam os seguintes requisitos: (i) mais de 35 e menos de 65 anos; (ii) idoneidade moral e reputação ilibada; (iii) notórios conhecimentos jurídicos, contábeis, econômicos e financeiros ou de administração pública; e (iv) mais de dez anos de exercício de função ou de efetiva atividade profissional que exija os conhecimentos mencionados no item anterior.

A escolha dos ministros é realizada da seguinte maneira: (i) um terço pelo presidente da República, com aprovação do Senado Federal, sendo dois alternadamente dentre auditores e membros do Ministério Público junto ao Tribunal, indicados em lista tríplice pelo Tribunal, segundo os critérios de antiguidade e merecimento; e (ii) dois terços pelo Congresso Nacional.

---

[33] Lei nº 8.443, de 16-7-1992 (Lei Orgânica do TCU): art. 5º.

[34] Idem, título III.

Os ministros do TCU equiparam-se aos ministros do Superior Tribunal de Justiça (STJ), gozando das seguintes garantias e prerrogativas da magistratura: (i) vitaliciedade, não podendo perder o cargo senão por sentença judicial transitada em julgado; (ii) inamovibilidade; e (iii) irredutibilidade de subsídio.

Auditores

O TCU conta com três auditores nomeados pelo presidente da República, dentre os cidadãos que satisfaçam os requisitos exigidos para o cargo de ministro do TCU, mediante concurso público de provas e títulos.

O auditor atua, em caráter permanente, junto ao Plenário e à Câmara para a qual for designado, presidindo a instrução dos processos e relatando-os com proposta de acórdão por escrito, a ser votada pelos membros do respectivo colegiado. Igualmente, os auditores substituirão os ministros em suas ausências e impedimentos. No caso de vacância, o auditor exercerá as funções relativas ao cargo de ministro, até novo provimento, observada a ordem de preferência.

Ministério Público

A representação do Ministério Público junto ao TCU compõe-se de um procurador-geral, três subprocuradores-gerais e quatro procuradores, nomeados pelo presidente da República, dentre brasileiros, bacharéis em Direito.

Ao procurador-geral, bem como aos subprocuradores e procuradores por delegação, competem as seguintes atribuições: (i) promover a defesa da ordem jurídica, requerendo, perante o Tribunal, as medidas de interesse da Justiça, da Administração e do erário; (ii) comparecer às sessões do Tribunal e dizer de direito, oralmente ou por escrito, em todos os assuntos sujeitos à decisão do Tribunal; (iii) interpor os recursos permitidos em lei; e (iv) promover junto à Advocacia-Geral da União ou, conforme o caso, perante os dirigentes das entidades jurisdicionadas do Tribunal, as medidas necessárias à cobrança judicial de dívidas e ao arresto de bens dos responsáveis julgados em débito.

Câmaras

Cada uma das Câmaras é composta de quatro ministros, que a integrarão pelo prazo de dois anos, findos os quais se dará a recondução automática por igual período. O auditor atua, em caráter permanente, junto à Câmara para a qual for designado pelo presidente do Tribunal. Igualmente, funciona junto a cada Câmara um representante do Ministério Público. Entre outras atribuições, compete às Câmaras deliberar sobre: (i) prestação e tomada de contas, mesmo especial; (ii) ato de admissão de pessoal da administração direta e indireta; e (iii) a legalidade, para fins de registro, de concessão de aposentadoria, reforma ou pensão a servidor público e a militar federal ou a seus beneficiários.

Comissões

Comissões permanentes e temporárias colaboram no desempenho das atribuições do TCU. São permanentes as Comissões de Regimento e a de Jurisprudência, cada uma

328 Orçamento Público • Giacomoni

composta de três membros, designados entre ministros e auditores, podendo funcionar com a presença de dois deles. As comissões temporárias compõem-se de dois ou mais membros, entre ministros e auditores, indicados pelo presidente no ato de sua constituição.

Secretaria

A prestação de apoio técnico e a execução de serviços administrativos cabem à Secretaria do Tribunal. As atividades-fins estão sob a responsabilidade da Secretaria-Geral de Controle Externo (Segecex), que tem por finalidade gerenciar a área técnico-executiva de controle externo, visando prestar apoio e assessoramento às deliberações do Tribunal.[35]

Integram a estrutura da Segecex várias unidades especializadas, dentre elas: as Secretarias-Adjuntas de Fiscalização e de Contas; a Secretaria de Macroavaliação Governamental; sete secretarias de controle externo em Brasília; e 26 secretarias de controle externo, uma em cada Estado da Federação. Igualmente, fazem parte da Segecex as Secretarias de Fiscalização de Pessoal; de Obras e Patrimônio; de Desestatização; de Tecnologia da Informação; e de Avaliação de Programas de Governo.

Atribuições

De conformidade com a CF, com sua lei orgânica, e, mais recentemente, com as disposições da LRF, as atribuições do TCU estão compreendidas nos seguintes grupos de atividades principais:[36]

- julgamento de contas;
- auxílio ao Congresso Nacional;
- fiscalização de atos e contratos.

Julgamento de contas

Anualmente, serão submetidas ao julgamento do TCU as contas dos administradores e demais responsáveis por bens e valores públicos, inclusive gestores de outros entes da federação que receberem recursos da União. O *julgamento de contas* dá-se sob a forma de:[37]

- *tomada de contas*: processo de contas relativo à gestão dos responsáveis por unidades jurisdicionadas da administração direta; e
- *prestação de contas*: processo de contas relativo à gestão dos responsáveis por unidades jurisdicionadas da administração indireta e daquelas não classificadas como integrantes da administração direta.

Na falta do processo de tomada ou prestação de contas, da não comprovação da aplicação dos recursos repassados pela União, da ocorrência de desfalque ou desvio de dinheiro,

---

[35] Resolução-TCU nº 100, de 28-12-2006: arts. 31 a 33.

[36] Constituição Federal: art. 71; Lei nº 8.443, de 16-7-1992; Lei Complementar nº 101, de 4-5-2000.

[37] Lei nº 8.443, de 16-7-1992 (Lei Orgânica do TCU): arts. 7º e 8º; Instrução Normativa TCU nº 47, de 27-10-2004: art. 1º, parágrafo único, IV e V.

Capítulo 15 • Controle e Avaliação da Execução Orçamentária **329**

bens ou valores públicos, ou, ainda, da prática de qualquer ato de que resulte em dano para o Erário, a autoridade administrativa competente, sob pena de responsabilidade solidária, deverá imediatamente instaurar *tomada de contas especial* para apuração dos fatos, identificação dos responsáveis e quantificação do dano. Na hipótese de a *tomada de contas especial* não ter sido instaurada, o Tribunal o fará, fixando prazo para cumprimento dessa decisão.

Em qualquer das modalidades de julgamento, verificada irregularidade nas contas, o Relator ou o Tribunal: (i) definirá a responsabilidade individual ou solidária pelo ato de gestão inquinado; (ii) se houver débito, ordenará a citação do responsável para apresentar defesa ou recolher a quantia devida; (iii) se não houver débito, determinará a audiência do responsável para apresentar razões de justificativa; (iv) adotará outras medidas cabíveis.

Em grandes números, a tarefa de *julgamento de contas* por parte do TCU abrange cerca de 2.300 órgãos e entidades e quase 6 mil Prefeituras Municipais.

Auxílio ao Congresso Nacional

Apreciar as Contas do Governo da República mediante pareceres conclusivos é a mais importante atribuição do TCU como órgão auxiliar do Congresso Nacional. Os pareceres serão dados separadamente sobre as contas prestadas pelo presidente da República, pelos presidentes do Senado Federal e da Câmara dos Deputados, pelos presidentes do Supremo Tribunal Federal e dos Tribunais Superiores, que consolidarão as dos respectivos tribunais, e pelo chefe do Ministério Público da União.[38]

Compete ao TCU, no atendimento de solicitações do Senado Federal, da Câmara dos Deputados ou de suas comissões: (i) realizar inspeções e auditorias nas unidades administrativas dos três Poderes e nas entidades da administração indireta; (ii) prestar as informações solicitadas sobre a fiscalização contábil, financeira, orçamentária, operacional e patrimonial e sobre resultados de inspeções e auditorias realizadas; (iii) emitir, no prazo de 30 dias contados do recebimento da solicitação, pronunciamento conclusivo sobre matéria que seja submetida a sua apreciação pela Comissão Mista de Planos, Orçamentos Públicos e Fiscalização (CMO); e (iv) auditar, por solicitação da CMO ou comissão técnica de qualquer das Casas do Congresso Nacional, projetos e programas autorizados na LOA, avaliando os seus resultados quanto à eficácia, à eficiência e à economicidade.

De acordo com a LRF, o TCU e o sistema de controle interno de cada Poder e do Ministério Público auxiliarão o Congresso Nacional na fiscalização do cumprimento das normas daquela lei complementar, em especial no que se refere:[39] (i) ao atingimento das metas estabelecidas na LDO; (ii) aos limites e às condições para realização de

---

[38] A Constituição de 1988, como as anteriores, encarrega o TCU de apreciar as contas prestadas anualmente pelo presidente da República mediante parecer prévio. Ainda que apresentadas pelo presidente da República, as contas são de responsabilidade de cada um dos três Poderes e do Ministério Público, independentes e dotados de autonomia financeira. A Lei de Responsabilidade Fiscal aperfeiçoou o tratamento do assunto determinando a elaboração de pareceres separados. O parecer prévio das contas do próprio TCU será emitido pela Comissão Mista de Planos, Orçamentos Públicos e Fiscalização do Congresso Nacional. Ver Lei Complementar nº 101, de 4-5-2000: arts. 56 e 57, e Regimento Interno do TCU (Resolução nº 155, de 4-12-2002): art. 221.

[39] Lei Complementar nº 101, de 4-5-2000: art. 59.

operações de crédito e inscrição em Restos a Pagar; (iii) às medidas para a recondução da despesa total de pessoal e dos montantes das dívidas consolidada e mobiliária aos respectivos limites; e (iv) à destinação de recursos obtidos com a alienação de ativos, tendo em vista as restrições constitucionais e as da própria Lei Complementar.

O TCU alertará o Poder Executivo, os órgãos dos Poderes Legislativo e Judiciário e Ministério Público da União quando constatar: (i) a possibilidade de a receita não comportar o cumprimento das metas de resultado primário ou nominal estabelecidas no Anexo de Metas Fiscal; (ii) que o montante da despesa total com pessoal ultrapassou 90% do limite; (iii) que os montantes das dívidas consolidada e mobiliária, das operações de crédito e da concessão de garantia se encontram acima de 90% dos respectivos limites; (iv) que os gastos com inativos e pensionistas se encontram acima do limite definido em lei; e (v) fatos que comprometam os custos ou os resultados dos programas ou indícios de irregularidades na gestão orçamentária.

Fiscalização de atos e contratos

Entre as principais atividades de fiscalização de atos e contratos, a cargo do Tribunal, estão as seguintes: (i) apreciar, para fins de registro, a legalidade dos atos de admissão de pessoal na administração direta e indireta, bem como a das concessões de aposentadorias, reformas e pensões; (ii) fiscalizar a aplicação dos recursos repassados pela União a Estado, ao Distrito Federal ou a Município; (iii) realizar inspeções e auditorias de natureza contábil, financeira, orçamentária, operacional e patrimonial, nas unidades dos três Poderes; e (iv) fiscalizar a arrecadação da receita a cargo dos órgãos e entidades da administração direta e indireta, a renúncia de receitas e as contas nacionais das empresas supranacionais de cujo capital social a União participe, de forma direta ou indireta.

Igualmente, constitui atribuição do TCU: (i) fixar os coeficientes de participação dos Estados, Municípios e Distrito Federal nos fundos de participação; (ii) assinar prazo para que o órgão ou entidade adote as providências necessárias ao exato cumprimento da lei, se verificada ilegalidade; (iii) sustar, se não atendida, a execução do ato impugnado, comunicando a decisão à Câmara dos Deputados e ao Senado Federal; (iv) representar ao Poder competente sobre irregularidades ou abusos apurados; (v) encaminhar ao Congresso Nacional, trimestral e anualmente, relatório de suas atividades; (vi) verificar os cálculos dos limites da despesa total com pessoal de cada Poder e órgão; e (vii) acompanhar o cumprimento do disposto na LRF sobre a aquisição de títulos emitidos pela União por parte do Banco Central.

Auditoria operacional

Como mencionado no início deste capítulo, a Constituição de 1988 ampliou o escopo do controle comprometendo-o com os aspectos operacionais e de economicidade da gestão governamental. Trata-se de importante avanço no paradigma da fiscalização, tradicionalmente voltado para as verificações de legalidade e de conformidade.

Em meados da década de 1990, o TCU desenvolveu programas de treinamento de seus técnicos nas novas práticas. Em 1998, foi aprovada a primeira versão do Manual de

Auditoria de Natureza Operacional. No mesmo ano, o Tribunal iniciou profícuo intercâmbio com o Departamento Britânico para o Desenvolvimento Internacional, com a finalidade de capacitar os auditores e aperfeiçoar os métodos e as técnicas na área de auditoria de natureza operacional, envolvendo a produção de documentos e a revisão do manual em vigor. O manual foi revisto no ano de 2000 e atualizado em 2010 sob a denominação de Manual de Auditoria Operacional.[40]

De acordo com o manual, "Auditoria operacional é o exame independente e objetivo da economicidade, eficiência, eficácia e efetividade de organizações, programas e atividades governamentais, com a finalidade de promover o aperfeiçoamento da gestão pública".[41]

O Diagrama 15.1 apresenta as dimensões de análise empregadas na auditoria operacional e a inter-relação com as fases de insumo-produto.

Fonte: TCU. *Manual de auditoria operacional*. Op. cit. p. 11.

Diagrama 15.1   *Dimensões da auditoria operacional.*

Diferentemente das auditorias tradicionais – de regularidade, por exemplo –, a auditoria operacional, por enfrentar número bem maior de questões complexas, possui maior

---

[40] Brasil. Tribunal de Contas da União. *Manual de auditoria operacional*. 3. ed. Brasília: TCU, Secretaria de Fiscalização e Avaliação de Programas de Governo, 2010. O manual foi aprovado pela Portaria-SEGECEX nº 4, de 26-2-2010.

[41] "*Economicidade*. Conceito relacionado com a capacidade de uma instituição de gerar e mobilizar adequadamente os recursos financeiros em prol de sua missão institucional." "*Eficiência*. Descreve a relação entre duas magnitudes: a produção física de um produto (bem ou serviço) e os insumos ou recursos que serão utilizados para alcançar esse nível de produto. Em outros termos, refere-se à execução de ações, benefícios ou prestação de serviços utilizando o mínimo de recursos possíveis." "*Eficácia*. Refere-se ao grau de cumprimento dos objetivos pretendidos, ou seja, em que medida o setor, ou a instituição como um todo, está cumprindo com os seus objetivos, sem considerar necessariamente os recursos alocados para tal. É possível obter medidas de eficácia se existir clareza em relação aos objetivos da instituição." Ver GUZMÁN S., Marcela. Evaluación de programas e indicadores de desempeño. Transparencia y mejoramiento de los procedimientos para la discusión presupuestaria. *Revista Internacional de Presupuesto Público*, Buenos Aires, ano XXIX, n. 48, p. 14, mar./abr. 2002.

flexibilidade na escolha dos assuntos, dos objetos de auditoria, na adoção de métodos de investigação e na maneira de comunicar os resultados dos trabalhos.

Conforme o manual,

> [...] o ciclo de auditoria operacional se inicia com o processo de seleção dos temas. Após a definição de tema específico, deve-se proceder ao planejamento com vistas à elaboração do projeto de auditoria, que tem por finalidade detalhar os objetivos do trabalho, as questões a serem investigadas, os procedimentos a serem desenvolvidos e os resultados esperados com a realização da auditoria. Na fase de execução, realiza-se a coleta e análise das informações que subsidiarão o relatório destinado a comunicar os achados e as conclusões da auditoria. A etapa de monitoramento destina-se a acompanhar as providências adotadas pelo auditado em resposta às recomendações e determinações exaradas pelo TCU, assim como aferir o benefício decorrente de sua implementação.

B. Controladoria-Geral da União (CGU)

Organização

A CGU integra a estrutura da Presidência da República e é chefiada pelo ministro de Estado do Controle e da Transparência Interno. Afora as unidades encarregadas da assistência direta ao ministro e de atividades de gestão administrativa, a CGU é constituída dos seguintes órgãos voltados às ações-fins: Secretaria Federal de Controle Interno (SFC), Ouvidoria-Geral da União, Corregedoria-Geral da União e Secretaria de Transparência e Prevenção da Corrupção e Secretaria de Combate à Corrupção. A Controladoria conta também com dois órgãos colegiados – Conselho de Transparência Pública e Combate à Corrupção; e Comissão de Coordenação de Controle Interno – e Controladorias Regionais da União nos Estados.[42]

A CGU é o órgão central do sistema de controle interno do Poder Executivo federal, cabendo à SFC desempenhar as funções operacionais do órgão central do sistema, bem como as atividades de controle interno de todos os órgãos e entidades do Poder Executivo Federal, excetuados aqueles jurisdicionados aos órgãos setoriais.[43]

Nos ministérios, a CGU contará com o apoio dos Assessores Especiais de Controle Interno, incumbidos das seguintes tarefas: (i) assessorar o ministro de Estado nos assuntos de competência do controle interno; (ii) orientar os administradores de bens e recursos públicos nos assuntos pertinentes à área de competência do controle interno, inclusive sobre a forma de prestar contas; (iii) submeter à apreciação do ministro de Estado os processos de tomadas e prestação de contas; (iv) auxiliar os trabalhos de elaboração da prestação de contas anual do presidente da República; (v) acompanhar a implementação, pelos órgãos e pelas unidades, das recomendações do sistema de controle interno e do TCU; (vi) coletar

---

[42] Decreto nº 9.681, de 3-1-2019.

[43] A Casa Civil, a Advocacia-Geral da União, o Ministério das Relações Exteriores e o Ministério da Defesa possuem suas próprias Secretarias de Controle Interno (CISET), que são órgãos setoriais do sistema de controle interno do Poder Executivo. Ver Lei nº 10.180, de 6-2-2001: art. 22; e Decreto nº 3.591, de 6-9-2000: art. 8º.

Capítulo 15 • Controle e Avaliação da Execução Orçamentária **333**

informações dos órgãos da jurisdição, para inclusão de ações de controle nos planos e programas do órgão central do sistema, com vistas a atender às necessidades dos ministérios. Os Assessores Especiais de Controle Interno, sob pena de responsabilidade solidária, no prazo de cinco dias úteis, encaminharão à SFC, após ciência do respectivo ministro de Estado, os fatos irregulares de que tiverem conhecimento.[44]

A SFC está organizada nos moldes funcionais, com seis diretorias encarregadas de auditorias nas áreas de políticas econômicas e de desenvolvimento, de políticas sociais e de segurança pública, de previdência e benefícios, de políticas de infraestrutura, de governança e gestão e de estatais.[45]

As entidades da administração pública indireta deverão organizar a respectiva unidade de auditoria interna, que ficará sujeita à orientação normativa e supervisão técnica do órgão central e dos órgãos setoriais do sistema de controle interno do Poder Executivo, em suas respectivas áreas de jurisdição. Na hipótese em que a demanda não justificar a estruturação de uma unidade de auditoria interna, o desempenho dessa atividade dar-se-á por auditor interno.[46]

A CGU poderá recomendar aos serviços sociais autônomos as providências necessárias à organização da respectiva unidade de controle interno, assim como firmar termo de cooperação técnica, objetivando o fortalecimento da gestão e a racionalização das ações de controle. Os serviços das unidades de auditoria interna dos serviços sociais autônomos poderão ser utilizados pela SFC desde que atendam aos padrões e requisitos técnicos e operacionais necessários à consecução dos objetivos do sistema de controle interno.[47]

Atribuições

Compete à CGU as atividades de correição, ouvidoria, prevenção da corrupção e promoção da transparência e controle interno. Correição, sob a responsabilidade da CGU, compreende as atividades relacionadas à prevenção e apuração de irregularidades, no âmbito do Poder Executivo, por meio da instauração e condução de procedimentos correcionais. A Ouvidoria-Geral da União é responsável por receber, examinar e encaminhar reclamações, elogios e sugestões referentes a procedimentos e ações de agentes, órgãos e entidades do Poder Executivo. A detecção e a prevenção de casos de corrupção são tarefas a cargo da Secretaria de Prevenção da Corrupção e Informações Estratégicas.

Entre as atribuições dos órgãos e unidades do sistema de controle interno, algumas se voltam à verificação da legalidade dos atos de gestão, enquanto outras focalizam a atuação e o desempenho das unidades gestoras.[48] Entre as primeiras, estão as seguintes: (i) realizar auditoria sobre a gestão dos recursos públicos federais sob a responsabilidade de órgãos e entidades públicos e privados; (ii) apurar os atos ou fatos inquinados de ilegais ou irregulares,

---

[44]   Decreto nº 3.591, de 6-9-2000: art. 13.

[45]   Decreto nº 9.681, de 3-1-2019: Anexo I, art. 2º.

[46]   Decreto nº 3.591, de 6-9-2000: arts. 14 e 15.

[47]   Idem, art. 15, §§ 8º e 9º.

[48]   Ver Lei nº 10.180, de 6-2-2001: art. 24.

praticados por agentes públicos ou privados, na utilização de recursos públicos federais e, quando for o caso, comunicar à unidade responsável pela contabilidade para as providências cabíveis; (iii) exercer o controle das operações de crédito, avais, garantias, direitos e haveres da União; (iv) realizar auditorias nos sistemas contábil, financeiro, orçamentário, de pessoal e demais sistemas administrativos e operacionais; e (v) avaliar o desempenho da auditoria interna das entidades da administração indireta federal.

No âmbito do controle e da avaliação do trabalho e dos resultados, constituem atribuições das unidades de controle interno: (i) avaliar o cumprimento das metas estabelecidas no plano plurianual; (ii) fiscalizar e avaliar a execução dos programas de governo, inclusive ações descentralizadas realizadas à conta de recursos oriundos dos orçamentos da União, quanto ao nível de execução das metas e objetivos estabelecidos e à qualidade do gerenciamento; (iii) avaliar a execução dos orçamentos da União; (iv) fornecer informações sobre a situação físico-financeira dos projetos e das atividades constantes dos orçamentos da União; (v) elaborar a prestação de contas anual do presidente da República a ser encaminhada ao Congresso Nacional; e (vi) criar condições para o exercício do controle social sobre os programas contemplados com recursos oriundos dos orçamentos da União.

Auditoria interna

As auditorias internas estão entre as atividades mais importantes da CGU, em particular da SFC. Essas atividades estão apoiadas em dois manuais de orientação recentemente aprovados. De acordo com o Manual de orientações técnicas:

> A Auditoria Interna Governamental é uma atividade independente e objetiva de avaliação e de consultoria, desenhada para adicionar valor e melhorar as operações de uma organização. Deve buscar auxiliar as organizações públicas a realizarem seus objetivos, a partir da aplicação de uma abordagem sistemática e disciplinada para avaliar e melhorar a eficácia dos processos de governança, de gerenciamento de riscos e de controles internos.[49]

---

[49] *Manual de orientações técnicas da atividade de auditoria interna governamental do governo federal*, introduzido em dezembro de 2017, e o documento *Orientação prática: relatório de auditoria*, de 2019, voltado para a fase de comunicação dos resultados da auditoria.

Bibliografia

ABRANCHES, Sérgio Henrique Hudson de; SOARES, Gláucio Ary Dillon. As funções do Legislativo. *Revista de Administração Pública*, Rio de Janeiro, v. 7, n. 1, p. 73-98, jan./mar. 1973.

ALVES, Márcio Moreira. *A força do povo*. Democracia participativa em Lages. 8. ed. São Paulo: Brasiliense, 1988.

BAER, Werner; KERSTENETZKY, Isaac; VILLELA, Annibal V. As modificações no papel do Estado na economia brasileira. *Pesquisa e Planejamento Econômico*, Rio de Janeiro, v. 3, n. 4, p. 883-912, dez. 1973.

BAER, Werner; NEWFARMER, Richard; TREBAT, Thomas J. Capitalismo estatal no Brasil: algumas questões e problemas novos. *Pesquisa e Planejamento Econômico*, Rio de Janeiro, v. 6, n. 3, p. 727-53, dez. 1976.

BALEEIRO, Aliomar. *Uma introdução à ciência das finanças*. 15. ed. Rio de Janeiro: Forense, 1997.

BOBBIO, Norberto. *O futuro da democracia*: uma defesa das regras do jogo. 2. ed. Rio de Janeiro: Paz e Terra, 1986.

BOITEAUX, Carlos Henrique Silva. A avaliação do orçamento público e o processo decisório governamental. *Revista ABOP*, Brasília, v. 4, n. 2, p. 57-99, maio/ago. 1978.

BOITEAUX, Carlos Henrique Silva. *A sociedade estatal e a tecnoburocracia*. São Paulo: Brasiliense, 1981.

BOSSOIS, Irene L. A formulação democrática do orçamento municipal – a experiência de Vila Velha, ES, no período 1983/1986. *Revista de Administração Municipal*, Rio de Janeiro, v. 34, n. 184, p. 6-11, jul./set. 1987.

BRANDÃO, Alonso C. *Contabilidade pública*. 2. ed. Rio de Janeiro: A. Coelho Brandão Filho, 1949. (Coleção de códigos e leis vigentes).

BRANDÃO, Alonso C. *Contabilidade pública*. 5. ed. Rio de Janeiro: A. Coelho Brandão Filho, 1960. (Coleção de códigos e leis vigentes).

BROWN, Brent W. *An analisys of the Brazilian municipal budgetary process*: a case study of Porto Alegre, Brazil. Tese (Doutorado em Ciência Política) – Urbana: University of Illinois, 1973.

336 Orçamento Público • Giacomoni

BUGARIN, M. S.; VIEIRA, L. M.; GARCIA, L. M. *Controle dos gastos públicos no Brasil*. Rio de Janeiro: Konrad-Adenauer-Stiftung, 2003.

BURKHEAD, Jesse. *Orçamento público*. Rio de Janeiro: Fundação Getulio Vargas, 1971.

CARVALHO, André Castro. *Vinculação de receitas públicas*. São Paulo: Quartier Latin, 2010.

CARVALHO, Getúlio. Processo decisório: a fronteira política e os limites econômicos. *Revista de Administração Pública*, Rio de Janeiro, v. 7, n. 1, p. 7-20, jan./mar. 1973.

CARVALHO, Getúlio. Orçamento-programa: o fito e o mito. *Revista de Administração Municipal*, Rio de Janeiro, v. 20, n. 118, p. 56-78, maio/jun. 1973.

CARVALHO, J. Antunes de. Projeto de lei orçamentária: rejeição e veto. *Revista de Administração Municipal*, Rio de Janeiro, v. 25, n. 148, p. 76-9, jul./set. 1978.

CAVALCANTE, Pedro Luiz. Orçamento por desempenho: uma análise qualitativa comparada dos modelos de avaliação dos programas governamentais no Brasil e nos Estados Unidos. *Revista de Gestão USP*, v. 17, n. 1, p. 13-25, jan./mar. 2010.

CAVALCANTI, Amaro. *Elementos de finanças*: estudo teórico-prático. Rio de Janeiro: Imprensa Nacional, 1896.

CITADINI, Antonio Roque. *O controle externo da administração pública*. São Paulo: Max Limonad, 1995.

COELHO, Jurandyr. *Introdução do orçamento público*. Rio de Janeiro: Dasp, 1958.

CORE, Fabiano G. Reforma gerencial dos processos de planejamento e orçamento. *In:* GIACOMONI, J.; PAGNUSSAT, J. L. (org.). *Planejamento e orçamento governamental*. Coletânea – volume 2. Brasília: ENAP, 2006.

COSTA, Affonso Almiro R. da. *Técnica orçamentária (Estados e Municípios)*. São Paulo: Atlas, [1948?].

DALAND, Robert T. *Estratégia e estilo do planejamento brasileiro*. Rio de Janeiro: Lidador, 1969.

DALLARI, Adilson Abreu. Lei orçamentária – Processo legislativo. Peculiaridades e decorrências. *Revista de Informação Legislativa*, Brasília, v. 33, n. 129, p. 157-162, jan./mar. 1996.

DALTON, Hugh. *Princípios de finanças públicas*. 2. ed. Rio de Janeiro: Fundação Getulio Vargas, 1970.

DEMO, Pedro. Participação e planejamento: arranjo preliminar. *Revista de Administração Pública*, Rio de Janeiro, v. 25, n. 3, p. 31-54, jul./set. 1991.

DIAMOND, Jack. *Budget system reform in emerging economies*: the challenges faced and the reform agenda. Washington: International Monetary Fund, 2005. Occasional Paper 245.

DIAMOND, Jack. Do orçamento por programas para o orçamento de desempenho: o desafio para economias de mercado emergentes. *In:* GIACOMONI, J.; PAGNUSSAT, J. L. (org.). *Planejamento e orçamento governamental*. Coletânea – volume 2. Brasília: ENAP, 2006.

DIAMOND, Jack. El papel de la auditoria interna en la gestión financiera dentro del sector público: panorama internacional. *Revista Internacional de Presupuesto Público*, Buenos Aires, ano XXXI, n. 51, mar./abr. 2003.

DIAMOND, Jack. *Establishing a performance management framework for government*. Washington: International Monetary Fund, 2005. IMF Working Paper WP/05/50.

ESTUPIÑAN, Jorge D. Comentários sobre a etapa atual da implantação da técnica de orçamento por programas no Brasil. *Revista ABOP*, Brasília, v. 1, n. 1, p. 9-23, maio/ago. 1975.

FARIA, Rodrigo Oliveira de. *Orçamento por resultados*: tendências, perspectivas e desafios. Brasília: SOF, 2010. Disponível em: https://www.portalsof.planejamento.gov.br/bib/premio/Tema_2_Rodrigo_Mh.pdf.

FONROUGE, Carlos M. Giuliani. *Derecho financiero*. 2. ed. Buenos Aires: Depalma, 1970. 2. v.

FURUGUEM, Alberto Sozin. Orçamento monetário e política monetária. *Revista Paranaense de Desenvolvimento*, Curitiba, n. 57, nov./dez. 1976.

GARCIA, Eusebio G. *Introducción al derecho presupuestario*. Madrid: Editorial de Derecho Financiero, 1973.

GIACOMONI, James. A Lei de Diretrizes Orçamentárias e a política de aplicação das agências financeiras oficiais de fomento. *Revista de Informação Legislativa*, Brasília, v. 35, n. 137, p. 265-279, jan./mar. 1998.

GIACOMONI, James. *Orçamento governamental*: teoria, sistema e processo. São Paulo: Atlas, 2019.

GIACOMONI, James. Receitas vinculadas, despesas obrigatórias e rigidez orçamentária. *In*: CONTI, José Maurício; SCAFF, Fernando Facury. *Orçamentos públicos e direito financeiro*. São Paulo: Revista dos Tribunais, 2011.

GUZMÁN, Marcela S. Evaluación de programas e indicadores de desempeño. Transparencia y mejoramiento de los procedimientos para la discusión presupuestaria. *Revista Internacional de Presupuesto Público*, Buenos Aires, ano xXIX, n. 48, mar./abr. 2002.

HALDI, John. O papel da análise. *In*: HINRICHS, H. H.; TAYLOR, G. M. (org.). *Orçamento-programa e análise de custo-benefício*. Rio de Janeiro: Fundação Getulio Vargas, 1974.

HOLANDA, Nilson. *Planejamento e projetos*. Rio de Janeiro: APEC/MEC, 1975.

INSTITUTO LATINOAMERICANO DE PLANIFICACIÓN ECONÓMICA Y SOCIAL (ILPES). *Manual de medición de costos por programas*. Santiago de Chile: ILPES, 1967.

IRISITY, Jorge J. Critérios para la evaluación del gasto público y bases para el diseño de una metodologia para medir sus efectos en el desarrollo económico y social. *Revista de la Asociación Interamericana de Presupuesto Público*, Caracas, ano I, n. 3, jul. 1974.

JARDIM, Viçoso. *A contabilidade pública do Brasil*. Rio de Janeiro: Jacinto Ribeiro dos Santos, 1917.

KASDIN, Stuart. Reinventing reforms: how to improve program management using performance measures. Really. *Public Budgeting & Finance*, v. 30, n. 3, p. 51-78, fall 2010.

LABAND, Paul. *El derecho presupuestario*. Madrid: Instituto de Estudos Fiscales, 1979.

LEE JR., Robert D.; JOHNSON, Ronald W. *Public budgeting systems*. Baltimore: University Park Press, 1973.

LEMGRUBER, João Baptista Araújo. O sistema orçamentário federal: administração da mudança. *In*: SEMINÁRIO RIO-GRANDENSE SOBRE ORÇAMENTO PÚBLICO, 1., set. 1980, Porto Alegre. Porto Alegre: Associação Brasileira de Orçamento Público (ABOP/RS), 1980.

LEZAR, Eliane Seigneur. Como salvar o PPBS? *Revista ABOP*, Brasília, v. 4, n. 2, p. 101-29, maio/ago. 1978.

LIMA, Rubem de Oliveira. O controle externo. *Revista ABOP*, Brasília, v. 1, n. 2, p. 43-79, set./ dez. 1975.

LLOSAS, Hernán Pablo. Reformas recientes en el sistema presupuestario de los Estados Unidos. *Revista Internacional de Presupuesto Público*, año XXXVIII, n. 73, p. 41-80, jul./ago. 2010.

LONGO, Carlos Alberto. Uma quantificação do setor público. *In:* CASTRO, Paulo Rabello de (org.). *A crise do "bom patrão". [S. 1.]*, Cedes/Apec, 1982.

LOYOLA, Cleuler de Barros. Constitucionalidade da prorrogação do orçamento. *Revista de Administração Municipal*, Rio de Janeiro, v. 15, n. 86, p. 48-54, jan./fev. 1968.

LYDEN, F. J.; MILLER, E. G. Introduction. *In:* LYDEN, F. J.; MILLER, E. G. (ed.). *Public budgeting*. 4th ed. New Jersey: Prentice Hall, 1982.

LYRA FILHO, João. *Controle das finanças públicas*. Rio de Janeiro: Livro, 1966.

MACHADO JR., José Teixeira. A câmara e o orçamento plurianual. *Revista de Administração Municipal*, Rio de Janeiro, v. 17, n. 103, p. 63-69, nov./dez. 1970.

MACHADO JR., José Teixeira. A experiência brasileira em orçamento-programa: uma primeira visão. *Revista de Administração Pública*, Rio de Janeiro, n. 1, p. 145-172, 1º sem. 1967.

MACHADO JR., José Teixeira. *A técnica do orçamento-programa no Brasil*. Rio de Janeiro: Ibam, 1979.

MACHADO JR., José Teixeira. *Classificação das contas públicas*. Rio de Janeiro: Fundação Getulio Vargas, 1967.

MACHADO JR., José Teixeira. O orçamento como instrumento de planejamento governamental. *Revista ABOP*, Brasília, v. 3, n. 1, p. 9-74, jan./abr. 1977.

MACHADO JR., José Teixeira. *Teoria e prática de orçamento municipal*. Rio de Janeiro: Fundação Getulio Vargas, 1962.

MACHADO JR., José Teixeira; REIS, Heraldo da Costa. *A Lei nº 4.320 comentada*. 26. ed. Rio de Janeiro: Ibam, 1995.

MAKÓN, Marcos. La gestión por resultados, ¿es sinónimo de presupuesto por resultados? *Revista Internacional de Presupuesto Público*. Buenos Aires, ano XXXVI, n. 66, p. 9-38, mar./abr. 2008.

MARTNER, Gonzalo. *Planificación y presupuesto por programas*. 4. ed. México: Siglo Veintiuno, 1972.

MELLO E SOUZA, Nelson. O planejamento econômico no Brasil: considerações críticas. *Revista de Administração Pública*, Rio de Janeiro, n. 4, p. 59-112, 2º sem. 1968.

MIKESELL, J. *Fiscal administration*: analysis and applications for the public sector. Texas: Harcourt Brace College, 1995.

MINTZBERG, Henry. *Emergent strategy for public policy*. Ottawa: University Ottawa, 1985 (Coleção J. J. Carson Lecture Series).

MONTEIRO, Jorge Vianna. Sobre economia institucional e economia do setor público. *Revista de Administração Pública*, Rio de Janeiro, v. 14, n. 1, p. 103-111, jan./mar. 1980.

MONTEIRO, Jorge Vianna. Economia do crescimento do setor público. *Revista de Administração Pública*, Rio de Janeiro, v. 15, n. 2, p. 76-89, abr./jun. 1981.

MOOJEN, Guilherme. *Orçamento público*. Rio de Janeiro: Edições Financeiras, 1959.

MOTTA, Paulo Roberto. Administração para o desenvolvimento: a disciplina em busca da relevância. *Revista de Administração Pública*, Rio de Janeiro, v. 6, n. 3, p. 39-53, jul./set. 1972.

MUSGRAVE, Richard A. *Teoria das finanças públicas*. São Paulo: Atlas, 1974. 2 v.

MUSGRAVE, Richard A.; MUSGRAVE, Peggy B. *Finanças públicas*: teoria e prática. Rio de Janeiro: Campus, 1980.

NACIONES UNIDAS. *Manual de presupuesto por programas y actividades*. New York: Departamento de Asuntos Económicos y Sociales, 1962.

NACIONES UNIDAS. *Manual para la clasificación de las transaciones del gobierno segun su caracter económico y su función*. New York: Departamento de Asuntos Económicos y Sociales, 1958.

NAÇÕES UNIDAS. *Estrutura do orçamento e classificação das contas públicas*. Rio de Janeiro: Fundação Getulio Vargas, 1959.

NAÇÕES UNIDAS. *Manual de orçamento por programa e realizações*. Rio de Janeiro: Ministério do Planejamento e Coordenação Geral, 1971.

NISKANEN, Willian. *Bureaucracy and representative government*. Chicago: Aldine-Atherton, 1971.

NOVICK, David. The origin and history of program budgeting. *In*: NOVICK, David (ed.). *Program budgeting*. 2nd ed. New York: Holt, Rinehart and Winston, 1969.

NOVICK, David. What program budgeting is and is not. *In*: NOVICK, David (ed.). *Current practice in program budgeting (PPBS)*. New York: Crane Russak, 1973.

OFFE, Claus. Critérios de racionalidade e problemas funcionais da ação político-administrativa. *In*: OFFE, Claus. *Problemas estruturais do estado capitalista*. Rio de Janeiro: Tempo Brasileiro, 1984.

OFFICE OF MANAGEMENT AND BUDGET – OMB. *Guide to the program assessment rating tool – PART*. January 2008. Disponível em: http://georgewbush-whitehouse.archives.gov/omb/performance/fy2008/part_guid_2008.pdf. Acesso em: 22 out. 2011.

OFFICE OF MANAGEMENT AND BUDGET – OMB. *Performance and management assessments*. Budget of the U. S. Government Fiscal Year 2004. Washington, DC: U. S. Government Printing Office, 2003.

ORGANIZAÇÃO DOS ESTADOS AMERICANOS (OEA). Programa de Administração para o Desenvolvimento. Avaliação orçamentária. *Revista ABOP*, Brasília, v. 1, n. 1, p. 37-72, maio/ago. 1975.

ORZECHOWSKI, Willian. Economic models of bureaucracy: survey, extensions and evidence. *In*: BORCHERDING, Thomas E. (ed.). *Budgets and bureaucrats*: the sources of government growth. Durham: Duke University Press, 1977.

OSBORNE, David; GAEBLER, Ted. *Reinventando o governo*. Como o espírito empreendedor está transformando o setor público. Brasília: MH Comunicações, 1994.

OSBORNE, David; HUTCHINSON, Peter. *The price of government*. Getting the results we need in an age of permanent fiscal crisis. New York: Basic Books, 2004.

PEIXE, Blênio C. S. *Finanças públicas*: controladoria governamental. Curitiba: Juruá, 2003.

PEREIRA, Carlos; MUELLER, Bernardo. Comportamento estratégico em presidencialismo de coalizão: as relações entre Executivo e Legislativo na elaboração do orçamento brasileiro. *Dados – Revista de Ciências Sociais*, Rio de Janeiro, v. 45, n. 2, p. 265-301, 2002.

PEREIRA, Luiz Carlos Bresser. *A sociedade estatal e a tecnoburocracia*. São Paulo: Brasiliense, 1981.

PEREIRA, Luiz Carlos Bresser. *Estado e subdesenvolvimento industrializado*. São Paulo: Brasiliense, 1977.

PISCITELLI, R. B.; TIMBÓ, M. Z. F.; BRUM, S. M. D.; ROSA, M. B. *Contabilidade pública*: uma abordagem da administração financeira pública. 4. ed. São Paulo: Atlas, 1995.

PYHRR, Peter A. A abordagem base-zero aplicada ao orçamento governamental. *In*: GIACOMONI, J.; PAGNUSSAT, J. L. (org.). *Planejamento e orçamento governamental*. Coletânea – volume 2. Brasília: ENAP, 2006.

PYHRR, Peter A. *Orçamento base-zero*: um instrumento administrativo prático para avaliação das empresas. Rio de Janeiro: Interciência; São Paulo: Editora da Universidade de São Paulo, 1981.

QUEIROZ, Dilson Santana de. O PPBS no processo orçamentário. *Revista de Administração Municipal*, Rio de Janeiro, v. 20, n. 117, p. 5-21, mar./abr. 1973.

RABELO, Hamilton Nobre. *Técnica e política do orçamento-programa*. Belo Horizonte: Vega, 1979.

RAMALHO, Newton Corrêa. *Instituições orçamentárias fundamentais*. Rio de Janeiro: Fundação Getulio Vargas, 1955.

RAMO, Carlos Matus et al. Bases teóricas do orçamento por programa (Documento preliminar). *Revista ABOP*, Brasília, v. 5, n. 1, p. 7-94, jan./abr. 1980.

RAMOS, Naimar Medanha. Aperfeiçoamento das técnicas de avaliação de desempenho na administração pública: uma contribuição. *Revista ABOP*, Brasília, v. 4, n. 1, p. 9-86, jan./abr. 1978.

REZENDE, Fernando A. *Finanças públicas*. São Paulo: Atlas, 1983.

REZENDE, Fernando A. *Finanças públicas*. 2. ed. São Paulo: Atlas, 2002.

REZENDE DA SILVA, Fernando A. *Avaliação do setor público na economia brasileira*: estrutura funcional da despesa. Rio de Janeiro: Ipea/Inpes, 1974.

REZENDE, F.; CUNHA, A. *Disciplina fiscal e qualidade do gasto público*: fundamentos da reforma orçamentária. Rio de Janeiro: FGV, 2005.

REZENDE, F.; CUNHA, A. (coord.). *O orçamento público e a transição do poder*. Rio de Janeiro: FGV, 2003.

REZENDE, F.; CUNHA, A.; BEVILÁCQUA, Roberto. Informações de custos e qualidade do gasto público: lições da experiência internacional. *Revista de Administração Pública*, v. 44, n. 4, p. 959-992, jul./ago. 2010.

RIBEIRO, Carlos A. C.; SIMON, Walter T. Práticas orçamentárias participativas: um estudo de caso de prefeituras paulistas. *Revista de Administração Pública*, Rio de Janeiro, v. 27, n. 1, p. 28-46, jan./mar. 1993.

RUBIN, Irene. Budgeting during Bush administration. *Public Budgeting & Finance*, v. 29, n. 3, p. 1-14, fall 2009.

SANCHES, Osvaldo M. A participação do Poder Legislativo na análise e aprovação do orçamento. *Revista de Informação Legislativa*, Brasília, v. 33, n. 131, p. 59-77, jul./set. 1996.

Bibliografia **341**

SANCHES, Osvaldo M. *Dicionário de orçamento, planejamento e áreas afins.* Brasília: Prisma, 1997.

SANCHES, Osvaldo M. Processo orçamentário federal: problemas, causas e indicativos de solução. *Revista de Administração Pública,* Rio de Janeiro, v. 29, n. 3, p. 122-156, jul./set. 1995.

SASTRY, K. S. *Performance budgeting for planned development.* Nova Delhi: Radiant, 1979.

SCHETTINI, Francisco de Paula. Emendas a projetos de lei de crédito adicional. *Revista de Informação Legislativa,* Brasília, v. 34, n. 135, p. 197-202, jul./set. 1997.

SCHIAVO-CAMPO, Salvatore. Potemkin villages: "The" Medium-Term Expenditure Framework in developing countries. *Public Budgeting & Finance,* v. 29, n. 2, p. 1-26, summer 2009.

SCHICK, Allen. Uma morte na burocracia: o passamento do PPB federal. *Revista ABOP,* Brasília, v. 4, n. 2, p. 131-158, maio/ago. 1978.

SCHULTZE, Charles L. A importância da análise de custo-benefício. *In:* HINRICHS, H. H.; TAYLOR, G. M. (org.). *Orçamento-programa e análise de custo-benefício.* Rio de Janeiro: Fundação Getulio Vargas, 1974.

SERRA, José. *Orçamento no Brasil:* as raízes da crise. São Paulo: Atual, 1994.

SHERWOOD, Frank P. *A adoção do orçamento-programa pelo Estado da Guanabara.* Rio de Janeiro: Fundação Getulio Vargas, 1966.

SILVA, José Afonso da. *Curso de direito constitucional positivo.* 15. ed. São Paulo: Malheiros, 1998.

SILVA, José Afonso da. *Orçamento-programa no Brasil.* São Paulo: Revista dos Tribunais, 1973.

SILVA, Sebastião de Sant'Anna e. *Os princípios orçamentários.* Rio de Janeiro: Fundação Getulio Vargas, 1962.

SILVEIRA, Delfim M. *Orçamento e planificação.* Porto Alegre: Sulina, 1960.

SIMÕES, Júlio Assis. *O dilema da participação popular.* A etnografia de um caso. São Paulo: Anpocs/Marco Zero, 1992.

SMITHIES, Arthur. Conceptual framework for the program budget. *In:* NOVICK, David. (ed.). *Program budgeting.* 2. ed. New York: Holt, Rinehart and Winston, 1969.

SOARES, José Arlindo. Descentralização/participação: a prefeitura nos bairros. *In:* SOARES, José Arlindo; LOSTÃO, Salvador Soler. *Poder local e participação popular.* Rio de Janeiro: Rio Fundo, 1992.

SOUZA, Herbert José de. Município de Boa Esperança: participação popular e poder local. *In:* MOISÉS, J. A. et al. *Alternativas populares da democracia:* Brasil, anos 80. Petrópolis: Vozes/Cedec, 1982.

STALEBRINK, Odd J.; FRISCO, Velda. PART in retrospect: na examination of legislators' attitudes toward PART. *Public Budgeting and Finance,* v. 31, n. 2, p. 1-21, summer 2011.

STOURM, René. *Le budget.* Son histoire et son mécanisme. Paris: Guillaumin, 1889.

TANZI, Vito; SCHUKNECHT, Ludger. *Public spending in the 20th century:* a global perspective. Cambridge: Cambridge University Press, 2000.

TERÊNCIO, Jaime de Souza. Sistema gerencial de acompanhamento físico-financeiro. *Revista ABOP,* Brasília, v. 3, n. 1, p. 125-142, jan./abr. 1977.

342 Orçamento Público • Giacomoni

TOMBINI, Tildo Noelmo. Orçamento-programa: princípios básicos e prática. *In*: SEMINÁRIO NACIONAL SOBRE ORÇAMENTO PÚBLICO, 4., 1978, Porto Alegre. Porto Alegre: Secretaria de Planejamento da Presidência da República, 9 a 14-4-1978.

TORRES, Ricardo Lobo. *O orçamento na Constituição.* Rio de Janeiro: Renovar, 1995.

TROTABAS, Louis; COTTERET, Jean-Marie. *Droit budgétaire et comptabilité publique.* Paris: Dalloz, 1972.

TYER, Charlie; WILLAND, Jennifer. Public budgeting in America. A twentieth century retrospective. *Journal of Public Budgeting, Accounting and Financial Management*, v. 9, n. 2, summer 1997.

U. S. GENERAL ACCOUNTING OFFICE – GAO. *Performance budgeting.* Past initiatives offer insights for GPRA implementation. Report to Congressional Committees. Washington: GAO, 1997.

U. S. GOVERNMENT ACCOUNTABILITY OFFICE – GAO. *Performance budgeting*: observations on the use of OMB's Program Assessment Rating Tool for the fiscal year 2004 budget. Washington: GAO, 2004.

U. S. GOVERNMENT ACCOUNTABILITY OFFICE – GAO. *Results-Oriented Government.* GPRA has established a solid foundation for achieving greater results. Report to Congressional Requesters. Washington: GAO, 2004.

U. S. GOVERNMENT ACCOUNTABILITY OFFICE – GAO. *21st century challenges.* Performance budgeting could help promote necessary reexamination. Washington: GAO, 2005.

VARSANO, Ricardo et al. A carga tributária brasileira: nota técnica. *Boletim Conjuntural do IPEA*, Brasília, n. 40, jan. 1998.

VIANA, Arizio de. *Orçamento brasileiro.* 2. ed. Rio de Janeiro: Financeiras, 1950.

VON DOELLINGER, Carlos. Estatização, déficit público e suas implicações. *In:* CASTRO, Paulo Rabello de (org.). *A crise do "bom patrão", [S. 1.],* Cedes/Apec, 1982.

WATERSTON, Albert. Os dilemas do planejamento. *Revista de Administração Municipal*, Rio de Janeiro, v. 20, n. 117, p. 38-52, mar./abr. 1973.

WATERSTON, Albert. Um método prático para planejar o desenvolvimento. *Finanças e desenvolvimento.* Washington: FMI/BIRD, 1970.

WILDAVSKY, Aaron. *Budgeting.* A comparative theory of budgetary processes. 2nd rev. ed., 4th print. New Brunswick: Transaction Publishers, 2002.

WILDAVSKY, Aaron. *The politics of the budgetary process.* 2nd ed. Boston: Little, Brown and Company, 1974.

WRIGHT, Chester. O conceito de Orçamento-programa. *In:* HINRICHS, H. H.; TAYLOR, G. M. (org.). *Orçamento-programa e análise de custo-benefício.* Rio de Janeiro: Fundação Getulio Vargas, 1974.

Índice Alfabético

A

Adiantamento, 289, 290
Administração
   descentralizada, 4, 209
   por objetivos, 176
Agendas, 224, 226
Alterações nas novas categorias classificatórias, 307, 308
Apresentação das classificações na lei orçamentária, 109
Apropriação, 44, 103, 174, 177, 206
Atividade, 45, 46, 84, 88, 90, 92-95, 107-109, 112, 156-158, 161, 167-174, 185, 189, 190, 193, 226, 235, 281, 292, 319
Atividades-fim, 137, 144
Atividades-meio, 188
Atribuições econômicas do estado, 19
Auditoria, 186, 217, 304, 331, 333
   interna, 316, 333, 334
   operacional, 330-332
Autarquias, 5, 11, 58, 61, 85, 86, 113, 123, 136, 164, 166, 173, 215, 216, 289, 325
Autorização legislativa, 69, 249, 291, 293, 304, 308
Auxílio ao Congresso Nacional, 328-329
Avaliação da execução orçamentária, 315

B

Balanços projetados, 201

Bem(ns)
   meritórios, 21
   mistos, 21
   privado, 21, 22
   público, 21
Benefícios, 217

C

Calendário da elaboração da proposta orçamentárias, 235
Categorias econômicas
   de despesa, 98, 100-102, 129, 130
   de receita, 129, 130
Ciclo orçamentário (ver Processo orçamentário)
Classificação da despesa segundo a natureza, 99
   categorias econômicas, 98
   elementos, 104
   grupos, 101
   modalidades de aplicação, 102, 104
Código de Contabilidade da União, 43, 295, 297, 298
Comissão Mista de Planos, Orçamentos Públicos e Fiscalização (CMO), 22
   áreas temáticas, 254
   atribuições, 252
   audiências públicas, 254
   calendário, 254
   comitês, 254
   constituição, 253

344 Orçamento Público • Giacomoni

destaques, 260
direção, 253
relatores, 253
relatórios e pareceres, 257
    da receita, 257
    final, 258
    preliminar, 258
    setorial, 258
Concorrência, 283
Concurso, 284
Constituição alemã, 261
Constituição federal
    imperial de 1824, 35
    de 1891, 36, 37
    de 1934, 37, 307
    de 1937, 279
    de 1946, 38, 245, 320
    de 1967, 38, 39, 46, 67, 73, 127, 135, 208,
      243, 245, 248, 251, 320
    de 1988, 42, 46, 60, 63, 67, 69, 74, 75, 83, 86,
      127, 134, 135, 203, 207, 208, 210-212, 215,
      217, 218, 220-223, 229, 233, 239, 243-245,
      247, 249, 251, 260, 278, 282, 283, 291, 293,
      307, 308, 318, 320
    Emenda nº 1, de 1969, 67, 76, 248, 265, 320
Constituição italiana, 261
Contabilidade de competência, 190, 191
Conta movimento, 63
Controladoria-Geral da União (CGU), 317,
  332
Controle
    da execução orçamentária, 103, 254, 305,
      315
    de mérito, 319
    externo, 70, 114, 271, 316-318, 320, 321,
      328, 329
    interno, 85, 103, 280, 316-318, 320-323, 329,
      332-334
    social, 324, 334
Cota, 303, 306
CPMI do Orçamento de 1993-94, 266
CPMI dos "anões" do orçamento, 266
Crédito(s)
    adicionais, 290-292, 294
      vigência, 293
    especial, 291
    extraordinário, 73, 291, 307, 308

    orçamentário, 76, 128, 137, 262, 280, 281,
      288, 290, 291, 303-305, 309
    suplementar, 291, 293
Crescimento
    da renda *per capita*, 12
    das despesas públicas, 3, 6, 14, 50
      razões do, 6
    do setor público, 15, 16
Custos, 168-171, 188-192, 217, 230, 232, 330,
  340
    baseados em atividades (ABC), 190
    centro de, 173, 174
    contabilidade de, 172, 174
    controle de, 213, 232
    diretos, 189, 190
    estimados, 174
    fixos, 177, 190
    indiretos, 189, 190
    padrão, 174
    por processo, 173
    predeterminados, 174
    reais ou históricos, 174
    sistema de, 172, 173, 189-191
    totais, 177, 189
    unitários, 167, 172, 173

D

Definição dos objetivos, 161, 163, 165
Descentralização 58, 200, 226, 283, 294
    administrativa, 58
    de créditos, 303, 304
Despesa(s)
    classificação da, 81
      funcional, 84, 87, 88, 89, 92, 99, 109
      funcional-programática, 84, 89, 91-93,
        109, 219, 220, 294, 323
      identificadores, 83, 104, 105
      institucional, 83-86, 91, 103, 109, 134,
        135, 302
      por programas, 46, 47, 88, 89, 92, 93,
        109
      segundo a natureza, 98, 119, 130, 298,
        302
      subtítulos, 106-109
    decorrentes das despesas de capital, 209,
      210
    de exercícios anteriores, 299, 300
    diferidas, 174

Índice Alfabético **345**

discricionárias, 77, 262, 264
obrigatórias, 214, 231, 234, 236, 261, 262
Destaques, 260
Detalhamento do orçamento, 277, 279, 300, 302
  diretamente no SIAFI, 302
Dívida ativa, 297
  não tributária, 297
  tributária, 297

E

Economicidade, 329, 330, 331
Efeito
  limite, 8, 13
  translação, 8-11, 13
Efetividade, 160, 177, 186, 331
Eficácia, 31, 94, 153, 158, 160, 166, 169, 172, 176, 179, 186, 321, 322, 329, 331, 334
Eficiência, 15, 20-22, 31, 52, 153, 160, 165, 168, 169, 172, 177, 179, 185-188, 232, 275, 285, 321, 322, 329, 331
Elaboração da proposta orçamentária, 35, 37, 41, 75, 107, 202, 207, 212, 214, 220, 234, 323
Elementos de despesa, 103
  subelementos, 301
Emendas, 244, 245, 246
  de apropriação, 255, 256
  de bancada estadual, 256
  de cancelamento, 255
  de comissão, 255
  de receita, 255
  de relator, 257
  de relator-geral, 266
  de remanejamento, 255, 256
  individuais, 256
Empenho, 288
  como estágio da competência, 298
  modalidades de, 278
    global, 289
    ordinário, 289
    por estimativa, 289
Empresas públicas, 11, 58, 61, 63, 85, 86, 213, 215, 216, 325, 326
Escritório de Administração e Orçamento (OMB-USA), 180
Estágios da despesa, 288

empenho, 288
  global, 289
  nota de empenho, 288, 289
  ordinário, 289
  por estimativa, 289
liquidação, 289
pagamento, 290
  ordem de pagamento, 290
  pagamento propriamente dito, 290
Execução da receita tributária, 295
  arrecadação, 296
    direta, 296
    indireta, 296
  lançamento, 295
    de ofício, 296
    por declaração, 296
    por homologação, 296
  recolhimento, 296
Estratégia de desenvolvimento, 198, 225
Execução
  da despesa, 279
  da receita, 294
    não tributária, 297
    tributária, 295
  obrigatória das emendas parlamentares, 262
  orçamentária e financeira, 254, 263, 269, 300, 301
Exercício financeiro, 39, 42, 73, 210, 226, 249, 251, 263, 264, 278, 279, 298, 312, 313
Experiência brasileira de planejamento, 239-242

F

Finanças de guerra, 13
Fiscalização de atos e contratos, 328
Formulação de Peacock & Wiseman, 8
Funções e subfunções, 889
Funções fiscais ou funções do orçamento, 20
  alocativa, 20
  distributiva, 22
  estabilizadora, 23
Fundações públicas, 63, 85, 86, 136, 215, 216, 325
Fundos, 61, 63, 69, 70, 85, 86, 136, 137, 138, 201, 215, 216, 219, 231, 292, 294, 330

G

General Accounting Office (GAO-EUA), 176, 179, 182
Grupos de despesa, 98, 105, 131

H

Histórico, 27
    Brasil, 34
    Estados Unidos, 30
        Comissão de Economia e Eficiência, 30
        Lei de Orçamento e Contabilidade, 31
    França, 29
    Inglaterra, 27
        Bill of Rights, 28
        Lei do Fundo Consolidado, 28
        Magna Carta, 27
        Petiton of Rights, 27

I

Identificador(es), 104
    de resultado primário, 105
    de uso, 104
Incentivos, 217
Incrementalismo, 162, 193, 206
Indicador(es), 92-96, 157, 160, 169, 170, 171, 172, 177, 183-185, 187, 188, 209, 210, 225, 228, 241, 323, 325, 331, 337
Instrumento de Classificação para Avaliação de Programas (PART-EUA), 180
Insumos, 108, 170-172, 183, 186-188, 331
Integração entre planejamento e orçamento, 203, 207
Interpretações
    neoclássicas e keynesianas, 6
    neoinstitucionalistas, 14
    importância da burocracia, 14

J

Julgamento de contas, 328

L

Lei
    Complementar nº 101, de 2000, 42, 69, 98, 101, 191, 213, 244, 264, 281, 312, 313, 316, 318, 328, 329
    de Acesso à Informação, 324, 325
    de Desempenho e Resultados do Governo (GPRA-EUA), 34, 177, 178
    de diretrizes orçamentárias (LDO), 39, 63, 77, 93, 94, 98, 105, 106, 136, 203, 208, 212, 213, 229, 231, 244, 246, 251, 294, 302, 308, 318, 337
    de Responsabilidade Fiscal (ver Lei Complementar nº 101, de 2000)
    de Wagner, 6
    do plano plurianual (PPA), 209, 223, 243, 252, 253, 256
    nº 4.320/64, 42, 45, 61, 65, 67, 71, 72, 84, 87-91, 98, 101-104, 114, 129, 130, 132, 134, 136, 138, 208, 210, 216, 218, 219, 233, 245, 268, 277, 278, 280, 281, 283, 288, 290, 291, 293-297, 317, 318, 323
        anexo nº 3 da Lei nº 4.320/64, 138
        anexo nº 5 da Lei nº 4.320/64, 114
    orçamentária
        anual, 63, 67, 71, 208, 215, 219, 233, 243, 248, 249, 281
        aprovação e publicação da lei do orçamento, 246
        competência da elaboração do projeto de lei, 220
        devolução do projeto de lei para sanção, 260
        exclusividade da, 220
        publicação da lei orçamentária, 247, 281, 282, 303
        rejeição do projeto de, 247, 249, 250
        retificação e alteração da, 291, 307
        universalidade da, 216
        vetos ao projeto de, 247, 248
Leilão, 284
Liberação de recursos financeiros, 305
    Cota, Repasse, Sub-repasse, 306
Licitação, 283
    critérios de julgamento das propostas, 284
    dispensa de licitação, 285
    inexigibilidade de licitação, 286
    modalidades de licitação, 284
    Portal Nacional de Contratações Públicas (PNCP), 287
    prazos mínimos para divulgação do edital, 285
    Sistema de Registro de Preços (SRP), 286, 287
Liquidação, 289

Índice Alfabético **347**

M

Mecanismos retificadores do orçamento, 73, 290, 307

Medida(s)
de política econômica, 202
provisória, 291, 307, 308

Mensuração, 157, 161, 168-173, 182, 183, 186-189, 225

Meta física, 95, 107, 164

Metas
e prioridades, 94, 214, 230, 257
fiscais, 77, 78, 212-214, 231, 232, 282

Metas e Bases para a Ação de Governo, 241

Modalidades de aplicação, 98, 102, 104, 119, 294, 309

Modernização orçamentária, 43, 47

Modo de produção
capitalista, 15
tecnoburocrático, 15

N

Novo orçamento de desempenho, 153, 175, 177, 183, 187, 189, 191

O

Operações
de crédito, 61, 68, 69, 72, 74, 131, 135-138, 220, 292, 293, 295, 312, 318, 321, 322, 330, 334
especiais, 92-94, 96, 106, 109, 110, 226

Orçamento(s)
analítico, 279, 280
aspecto econômico, 53
base-equilibrada, 176
base-meta, 176
base-zero, 175
da seguridade social, 216
das estatais, 59
decremental, 176
de desempenho, 32-34, 53, 153, 154, 156, 158, 159, 183, 191
estrutura de programa, 183
mensuração do desempenho, 186
sistema de custos, 189-191
de investimento das empresas, 216
do balanço de pagamentos, 201
do setor público, 202

econômico, 201
evolução conceitual do, 49
executivo, 154
fiscal, 59, 60, 63, 215
impositivo, 75-77, 263
monetário, 60, 62, 74, 201, 217
padronização dos, 40
Plurianual de Investimentos (OPI), 207
por objeto, 154
por produto, 186
por programa e realizações, 157
por resultados, 151, 175, 183, 185, 187, 191-193

Orçamento moderno, 49, 50, 52

Orçamento-programa, 45, 46, 75, 100, 151, 153, 155, 157-160
conceito, 155
estrutura programática, 166
fundamentos do, 153
limitações e críticas ao, 160
mensuração e os custos, 168
custos, 171
níveis de mensuração, 169
unidades de mensuração, 170
principais componentes do, 156, 157
técnica do, 163, 165, 167

"Orçamento secreto", 257, 266-272, 275

Orçamento tradicional, 49-51, 54, 154, 155, 159, 160, 183, 187, 192, 317

Orientação estratégica, 224

P

Pacotes de decisão, 176

Parceria Nacional para a Reinvenção do Governo (NPR-EUA), 178

Performance budget (ver Orçamento de desempenho)

Planning, Programming and Budgeting System (PPBS), 33, 54, 153, 155, 165, 175

Plano(s)
Decenal de Desenvolvimento Econômico e Social, 240
de médio prazo, 201, 202, 208, 242
de Obras e Equipamentos, 239
I Nacional de Desenvolvimento da Nova República, 242
I Nacional de Desenvolvimento Econômico e Social, 241

II Nacional de Desenvolvimento
Econômico e Social, 241
III Nacional de Desenvolvimento
Econômico e Social, 241
operativos anuais, 201
Plurianual, 209
para o período 1996/1999, 223
para o período 2000-2003, 93, 224
para o período 2004-2007, 93, 225
para o período 2008-2011, 93, 94, 225
para o período 2012-2015, 96, 226
para o período 2016-2019, 96, 227
para o período 2020-2023, 96, 97, 228
para o quinquênio 1991/1995, 223
Quinquenal de Obras e Reaparelhamento
da Defesa Nacional, 239
Salte, 239
Trienal de Desenvolvimento Econômico e
Social, 240
Plano orçamentário (PO), 107
Políticas básicas, 198, 200, 207
Portal Nacional de Contratações Públicas
(PNCP), 287
Preço, 284, 285
Pregão, 283, 284
Prestação de contas, 82, 179, 254, 328, 332, 334
Princípio(s) orçamentários(s) 57
da anualidade ou periodicidade, 66
da clareza, 74
da discriminação ou especialização, 70
da exatidão, 75
da exclusividade, 71, 220
da não afetação das receitas, 67
da publicidade, 75
da unidade, 58
da universalidade, 60, 208
do equilíbrio, 72
do orçamento bruto, 64
do orçamento impositivo, 76
Processo
de planejamento e orçamento, 94, 203, 204
orçamentário, 195, 197, 202, 243

Produto(s), 187
de segunda linha, 161
final(is), 41, 90, 156, 157, 166, 167, 170, 171
intermediário(s), 170, 171, 188
Programa(s)
amplos ou restritos, 185
análise de, 165
básicos, 201, 202
de Ação Econômica do Governo, 240
de apoio às políticas públicas e áreas
especiais, 94
de duração continuada, 46, 203, 209-211,
224
de execução, 202
de funcionamento, 167, 168
de gestão, 96, 228
de investimento, 167, 168
de Metas, 239
e ações, 96, 121, 184, 190, 225
Estratégico de Desenvolvimento, 240
e subprogramas, 45, 89
finalísticos, 94, 96, 188, 228
no plano plurianual, 93, 225
temático, 95, 96, 227
Programação
de desembolso, 277, 281, 282, 303
física, 109
Projeto(s)
de lei, 37-39, 41, 75, 84, 93, 105, 106, 178
iniciativa de apresentação do, 37-39,
219, 244, 245, 250, 255
de lei orçamentária, 39, 75, 106, 217, 235,
244-252, 254-259, 261, 263, 336
estratégico(s), 198, 200, 201, 227
Proposta orçamentária, 32, 35, 37, 41, 75,
107, 181, 202, 207, 212, 214, 218, 220, 231,
233-235, 237, 248, 250, 251, 258-260, 279,
280, 323
da União, 236
forma da proposta, 218
Provisão, 304
Provisão de bens e serviços, 22
Public choice, 14

Q

Quadro de Detalhamento de Despesa (QDD),
300

R

Receita(s)
  classificação institucional, 135
  classificação segundo a natureza, 129
    categorias econômicas, 129, 134
    origens da receita, 130-132, 137
  classificação segundo as fontes de recursos,
    136
  correntes, 131, 133
  de capital, 132, 134
Recursos
  arrecadados em exercícios
    anteriores, 136
    corrente, 136
  condicionados, 136
  para a abertura de créditos adicionais,
    291
    anulação parcial ou total de dotações
      orçamentárias, 292
    excesso de arrecadação, 292
    produto de operações de crédito, 292
    superávit financeiro do exercício
      anterior, 292
  para atendimento de emendas, 258
Regime
  da contabilidade, 190, 191, 278, 298
  da despesa, 298
  da receita, 300
  de adiantamento, 289, 290
Regionalização dos orçamentos, 217
Registro dos créditos e dotações, 280
Repasse, 306, 307
Responsabilização, 184, 185, 322
Restos a pagar, 298, 309
  inscrição, 309
  não processados, 299, 310
  processados, 310
Resultado (*outcome*), 166-169, 171, 172, 183,
  185, 186, 188, 192, 200

S

Sistema
  de Planejamento, Programação e
    Orçamento (PPBS), 155
  orçamentário, 62, 92, 161, 185, 190, 191,
    197, 198, 214, 244, 262

Sistema de Registro de Preços (SRP), 286, 287
Sociedades de economia mista, 61-64, 85, 86,
  213, 215, 216, 326
Sub-repasse, 306, 307
Subsídios, 217
Suprimento de fundos (ver Adiantamento)

T

Tecnoburocracia, 12
Tecnocracia, 12
Teoria
  da oferta de bens públicos, 8
  de política keynesiana, 14
  importância da burocracia, 14
  neoinstitucionalista, 14
Tomada de contas, 302, 306, 318, 327-329
Tribunais de contas, 319
Tribunal de Contas da União (TCU), 326
  atribuições, 328
    auxílio ao Congresso Nacional, 329
    fiscalização de atos e contratos, 330
    julgamento de contas, 328
  auditoria operacional, 330, 331
  jurisdição, 326
  organização, 326
    auditores, 327
    câmaras, 327
    comissões, 327
    ministério público, 327
    ministros, 326
    secretaria, 328

U

Unidade(s)
  de caixa, 58, 63
  de insumo, 170
  de produto, 170, 171
    final, 170, 171
    intermediário, 170, 171
  de programação
    com o cálculo de custo unitários, 172
    sem o cálculo de custo unitário, 173
  de tesouraria, 296